叢書・ウニベルシタス　900

カントの航跡のなかで

二十世紀の哲学

トム・ロックモア
牧野英二 監訳
齋藤元紀・相原 博・平井雅人・松井賢太郎・近堂 秀 訳

法政大学出版局

Tom ROCKMORE
IN KANT'S WAKE : Philosophy in the Twentieth Century

Japanese translation rights arranged with
Blackwell Publishing Ltd in Oxford, UK
through The Asano Agency, Inc. in Tokyo.

目次

凡　例

一、本書は、Tom Rockmore, *In Kant's Wake: Philosophy in the Twentieth Century*, Blackwell Publishing, 2006 の全訳である。

二、翻訳に際し、原文中のイタリック体には、原則として傍点を付し、また重要な術語や英語以外の引用語句については、必要と思われるかぎり、原語を（　）内に挿入した。ただし、イタリック体表記の原文のうち、書名・雑誌名などについては、『　』内にローマン体で表記した。

三、本書中の〔　〕内の挿入は、内容理解にとって有益と考えた範囲内で訳者および監訳者の判断によって補足したものである。

四、原注は、巻末に一括して訳出した。また、訳注は、本書の特徴にふさわしく、また読者の便宜を図るため、原注の後に一括して詳しく掲載した。

五、原注の番号は、本文中に（　）内にアラビア数字で、訳注は、同じく［　］内にアラビア数字で、各章ごとに通し番号を付した。

六、原書では、巻末に人名・事項索引が付されているので、本訳書でも、それを参考にして人名・事項索引を作成し、巻末に付した。

七、原書には、人名・書名・歴史的事実などについて、誤記や誤解と思われる箇所が散見される。そこで、これらについて必要と思われる範囲で訂正し、訳注に訂正箇所の表示を行ない、注記を付した。ただし、明らかにたんなるケアレス・ミスによる誤植や誤字・脱字と思われるもの、誤解の危険性のないと思われる箇所については、各訳者および監訳者の判断で、断らずに訂正して訳出した。

八、本書で引用された多数の文献の日本語訳に際しては、既訳のあるものは、原則として訳書を使用し、訳語なども既訳書の訳語に従った。ただし、本文の訳文・訳語との整合性を考慮して、必要に応じてそれらとは異なる訳文・訳語を採用した場合がある。

九、翻訳の作業にかんしては、最初に監訳者の牧野英二のもとで基本方針を定め、それに沿って訳者間での調整を経て、左記の分担に従って各担当者が翻訳を行なった。翻訳作業の初期段階から最終段階にいたるまで、適宜、訳者間の意見交換と監訳者による全訳稿の検討を行ない、全体の調整と統一を図った。

翻訳担当

序論・第五章	齋藤元紀
第一章・第四章	相原　博
第二章	平井雅人
第三章	松井賢太郎
第六章・第七章	近堂　秀

序論

〔カントの重要な洞察は〕それが獲得されてからほとんど二百年も経つのに、哲学的意識のうちに十分吸収されたとはまだ言えない。(1)

ピーター・ストローソン〔1〕

カントがわれわれに残したのは、哲学にとって不可欠であるとともに、彼以前の哲学が所有できなかった概念である、と私は信じている。言いかえれば、それは、科学が自然を解釈するさいの仮説を人間が反省するようになるにつれて、彼以後の哲学が身につけて然るべきものとなった概念である。要するに、哲学の進歩の真の道筋は、カントをつうじてというよりも、むしろカントをめぐって、現在のわれわれの立場につながっている、と私は思うのである。(2)

ウィリアム・ジェイムズ〔2〕

本書は、二十世紀の哲学では何が起こったのかという自明であるが困難なこの問題に、一つの解答を提示する。だが、本書の議論は、西洋哲学に限定するつもりである。それ以外の哲学、例えば、インド哲学や中国哲学などの類も十分議論に値するが、私にはそうする資格がない。以下の議論は、網羅的であろうと主張するのでもなく、さまざまな哲学史の記述と張り合うつもりもない。哲学史家であれば、大雑把であっても、主要な思想家のすべて、彼らのテクストや論争もすべて包括的に描き出そうとするであろう。だが、そうした意図は私にはない。むしろ私の狙いは、入門的レベルで、二十世紀というこの時代の西洋哲学全般を描写することにある。二十世紀の主要な思想家や主要な問題、またそうした論争の内実に少しでも触れたことのある読者なら、本書をひもとく必要はない。専門分野のさまざまな議論を扱う場合とは異なり、一つの運動、傾向、潮流、視点、言語ないし文化に焦点を絞るのは、おそらく難しいことではない。[3] 本書で私は、議論を取捨選択している。しかし、それは、特定の話題について、語るべきことをすべて語ろうという関心からではない。むしろ、ごくわずかの本質的な事柄について、きわめて単純明快に、教養ある読者なら誰でもわかるように語ろうと望んでいるからである。こうした理由から本書の議論は、哲学のどれか一つの分野の専門家を相手にする論述とは対照的である。

私は、一連の主要な運動の観点から、二十世紀の論争を描き出したいと思っている。このアプローチは、哲学それ自身による自己組織化（the self-organization）から着想を得ている。プラトン[3]は、古代のアテナイでアカデメイア[4]を創設した。しかしそれ以前にも、哲学者たちは、重要な思想家とみられた人びとの周辺で、さまざまな学派を結成してきた。このような実践は、今日でも、非公式な集団を形成したり、ときにはいっそう公式な集団を形成したりすることによって続けられている。こうした集団の構成員は、自分たちがどれか一つの哲学的パラダイムのなかで活動していると考えているのである。

少なくとも異論の余地は残るものの、古代のソクラテス[5]の実践に示されているように、哲学がその名に値するものになるかどうかは、対話次第である。対話のなかでは、一連の諸問題をめぐって、異なるアプローチによる論争が繰り広げられる。デカルト[6]の『省察』（一六四一年、一六四四年）をめぐって、ガッサンディ[7]やアルノー[8]といった好意的な応答者だけでなく、ホッブズ[9]やその他大勢のあまり好意的ではない識者が議論を交わした。筆まめのライプニッツ[10]は、当時の重要人物のほぼすべてと連絡をとっていた。カントによる『純粋理性批判』（一七八一年、一七八七年）の刊行は、実に多種多様な階級にわたる思想家のあいだに反響を巻き起こした。もっとも、現在では議論の枠組みが狭められ、たいていの場合、プラグマティストはプラグマティストを、マルクス主義者はマルクス主義者を、分析哲学者は同じ分野の者を相手に、それぞれ対話を交わす程度になっている。

私は、扱いやすい範囲に議論を限定しておくために、四つの主要な運動だけに焦点を絞った。それは、第一にアメリカ・プラグマティズムであり、第二にマルクス主義、第三にいわゆる「大陸」哲学、そして第四にアングロ＝アメリカの分析哲学である。こうした運動は、いずれも二十世紀初頭に登場し、今世紀全般にわたって勢力を維持し続けてきた。哲学的議論は、完全に中立的なわけではない。したがって、それぞれの議論には、何らかの観点が反映されている。マルクス主義は、アメリカ合衆国ではヨーロッパ大陸ほどの人気が得られなかったが、それでも、二十世紀をつうじて、長期間にわたり主要な哲学的運動の一角を占めてきた。それゆえマルクス主義は、本書の議論に含めるに値すると思われる。

個々の人物よりも、さまざまな運動に焦点を絞る理由は、もう一つある。それは、われわれにとって、二十世紀があまりにも身近であるため、今後何が重視される見込みがあるのかは、われわれには理解できず、何が時代を超えて真の関心事として生き残るのかということになれば、なおさら理解できないからである。われわれの子孫が、百年後に誰の著作を読もうとするのかは（ましてや彼らがどのような問題について考えようとするのかについては）、二十一世紀初頭の現在では見当もつかない。二十世紀全体をつうじて論争上の述語を決めてきたのは、きわめて少数の大物の思想家であり、彼らの観点からは、この世紀の思想を考えることもできるであろう。どのような人物を挙げてみても、意見が分かれるのは間違いない。それでも、この世紀に最も影響力を及ぼした人物をざっと列挙してみれば、フッサール[11]、ハイデガー[12]、ウィトゲンシュタイン[13]、そしておそらくクワイン[14]などといった名前が並ぶであろう。こうした名前を挙げてみれば、既存の思想本体の持続力ないし重要性よりも、特定の思想家の影響力のほうに注意が向かうようになる。とはいえ、われわれがこの最も重要な思想家のリストを認めたとしても、別な問題が生じてくる。ある思想家の重要性が評価されるべき観点は、当人自身の著作なのか、その著作に反応した人々の数なのか、それともこの両者の組み合わせによるのか、という問題である。哲学は大統領選でもなければ、人気コンテストでもないのであるから、やがて二十世紀の最も重要な思想家とみなされるのが、彼らなのか、それとも他の者なのかを知ろうとしても、それは時期尚早である。例えば、パース[15]は存命中ほとんど無視され、常勤の教授職が保証されなかったことは、周知のとおりである。だが、いまでは彼は、ときにアメリカ哲学唯一の天才とみなされることもある。エンゲルス[16]もまた、マルクス主義哲学の中心人物であったが、今ではせいぜい才能に恵まれた素人哲学者とみなされている。

こうした本書のアプローチには、明らかに限界がある。そのうち、ただちに指摘できる限界がいくつかある。一つは、ここで問題となる思潮が、不変のいわば決定済みの思潮ではなく、また閉鎖的な思潮でもたしかにない、という点である。一つ以上の思潮にまたがる人物は多数おり、間違いなくそう考えられる人物も多数いる。現代では、そうした最も変幻自在な思想家の実例としては、リチャード・ローティ[17]が挙げられる。彼は、かつては分析哲学界一番の期待の星であり、したがって分析哲学の思潮の一員であった。ところが、やがて彼は表面上プラグマティズムへと移行し、したがってプラグマティズム思潮の一員となった。それと同時に彼は、「公式上」あらゆる類の哲学に反旗を翻し、事実上、どの思潮の一員でもなくなってしまったのである。

どの思潮も一枚岩的な性格を帯びている、といった印象を避けることも重要である。本書で取り上げる潮流にはどれも、じつに豊かな多様性が含まれており、ときには公然と反論しあいながら、互いに優位に立とうと競いあっている。本書では、このさまざまな潮流を主として一つの理念型のうちで描き出すが、その理念型は全体として、一つの立場だけを反映しているわけではない。したがって以下では、フッサールとハイデガーの見解が多くのさまざまなレベルで両立しがたいということも、明らかになるであろう。パースは、自分の見解に対するジェイムズの読解にはたびたび不満を表わしていた。分析哲学の主流派は、何年にもわたって言葉と事物とのつながりを理解することで指示の問題を解決しようと努力してきたが、クワインのホーリズム[18]は、これに真っ向から逆らうものである。マルクス主義は、哲学上の諸問題に対して厳しい政治的支配を及ぼしてきた。しかし、このマルクス主義でさえ、不和の横行に巻き込まれた挙句、撤退を余儀なくされたのである。ルカーチによるエンゲルス批判[19]は、その好例である。

本書で論じられている四つの思潮の趨勢は、二十一世紀初頭の本書の執筆段階では、大幅に変化している。二十世紀に威力をふるった運動のなかには、死滅したわけではないが、少なくとも明らかに瀕死状態に陥っている運動もある。現在全盛期を迎えた運動や、いっそう重要性を増している運動もある。かつてマルクス主義は、生活水準の向上という政治的公約を掲げて登場した。しかしマルクス主義は、キューバや北朝鮮、そして中国という重要な例外はあるにせよ、ソビエト連邦の崩壊という予想どおりの代償を払うことになった。これはいわば、「公式」マルクス主義の不可逆的な衰退を明らかに示すものであった。こうした政治的衰退によって、マルクス主義には議論に役立つ重要性は何もない、という哲学的確信が広まることになった。

大陸哲学や分析哲学にとっても、状況は変化している。「大陸」哲学という術語は、広義にも狭義にも用いられている。この術語は、広義には、ヨーロッパ大陸で著された近・現代の哲学すべての形式を指す。そこにはまず、モンテーニュ[20]やデカルトから現在にいたるまで、連綿と続く膨大な数の思想家が含まれる。また、ドイツ観念論を構成している一連の思想家、さらにキルケゴール[21]やニーチェ[22]、そしてドイツの新カント学派[23]の諸学派も含まれる。あるいはこの術語は、より狭い意味で用いるなら、現在英語圏で慣例となっているように、主としてフッサールとフッサール以後の現象学の諸形態を指し、それのみを指す場合すらある。ただしそこには、アメリカ合衆国やカナダなどのヨーロッパ以外の地域での活発な議論もしばしば含まれる。「大陸」哲学という術語は、現在では主として後者のより狭い意味で用いられている。そこで本書でも、この確定した慣例にならって、この術語を用いることにしたい。

大陸系の哲学者、すなわちアメリカや他のどこでも、大学の哲学講座で扱われている思想家は、いまだ膨大な数にのぼる。これらの思想家は、現在や過去に大陸で営まれてきた、どれか一つの哲学の見解にかかわっている。「大陸哲学」という術語は、より狭い意味では、つまりフッサール哲学という意味では、フッサール特有の現象学的アプローチの形式を何がしか提示しているもの、として理解される。とはいえ、こうした意味での大陸哲学の着想の原点というものはもはや存在せず、今までも存在してこなかった、と言ってよい。フッサール特有の現象学的形式に対する応答として、広範にわたる目覚ましい運動が生じた。しかし、この運動は、瞬く間に彼の教えに背いて、対立の溝を深めていった。ハイデガーは、フッサールの数多くの主要な考えに真っ向から反対したが、それだけでなく、ガダマー[24]やデリダ[25]を含めたハイデガーの弟子は、ずいぶん前から「現象学」という術語を用いることをやめて、「解釈学」に賛同を示している。

分析哲学は、今現在も変化し続けており、この名称がいまだに適用できるかどうかが疑問に思われるほどの変化をすでに遂げている。アカデミー内部での権力関係という政治的な理由から、分析哲学者と思われる人々と命運を共にしようという人々のあいだには、いまだに密接なつながりが存在することはたしかである。だが、彼らのあいだで何がもともとの衝撃力を保っているのかという点にかんしては、疑問の余地が残されている。アングロ＝アメリカの分析哲学は、イギリスで開始されたときは、何ら教義の一致をみることのない、どこまでも雑多な運動であった。この点は、おそらく本書が検討するすべての運動の多様な拡がりに当てはまるが、とりわけ分析哲学に当てはまる。というのも、事実、本書が考察するこの四つの運動のなかでも、分析哲学だけが唯一、一人の人間の産物ではなく、二人の重要な思想家の産物だからである。ラッセル[26]とムーア[27]の両名が、分析哲学の創始者である。しかし、彼らはまったく異質でしばしば両立しえない見解を抱いていた。ムーアは古典を背景とする一方、ラッセルは数学から哲学へと進んでいった。彼らの議論の主な領域は、異論があるにせよ、イギリス観念論との対立という点を共有していた。イギリス観念論は、十九世紀から二十世紀への曲がり角の時代に、イギリスで最も有力な一派であった。したがって、広く見れば、ラッセルとムーアの議論の主要な領域は、あらゆる種類の観念論との対決という点を共有していたことになる。分析哲学の思想のなかには、観念論との対決という点を超えて、独特な学説が数多く存在しており、彼らの間でそのすべてが共有されていたというわけではない。ざっとリストを挙げてみるだけでも、伝統的なイギリス経験論、指示ないし意味の理論への関心、言語分析、意味の経験的な判断基準などがある。これらはすべて、ラッセルやムーアの著作など、ケンブリッジで登場した初期の分析哲学に典型的な学説である。しかし注目すべきは、これらの学説が、さまざまな点で、またさまざまな理由から、やがて衰退したり、すっかり放棄されたりした、という点である。初期の分析哲学の特徴と言えるのは、経験論との関係である。この関係によって、分析哲学は古典的なイギリス経験論に連なっていた。この点に痛烈な攻撃を開始したのが、後期のウィトゲンシュタインであった。ごく最近の分析哲学の運動は、一連の断片的な見解へと分岐し始めており、おそらくすでに分岐してしまっている。二十世紀後半の分析哲学の四人の主要な人物は、クワイン、パトナム[28]、デイヴィドソン[29]、そしてローティである。パトナムが引退し、クワインとデイヴィドソンが亡くなり、残るはローティだけである。彼はいつも風変わりな存在感を示しており、主流派とは言えないが、いまだ精力的な人物である。本書を執筆中の現段階では、分析哲学の運動の多様な衝撃力をまとめ上げるほどの有能な人物は、いまだに現われていない。

分析哲学の中心的な思想家は、プラグマティズムへと決定的に「変節」したが、これが分析哲学の運動にさらなる影響を与えた。ローティはおそらく例外であろうが、プラグマティストの旗を掲げる主要な思想家は、今のところ存在していない。しかし、一つには分析哲学流のネオプラグマティズムが最近登場してきたという理由から、ここで論じられる諸潮流のなかでも、プラグマティズムは現在最も活気にあふれ、その本来の衝動を最大限取り戻しつつあるようにみえる。プラグマティズムを論じるさいには、その本来の運動と後の展開とを区別する必要がある。プラグマティズム本来の運動は、パースによって創り上げられた立場から、またそれに対する応答から、生じてきた。パースは、とりわけ科学に注目しながら、知識に対するポスト基礎づけ主義的アプローチを果たそうと腐心した。[30] 本書の議論の目的に沿って、思いつくままプラグマティズムの第一波をパース、ジェイムズ、デューイに限るなら、この運動は、知識の問題に直接かかわりあうことから背を向けて、本来の認識論的な衝動を次第に捨て去っていった、と言うことができる。ジェイムズは、たしかに真理の問題に関心を寄せていた。しかし、そうした彼の立場は、おそらく彼の最も華々しい側面とは言えない。さらに言えば、後期のデューイの見解も多くの認識論的意義をもってはいるが、しかし彼も、通常試みられるようなやり方で直接に知識をめぐる諸問題に立ち入ることはしなかった。

しかしながら、プラグマティストの陣営では、事態はもう少し複雑である。というのも、この陣営では、有力な分析哲学者が、何年にもわたって輩出し続けてきたからである。クワイン、パトナム、ローティなどといった人物をプラグマティストや分析哲学者、あるいは分析哲学的なネオプラグマティストと呼ぶのが適切かどうかは、疑問の余地が残る。分析哲学的なネオプラグマティストは、一貫して認識論的主題に焦点をあわせている。それゆえ、プラグマティズム本来のポスト基礎づけ主義的な認識論的衝動は、実行可能な選択肢として、今なお広く受け入れられていると言ってよい。ところが、プラグマティストたちの本来の概念を受け継いだ子供たちは、現在こうした衝動をきわめてわずかしか展開せず、分析哲学の運動から離反した亜流のほうが、この衝動をより頻繁に展開している。この現状は、皮肉という他はない。

本書のような簡潔な書物では、境界線を厳密に見定めて、考察の性格と幅と深さをできるだけ鮮明にしておく必要がある。私は、上記四つの思潮に焦点を絞りたいので、それ以外の思潮については論じることができない。分析哲学的な倫理学は、二十世紀の重要な研究領域の一つであるが、実のところ、私はこれについて、生憎言いたいことは何もない。私は、分析哲学的な科学哲学にも触れるつもりはない。この重要な運動が英語圏で評価を受け始めたのは、もともとウィーン学団[31]の運動を担っていた有力者およびそれと縁の深い者たちが移住し終わった第二次世界大戦以後のことである。このうちルドルフ・カルナップ[32]やハンス・ライヘンバッハ[33]などはアメリカ合衆国へ渡り、オットー・ノイラート[34]はイギリスへ渡っていった。

この二十世紀という時代の四つの主要な運動に焦点を絞ったために、現在の視点からみて実に刺激的ではあっても、その著作がこれらの運動から漏れてしまう人物については、論じることができない。そうした人物としては、以下の四名を挙げることができる。一人は、物理学者から歴史家かつ科学哲学者へと転じたトマス・クーン[35]である。彼の独創的な研究である『科学革命の構造』(一九六二年)は、間違いなく二十世紀に最も影響力をもった哲学書である。この書は、ハイデガーの『存在と時間』(一九二七年)やウィトゲンシュタインの『論理哲学論考』(一九二一年)をはるかに凌ぐ影響力をもち、またサルトル[36]の『存在と無』(一九四三年)以上によく知られている。第二の人物は、ジョン・ロールズ[37]である。彼の『正義論』(一九七一年)は、二十世紀における政治哲学のなかで最も傑出した研究として広く認められている。本書では考察できないが、第三の人物は、ノーム・チョムスキー[38]である。彼は頻繁に哲学者たちと交流を深めてきた。チョムスキーの革命的な言語学研究は、重要な哲学的含意をもつものとして広く知られている。第四の人物としては、フランスの思想家で小説家のシモーヌ・ド・ボーヴォワール[39]がいる。彼女の『第二の性』(一九四九年)は、世界中の女性解放運動に大きな影響を与えた。

本書の論述は、七章に区分される。「二十世紀の哲学の解釈に向けて」と題した第一章では、哲学とその伝統の歴史とのあいだの関係に言及している。哲学は哲学史から区別されうるのであり、また実際そうされるべきだという確信が、現代哲学では広まっている。哲学史は、訂正できない誤謬に満ちているのであるから、失敗の記録であり、もはや埋め合わせる価値はない、というのである。それに対して本章は、哲学とその歴史が不可分であることを論じる。さらに哲学史の理論が、哲学の理論に応じるよう求められていることについても論じる。

伝統的な哲学史を一瞥してみるだけでも、哲学の議論全体が、きわめて少数の主要な思想家だけで形作られていることがわかる。哲学の議論は、彼ら主要な思想家に対する一連の読解と応答として展開されているのである。第二章「カントとカント以後の論争」では、カントが特別な影響力をもった人物であり、さまざまな問題、語彙、そして主要な諸洞察を提供していることを論じる。これらの問題や語彙や洞察は、のちの十九世紀および二十世紀でも、哲学の議論を形作り続けている。カントの立場は、きわめて重要であるだけでなく、きわめて豊饒でもある。彼のこの立場は、倫理学、美学、自然科学、科学哲学を含む多くの領域に対して、とりわけ認識の問題にかんして影響を及ぼしている。私は、カントが認識に対して一つのアプローチではなく、表象主義と構成主義という二つの両立不可能なアプローチを示していることを論じたい。以後の認識をめぐる議論は、こうしたカントの二つの主題に則った一連のバリエーションを提供するものとみなされうる。本章の主張は、こうした点にある。最後に本章では、カントの影響が、カント以後の転回のうちに、すなわち明らかに非歴史的なカントのアプローチに対する応答のうちに反響しており、認識に対するヘーゲル[40]独自の歴史的アプローチへと及んでいることを論じる。これは、最終章のための準備を整えるものとなる。

第三章から第六章では、およそ百年前に登場して以降、二十世紀の哲学的議論の主潮流を形成した四つの主要な運動について、それぞれ一つずつ記述してゆく。紙幅が限られているために取捨選択する必要があるものの、私の狙いは、分かりやすく、近づきやすい語り口で、専門家ではない人たちの好みを十分に惹きつけるものを提供することにある。他方、さらに、専門的な関心をもつ人たちの興味を引くような論点も提供したい。この狙いを実現するために、私は膨大な引用と参考文献を挙げておきたいと思う。それは、特殊なテクストにあまり馴染みのない人たちの便宜を図るためであり、またそれぞれの著作で異なる筆致の味わいを多少とも伝えるためであり、加えて読者の側でもできるだけ自分自身で判断していただきたいからである。私の狙いは、包括的で首尾一貫性のある比較的単純なかたちで、この時期の議論を描き出すことにある。そのさい、議論の主要な諸要素と、それとは対立する諸傾向とのあいだの弁証法的関係を全体として際立たせることにする。もっとも、このように対立する諸傾向といえども、それぞれ固有の視点から、哲学的議論を追及している。私は、これらの運動に、したがって多数の異なる手法に注意を向けたいので、人物よりもさまざまな問題に主として焦点を絞ることにしたい。

厳密に一九〇〇年から議論を開始できないのは、はっきりした理由が存在する。哲学に対しては、時期を区切るといったような明確な線引きを行なうことができない。哲学は、カレンダーの日付には従わないのである。私は、マルクス主義、プラグマティズム、大陸哲学、アングロ＝アメリカの分析哲学という順序で、四つの運動を論じたい。私は、この順序が恣意的なものであることを認める。プラグマティズムとマルクス主義は、ともに十九世紀末、同時期に運動を開始した。もしマルクス主義がエンゲルスから始まるとすれば、例えば、マルクスとの一八四五年の共著[41]『ドイツ・イデオロギー』に対する彼の貢献を考えると、マルクス主義は早くも一八四〇年代に始まることになる。(4) しかし、実際にマルクス主義が開始したのは、エンゲルスが哲学者としての装いを選び始めてからのことである。つまり、一八八三年のマルクスの死後、とくに一八八〇年代の著作活動の開始時点以降である。マルクスに対するエンゲルスの哲学的応答のなかに、またエンゲルスがマルクスに帰した見解の叙述のなかに、マルクス主義はようやく登場した。プラグマティズムは、一八七〇年代に刊行されたパースの一連の論文のなかで、思いがけず突然登場した。これら二つの運動は、二十世紀への曲がり角に現われた大陸哲学とアングロ＝アメリカの分析哲学の両者に先行している。後者の二つの運動は、ほぼ同時に開始された。現象学は、一九〇〇年に『論理学研究』でフッサールが突破口を開いたことによって始まり、また分析哲学は、ラッセルとムーアの初期の論文によってほぼ同時に始まった。したがって、本書で論じられる運動は、時期の点から見て、おおまかに登場した時系列にそって取り上げられるであろう。

これら四つの運動を整理する仕方としては、時間軸を無視して、哲学上の類似性といったような別のファクターに注目する、という選択肢もありうる。その場合、マルクス主義と分析哲学は結びつく。というのも、両者はともに観念論を拒否し、また認識の問題に対する概念上の万能薬として、またしばしば哲学に対する端的な代替案として、ともに科学の側に与するからである。その他にも、自然主義へのこだわりという点で、マルクス主義とプラグマティズムは重なりあう。自然主義とは、大雑把に言って、自然の一部ではないような要素による説明には何であれ従わない、という考え方を言う。自然主義は、分析哲学の自然化の傾向とは対照的である。すなわち、この傾向は、認識論にとって決定的な自然科学の諸成果だけでなく、認識論それ自体が心理学に属している、とする考え方である。他にも、大陸哲学とマルクス主義は、ともにヨーロッパの伝統の主流に連なっている、等々。実際のところは、さまざまな運動を整理するやり方として、頼りない時系列の支えをいったん捨ててしまうと、事実上終わりのない他の一連のさまざまな可能性が生まれるのである。

私は、これら四つの運動それぞれを、やさしく、近づきやすく、ほどよく、ごく一般的に提示しながら、できるだけ多くの情報を伝えたい。しかし、各章では、二十世紀の哲学に起こったことについて、私自身の見解が反映されざるをえないであろう。第三章では、二十世紀のマルクス主義を扱い、マルクスとマルクス主義のあいだの哲学上の大きな隔たりに力点を置く。そのさいにマルクス主義が、マルクスに由来するのではなく、エンゲルスに由来する概念的運動として提示する。エンゲルスは、いつもマルクスの名前で語っていると自認しており、周囲からもつねにそう思われていた。本章はマルクスとエンゲルスとの関係を明らかにしたうえで、マルクス主義は、エンゲルスが議論に加わった結果登場したものであることを明らかにしたい。次に、さまざまな形態の「マルクス主義」を考察するところまで進む。そこに含まれるのは、ルカーチやコルシュ[42]によって導入されたヘーゲル・マルクス主義や、ホルクハイマー[43]、アドルノ[44]、そして近年では初期ハーバーマス[45]などのフランクフルト学派の思想家である。

プラグマティズムのイメージは、現在では曖昧である。それには二つの理由が存在する。一つは、その主唱者にかんする説明ができず、不確実であることが挙げられる。そのゆえに、プラグマティズムの豊かな懐のなかで、分析哲学を名乗る難民たちは例外なく苦しんでいる。例えば、ローティやパトナムといった近年の有力な論者は、ジェイムズに力点を置いている。とりわけローティの場合には、パースの代わりにデューイに力点が置かれている。プラグマティズムのイメージが曖昧なもう一つの理由は、デューイが認識の問題から背を向けたことにある。認識論というテーマに対してプラグマティズムの貢献が有用である点に注意を促して、認識論を軽視する傾向に逆らうことは、有益であるように思える。第四章の「認識論としてのプラグマティズム」の議論では、この運動の由来が、デカルト的基礎づけ主義に対するパースの批判のなかに位置づけられる。デカルト的基礎づけ主義は、近代の認識の主要な戦略であり、認識に対するポスト基礎づけ主義的アプローチの形成という、パース自身の重要な努力へとつながっている。本章は、認識論に対するパースの関心の衰退というよりも、むしろ崩落を、ジェイムズの真理観とともに考察する。また、公共的知識人としてのデューイの姿勢を考察する。そして最後は、プラグマティズム的懐疑主義というローティの新しい分析哲学の形式についての考察で締めくくる。

第五章は「現象学としての大陸哲学」を考察する。ここでは、大陸哲学という潮流を、広く現象学的伝統のうちに据えたい。フッサールが現象学のアプローチを創り出した、としばしば主張されている。だが、これは正しくない。この主張に代わって、私は、フッサール以前の現象学の形式を再検討することによって、彼が一つの新しい種類の現象学を発見し、桁外れの影響を及ぼした、という点について論じたい。フッサールは、ほどなくして厳密な学としての哲学というテーマをはっきり見定めるにいたる。私は、このテーマに終始関心を持ち続けた彼の姿を描き出してみたい。彼は、認識問題に対する一つの解決策として現象学を強調した。しかし、こうした現象学の重視は、やがてハイデガーが存在論へ、いっそう正確に言えば、存在の意味の問題へと向かってゆくなかで消去していった。サルトルとメルロ＝ポンティは[46]、ハイデガーに対しても、またフッサールに対しても同様に忠実であった。私は、サルトルとメルロ＝ポンティについては、フッサールとハイデガーという二重の観点から論じることにしたい。ガダマーとデリダは、初期ハイデガーの立場である解釈学的衝動を推し進めた。この点で、両者はともにハイデガーの傑出した弟子と言えるが、彼らはその術語から認められるどのような意味でも、事実上現象学を放棄している。

分析哲学は、これまでつねにさまざまな傾向を含みこんできた。イギリスの分析哲学の創始者であるラッセルとムーアがまったく異なるアプローチを重視したことは、その少なからぬ理由である。第六章の「アングロ＝アメリカの分析哲学」の議論では、フレーゲに対するラッセル独自の反論をつうじて、またラッセルとムーア両者の観念論の拒否をつうじて、この点を記述し、浮かび上がらせることにしたい。[47]本章には、分析、分析性、分析哲学の議論、ウィトゲンシュタインの前期と後期の理論にかんする説明、またウィーン学団の思想家に対するウィトゲンシュタインの影響にかんする説明を含んでいる。本章は最後に、主としてクワイン、パトナム、デイヴィドソン、ローティを参照しつつ、第二次世界大戦後のアメリカにおける分析哲学について簡潔に論じる。

最後の第七章は「カントと二十世紀の哲学」というテーマを取り上げる。本章は、関連のある三つの点について論じる。最初に、二十世紀哲学の四つの主潮流に対するカントの影響が及ぼす意外な広がりと深さを強調する。私が明確にさせたいことは、カントに対して見込まれる反論の純然たる範囲にある。その理由は、二つ存在する。一つは、カントの著作の大半がもともと不明瞭だという点である。もう一つは、明らかに認識にかんして同一とは認められない異質の両立不可能な見方をカントが主張しているという事実である。私が論じたいのは、後者についてである。もっとも、これらは偉大な哲学者にかんしてはよくあることであり、カントの場合にとくに当てはまることである。そこで本章は、本書全体の議論の背景に沈んでしまったこの問題を扱うことにする。二十世紀の哲学では何が成し遂げられたのか。二十世紀の哲学の主要な傾向のすべてに対して、カントは力強く、いつまでも途切れることなく、深く影響を及ぼしている。これによって、こうした影響の成果は、批判哲学の諸問題やさまざまな主題や関心に相対するかたちで評価されうる、ということが示唆されている。二十世紀の哲学による主要な成果は、カントの関心に即してみれば、彼を追い越しているわけではなく、むしろその主題を変更している。私はこの点を論じたいのである。これはいわば、一連の異なる論点や問題点を描き出し、それに応答することを目的としている。最後に私は、カントに対するいちはやい応答の方向に賛同しつつ、カント以後の最も重要な革新は、カント以後の観念論者が歴史へと転換を遂げた点にある、と主張したい。ヘーゲルは、この転換にきわめて鮮やかに焦点を絞ったが、その後すぐさま忘れられてしまった。二十世紀の哲学は、カントから明らかに影響を受けながらも、カントが切り開いた道をさらに掘り下げようとしていない。そればかりか、歴史から背を向けた点から言えば、二十世紀の哲学は、認識論的問題を形作るためには間違いなく核心をなすはずの十九世紀後半の重要な洞察までも、大部分見落としているのである。

第一章　二十世紀の哲学の解釈に向けて

本書の以下の説明では、二十世紀の哲学を取り上げ、西洋哲学だけに限定するつもりである。このように限定する理由は、他の種類の哲学が存在しないからでもなければ、西洋哲学だけが真に興味をそそる種類の哲学であるからでもない。インドや中国の哲学の伝統は、西洋の哲学に比べて倍以上も古く、おそらく西洋の哲学とまったく同様に興味深いものである。あるいはフッサールが考えたように、西洋の伝統の外部では哲学と呼ばれるものが哲学の名に値しないからでもない。フッサールの見解は、哲学についての規範的な概念を含んでおり、この概念には、他の観点が欠けているのである――誰もが、この規範的な概念を擁護しようとは思わないであろう。(1) われわれは、たとえ西洋以外の哲学を考察できたとしても、関心を寄せることは西洋の伝統のなかだけでも有り余るほどある。また、私は、この伝統のなかだけでも、ここで取り上げることについてほぼ何でも幅広く説明することができるのである。

哲学の論争は、党派性がきわめて強く、しばしば偏狭にすぎる。哲学は、哲学に関与する者が主張するほど完全に公平無私であるわけではなく、政治的な次元をもっている。哲学に関与する者は、論証をとおしてさまざまな立場や考えや理論のなかからどれが真実らしいかを確かめることよりも、どれが注目に値するかを決めることにしばしば強い関心を寄せている。私は、西洋哲学に限定するとしても、「哲学」をどのように理解すればよいかについて、非常に幅広い見解をとりたいと思っている。われわれは、あれこれの傾向や運動、また動向を明らかな規範とみなして肩入れし、何が正しいのか、あるいはさらに何が確からしいのかを決める基準とする。私の意図は、それをすっかり止めるとは言わないまでも、少なくともそれを避けることにある。およそ立場のない見解は存在しないのだから、私の場合を含めて議論の説明はすべて、一つの観点から構成されている。私は、唯一可能なアプローチを採用する、と言うつもりはないが、本書で与えられた紙幅の範囲内で、またできるだけ包括的なアプローチを丹念にたどりたいと思う。

解釈のために何らかの枠組みを設けなければ、二十世紀の哲学のテクストを考察する有効な方法はない、と私は思う。そのさい何らかの枠組みを設定しなければ、テクストを再生産するだけになるであろう。テクストを特定し記述し始めるや否や、解釈が入り込んでくる。他のあらゆる分野と同様に、哲学の場合でも、さまざまな見解が競い合っている。それらの見解が、哲学上の論争がもつ本性の理解やさまざまな思想家および立場の関係、また先行する歴史への哲学のかかわり方などといった要素に影響を与えている。近代をとおして現在にいたるまで、哲学は哲学史から分離されなければならない、といった意見をもつ重要な潮流がある。この見解の特徴は、哲学が体系的であって歴史的ではないと理解する点にあり、この理解は、哲学から哲学史を排除している。このモデルによれば、哲学は歴史的な企てではなく、哲学史は哲学に関係することもなければ、真理の源泉でもない。事実、どうでもよいことに煩わされないように、理論を構築する過程では、これまでの哲学の理論をまったく考慮しないほうが楽であり、それが哲学の仕事を前進させるためになる。先行する伝統のなかに残しておく価値のあるものが何もないなら、先立つものをただ継承し、選び出して自分のものにして、とにかくその先へ進もうとするようなことがあってはならない。取っておくべきものが何もないのであれば、すべてを新たに定式化して、まったくの白紙から始めることが得策である。こうした見解によれば、われわれは哲学を科学のように扱うべきである。科学は、一連の問題に対して決定的な解答を提案する。つまり科学は、後になって疑われることもなければ、疑われることもありえない解決を提案する。われわれは、哲学もまた、このような解決を提案するものとして扱うべきである。哲学にかんするこうした規範的な概念は、デカルト以降の哲学で広く受け入れられている。この規範的な概念は、哲学史に関心をもつ人もいれば、哲学に関心をもつ人もいる、というクワインの実にデカルトらしい格言（*boutade*）によって表現することができる[2]。

　哲学に対するこのような非歴史的アプローチには、さまざまな側面があり、それらの側面は、近代の議論のなかに蔓延している。そのなかには、デカルトの次のような見解が含まれている。すなわち、等しい能力をもつ人々の意見が一致しない理由は、たんに彼らが正しい方法を使わないからである。例えば、科学主義が出現したときに、科学的方法としてのちに理解されたものによる方法を使わないからである。また、これまでの理論は、すべて非批判的ないし独断的であるから、その主張の証明に失敗している、というカントの考えもある。哲学そのものはヘーゲルのうちで終焉を迎えた、という青年ヘーゲル派の確信もそうである。哲学の問題は、マルクス主義の科学に賛成し哲学を放棄することによってのみ解決できる、というマルクス主義者の信念もやはりそうである。伝統のうちには隠れたテーマが一つだけあり、このテーマは、現象学という自分の流儀で正しく特定され、温存され、展開される、というフッサールの主張もまたやはりそうである。ソクラテス以前の初期ギリシア哲学者たち以降、哲学は正道を踏み外しており、それゆえ哲学を正しく取り戻すために哲学史を「解体」しなければならない、というハイデガーの主張もまたやはりそうした実例である。

私は本書で、もう一つの見解をとくに取り上げる。その見解は、哲学と哲学史とが分離できないと考える。このモデルによれば、哲学は偉大なソクラテスの対話に似ている。その対話のなかでは、年老いた思想家が問題や解決、概念的な区別を提出し、若い思想家がそれを引き継いでいく。哲学が興味を寄せる事柄は時代を超えて論争されるが、しかし必ずしも解決されるとは限らない。哲学者の論争には制限がないのであるから、終わりがない。しかもこの論争は、止めることもできなければ、優れた洞察によって終了することもできない。あるいは哲学が興味を寄せる一連の事柄でさえ、どのような立場であれ検討に値するかぎり、新たな議論を引き起こすことは不可避である。もしこれが本当であれば、哲学は非歴史的ではなく、少なくとも二つの点で本質的に歴史的である。一方で哲学の見解は、例えば世界と比較することによって証明することができないのであるから、むしろ議論に関与する者のなかで論証をとおしてテストされる。哲学の理論は、つねに継続中の議論に依拠するから、後になって反論される危険が絶えることはない。後世の思想家は、先行する思想家が提案する考えや問題、区別や解決に取り組み続ける。他方で哲学者は、誰でもそうであるように、その時代と場所に影響されるのであるから、しばしば哲学の論争の対岸にありながら、しかしまたこの論争にインパクトを与える要因に影響されている。西洋社会の大規模な変化が、九・一一〔の無差別テロ〕の結果として今まさに起こりつつあることはほぼ間違いない。しかも、その輪郭を予感することも理解することもできない大規模な変化が、われわれの予想もできない仕方でいず

れ哲学に影響を与えるであろう。このように考えるひとが存在するかもしれないのである。(3)

哲学に対するこのような歴史的アプローチには、さまざまな側面がある。それらの側面は、プラトンの初期の対話篇に由来する。多くの思想家は、そのさまざまな側面を近代の論争のなかで表現している。その実例には、有限な人間存在としての主観についてのフィヒテの見解がある。[1]哲学は現在および過去の思想家の間で継続する対話である、というヘーゲルのソクラテス的な見解もある。認識による主張は社会的な文脈に相対的である、というマルクスの考えもそうである。哲学の問題は生活の圧力や緊張から生じる、というデューイの確信もまた、そうである。真または偽であるという事実確認的な主張は、真でも偽でもない概念枠に依存する、という後期ウィトゲンシュタインの見解もやはりそうである。われわれが事実と呼ぶものは社会的に構成されている、というフレック[2]の信念もやはりそうである。そして科学的探究の実践は、ある科学のパラダイムから他のパラダイムへの周期的な革命的転換によって組織されている、というクーンの主張もまた、やはりそうなのである。

私は、二十世紀の哲学上の論争を説明するさいに、哲学について対話的で歴史的な見解をとりたいと思う。私は、哲学の主要な傾向がより大きな論争に属する、と見なすつもりである。さまざまな潮流の代表者は、これらの運動のおおまかに限定された概念枠のなかでもっぱら研究しているか、それとも、もっぱらその枠の内部で研究している。彼らは競い合って、例えば、提案された考えを検討したり、興味をそそる問題を解決することによって、その枠組みの狙いとすることを実現する。しかし、ある特定の観点を擁護しようと躍起になっている思想家でさえ、どの問題に意義があるのか、どのようにそれを論じるべきかをめぐって競い合う、諸傾向の対話に関与しているのである。

哲学上の論争と暦の上での時間とが完璧に一致することは決してない。二十世紀の哲学に言及するとき、私はこの言葉をかなり広く理解する。私は、フレーゲやエンゲルス、フッサールやパース、そしてデューイといった、二十世紀が始まる以前にすでに活躍していた思想家を含める。さらに私は、いくつかの傾向にとって重要な思想家たちを含めたいと思う。しかし、彼らはあまり重要でない、あるいはこの種の書物に含めるには値すらしない、と他の傾向の代表者は思うかもしれない。

二十世紀の西洋哲学の説明はいずれも、どの思想家を、そして/あるいは、どの傾向を一般的な説明のなかでも論じる必要があるのか、またそれらをどのように議論すべきか、と問う必要がある。ある思想家は、存命中は重要であったが、しかし後に忘れられてしまった。またある思想家は、異なる観点から見れば、おそらく重要であるが、しかし注目を集め続けることが決してできなかった。こうした思想家は、哲学史にはあふれている。ここでは非常に多くの思想家について議論するかもしれないので、何らかの選択の原理、すなわち、私が語りたい物語に誰を含めて誰を排除するのかを選別する方法が必要になるであろう。

例えば、一連の主要な人物が、どのような名簿一覧であれ、その時期の最も意義ある思想家の名簿一覧の絶対的な中心である、と考えるひとがいるかもしれない。私は、この種のアプローチを採用しないことにした。というのは、評者全員を満足させるようなリストを作成する方法は存在しないからである。プラトンが紀元前三八五年ごろ、古代ギリシアに学園を創設した以前でさえ、哲学はすでに諸学派へと組織されていた。こうした慣習は、近代には拡大した。およそカント以降、哲学者は、きわめて少数の選ばれた思想家の介入から起こる傾向や潮流、あるいは運動のうちで、ますます組織化されるようになった。言い換えれば、きわめて少数の「強力な」つまり「支配的な」思想家が議論のなかで磁石のように作用して、他の「弱小な」思想家を惹きつける傾向がある。そして「弱小な」思想家は、「強力な」思想家の航跡のうちで思索し、その問題や考え、区別や関心を採り入れることになる。こうして若きフィヒテは、さらに若きシェリング[3]やヘーゲルを惹きつけ、彼らは少なくともその活動の初期には、自分たちがフィヒテ主義者であると自称した。そして彼らは、後に意見を異にするようになった。このことは、特殊な思想家という点から見るよりも、むしろきわめて少数の主要な運動や傾向、観点や哲学の仕方をとおして、二十世紀の哲学にアプローチすることが有利であることを示唆している。

この種のアプローチは、主要な二つの方法としてとりわけ有益である。一方で、このアプローチは、少数のより広い傾向がもつ射程のうちで、主要な人物を考察する。この考察によって、継続中の論争は、どの時代であれ、哲学のきわめて少数の主要な選択肢の帰結をたどっていることが合理的に理解できるようになる。例えば、知識へのアプローチは、知識について論述する思想家の数とほぼ同数存在する。しかし論争が収まったときには、きわめて少数の例外はあるにせよ、残っている立場のほとんどは、いつでも、すでにある少数のテーマやアプローチ、語彙や区別によるヴァリエーションにすぎないのである。さまざまな傾向の代表者が、他の傾向の代表者と論争することができない理由は存在しない。しかしこのことは、実際のところ比較的に稀である。どの時代であれ、哲学の全領域あるいは主要領域で起こっていることについて真実を知っているのは、きわめて少数の思想家だけである。彼らだけが、論争となる同時代の主要な諸潮流について真実を知っている。ある一定の潮流のメンバーは、その潮流が重要であることを批判ないし過小評価しようとする外部からの努力に抵抗する一方で、その潮流を支持する他のメンバーと影響し合う傾向がある。

さまざまな運動は、しばしばまったく異なるので、それらの間で生産的な対話を本当に実現できると想像することが困難である。現在のアメリカ合衆国では、二つの、それもただ二つの主要政党が哲学上の覇権を求めて政情を二分している。どの時代であれ、二つ以上の哲学の主要傾向が争い合っているにしても、哲学の状況もほぼ同様である。ある政党のメンバーであることは、一連の目標にコミットしていることをしばしば意味するが、他の政党は、この目標を共有せず、これに対立する。まさにこれと同様に、ある哲学の傾向に帰属することは、他の可能性を失わせ、それ以外の傾向と何とか対話しようとすることを困難にする。カルナップは、重要な実証主義者として、ハイデガーという重要な現象学者と対話しようとした。カルナップのようなひとの努力と思われているものは、たしかに稀であり、おそらくカルナップの努力と考えることは正しくないのであろう。(4) たしかにカルナップは、ハイデガーを無意味な言明の作者と見なして論争し続けたのだから、彼がハイデガーと意味のある対話をしたいと心から望んでいたという主張は、かなり疑わしくなる。(5) こうした理由から、二十世紀の哲学の論争を記述するときには、哲学の主要な運動に狙いを絞ることは有益であるように思われる。

トミズムおよび新カント学派は、二十世紀における哲学の主要潮流にかんする手軽なリストに含むことができる候補である。十九世紀末以降、トミズムはカトリック教会の公認の立場となっている。重要な二十世紀のトミストには、エチエンヌ・ジルソン、[4] ジャック・マリタン、[5] そしてバーナード・ロナガン[6] のような人たちがいる。しかし全体として見れば、この運動は他の運動に比べて哲学的に重要ではないように思われる。しかもこの運動は、継続中の論争から遠くかけ離れていることはたしかである。ドイツの新カント学派は、リストに含まれるもう一つの候補である。この新カント学派は、より困難な選択肢を与えている。この傾向に属する人物のなかでも、ヘルマン・コーヘン[7]はおそらく個別に論じる価値がある。また、エルンスト・カッシーラー[8]は、たしかに個別に論じる価値がある。しかし私は、この傾向を含めないことにした。この傾向は二十世紀では重要である。しかしこの傾向は、一八三一年のヘーゲル死後のヘーゲル学派の解体、続いてカントへの回帰を引き起こした反ヘーゲル主義の反動、という文脈のなかでいっそう意義をもつ。ヘーゲル学派の解体や反ヘーゲル主義の反動は、本書の射程を超え出る時期、つまり十九世紀後半のことである。

もちろん、ある一定の時期における哲学の傾向を考察する仕方は、一つに限られるわけではない。特定の言語や特定の国家の伝統、あるいはまた哲学の特殊なアプローチや概念、問題という点から見て、一群の著者を選択するといったような、さまざまな組織化の原理が試みられるかもしれない。ジョン・パスモア[9]は、『哲学の百年』という表題のもとに、イギリスの哲学の有益なプロフィールを描いている。(6) しかし、この時期における哲学の立場の多くを、イギリスの哲学者――パスモアはウィトゲンシュタインのような他の国の哲学者も含める――に還元する理由はないように思われる。あるいは、この時期における哲学の立場の多くを、英語で出版されたものだけに還元する理由はないように思われる。あるいは英語で書かれた哲学書を、他の言語や文化、知的伝統のなかで書かれたものよりもある点で優れているとか、より重要である、より注目に値するなどと見なす理由はなおさらないように思われる。リチャード・バーンスタイン[10]は、行為概念を中心にしてまったく異なる哲学集団を寄せ集め、実践（*Praxis*）についてのマルクス主義の概念を含むほど広範に及んでいる。しかし、彼の努力はいまや時代遅れであると思われる。行為論は、バーンスタインの書物が出版されたときには重要であると思われた。だが、この行為論は、分析哲学の内部でさえ、まして二十世紀における哲学にとってはなおさら、もはや中心点として機能していないのである。(7) ヘルベルト・シュピーゲルベルク[11]は、彼が「現象学運動」と呼ぶものについて、非常に多くを物語っている。しかし、この言葉と彼の説明は、誤解を招く恐れがある。というのは、彼の考えていることが現象学一般ではなく、むしろブレンターノ[12]とシュトゥンプ[13]を先駆者とし、フッサールによって創始された、現象学的な傾向だからである。(8) ユルゲン・ハーバーマスは、カント流の啓蒙された思考から生じる、近代のいわゆる「未完の」哲学的ディスクルスを論じている。(9) しかしわれわれは、啓蒙のプロジェクトに対する反動以上のものにかかわるであろう。

以下の研究は、例えばパスモア[14]やシュピーゲルベルク、あるいはハーバーマスよりも、バーンスタインやマイケル・フリードマンに気持ちの上では近いであろう。だが、バーンスタインとフリードマンは、まったく異なるアプローチをとっている。私は、バーンスタインのように、哲学の議論について、この場合は二十世紀の議論について、大まかな全体像を提供するよう努めたいと思う。私は、フリードマンのように、主要な思想家たちが対話に関与していると考える。しかしながら、彼とは異なり、私はある対話を記述したいと思う。その対話は、他の立場にかかわろうとする、きわめて少数の重要な哲学者の努力から直接に帰結するのではない。むしろその対話は、哲学の本性から直接に帰結する。哲学は、意識的であれ無意識的であれ、つねに諸世紀を超えて継続する論争のかたちをとるからである。

私が本書で論じようとする運動――マルクス主義、プラグマティズム、大陸哲学、そしてアングロ゠アメリカの分析哲学――は、それぞれさまざまな仕方で、これまで時の試練に耐えてきた。これらの運動は、それぞれ二十世紀の変わり目ごろに開始された。これらはいずれも、二十世紀をとおして主要な思想家の多くを惹きつけた。しかもこれらの運動は、それぞれに固有な独特の視点から、この時期で唯一最も重要な哲学の傾向や運動ないし学派である、と主張している。

本書での議論にこれら四つの異なる視点からアプローチすることは、二十世紀の西洋哲学について幅広いイメージを物語るときに有益である。しかし、このアプローチには困難がないわけではない。それは、どの分類もある可能な候補を含むこともあれば排除することもある、という明白な困難である。この場合に、私はドイツの新カント学派を含めるつもりはないので、カッシーラーというきわめて重要ではあるが、正当に評価されていない思想家について、多少とも触れることは決して容易ではない。本書で提案された分類から漏れるもう一人は、ホワイトヘッド[15]である。彼は、もしもどれか一つの傾向に属するとすれば、プロセス哲学者のメンバーになるであろう――プロセス哲学者とは、ベルクソン[16]や、プラグマティストにも属するジェイムズを含むような集団であるが、しかし彼らは本書の考察の射程からは逸脱している。

もう一つの困難は、この分類を含めて、どのような種類の分類にも生じる。それは、例えばある一定の傾向にかんして、まさに何が主張されているのか、という困難である。ある一定の思想家ないし立場が、ある傾向ではなく他の傾向に属すると言うことは、何を意味するのであろうか。誰がどの傾向に属するのかを正確に決定できるのであろうか。

これらの問いは関連しているのだから、その解答も関連している。西洋の哲学の伝統をとおしてさまざまな潮流が、ごく普通に、少数の個性的な思想家と同一視されてきた。少数の例外的な思想家の場合、後の哲学は、何百年あるいは何千年もの時期にわたって継続中の論争にかかわっている。ホワイトヘッドが、西洋の哲学はすべてプラトンについての一連の脚注であると主張したことは有名である。[10] もしそれが本当なら、いわば西洋の哲学者は、すべてプラトンの子孫と見なすべきである。実際には、この主張はさまざまな仕方でその行き過ぎを和らげる必要がある。誰がプラトン主義者であるかを知るためには、「プラトン主義」が何を意味するかを知っている必要があろう。プラトン主義は、他の哲学の傾向と同様に、規範的に明確にすることができるだけである。すなわち、プラトン主義は、評者の見解のうちでプラトン主義の意味に属する、さまざまな基準を列挙することによって、明確にすることができるだけである。プラトン主義は、プラトン自身の立場から区別する必要がある。プラトン自身の立場は知られておらず、いまやまったく決定することができない。最小限のことを言えば、プラトン主義は一連の六つの関連する学説を含んでいる。すなわち、第一に、現実つまりリアリティーがある、という存在論的な主張である。言い換えれば、心から独立した世界が存在する、ないし世界がそれ自身で存在し、その現われから区別されるあり方が存在する、ということである。第二に、知ることはリアリティーつまり現実そのものを知ることである、という規範的な考えである。第三に、われわれはそうした知識をもつことができるのであり、適切な条件のもとでは実際にもっている、という事実確認的な主張である。第四に、そうした知識は絶対的であり、「非相対的」であり、いずれにせよ相対的ではないのだから、特定の知るひとや知るひとの集団、あるいは一定の時間や場所、観点やパースペクティヴ、概念枠や文脈に相対的ではない、という関連する記述的な見解である。第五に、知識は懐疑主義を受け入れないのだから、どのような種類の懐疑でも受け入れない、一言で言えば仮説的ではない、という主張である。そして第六に、形相やイデアを扱う標準的な仕方である議論の結果のほかに、現実は直接に知ることができる、例えば、少なくともある個人によって、あるときに、ある種の知的直観をとおして知ることができる、という考えである。

これらの学説の実例となる立場を採るひとは、プラトン主義者と正当にも呼ぶことができるであろう。だが、どのようにしてひとは、それを知るのであろうか。その答えは、ある特定の立場が一定の傾向のうちに含まれるに値するかどうか、ともかく値するとしても、もしそうならば、どの程度値するのかを決定するときに、主観的な判断以外には利用できる選択肢がまったくない、ということにならざるをえない。幸運にも実際は、例えば、誰がプラトン主義者であるのかという問題は、解決することが困難ではない。というのは、プラトン主義者が、他のプラトン主義者の見解に応答し議論するなどの傾向があるからである。誰がプラトン主義者であるのかを正確に決定することはできないが、プラトン主義者は、他の傾向のメンバーと同じように自分で選択するのだから、自分で特定するのである。

おそらくいっそう困難な問いは、領域を横断する現象にかんして生じる。それは、魚でもなければ鳥でもない、あるいはむしろ魚でも鳥でもあるから、それらのいずれでもない思想家、一言で言えば、標準的な基準にしたがって分類することができないような思想家である。プラトンは、プラトン主義者であってプラトン主義者ではないのだから、おそらく一つの実例であろう。彼の立場は、どの程度であれ正確に決定できないのだから、われわれは、彼がプラトン主義者であると言うことはできない。しかし、プラトン主義は彼の著作によって影響されているのだから、プラトンがプラトン主義者ではない、あるいはプラトン主義に反対していると言うことは容易ではない。ホワイトヘッドは、いくつかの意味で真に領域を横断する人物であり、もう一つの実例を提供している。彼が、自分の生徒であったバートランド・ラッセルとおよそ十数年にわたり共同で研究を行ない、『プリンキピア・マテマティカ』を著述したことはよく知られている。ラッセルは、イギリスにおける分析哲学の創始者の一人であり、分析哲学者と見なされるのはごく普通のことである。ホワイトヘッドがある計画に基づいて分析的な思想家と共同で研究を行なったという事実は、彼もまた分析的な思想家に分類するのに十分であろうか。おそらくある意味では十分であろう。しかし別の意味では、彼はベルクソンやジェイムズに近い。彼らは二人とも、分析哲学に反対であった。私が以下で議論するつもりの四つの主要な傾向は、哲学の他の傾向と同じように理念型[17]にすぎず、さまざまな立場のうちにさまざまな程度で例示されるにすぎないのであり、どの立場も完全には、どちらの傾向でもない。このことは間違いないであろう。領域を横断することは、さまざまな立場の間で共通している。それらの立場は、さまざまな仕方で選択すべき概念枠を特徴づける実例となり、互いに「混血する」に応じて、これらの概念枠へのかかわりに程度の相違が生じるのである。

私は、二十世紀の哲学の論争における四つの主要な傾向の枠組みのうちで、さまざまな立場を論じようと思う。しかも私は、カントに関連させて、二十世紀の哲学の論争を論じようと思う。カントは、偉大な哲学者であるだけではなく、西洋の伝統におけるきわめて少数の真に偉大な思想家の一人である。彼はまた、大きな影響力をもつ人物であり、その立場は、しばしば決定的な仕方で後の論争にインパクトを与え続けている。二十世紀の哲学の主要な運動は、十九世紀の哲学の中心傾向であるカント以後のドイツ観念論やドイツの新カント学派のように、すべてさまざまな仕方でカントに応答している。カントに目を向けて、彼を最近の哲学の論争を理解する基準とする理由は、近代哲学のうちで並外れた彼の才能に由来する。近代哲学の議論全体は、少数の独創的な人物によって大部分決定されている。近代哲学がデカルトのうちで始まるにせよ、そうでないにせよ――こうした示唆は、しばしば提出されるものの、支持することは困難である。というのは、しばしば注意されるように、デカルトの立場は、近代および前近代のいくつかの立場、とりわけモンテーニュおよびアウグスティヌスの立場[18]や前近代の学問[11]と連続しているからである――知識の問題をめぐる近代の論争に焦点を絞るとき、カントがとりわけ影響力のあることは明らかであるように思われる。二十世紀の主要な思想家は、意識的であれ、たいていは無意識的であれ、カント的な伝統の共有に基づいて互いに対話して、その伝統をさまざまな仕方で理解しつつ、その理解はしばしば著しく異なっている。このように私は、強く主張する。言い換えれば、主として後の論争全体は、しばしば正しく評価されないほどに、多くは両立不可能なカントの読み方の選び方によるのである。

カントの批判哲学は、後の伝統のなかで四つの主要な転機に並外れた影響力を及ぼしている。第一に、『純粋理性批判』（一七八一年、一七八七年）という彼の最も重要な著作の出版直後に起こった論争のなかで、カントの立場は、ただちにきわめて重要であると認められた。彼の立場は、J・G・ハーマン[19]やカントの弟子であったヘルダー[20]、そしてザロモン・マイモン[21]やG・E・シュルツエ[22]といった懐疑主義者を含む同時代人によって、拒絶されることもあった。しかし、彼の立場は、他の大勢の思想家によって、素人向けの作品としてだけでなく、さらに第一級の著作としても受け入れられた。カントは、その時の主要な印象を共有しなかった。その印象は、彼の批判哲学が重要ではあるが未完のプロジェクトを表わしている、というものであった。カントは、自著の第一版の評判に不満であった。彼は、この書物の第二版のために執筆した新しい序文のなかで古い宗教上の区別をふたたび取り上げて、批判哲学の文字と精神とを区別する必要があると示唆している。[13]カントの示唆にしたがって、カント以後のドイツ観念論者を含む一連の同時代の思想家は、批判哲学をその精神に従って、もし必要ならその文字を無視しても、再定式化しようとする努力を引き受け続けた。この努力は、今もなお続けられており、最近ではハーバーマスが最も明白な実例を示している。

K・L・ラインホルト[23]という他の意味では重要でない哲学者が、最初にこのプロセスを開始した。彼の後ただちに、フィヒテ、シェリング、そしてヘーゲル、それどころかおそらくマルクスといった重要な思想家が続いた。(14) 批判哲学を再定式化しようとする彼らの個人および共同の努力は、カント以後のドイツ観念論を生み出した。カントの同時代人は、彼の批判哲学が哲学における革命、すなわち、コペルニクス[24]の有名な天文学上の革命に影響され、この革命とほぼ等しく重要な革命に基づいている、と信じた。カント以後のドイツ観念論は、第二の批判的な転機を構成する。それは実質的に、批判哲学を仕上げて、カントのコペルニクス的革命を前進させ、完成させようとする、一連の重要な思想家が引き受けた努力であると見なすことができる。

カントがきわめて大きな影響力をもっていた第三の転機は、ヘーゲル死後の反ヘーゲル主義の反抗[25]のうちにあった。ヘーゲルが影響力の絶頂期に死んだとき、アルトゥール・ショーペンハウアーやJ・F・フリース[26]のような敵がいたが、彼は、その時代の最も重要な思想家として広く認められていた。しかしながら、こうした状況はたちまち変化することになった。すなわち反ヘーゲルの反動が、一八三一年の彼の死後ただちに始まったのである。この反動には二つの特徴がある。その一つは、ヘーゲル主義者の間での彼の遺産の支配をめぐる闘争であり、彼らはすぐに右派と左派とに分裂した。右派のヘーゲル主義者は、みなドイツの大学制度のなかで職を得ており、ヘーゲルの立場の神学的な見方を提案して、それが賞賛に値すると考えた。これに対して左派のヘーゲル主義者は、マルクスを含め、そしてただ一人エドゥアルト・

ガンス[27]を除いて――ガンスはベルリン大学で法学の教授であった――、大学制度のなかで職に就いていなかった。彼らは、ヘーゲルのこの同じく神学的な読み方を受け入れたが、しかしそれが誤った立場であると見なしてこの読み方に反対したのである。

すでに言及したように、反ヘーゲルの反動の第二期は、一八六〇年代半ばに始まるカントへの限られた回帰のうちで生じた。ヘーゲルの死後、ヘーゲル主義は急速に衰えた。その理由は、部分的には近代科学の発展が進んだためであり、その発展は多くのひとにとって、ヘーゲルの思弁的なアプローチと矛盾するように思われた。カントへの回帰は、クーノー・フィッシャー[28]とエドゥアルト・ツェラー[29]という重要な哲学史家によって準備された。フィッシャーは十巻の哲学史を書いており、そのうちの二巻がカントに充てられている。ツェラーは、重要な古代哲学史家であり、ヘーゲル主義を批判するうちに、「認識論」(*Erkenntnistheorie*)という言葉を造りだしたようである。オットー・リープマンは、カントとその亜流についての彼の書物のなかで「カントに帰れ」という標語を掲げて、この運動に大きな弾みをつけた。(15) リープマンは、彼がカントの中心的な発見と見なした超越論的な次元を維持するが、物自体についての厄介な学説をまったく無視し、(16) ヘーゲルに従って、物自体をたんなる蒸留の残滓(*caput mortuum*)(17) と見なした。このようにしてリープマンは、カントの批判哲学の単純化された見方を説いたのである。カントへ回帰せよというリープマンの有名な呼びかけは、一連の新カント学派へといたる途上の一段階であった。この新カント学派は、一八七〇年から一九二〇年の時期に栄えた。二つの主要なカント学派は、マールブルクとハイデルベルクにあった。マールブルク学派には、ヘルマン・コーヘン、パウル・ナトルプ[30]、とりわけ才能豊かで博学なエルンスト・カッシーラーがいた。ハイデルベルク学派は、バーデン学派あるいは西南ドイツ学派とも呼ばれた――そのメンバーもまた、チューリッヒ、フライブルク、そしてシュトラスブルクを含む、その他のさまざまな場所で教鞭をとった――、そのうちには、クーノー・フィッシャー、ヴィルヘルム・ヴィンデルバント[31]、そしてハインリッヒ・リッカート[32]がいた。この時期の間に、カント研究の復興に関与したこれら二つの学派以外には、ハンス・ファイヒンガー[33]、フリードリヒ・パウルゼン[34]、アロイス・リール[35]やレオナルト・ネルゾン[36]、そしてゲオルク・ジンメル[37]がいた。

それ以後の論争に対するカントの影響の第四の段階、つまりきわめて最近の段階は、二十世紀の哲学、すなわち本書で議論する四つの運動にかかわる。私は以下の考察で、これらの潮流がそれぞれカントの関心や学説、区別や解決に応答し、これらを前進させるものとして理解できることを論じたいと思う。しかし、カントに対する二十世紀の応答に向かって、このことを論証する前に、私は、少なくとも輪郭だけでも彼の立場を記述する必要がある、と思う。そしてこれが、次章を占めるべき課題となるのである。

第二章　カントとカント以後の論争

二十世紀の哲学は、近代哲学を背景として展開した。前章で私は、二十世紀の哲学を含むカントの航跡のなかでの議論が、カントの批判哲学からさまざまな仕方で決定的な影響を受けていることを示唆した。本章では、カント哲学とカント以後の論争の最初の段階とを性格づけることにしたい。

カントの立場は、三つの『批判書』（『純粋理性批判』、『実践理性批判』、『判断力批判』）および、他の膨大な一連のテクストを含む多数の巻からなる彼の全集で明らかである。彼の批判哲学は、後代の論争に反響し続け、また、膨大で今も増え続ける二次文献による応答を喚起しながら、決定的な影響を及ぼし続けている。カントの立場は、広範に及ぶだけでなく、きわめて複雑でもある。ただ一つの章でもカントの立場を説明する場合には、その説明は、カントの立場全体やその詳細な解釈、またその解釈をめぐる二次文献について、何を言うことができるかという点で、必然的かつ厳密に制約されている。

しばしば専門的すぎるカントの立場には、きわめて広範な解釈を引き起こすという、きわだった困難が見られる。スイスのダヴォスで行なわれた有名な会談（一九二九年三月十七日〜四月六日）で、カッシーラーは、批判哲学を伝統的な認識論の立場から解釈することを弁護した。それに対して、ハイデガーは、カッシーラーや他の論者に反論を加えて、批判哲学が存在論の基礎を提供する、と論じた。(1)

ロドスのアンドロニコスは、「形而上学」という言葉を初めてアリストテレスに帰した。〔1〕それ以来、「形而上学」という言葉が二つの主要な意味を保持しているという点では、カッシーラーおよびハイデガーの両者は正しい。古代ギリシア哲学では、「形而上学」は「存在論」すなわち存在の学の意味で理解されており、それがとりわけハイデガーの関心を引きつけている。しかしながら、デカルトらによる近代哲学の開始以来、「形而上学」は、「認識論」すなわち「知識論」も意味している。カントは、主として後者の意味でこの言葉を用いている。カントは、自らの体系を簡潔に示す『将来の形而上学のためのプロレゴーメナ』(一七八三年)のなかで、まだ存在しない知識論の概略を研究している。(2)

カントの立場は、巨大なプロジェクトの初期のおおまかなスケッチを提供している。それは彼自身の死とともに、後代の思想家に遺された。カントは、無限に多様な分野で重要な仕事をしており、その分野には、少なくとも自然科学——例えば、彼は、宇宙の起源にかんするカント-ラプラス星雲説の共同提唱者〔2〕である——また、今では科学哲学と呼ばれるようになった自然哲学、認識論、倫理学、美学、宗教哲学、政治学、人間学が含まれている。彼の立場全体について議論することは不可能であろう。われわれに許された紙幅のなかで、私は、カントが最も影響力のある貢献をしている知識論に的を絞ることにしたい。知識論は、彼の多岐にわたる立場のなかで震源にあたり、後代の哲学に対する彼の影響のなかでとくに重要である。カントは、倫理学や美学のような分野で、重要でしばしば決定的な貢献をしたが、彼の知識論への貢献は、おそらく認識論的テーマが西洋の伝統全体を貫いているので、これまでも、そして現在もつねに、カントの立場のなかで最も影響力のある分野であり続けている。

知識の問題は、カントに始まるわけでもカントで終わるわけでもないが、彼が論争に介入したことによって、その形式を変更することになった。西洋哲学は、ソクラテス以前の宇宙論的な思索によって開始されるが、この問題は、西洋哲学と同様に古くからある。知識の問題は、パルメニデス[3]にまで遡るほど古くから、ギリシア哲学の主要なテーマである。パルメニデスは、現在のわれわれのアプローチに近い仕方で、知識の条件をめぐる問いを発した最初の思想家である。プラトンの『テアイテトス』は、現代の論者を惹きつけ続けている認識論を扱っている。この問題は、カントによる論争の転換に応答することによって、新たな仕方でカント以後も続いている。十九世紀のカント以後の主要な哲学的傾向（例えば、カント以後のドイツ観念論やドイツの新カント学派）や二十世紀の傾向（例えば、マルクス主義、プラグマティズム、大陸哲学、アングロ＝アメリカの分析哲学）はすべて、カントが知識の問題に再度力強く集中的に取り組んだことに、さまざまな仕方で応答している。

◆近代哲学の背景について

カントの立場も含めてどの立場にいたるとしても、最善の方法は、その立場を定式化するよう導いた問題を手がかりにする方法である。認識論が強い推進力をもつことは、カントだけに顕著であるわけではない。たしかにカントは、それが顕著であるという点では典型的である。しかし認識論が強い推進力をもつことは、西洋哲学の開始以来つねに顕著であり、とくに近代哲学の場合にはそうである。デカルトは、身分のたしかな知識の基礎が存在するという考えによって、近代哲学を認識論の軌道に乗せている。それは、近代哲学がしばしばそこから横道へ逸れるが、完全に外れてしまうことは決してなかった軌道である[3]。デカルトが与えた衝撃は、二十世紀を特徴づける考え方を結果として作り上げている。この考え方には、科学が、そして科学だけが知識の真の源泉であるという科学主義の基礎がある。

上述のように、近代哲学とそれ以前の哲学との間には明確な境界がないので、近代哲学という概念は曖昧である。これには反対の主張もあろう。だが、近代哲学はデカルトとともに開始される、としばしば言われる。ヘーゲルによれば、デカルトは最初の近代哲学者であるが、その理由は、彼が思考を原理とした最初の人物だからである[4]。しばしば主張されるように、近代哲学がデカルトとともに始まるのか、またはそれ以前に、例えば、モンテーニュとともに始まるのかは明確ではない。両者は、十六世紀のフィロン流の懐疑主義の再発見に応答しており、モンテーニュはこれを受け入れ、デカルトはこれを拒否する[5]。モンテーニュは、感覚に基づく知識を論難する。デカルトは、認識論的基礎づけ主義の概念を再導入することによって、感覚に依拠しない知識を基礎づける。両者は、主観性をつうじて客観性へといたるという、近代に特徴的なアプローチを導入することで、知識をめぐる主張を主観に基づけている。モンテーニュは、よく知られたフィロン主義者の結論、すなわち、私は何も、何一つまったく知ることができない、という結論に到達して、周知のように「私は何を知っているか」(*que sais-je ?*)、と問うている。デカルトは、モンテーニュと同じパースペクティヴから出発するが、前提されているにもかかわらず論証されていない実在の存在を問題にすることで、古代の懐疑主義を拡張する。彼は、この存在を問題にすることで、知識をめぐる揺るぎない確実な主張を求める。このような主張であれば、最も過激な形態の懐疑主義でさえ十分に打破できるとされている。彼は、人間の知識は終わることがないと主張して、モンテーニュに応答している。モンテーニュとデカルトは、人間存在と知ること、主観性と客観性とを結びつけることで、後代の議論で主要なテーマの一つとなる、認識論への人間主義的アプローチと呼ばれるものを開始している。

カントが登場したとき、二つの相争う潮流、合理論と経験論が支配的であった。彼は、これらを後に強力に総合させた。これら二つの動向の関係は複雑である。デカルト（一五九六―一六五〇年）とフランシス・ベーコン[4]（一五六一―一六二六年）は、合理論と経験論における初期の主要人物である。二人は、ほぼ同時代人であるが、それぞれの立場を独自に発展させている。しかし、経験論は、ロック（一六三二―一七〇四年）によって、すでに合理論に応答しているのである。

合理論と経験論は、世界を知るための、互いに異なった対極をなす戦略を提出している。いずれの場合でも、「世界」は、心から独立した実在として、すなわち、認識主観から独立して無関係にすでに組織されたものとして理解される。このパースペクティヴから見ると、知識の問題は、認識主観には決して依拠しない客観、したがって認識主観から完全に独立した客観を知ることにある。

独立した客観を知るためには、さまざまな戦略がある。古代ギリシアおよび近代の哲学の両者に見いだされる一つの戦略は、何らかの形の直観主義、すなわち心から独立した実在そのものを、直接、無媒介に捉えるという主張からなる。第二の戦略は、認識論的基礎づけ主義として知られるようになった。認識論的基礎づけ主義は、一般にデカルトと同一視されているが、彼の立場や彼の影響を受けた人々だけに決して限定されない。基礎づけ主義は実在論と同様に、多くの形態をもち、初期ギリシア哲学に深く根ざしている。基礎づけ主義は、理念型の形で最も容易に描き出される。「基礎づけ主義」という術語は、たいてい一つの認識論的戦略を意味すると理解される。そしてその戦略は、知をめぐる主張を認識論的基礎に関係づける。この認識論的基礎こそが真であると主張され、そこから理論の残りの部分も（厳密に）演繹されうる。また、この認識論的基礎は、心から独立したあるがままの実在についての知識を生み出すために、正しく適用されうる。「実在」という術語は、日常的には世界にある物事を指し、〔意味が〕拡張されると、人間の心の本性だけでなく、世界を指すために用いられる。基礎づけ主義の諸形態は、西洋哲学の歴史をつうじて、とくに近代の伝統のなかで広く普及している。間違いなく基礎づけ主義は、知識を求める近代の主要な戦略であろう。基礎づけ主義はもはや有効な選択肢ではないと、時には誤解されることがある。〔しかし〕それとは反対に、基礎づけ主義は、近代をつうじて広範にわたり一般的であり続け、必ずしもこの名で呼ばれてはいないが、二十一世紀初頭の今日でさえ、まだ一般的である。

デカルトによる基礎づけ主義的な論証にかんする説明は、よく知られている。この説明は、一連の段階を経て進められる。これらの段階には、第一に、彼自身が存在することの証明が、次に、神の存在の証明が、それから、神は欺かないという推論をつうじて、明晰かつ判明な観念は必然的に真であるという結論が、そして最後に物質的な事物の証明が含まれる。彼自身の存在の証明は、誰も自分自身の存在を合理的に否定することはできないという考察のうちにのみ成り立つ。デカルトは、外的世界の知識を望んでいるので、自身の心が信頼のおける知識の源泉であると知る以前に自分が何を知っているのか、という問題に自身が答えられない自己認識で論証を終えることができないのである。われわれの知的能力の信頼性を示すために、デカルトは、神の存在を証明し、われわれの理性能力の誤用のなかにある誤謬の源泉を探査するのである。

ロックの経験論は、デカルトの合理論から影響を受けてはいるが、また異論を唱えてもいる。ロックは、デカルトと同様に、観念という着想の上に自らの知識論を作り上げている。しかし彼は、観念の身分については デカルトに賛同するわけではない。デカルトは、神の観念が生得的であると信じているので、生得観念を認めている。彼は、『第一哲学についての省察』（一六四一年、一六四四年）で、「観念」という術語を、「事物《もの》の像」(6)に言及するために厳密に用いており、また観念が生得的か、外部に由来するか、主観が作り出したものかという点で区別する。(7) さらにデカルトは、われわれは神の生得観念をもっていると主張し、ガッサンディによる反論に答えて、数学的観念は感覚から引き出されるのではない、と論じている。(8) ロックは、知識を実際の経験に基づけ、あらゆる観念は経験に由来するので、誕生時の心は白紙（*tabula rasa*）である、とデカルトに強く反対する。そしてロックは、生得的な知識にかんする主張をことごとく退けるのである。(9) ロックは、『人間知性論』（一六九〇年）を開始するにあたり、あらゆる種類の生得的な知識についての可能性そのものを否定する。ロックによれば、われわれが知るものはどのようなことでも、感覚的経験にかんするわれわれの能力の使用をつうじてもたらされる。(10)

あらゆる形態の知識への経験論的アプローチは、ベーコンによってすでに定式化された二つの関連する主張を含んでいる。すなわち、すべての知識は経験に基づいている、という主張であり、またわれわれが知るとき、実は心は鏡のように作用している、という主張である。(11) これは、ローティが自然の鏡と呼び、波紋を広げている主張である。(12) ロックは、ベーコンの見解を改善して、単純観念と複合観念とを区別する。世界へとつうじるわれわれの唯一の通路は、世界についてわれわれが抱く観念であるのだから、知識の対象に対するわれわれの関係は間接的である。(13) ロックは、「観念」を「心象、思念、形象の意味する一切、言い換えると、思考に際して心が携わることのできる一切」、と定義している。[14] 観念は、それ自身では真理値をもたず、それ自身を超えたものを指示する場合にのみ、真または偽である。ロックは、三つの特定の事例を考えている。すなわち、どのようにしてさまざまな人が同一の名前を用いるのか、観念と独立した外的世界との関係はどうであるか、そして観念は、何であれ観念が指すものの本質を捉えているかどうか、という事例である。ロックは、経験に由来し、さらに名前が与えられた抽象観念を、事物の名前とその名前が指す事物との間に位置づけている。心のなかにある複合観念は、単純観念から構成されている。この単純観念は、神によって与えられているので、感覚と反省をつうじて心にもたらされるが、心が自ら創造することはできない。[15] 誤謬は、間違った判断によるのである。[16]

デカルトとロックは、観念が生得的か経験にのみ由来するかという主要な点で見解を異にする。両者は、独創的な人物であり、これらの哲学的パースペクティヴが歩みを始めるさいに、大きな影響力を及ぼす。だが、これらのパースペクティヴを彼らだけに帰することはできない。合理論と経験論との関係は複雑である。経験論は、合理論に異論を唱えるが、それとつながっている。両者の断絶は、知識への正しい道が、合理論の主張するように、心から世界へと導くのか、それとも経験論者が断定するように、世界から心へと導くのか、という点にある。経験論と合理論とを同一化することも、両者を分断することも、いずれも誤りであろう。経験論は、少なくとも五つの主要な点で合理論とつながっている。経験論は、世界をあるがままに知るために、心を世界と結びつけようとする。経験論は、合理論とこの努力を共有する。経験論は、心のなかの観念をつうじてそれを成し遂げようと努める。より正確に言えば、合理論と経験論は、いわゆる「観念の新しい方法」といういっそう大きな枠組みに属している。[17] この枠組みは、カント以前には、近代哲学の知識をめぐる議論を支配していた。さらに両者は、われわれの認識にかんする観念の正確さを保証するために、神に頼るのである。最後に両者は、有限な人間の知りうることに基づいた、知識への人間学的アプローチを採用する。一般的に言えば、カントは、批判哲学のうちで合理論と経験論との両者に応答しながら、この五つの点すべてを否定するのである。

◆同時代の哲学的背景に対するカントの関係について

カントの知的背景には、哲学だけでなく、古典学も含まれている。カントは、若い頃に古典学の教育を受けていた。実際彼は、例えば（ギリシア語、ヘブライ語、フランス語に加えて）ラテン語に精通していた。彼は、おそらく会話できる程度にラテン語を熟知していたので、『純粋理性批判』はドイツ語で著述されたが、実はラテン語で考案されたという見解がたびたび提出されるほどである。カントの立場の生成を説明する場合には、いずれにしても、科学、とりわけ彼が研究生活を開始した近代科学にかんする深い理解を考慮する必要がある。カントのまさに最初の論文は、ライプニッツの力の概念にかんする論文であり、地球の自転や地球の年齢などにかんする他の論文が数年後に続いた。カントのニュートン力学[5]への関心は、彼の思想を強力に動機づけ、彼は自身の全研究生活にわたり、自然科学に深い関心をもち続けていた。

カントの成熟した立場では、主張されるだけで論証されない独断的哲学と、主張も論証もされる批判哲学との間の根本的な区別が中心に据えられている。カントは、自身が出版した最後の書物のなかで、ただ一つの真の哲学だけが可能であって、それ以前の哲学は批判的でないので独断的である、と主張している。[18]このことは、哲学が批判哲学に始まり、批判哲学に終わることを示唆している。一言で言えば、哲学の名に値するのは批判哲学であり、批判哲学だけが真であって、それはカントに始まりカントに終わる、というのである。さらに、それ以前の哲学は、独断的であるのでそれ以前の思想家から学ぶものは何もない、と示唆している。しかし実際には、カントの哲学的な立場は、プラトン、アリストテレス、クリスティアン・ヴォルフ、[6]ライプニッツ、ヒューム、[7]また他の多くの哲学者を利用している。周知のように、彼は、プラトン自身以上にプラトンをよく理解している、と示唆している。[19]カントは、アリストテレスから、実体の分析を示す実体＝属性というアプローチを導き出している。また彼は、ヴォルフを十分に評価しており、ヴォルフが批判的な思想家であったなら、形而上学を科学へと転換しようとする自分自身の努力を先取りできたかもしれない、と述べている。[20]さらにカントは、ライプニッツから、因果性の問題に対する解答の中核である充足理由律を借用している。[21]『プロレゴーメナ』では、ヒュームがカントを独断的なまどろみから目覚めさせたという発言は、よく知られている。[22]この発言は、〔われわれ〕注釈者の世代にある示唆を与えてきた。その示唆とは、カントが言うように、ヒュームの問題を一般的な形で解決しようとするカントの努力のうちにこそ、哲学的背景に対する最も重要な関係が見いだされる、ということにある。

たしかにヒュームに対するカントの関係はきわめて重要であるが、デカルトに対する関係は、おそらくそれ以上に重要である。カント自身の説明によれば、ヒュームは、因果性を攻撃することで、カントに批判哲学への道を歩ませた特別の問題を提供している。デカルトは、カントが採用する知識論へのアプローチ全般に影響を与えており、カントは、自身の知識論のなかでヒュームが提示した困難を解決している。

同じ要点を別の言葉で表現すれば、ヒュームに対するカントの関係は否定的であるが、デカルトに対する関係は、肯定的かつ否定的である。すなわち、知識へのアプローチの骨格にかんしては肯定的であり、認識論的表象主義という点では否定的である。次節でわれわれが見るように、カントは、この両者を認識論的構成主義のために受け入れ、また両者を拒否している。

ヒュームによる因果性の攻撃に対する応答としてカントの批判哲学を理解する場合、このための正当化は、明快で説得力がある。ヒュームは、カントにとって重要である。なぜならカントは、ヒュームによる因果性への破壊的な攻撃がもたらす破滅的な帰結に気づいていたからである。それは、近代科学にとって、したがってまた、カントが形而上学についての将来の学と呼ぶものを含むあらゆる種類の知識にとって破滅的な帰結である。〔8〕ガリレオは、因果性に対する古いアリストテレス的なアプローチを、新しい概念を導入することなく破壊している。カントの因果性理解は、時とともに進歩している。初期の著作では、カントは、因果性をヴォルフ的な根拠へのアプローチと同一視しているように見える。[23] 十年後には、カントは、われわれが因果性を知覚することはできるが論証することはできず、因果性は経験に由来しなければならない、と示唆している。[24] もしもこれが真であれば、この後者の態度は、ヒュームにカントが応答することを妨げたであろう。見たところでは、ヒュームは、因果性を経験に基づけるあらゆる可能性を妨げている。

カントは、『純粋理性批判』のなかで、因果性を大部分ライプニッツのモデルに基づいて理解している。『モナドロジー』（一七一四年）や他の著作でも、ライプニッツは、充足理由律を提案している。あらゆる事実には理由があるが、なかでも〔*inter alia*〕偶然的な事実の連鎖のうちにある究極の理由としての神の存在を証明するために、この充足理由律は用いられている。[25] カントは、成熟した形式として、普遍的因果法則のかたちでこの立場を捉えなおして用いている。[26] 因果性をめぐって変遷する彼の見解のなかで不変の要素は、科学が因果性に依拠するという点にある。

ヒュームにかんするカントの見解は、近代科学が自然の因果分析に基づいているという彼の理解から生じている。ニュートンは、惑星の運動の因果分析を案出し、それによって、コペルニクスがたんなる仮説として立てた問題を決定的に解決する。[27] ヒュームは、因果性の土台を破壊することで、ニュートンのこのアプローチの土台、したがって近代科学の土台を破壊する。こうして、ヒュームによる因果性の概念の攻撃に直面して、知識を擁護するためには、因果性を再構築するような解決が必要となる。『プロレゴーメナ』の序文で、カントは、理性がアプリオリで必然的な結合を考えることはできないと示して、形而上学に対するヒュームの重要性を概説している。この普遍的な困難を解決するために、カントは、原因と結果との結合が、形而上学を形成する一連のアプリオリな結合のなかの一つに過ぎないことを認めて、ヒュームの問題を一般化することを主張するのである。[28]

デカルトに対するカントの関係は、吟味されることがあまりないが、その理由は、おそらくカントがフランスの先駆者たちへの非難——比較的控えめな不平の一つとして、デカルトには外的世界の存在を疑うという難点がある、とカントは述べている[29]——を多く述べているからであろう。デカルトに対するカントの関係は、深く、それゆえまた、カント自身の知識へのアプローチや、ヒュームが提示した謎の解決へのアプローチにとって重要である。例えば、カントとデカルトは、ともに客観へいたる道が必然的に主観を経由するという、知識に対するアプローチを展開している。換言すれば、カントは、デカルトのように、知識の第一原理、すなわち最高の疑う余地のない知識の基礎的原理である主観の概念に基づいて知識論を構成している。(30) 両者とも、知覚が世界を原因とする一つの結果であると理解する。そして、両者いずれの場合でも、知識の問題は、知覚の因果説にある。知覚の因果説とは、結果から原因へと遡及する推論を、言い換えれば、世界の表象からこの表象が表現する世界へと遡及する推論を示すことにある。

◆カントのマルクス・ヘルツ宛書簡

カントは、ヒュームに答える過程で、擬似デカルト主義的論証を発展させている。ヒュームは経験論者であり、デカルトは合理論者である。カントはヒュームの懐疑的経験論に反論する。その反論は、アポステリオリな次元からアプリオリな次元へと、知識の問題に対する可能な応答を移動させることによって、またあくまで外的世界の実在性を主張することによって、そしてヒュームの表象主義の形態に潜む心理主義に抵抗することをつうじて行なわれる。また、カントは、理性と信仰との結びつきに頼るデカルトやロックのような思想家に応答するなかで、純粋理性の概念を提案する。この概念は、自己を正当化するので、どのような神学的論点からも独立している。

カントの知識論の概略を述べるためには、彼の有名なヘルツ宛書簡と、その約十年後に刊行された『純粋理性批判』に的を絞ることが有益であろう。慣例によれば、カントの立場は、前批判期と批判期とに区分され、両者は、ケーニヒスベルク大学で哲学の教授職に就くときに執筆された論文『就任論文』によって隔てられる。この分け方に従えば、この論文が批判期の開始を表わす。(31)

カント自身が支持するこの区別には、疑問の余地がある。長い努力を経た知的発展のうちで、突然堅固な土地に到達したと思われるカントのような著者が、以前に書かれた若い頃の作品はすべて未熟であり、したがって重視する価値がない、と主張する理由を理解することは、困難ではない。いっそう正確に言えば、おそらくカントの知識にかんする見解は、途絶えることも、他の形で中断することもなく進歩したのである。彼の知識論は、一七四〇年代半ばの最初の論文以降一七八〇年代初頭の『純粋理性批判』第一版まで、さらに『プロレゴーメナ』や『純粋理性批判』第二版にまで引き継がれて発展している。

カントが知識の問題をどのように理解しているかを簡略化した形で見るのに最適の箇所は、批判期の始めに、彼が友人のマルクス・ヘルツに宛てた非常に重要な書簡（一七七二年七月二十一日付）にある。この書簡のなかでカントは、後に採用する戦略を曖昧に指示しながら、やがて批判哲学となるプロジェクトを知らせている。この書簡に述べられている問題の着想と、カントが後に提案する解決――実は二つの解決――とのあいだの相違に注目することは、決定的に重要である。カントは、知識の問題を三つの要素によって述べている。すなわち、認識主観、認識される客観、そして主観が客観を認識するために媒介となる表象である。カントは、このように述べて、われわれが表象を媒介にしてのみ接近する客観を、直接認識することを否定している。「形而上学の全秘密への鍵を構成する」問題の核心は、「われわれのうちにあって表象（*Vorstellung*）と呼んでいるものが、対象（*Gegenstand*）に関係するのはいかなる根拠に基づいてのことなのか」を理解することのうちにある(32)。

カントが知識の問題を提示するやり方によれば、この問題は、表象されるものに対する表象の関係、すなわち、心から独立した外的客観に対する表象の関係のうちにある。表象は認識する主観の心に内的である。知識の問題は、表象主義的な解決を要求する。カントの言葉を言い直せば、この解決が、客観に対するる表象の関係をめぐるわれわれのうちの諸根拠を説明する。われわれは、次のような仕方でこれを言い換えることができる。すなわち、知識論は、われわれがどのようにして独立した客観を認識するのかを説明することを必要とする、と。このような客観が直接認識されなければ、カントによれば、客観は、その表象を介して間接的にのみ認識されうるのである。この一連の推論は、ただちに次の重要な疑問に行き着く。すなわち、われわれは、どのようにして独立した客観を正しく表象することができるのであろうか、と。

カントは、分かりやすく言い換えることが困難な議論のなかで、ただちに三つの可能性を考察している。一つ目のアプローチは、現在の知覚の因果説に類似しており、受動的な主観が客観に触発される、と考えることである。この場合、客観は原因であって表象が結果である。このモデルによれば、知識の問題は、結果と見なされた表象から原因と見なされた客観へとどのように推論するのかを説明することにある。しかしながら、結果からその原因を推論する方法が、例えば、第一次世界大戦から〔オーストリア皇太子〕フェルディナンド大公の暗殺を推論する方法がないのは明らかであるように思われる。多くの可能な原因がある。これらは、同一の事実を生み出す原因でありえただけでなく、時として実際にそうすることがある。この原因は、唯一この結果を、またこれを独自に規定するわけではないので、この結果に基づいて、この結果が唯一、問題の原因によることを示すことはできないのである。

カントが検討する第二の可能性は、表象が何とかしてその客観を生み出す、ということにある。しかしカントは、悟性が客観の原因となるのは道徳の領域だけである、と異論を唱えている。その例としては、存在することが存在すべきことに対応するために、誰かが行なうべきことを実際に行なう場合があろう。しかし、この条件は、道徳性の外部では通用しない。例えば、大工が心のなかにある観念に従ってベッドを製作すれば、ベッドが結果となる原因は、観念ではなく、むしろ大工にある。

第三の可能性は、知識を悟性のうちにある概念に依拠させることである。カントは、この可能性を支持する。このモデルでは、概念は、認識されるべき客観に依拠せず、むしろ客観は概念に依拠する。これは、知覚される客観が概念を生み出すのではなく、概念が経験から抽象されるのでもなく、むしろ反対に概念が知覚的な客観を生み出す、と主張することにある。(33) このアプローチの明らかに優れた点は、表象を客観に依拠させることや、逆に、客観をその表象に依拠させることと結びついた困難が避けられる点にある。カントの解決は、どのようにして表象が客観に関係するかという問題を説明する。この解決は、二つの客観が存在するという考えから成り立つ。一つは、認識する主観から独立してすでに組織されている、心から独立する客観である。他の一つは、心に依拠した客観であり、それは客観を認識する条件としての主観によって組織ないし構成される。この提案によれば、客観が主観によって組織されるのだから、客観は、心の構造に対応し、認識可能なのである。

表象と概念にかんするこの解決が意味をもつためには、二つの点に注目する必要がある。カントは、「表象」の意味を変更することによって、客観に対する表象の関係をめぐる困難を解決する。その解決のさいに、彼は、通常の経験上の客観を、経験の外部にあって経験を介しては認識できない客観へと関係づける。経験の客観は、主観によって構成されるので主観に依拠しており、そうした理由から主観によって認識可能であるが、それは心から独立した客観の表象でもあり、この独立した客観は、経験には与えられないのであるから、認識不可能である。換言すれば、通常の客観は、経験に与えられず経験によって認識できないような種類の客観に関係し、このようにして、この特別な客観を表象する。

カントは、「概念」という言葉の意味も変更している。彼は、この概念を原因に転換することによって、結果としての経験からこれを分離する。心が抱く概念は、経験から抽象されるのではなく、客観によって生み出されるのでもない。反対に、概念が客観を構成するのである。むしろ、これらの概念は、いわば、心のなかに「固く縛り付けられている」のである。また、悟性概念は、心から独立した客観を生み出さない。これらの客観は、われわれから独立しているので、認識する過程に先立って、また認識する過程から分離してすでに組織されている。

ここでカントが輪郭だけを示しているこの理論は、新しく、従来とは異なり、将来性のある、刺激的なものである。この理論は、彼が後に批判哲学のなかで詳細に仕上げようとする立場を指示している。この理論は、原則として、客観に対する表象の関係を——明らかに、これが問題の核心である——表象が心のなかにあるという考えを犠牲にして与えている。カントは、むしろ、表象を空間と時間という外的な世界に位置づけている。そこでは表象は、一つの表象として、経験の外部にある客観との関係を有する。この新しい理論は、カントがそれ以前の著作で説明してきた理論とは異なる。カントは、なにが新しいのかを示すために、それをわずか二年前に『就任論文』で執筆したことと比較して、いまや自身の理論の最新版を特徴づけているのである。

カントは、『就任論文』では、認識にかかわる表象を、原因と解された客観の結果として理解することはできない、と指摘した。この指摘は、知識が知覚の因果説に基づきうるという現代の議論でも頻繁に見られる考えから、カントが離れたことを意味する。しかし彼は、この解決を拒否すれば、どのようにして表象が客観を指示できるかという問いを解決できなかった、と述べている。(34) 彼の現段階の立場からみれば、この発言は、どのようにして表象は客観に関係するかという決定的に重大な問題に、以前の彼が解答できなかったことを意味する。カントはその時点では、表象が心に作用する客観の結果として生み出されたわけではない、と述べるのみであった。しかしながら彼は、いまや解答を与えるにいたった疑問に応答していなかった。すなわち、表象が客観によって触発されているわけではないのに、どのようにして表象は客観を指示するのか、という疑問に応答していなかったのである。以前に彼は、感覚的な表象、すなわち経験から引き出されるものは現われるままの事物をわれわれに提供し、経験を伴わずにたんに考えられた知性的表象は、心から独立した事物、つまり実際にあるがままの事物をわれわれに提供する、と述べていた。以前のカントによる現象と実在との区別は、後に見られる表象と客観との区別に対応している。通常の経験のなかで出会う事物は、いまや実在の表象、すなわち実在の現象であると理解される。『就任論文』のこの部分の論証の困難は、いまやカントが指摘するように、二重である。一方で『就任論文』は、事物が、すなわち心から独立した客観が、どのようにしてわれわれに与えられ、あるいは認識されるのかを説明することに失敗している。もしもわれわれが触発されるのでなければ、すなわち知覚の因果説によるのでなければ、どのようにして現象は現われるのであろうか。これは、次のように言うことに等しい。すなわち、どのようにしてわれわれの表象が表象されるはずのものに関係するのか、また言い換えれば、どのようにして実在は自身が現象として現われるのかということを、われわれは理解していない、と。他方でカントは、われわれの概念――ここで彼は「純粋理性の公理」という術語を用いている――が、どのようにしてこれらの客観に一致ないし関係するのかは、この一致や関係を経験に基づかないかぎり理解できない、と指摘している。

カントは、どのような表象が客観に関係するかという問題はさまざまな認識の領域で異なり、それぞれの領域は異なる解決を必要としている、とただちに指摘する。彼は、量にかかわる数学と、質を扱う自然科学とを区別する。数学の場合には、われわれは、自発的かつアプリオリに客観を生み出すので、客観にかんするわれわれの見解が、完全に客観に対応するのは容易に見てとれる。(35) カントは、三角形をイメージして、それからさまざまな性質を演繹しようとする場合のように、われわれはもっぱらアプリオリに数学的客観を表象することができる、と言おうとしているように思われる。

自然科学では、独立した世界にかんする認識が主張されるので、問題はさらに困難である。ここでは疑問は、次のような問いの形式をとる。すなわち、われわれは、アポステリオリな世界全体を確実に予測するとき、諸物が実際に経験のなかに現われなければならないということを、どのように認識できるのか。科学は、世界のあり方にかかわるが、一連の科学的法則を定式化することによって、そのあり方を説明しようと試みる。この問題は、二つの形式をとる。すなわち、われわれは、どのようにして経験のなかの事物のあり方を、経験に先立って、また経験から分離して認識するのか、あるいは認識できるのか。また、われわれは、どのようにして経験のなかで例証されなければならない科学法則一般を定式化できるのであろうか。この問題――われわれは、事物のあり方を、あるいはその事物の経験への与えられ方をどのように認識できるのか――に対する解答は、われわれが事物を認識するために事物を「構成する」という考え方にある。ここでカントは、客観の表象を基礎とする知識論を超えてゆく。われわれは、客観を認識するための条件として客観を構成すると主張することによって、客観を認識するのである。もしわれわれが、なぜ事物がアプリオリな仕方で存在しなければならないかを認識すれば、われわれはまた、なぜ実際は事物がアポステリオリな仕方で存在しなければならないかを認識できるであろう。われわれが特殊な法則を適切に定式化できるのか、という特殊な問題に対する解答は、さらに込み入っている。カントは、科学的認識や形而上学的認識を含んだ、知識という名に値するものは、すべてアプリオリであると考えている。これは、自然諸法則が経験のうちには現われず、むしろ自然に対してそれらが指示されている、と主張することに等しいのである。[36]

私は、この重要な書簡に非常に多くの紙幅を割いてきた。なぜなら、カントの批判期の初期、すなわち『批判』を執筆する相当前から、知識論の主要な輪郭や、彼が後に苦労して詳細に仕上げる未解決の困難は、すでに明白だからである。驚くべきことに、カントは、批判哲学の中心的な問題を初めて明確に提示したとき、その解決の大多数の方向性をすでに計画している。しかしながら、何年にも及ぶ絶え間ない労苦にもかかわらず、知識の問題を解決するために彼が目を見張る努力を尽くしても、「こうした問いは、われわれの悟性能力にかかわって、事物とのこのような一致はどこから生じるのかという謎を常に残すのです」[37]という点で、カントに同意することができるだけである。

◆『純粋理性批判』におけるカントの二つの認識論的解決

カントは、『純粋理性批判』でこれらの謎を解明しようと努めており、この著作こそ、間違いなく第一の主著であり、きわめて少数の哲学の不朽の金字塔の一つである。ヘルツ宛書簡は、カントが知識の問題を提起する方法や、解決の提案の仕方の本質的な面を明示している。問題の定立の仕方は、その解答と見なされるものにおそらく影響を与えるので、カントが非常に異なる二つの認識論的解決を提示することに目を向けておくのは重要である。第一の解決は、当初の問題の立て方に対応しているものの、その解決自体には失敗している。第二の解決は、〔第一の解決と〕大きく異なり、実際のところ、第一の解決と両立できないが、彼がヘルツ宛書簡で問題提起した方法とも両立不可能である。しかしながら、第二の解決には大きな利点がある。それは、他の一つの、大きく異なる、潜在的にいっそう将来性のある刺激的な方法で、知識の問題を解決するという利点である。

カントは書簡のなかで、知識の問題を表象主義的な形式で述べている。このように言うとき、私は、次のことだけを意図している。すなわち彼は、心から独立した外的客観、つまり、観察者との関係から分離されたあるがままの世界に対するわれわれのうちにある表象——以前の思想家が心のなかの観念と呼ぶもの——の関係の分析を要求するのである。このような仕方で問題を立てると、その解決は、知識に対する表象主義的なアプローチの成功に依存する。カントは、認識論に対するこうしたアプローチを採用することで、近代哲学のとくに重要かつ主要な認識論的戦略を刷新して、それを先に進める。近代では、あるがままの世界を直接把握するという考えに対する疑問が増大したので、多くの思想家は直接的な実在論から遠ざかり、知識の問題の新たな解決へと向かうことになった。観念の新たな方法、すなわち、心のなかの観念が事物と関係することによる知識に対するアプローチは、表象主義的である。合理論と経験論はともに、観念と観念が表象するものとの関係を分析することに重点を置いている。デカルトにとって、観念は事物のイメージである。デカルト主義者にとって、知識の問題は、心のなかの観念から世界のなかの事物への推論にいたる。ロックから見れば、われわれは単純観念を創造することができない。彼の説明によれば、単純観念はわれわれに世界のあり方を必ず教示するからである。ロックにとって、知識の問題は、われわれが単純観念にかかわっていると確信することへと導く。

カントは、『純粋理性批判』のなかで、観念の新たな方法では「観念《イデー》」（この術語を彼は別の意味で使っている）[38]という言葉を使う箇所で、「表象」（*Vorstellung*）という言葉を使用している。カントは、表象主義者の一人として、知識に対する表象主義的なアプローチを継続させ、発展させている。このアプローチは、近代哲学ではカント前後のどこででも見られる。カントは、表象主義者としての能力という点では、彼以前の思想家を土台にしているので、公平に言えば、表象主義は批判哲学のうちで、それ以来決して乗り越えられたことのない高みに到達している。カントと、デカルトやロックのような以前の表象主義者との間の主要な相違は、カントのアプローチが断固として非宗教的な性格をもつことにある。

カントの有名な問い（私は何を知りうるか。私は何をなすべきか。私は何を望んでよいか[39]）を含め、多くの哲学的関心は、神学を起源として生じた。西洋では、哲学と神学との結びつきは、弱体化しているものの、決して完全に断ち切られたわけではない。カントは、『批判』のよく知られた箇所で、信仰に場所を空けるために知識を否定しているが[40]、認識の役割を信仰に帰しているわけではない。むしろ彼は、純粋理性によって知りうる限界を指摘している。カントは、純粋理性が、神、自由、不死のようなテーマについて何一つわれわれに教えることができない、と信じている。経験を超えて理性の射程を拡張しようとする努力は、弁証論的な推論すなわち理性の自己矛盾を帰結する。理性の自己矛盾には、主観（純粋理性の誤謬推理）、客観（純粋理性のアンチノミー）、あるいは主観と世界としての客観との関係（宇宙論的理念）をめぐる問題がある。

カントというただ一人の例外を除けば、観念の新たな方法を代表する主要な人物は、みなさまざまな仕方で、哲学と神学、理性と信仰とをつなぐ関係に依拠している。デカルトの知識は、明らかに神の存在に依拠している。[41] 彼は、いわゆる「デカルトの循環」という循環論証を行なっている、としばしば言われる。[42] 知識をめぐる主張は、明晰かつ判明な観念に依拠する。彼は、この観念を神の存在証明に使用して、今度は神が、その観念の真実性を保証するのである。ロックもまた、自身の知識論では神に依存している。彼は、第一性質を把握するという主張をつうじてではなく、第一性質が究極的にわれわれの知性の源泉である神に由来するという理由によって、単純観念の信頼性を説明している。[43]

カントにとって哲学は、およそ哲学という名に値するなら、批判的でなければならず、したがって自身の論証を確立することができなければならない。彼によれば、理性の主張は自己論証的なので、理性の主張は、信仰から独立しており、少なくともその点では、神学と決別している。カントによって捉え直された表象主義は、その主張を厳格に非宗教的に証明することを要求する点で、その先駆者たちとはとくに異なっている。

カントによって捉え直された表象主義は、他の点でも異なっている。この言葉が示唆するように、表象主義者はすべて、知識に対する適切なアプローチとして表象主義に携わっている。カントは、常に用心深く、さまざまな選択肢を一とおり考慮しながらも、それらから選択できないので、表象主義にかかわると同時に、私が構成主義と呼ぼうとすることにも携わっている。すでに明らかなように、私が表象主義によって表現するのは、次のことである。すなわち、知識は表象と表象が表現するものとの合致を要求するが、この表象が表現するものは、一つまたは複数の独立した客観として理解されるのである。表象主義は、表象と客観との関係を分析し、それによってあるがままの世界を知ることを主張する一つの方法である。私は、「構成主義」という表現によって、次のように考えたい。すなわち知識は、主観が、客観を認識する条件として、自身の認識する客観を「構成する」ことを要求するという考えである。

構成主義は、今まで決して詳細に論じられたことがないように思われる。だが、構成主義は、知識をめぐる主張を経験的実在論に基づける、次善のアプローチである。知識にかんする理論は、どのような種類であれ、すべてが実在についての知識を提供する、と主張する。しかし、認識される実在は、多様な仕方で理解されている。知識論は、西洋での伝統は少なくともパルメニデスまで遡るが、その主要なテーマは形而上学的な実在論であり、すなわち、知ることは心から独立したあるがままの実在を知ることである、という確信である。形而上学的実在論に基づく知識論は、〔まず先に〕世界のあり方があり、そして、適切な条件下であれば、世界をあるがままに知ることができる、と考える。実在論には多様な形態がある。大雑把に言えば、科学的実在論とは、科学が、そして科学だけが世界のあり方を決定するという立場である。知識論は、実在性の概念と関係している。(44) 経験的実在論は、知識をめぐる主張が経験に与えられるものすべてに制約されており、したがってそれを超えることはできないという見解にある。

構成主義者は、主として次のように考える。すなわち、世界のあり方なるものは存在するかもしれないが、われわれは、われわれから独立しているあるがままの世界を知ることはできず、また知識は経験に与えられるものに制限されているので、それを知ることはできない、と。構成主義は、表象主義や、あるがままに世界を知ろうとする直接的な実在論を含む他のすべての努力が頓挫したところで生じるのである。構成主義者は、あるがままに世界を知るどの方法も否定する者である。だが、彼は、心から独立した実在についての知識ではなく、むしろわれわれ自身が構成する客観に制限された知識との関係に固執する者でもある。表象主義者は、主として何か他のものの現象として理解された経験の客観相互の関係を分析し、この分析を求めることで、われわれの表象が経験の外部にある何かを指示する、と主張する。構成主義者は、経験のうちで与えられたものから、その外にあるものへと推論する方途は存在しないと信じて、知識の問題をたんに経験の内容に制限する。表象主義者にとって認識論的問題は、現にある表象が経験に与えられていないので、現にない客観にどのように関係するのか、を知ることにある。構成主義者は、現にあるものが現にないものにどのように関係するのかを、また独立した客観に対する表象の関係についての主張をまったく理解することができない。そこで構成主義者は、われわれが経験に与えられたものをどのように知ることができるか、という点に注意を限定する。基本的な主張は、それぞれの論者によってさまざまであるが、われわれは自身が知るものを何らかの意味で構成している、と断定することにある。

端的な実在論を擁護することは、困難であり、それどころか不可能であるとさえ広く考えられている。[45] 表象主義は、間違いなく知識に対する近代の主要なアプローチである。構成主義は、重要であるが少数派の説であり、とりわけ近代的である。形而上学的実在論に対するアプローチが頓挫するように見られた場合や、懐疑主義が受け入れられる選択肢ではない場合に、構成主義は頼りにされる類の学説である。近代初期の構成主義者には、ホッブズやヴィーコ[9]が含まれる。カントは、ホッブズを知っていたが、ヴィーコについては知らなかったようである。しかしながらヴィーコは、カントの弟子のヘルダーには知られており、結局後には影響力をもつようになったと思われる。哲学におけるコペルニクス的革命は、有名であり、しばしば言及されるが、実はほとんど理解されていない。カントの構成主義は、このコペルニクス的革命のなかで登場するのである。

◈構成主義としての哲学におけるカントのコペルニクス的革命

カントは、自分自身の立場を表わすために、「哲学におけるコペルニクス的革命」という言葉を使用したことは一度もない。また、この概念には、ほとんど注意が払われておらず、とりわけ英語圏のカント論争ではそうである。バートランド・ラッセルは、観念論が無価値であると信じていた。哲学におけるカントのコペルニクス的転回の意味は「信じられることによって命題は真理を獲得する」ことである、と彼は考えていた。(46) 他のいっそう見識ある考察者は、カントの立場をコペルニクスの天文学と結びつけるという考え方自体に当惑している。コペルニクスとカントとの関係について現在入手可能な最も徹底した報告は、両者は無関係であると結論づけている。(47) しかしながら、カントのほぼ同時代人であるラインホルト(48)とシェリング(49)は、カントが近代科学の発展に関係するコペルニクス天文学を読み解き、それに基づいて、哲学にコペルニクス的革命を導入した、と信じていた。

哲学におけるカントのコペルニクス的革命と通常呼ばれるものは、実は、知識論に対する大変優れた構成主義的なアプローチである。表象主義にかんしては、カントは、すでに現存する重要な傾向をその高みへともたらしている。さらに多くの表象主義者が存在するが、批判哲学のうちで到達した地点を超えて表象主義を高めた人物は、これまで誰一人として存在しなかった。構成主義にかんしては、カントは、まだ正当に評価されていないが、知識に対する刺激的で新しいアプローチを提示して、新たな地盤をある程度切り開いている。

カントの構成主義は、数学史および科学史についての自身の解釈に基づいている。彼は、自身がそこで見いだした構成主義を、知識論一般へと拡張している。われわれは、カントの一般数学理論と彼の数学的構成主義の概念とを有用な仕方で区別することができる。カントは、諸学の女王としての数学という通常の見解を踏まえて、どの種類であれすべての数学的判断は総合的であると主張することによって、この見解を刷新している[50]。この見解については、まだ論争がある。例えば、フレーゲは、幾何学は総合的であるが、算術は分析的である、と論じて大きな影響を与えている[51]。後にクワインは、分析的と総合的との区別そのものを攻撃している[52]。相対性理論の登場以降、物理学は、正確ではあるが世界を描出しない純粋幾何学と、正確ではないが世界を描出する応用幾何学との区別を導入している[53]。

カントによれば、数学と物理学——彼にとって物理学は、自然科学の主要形態である[54]——は、ともにその客観をアプリオリに、すなわち、すべての経験に先立ち、それから独立して規定する。彼は、概念を分析する哲学と概念を構成する数学とを明確に区別する[55]。カントにとって概念の構成は、数学を保証する特徴である[56]。数学は、すでに古代ギリシアで科学的な知識にいたる王道を作り上げたある革命に基づいており、また、首尾よくこの道をたどってきた、と彼は主張する。数学的知識に取り組む真の方法は、図形やその概念をたんに詳しく調べることにあるのではなく、むしろアプリオリな概念に従って図形を構成することにある。この革命は、このようなことを発見した点にある。数学は、われわれが心のうちで客観をアプリオリに構成し、それからその性質を発見するような客観に関係するので、必当然的（apodictic）な知識のみを産出する。数学的知識は、われわれが図形のうちに投げ入れたものから必然的に生じるので、アプリオリな確実性をもつのである。こうして、カントの実例を挙げれば、われわれは、自身が構想力によって構成する二等辺三角形の性質を確実に規定することができるのである[57]。

カントは、自然科学にかんしても、さらに複雑な同様の論証を行なっている。さらに彼は、科学から形而上学にまでこの論証を一般化している。数学と物理学との主要な相違は、数学が自身の構成する客観だけを扱うのに対して、物理学はあるがままの自然を知ることにかかわる、という点にある。カントは、「自然」によって、不可知にとどまらざるを得ない物自体を考えているのではなく、経験に与えられ、彼自身が言うように、普遍的で例外を許さない法則によって規定された事物を考えている[58]。彼は、経験から経験的法則を導き出す経験科学と、理論的な学問にあてた術語である純粋自然科学と彼が呼ぶものとを区別する。後者は、経験的物理学に先立つ、いわゆる「普遍的自然科学」にかかわり、普遍的自然科学は、純粋自然科学が自然に指示する必当然的な命題を定式化する。この点で自分自身の最悪の敵であるカントは、物質が不滅であり、また、あらゆる出来事には一つの特定可能な原因がある、という命題をこれらの命題の実例として挙げている。これらの主張は、カントの時代には広く信じられていたが、後には断念された[59]。このような法則はアプリオリに定式化されているので、経験に与えられた自然は、それらの法則に必然的に従わなければならないのである[60]。

われわれは、アプリオリな基礎に基づいて、例外を許さない自然の法則を定式化することにどのようにして成功できるのであろうか。カントの解答は、われわれが、その客観がアプリオリである数学を適切に自然に適用することに成功することによって定式化している点にあるように思われる。彼が挙げる最も興味深い実例は、間違いなく近代科学に対するコペルニクスとニュートンとの貢献の相違に見られる。科学哲学者および科学史家は、ガリレオが自然に数学を適用することに成功した事実とともに、近代科学が開始した、としばしば見ている。(61) それに対して、カントにとって近代科学は、太陽系におけるプトレマイオスの天動説から地動説へのコペルニクスによる革命的変化とともに、開始される。

コペルニクスは、経験的な天文学者として、アポステリオリな根拠に基づき、自らの天文学的理論をたんなる仮説として導入した。カントは、コペルニクスにとって仮説に過ぎなかったものが、後にニュートンによって証明された、と示唆している。このモデルは、同一の科学的問題にアプローチ可能な場合、経験的に、すなわちアポステリオリに行なうか、それとも理論的に、すなわちアプリオリに行なうか、どちらかの仕方を示唆している。経験に基づく仮説的解決だけを生み出すある問題が、アプリオリなアプローチによって決定的に解決されることがある。カントにとって、ニュートンによる重力の発見は、コペルニクスにとってたんに運動学的なアプローチを、動力学的解決へと転換するものであった。カントは、ある有名な脚注のなかで次のように述べている。

したがって、天体運動の中心的諸法則は、コペルニクスが初めは仮説としてのみ想定したことに対して、決定的な確実性を付与した。また同時に、もし彼が感官には反していても、しかしそれにもかかわらず真の仕方において、観察された運動を天空の諸対象のうちにではなく、天空の諸対象の観察者のうちに求めることを敢行しなかったならば、永久に未発見のままに留まったであろう宇宙を結び付ける不可視的な力（ニュートンの引力という）を、天体運動の中心的諸法則は証明したのである。(62)

ニュートンによる問題の解決の仕方に対するカントの解答は、ニュートンに反するニュートン解釈にある。周知のようにニュートンは、『プリンキピア』の一般的注解のなかで経験を超え出ないこと、したがって仮説を作らないことを主張している。同じく周知のように、彼は、現象から演繹することのできない仮説を保持せずには重力の起源を説明できないことを認めている。(63) これは、彼がどのような種類の仮説も立てることを控えて、彼自身の提案する解決は、仮のもの、したがって仮説的にとどまり、結局のところ、問題の解決には不十分であることを認めるに等しい。それに対してカントは、ニュートンが、実際にはアプリオリな次元で偉大な重力の逆二乗の法則という公式化によって自然に数学を適用しているので、問題を決定的に解決することに成功している、と示唆している。カントは、ある重要な節で、数学と物理的自然法則との間の連続性を論じて、円の幾何学的性質に注意を促している。この論証は非常に専門的なので、われわれは、その詳細をたどる必要はない。カントの洞察は、以下のように簡略に言い換えることができる。もしも私が、円を円錐曲線として考えるならば、その切片が形成する長方形は、一定の比率をもつ。これを一般化し続ければ、われわれは、円錐曲線にかんする数学的考察の直接的な物理学的相似物である逆二乗が、自然全体に適用されることを発見する。(64) これに基づいて、自然がアプリオリに認識できる法則に基づいているだけでなく、重力の法則によってニュートンはまさにこのような法則の発見に実際成功した、とカントはただちに推論するのである。

◆カントのコペルニクス的革命、科学、そして形而上学

カントの論証は、決定的であるとはほとんど思われない。もしもわれわれが自然に数学を適用できることに成功したとしても、われわれは、カント自身の言葉を用いれば、事物の自然本性そのものに必然的に内属する法則を発見することはほとんどない。自然を研究する科学者によって定式化された法則が、まことしやかなフィクションであるか、帰納的な一般化であるか、存在するものに対する近似値であるか、あるがままの実在の描出であるかどうかなどは、不明瞭なままである。しかしながら、カントは、いっそう強力に主張することで、ニュートン以上に進んでいる。彼は、数学および科学と、知識論一般として理解されている形而上学との両方に対する、自身のアプローチの根底にある構成的原理を一般化することに自信をもっている。

カントによる一般化は、哲学におけるいわゆるカントの「コペルニクス的革命」の心臓部であり、この一般化は二つの契機を含んでいる。消極的に見れば、予測されるように、あらゆる形態の表象主義に対する反論がある。なぜなら、表象主義は、心から独立したあるがままの世界を知ることに失敗した場合にのみ、正確に知識を支持する代替のアプローチを公式化することに関心を示すからである。もっともこの場合には、世界を知るというこの重要な目標を断念するわけである。積極的に見れば、カントの一般化は、あるがままの世界を知ることを要求しないという〔従来とは〕きわめて異なる戦略の視点を提供している。

繰り返すが、カントの論証は、知識に対する以前のアプローチの評価に依拠し、それに代わるアプロー

チの示唆に依拠している。一つの可能性がしばしば試みられてきた。だが、それは、可能ないずれの形態をとるにせよ、カントには不首尾な結果に終わっている。この可能性は、独立した客観の適切な把握に知識を依拠させることである。表象主義者にとって、これは、われわれが、自身の客観の表象をつうじて心から独立する客観を把握することを意味する。しかしながら、この種のアプローチを考え出すというこれまでの努力は、失敗に終わっている。カントが示唆する解決は、主観と客観、知る者と知られる物との関係を逆転させることにある。主観を客観に依拠させる代わりに、われわれは客観を主観に依拠させなければならない。いっそう正確に言えば、もしも認識主観が経験から分離して、また経験に先立って客観はどのようにして経験されなければならないかを規定できれば、その場合、カントにとって唯一認識という名に値するタイプのアプリオリな認識は可能であろう。簡潔でも強い印象を与えるある箇所では、論証の二つの契機が含まれており、それは全体の引用に値する。カントは、次のように述べている。

これまでは、われわれの全認識は諸対象に従わねばならないと想定されていた。しかし、諸対象についてアプリオリに諸概念を通じて或ものを構成しようとする——それによってわれわれの認識が拡張されるであろう——試みの全ては、こうした前提のもとでは無に帰した。だから、一度、諸対象がわれわれの認識に従わねばならないと想定することによって、われわれは形而上学の課題という点でよりいっそう前進するのではないかどうかを試みてみよう。そうすることは、諸対象がわれわれに与えられる前に、諸対象について何かを確定すべき、諸対象についてのアプリオリな認識という要求された可能性と全くより良く合致するのである。(65)

ここで行なわれている論証によってカントは、基本的な点で考えを変更したことが示されている。それは、知識に対する表象主義的アプローチの徴候である。ここで引用した論証は、ヘルツ宛書簡でカントによる知識問題の定式化の中心を占める表象主義を論駁しているのである。ここでカントは、認識論的理論の基礎である認識論的実践の分析を信頼している。彼は、自身のアプローチを擁護するために、二つの歴史上の実例を提示する。二つの実例は、能動としての主観の概念に焦点を絞り、明言されてはいないが明らかに核心的な問題、すなわち、どのようにして客観はわれわれの認識に従うのかという問題に応答している。カントの解決は、主観は客観を構成するという主張に、いっそう正確に言えば、認識主観は、それが認識するものを人間の心の構造に従って構成するという主張にある。〔その構成の〕直接的結果として、われわれが認識しようとする客観は、人間的主観にとって「透明」であり、したがってこの主観によって認識可能となる。カントの洞察では、われわれは自身が「製作し」「構成し」ないし「生み出す」ものだけを認識することができる。〔二つの例のうち〕より新しい実例は、ニュートン力学にただちに導かれた十七世紀初期における自然への数学の適用にかかわる。古い他の実例は、カントの批判哲学に「哲学におけるコペルニクス的革命」という一般的な用語を適用することを正当化するのに役立っている。[10]

第一の実例は、最近の科学的な実験にかかわる。カントは、ガリレオ、トリチェリ、シュタール[11]のような十七世紀初期の科学をめぐる人物に言及しながら、ある有名な文章のなかで、「理性は、理性自身が自らの構想に従って産出するものだけを洞察する」、と述べている。(66) この実例は、次のような結論を描き出す。それは、認識は客観に従うことに成功しえないのだから、近代科学で成功した実例が与えられているように、客観がわれわれの認識に従わなければならない、という結論である。

カントによって提供されたいっそう興味深い第二の実例は、近代科学に対するコペルニクスおよびニュートンの貢献の分析に見られる。哲学者、科学哲学者、そして科学史家は通常、ガリレオが数学を自然に適用して成功したことで、近代科学が開始されたと見なしている。(67) カントが近代科学史を解釈するように、コペルニクスは、当時の権威であった天動説が惑星運動の説明に不十分であることに気づいたとき、地動説に努力を傾けただけである。相対的運動の理論に取り組んでいたコペルニクスによれば、観察される運動は、対象、または観察者、それとも両者の運動に依存する。われわれは地球の表面に位置しているので、地球の運動は、惑星が太陽の周囲を回転するさいの運動に反映されるであろう。(68)

カントは、研究生活の初期に惑星天文学に取り組んでいたので、コペルニクスの著作に直接親しんでいたか否かにかかわらず、少なくともコペルニクスの理論の基本方針には精通していたようである。コペルニクスは、二つの方法の一方で惑星の運動を説明するという選択に迫られていた。第一の可能性は、われわれが自身の理論や認識を客観に適合させなければならない、という想定に基づいていた。このアプローチでは、われわれは表象主義的知識論に与する。第二の可能性は、太陽系が観察者の周囲を回転することにあり、客観ないし惑星運動がわれわれの認識に従わなければならない、というまったく異なる想定に基づく。コペルニクスは、知識は独立した客観を認識することに依拠するという想定によって惑星運動を説明することに成功しなかったので、カントより相当以前に、知識を観察者に依拠させた。今やカントは、天文学におけるコペルニクスの革新と、彼の自然科学に対する構成主義的アプローチとを結びつけて、明確に次のように述べる。

この事情は、コペルニクスの最初の考えにおける事情とまったく同様である。すなわち、コペルニクスは、彼が全天体が観察者の周りを回ると想定した場合、天体運動の説明がうまくいかなかったので、観察者を回転させ、これに対して星を静止させたならば、もっとうまくいくのではないだろうかと試みた。さて、形而上学においては、諸対象の直観に関して、ひとはそのことを類似したやり方で試みることができる。もし直観が諸対象の性質に従わねばならないとすれば、いかにしてひとがこの性質について何かをアプリオリに知ることができるかということを、私は洞察しないのである。しかし、(諸感官の客観としての)対象がわれわれの直観能力の性質に従うならば、私はこうした可能性をまったく十分に考えることができる。(69)

◆哲学と形而上学におけるカントのコペルニクス的革命

この一連の推論の筋道は、次のとおりである。すなわち、われわれは独立した客観を認識することができない。というのも、客観が独立している場合には、客観との認識論的な結びつきが存在しないからである。しかし、われわれは、自分自身が構成する客観を認識することができる、と。カントは今や、形而上学ないし知識論一般にまでこの主張を普遍化する。カントによれば、形而上学の可能性は、われわれが自身の構成する客観を認識することを示す点にある。その際、構成という考え方は、まだ詳しく述べられていないのである。いっそう一般的に言えば、今やカントは、認識することはわれわれが認識するものを構成し、産出し、あるいは製作することである、という見解を選択して、認識することが、存在するものの覆いを取り、発見し、あるいは明らかにするというアプローチを断念する。心から独立した世界はわれわれから独立しているので、われわれは、その世界を認識することができない。このことをわれわれは想起する。われわれは、経験に与えられているとおりの世界、すなわち経験的実在だけを認識する。カントの論証によれば、実はこの実在は、世界を認識する条件としてわれわれによって構成されているのである。

われわれは、自身が構成するものだけを認識するという考え方は、形而上学的統一という概念が形而上学の基礎にある、と示唆している。カント的アプローチでは、認識主観は自身が構成するものを認識するので、認識主観は外在性という形式によって自己を認識する。換言すれば、主観と客観、知る者と知られるものとの間の相違には統一が存在する。この統一によって知る者は客観を認識し、また客観は他なるものという形で、それ自身が存在する。認識は、あらゆる多様性の根底にある深い統一に依拠している。この推論は、カントのコペルニクス的転回から直接帰結し、後にカント以後のドイツ観念論のうちで発展している。それは、同一哲学（*Identitätsphilosophie*）としてしばしば言及される。

カントの主観概念は、彼の批判哲学にとって最も重要である。認識のために主観による客観の構成に依拠する理論が主観を中心に据えることは当然である。カントは、「統覚の総合的統一[70]」という、適切とは言いがたい術語を用いて主観に言及する。この「統覚の総合的統一」は、悟性、論理学、そして超越論的哲学の最高点であり、要するに出発点（*terminus a quo*）であり、彼の立場全体の理性的起源であり、批判哲学の論理的出発点である、とカントは明言している。[71]

カントの主観概念は、広範にわたる複雑な問題である。最も分かりやすく一般化すれば、主観にかんして彼は、部分的にデカルトに近いが、ロックには断固として反対し、またロックをつうじて他のイギリス経験論者、とりわけヒュームに反対している。デカルトは、存在者すべての観察者であるとともに世界における行為者という、二重の主観の概念を提案している。デカルト的主観は、世界のうちにあるとともに、世界の条件として、世界を超越している。ロックや他のイギリス経験論者は、主観に関連する人間の知識論による人間学的見方が特徴的である。カントは、フレーゲやフッサールのような後代の思想家と同様に、後に心理主義と呼ばれるようになる立場、概して論理的過程を心理的過程に還元する立場に強く反対した。カントは、反心理主義を強く支持している。とりわけ彼は、いわゆる「人間悟性の自然学（*physiology*）」という理由から、ロックを批判している。[72] カントはまた、主観をいわゆる「束」として捉えるヒュームの見解――大雑把に言えば、不変の主観のようなものは存在せず、継起する印象の連続だけが存在するという考え――も拒否して、すべての経験の単一の主観は、彼が言うように「同一」であると主張している。[73] カントは、哲学的人間学のあらゆる形態を拒否して、ただ一つの認識論的能力へと縮減された、最小限の主観を擁護する。この主観は、彼が言うように、「あらゆる私の表象に伴うことができなければならない」のである。[74]

カントの認識主観は、能動的であるとともに受動的である。それは、外部に由来して認識の内容となる未処理の入力にかんしては受動的であり、その入力を出力となるものに作り上げる点では能動的である。カントは、初めて一貫して感覚と知覚とを区別して、主観が感覚、ないし感覚的多様によって触発され、その多様の内容は、われわれが知覚し、経験し、認識する客観へと適切に変換される、と論じている。たんなる未処理の感覚的内容から知覚される客観への変換は、カテゴリー、すなわち純粋悟性概念の適用によって行なわれる。カントは、この概念の演繹を主張するのである。カテゴリーの演繹は、議論の中心部分を占めている。カントは、カテゴリーによって経験を解釈することに注がれた先人の努力を自覚しているので、アリストテレスのカテゴリーが、たんなる狂詩曲——ドイツ語の狂詩曲 *"Rhapsodie"* は、「つぎはぎする」ことを意味する *"raptein"* に由来する——にすぎない、と批判する。[75] カントは、経験からカテゴリーを演繹しているという理由によりロックを批判するが、ヒュームを賞賛している。ヒュームは、カテゴリーがアプリオリでなければならない、と認識していたからである。[76]

『純粋理性批判』におけるカントの演繹は、『実践理性批判』や『判断力批判』での演繹と比較してより精巧であるが、ひどく曖昧なので、大きな論争の的になっている。偉大な哲学者および数学者であったデカルトは、「演繹」をとりわけ数学的な意味で用いている。カントは、アプリオリで必当然的な主張を目指しているが、奇妙にも、「演繹」を経験的な意味（*quid facti*）には用いず、むしろ法的なもの、簡単に言えば、人が権利をもつものを指す、法律学的意味で用いている。[77] 二つの演繹が存在する。一つは、形而上学的演繹であり、カテゴリーの数および種類を証明する。他の一つは、超越論的演繹であり、カテゴリーすなわち純粋悟性概念の適用を論証する。カテゴリーは、感覚的多様の内容、つまり経験と知識の客観を構成するための感覚的な入力をまとめるよう働く総合の規則である。カントは、この著作の第一版で行なった超越論的演繹での当初の努力に満足しなかったので、第二版で、さらにいっそう込み入った改訂版を出版している。二つの演繹の相違や両者を関係づける適切なやり方には、ここで拘泥する必要はない。いずれの場合でも、カントの一貫した目標は、次の点を厳密に論証することにある、と言えば十分である。それは、経験に与えられる客観には統一がなければならず、この統一は悟性の機能によって構成されなければならないのであり、悟性は、必然的で列挙可能な統一の規則、すなわちカテゴリーに従ってそれ自体統一されている、という点である。別の言い方をすれば、カントの主張は、体系性を欠いてわれわれに与えられる内容[78]へとカテゴリーを適用することにこの統一が由来するときにだけ、われわれは統一されたものとして客観を経験できる[79]、ということにある。

後代の議論の多くは、カントの批判哲学に対する一連の応答である。私は、この点を主張しておきたいので、私がカントのうちに見いだす立場をできるだけ簡単に述べておくことは有益であろう。彼の著作は、専門的で困難な問題に満ちており、これらは専門家には解釈上有益である。たしかに、理論全体は当初の印象ほど複雑ではないが、これを解釈することは容易ではなく、むしろ並外れた困難が伴う。カントは、必ずしも正確に表現する書き手ではないので、二つの非常に異なる知識論を提出している。一つは表象主義的知識論であり、他の一つは構成主義的知識論である。両者は、二世紀以上にわたり、後代の論争に強烈かつ継続的に影響力を及ぼしている。専門的な議論の詳細に近づくことは困難であるが、両理論に共通する基本的輪郭は、驚くほど単純である。両理論が共有する基本構造は、相互作用という筋書であり、そこでは経験の外部に立つ認識主観が、やはり経験の外部に立つ未知の超越論的客観によって、感覚的な次元で触発される。感覚的な入力を処理する過程で、主観は自身が経験し認識する客観を「構成する」。現象（phenomena）としてわれわれに与えられる経験の客観は、二通りの仕方で理解されうる。一方の仕方によれば、これらの現象は客観を表象し、その場合、現象は、カントが物自体と呼ぶ経験の外部に位置する実在の現われ（appearances）である。他方の仕方によれば、経験の客観はたんなる現象であり、これらの現象はあるがままに認識可能であり、また認識される。表象主義者の側からみれば、カントは、独立した実在と認識とを結びつけることによって、事物が実際にわれわれから独立しているあり方を表現している、と主張する。しかしながら、構成主義者の側からみれば、彼は、経験を超える認識にかんするすべての主張を拒否して、われわれが経験する経験的世界を認識するにすぎない、と主張する。後代の知識をめぐる議論は、カントの批判哲学の両側面と対話しながら、さまざまな仕方で継続している。

◆カント、ヘーゲル、そして歴史的転回

カントは、偉大な思想家であるだけではない。彼はまた、きわめて影響力があり、死後二世紀以上経過しても、その影響力は減少する気配がみられない。すでに言及したように、後代の議論は、カントに対する一連の応答として理解することができる。ここでカントの立場のなかでとくに注意を惹きつけてきた一つの特徴に触れることは、私が最終章でその特徴に立ち戻るつもりなので、有益であろう。

カントはまさに最初の見解のなかで、周知の伝統的で非歴史的な知識のアプローチに単純に従っている。カントが知を主張するさいに非歴史的な概念を採用する理由は、少なくとも三つあるように思われる。一つは、疑いなく伝統の重みである。知の歴史的な概念は、優れて近代的なものである。上述のように、カントは知ることがなかったと思われるヴィーコという明らかな例外を除けば、カント以前には、認識論について歴史的な見解を採った人物で、論争の的になるほど強力な人物は存在しなかったのである。

第二の理由は、確実な知識に対するカントの主張と、たんに歴史的に変移するものとしての知識の概念とは、明らかに両立不可能であるという点にある。カントの表象主義は、よく知られた形而上学的実在論

者の形式に、あるがままの世界を知るという主張を提供しており、これは、世界、したがって知識が、時とともに変化するという考え方とは両立不可能であるように思われる。カントは、歴史について決して無知ではないが、知識の問題は後に改められる必要が決してない仕方で解決可能であり、実際解決される、と信じている。

第三の理由は、カントが、認識論のもつ反心理主義的な概念に味方していることにある。彼の超越論的分析は、人間を含むあらゆる理性的存在者にとって、経験と客観の知識との諸条件を発見しようと、明確に意図している。この分析は、どのようにして人間が実際に認識するようになるかを描出することとは区別される。前者の研究は、いわば知識の論理学に属し、それに対して後者は、カントが凡庸なアプローチであるとして拒否する心理学に属する。

これらすべては、カントの航跡のなかで変化する。ここでは、カント以後の一連のドイツ観念論者は、カントの立場を転換し、著者が批判哲学のなかでそれを残した場所から前進しようと努めている。カント以後のドイツ観念論では、二つの重要な変化が中心にある。一つは、早くもフィヒテに見られる。それは、主観にかんして根本的に修正された見解である。他の一つは、この修正からの直接的結果として生じた、フィヒテおよびシェリングにおける歴史への転回にある。この転回は、すべてのドイツ観念論者のなかで最も歴史主義的であるヘーゲルによって強力に深められている。

主観というテーマは、実際、一連の複雑で困難な、そして相互に関連する問題である。フィヒテは、カントによる主観にかんする見解を転換する。この転換を理解するためには、われわれは、近代に典型的で強力な主張に目を向ければよい。これは、客観性にいたる必然的な通路である主観性に対する強力な主張である。デカルトの提案は、世界の外部にあって世界を認識しようとするもっぱら受動的で認識論的な観察者である主観と、その逆に、世界のうちに存在する行為者である主観という、主観にかんする二元的理論にある。カントは、前者の見解を発展させている。フィヒテは、認識主観をたんなる認識論的能力へとカントが還元したことを拒否し、主観を社会的文脈の内部にある有限な人間として再考している。その結果、フィヒテは、展開されないままであったデカルトの行為者理論を蘇らせている。

フィヒテによるカント的主観の修正は、歴史への方向転換と密接に結びついている。カントは、歴史的な出来事も視野に収めていた。しかし彼は、死後未公刊のまま遺された原稿にいたる全著作にわたって、歴史と哲学、事実と知識との厳密な区別を守り続けている。(80) 彼は意識的に、認識、したがって超時間的であるがゆえに非歴史的である哲学に固執する。認識が非歴史的であるという考えは、文脈のなかに生きる有限な人間として主観を捉え直す見解を採れば、ただちに挫折する。

カントは、認識が文脈から独立していると考える反文脈主義者である。フィヒテは、あらゆる認識をめぐる主張は最終的には文脈次第である、と強く主張する文脈主義者である。文脈は変化するので、最終的には、文脈と歴史、社会的に規定された認識と歴史的に条件づけられた認識とを分離することはできないのである。

フィヒテは、自身の歴史の見解に一貫した形式を決して与えてはいない。歴史は、ドイツ観念論では、シェリングの『超越論的観念論の体系』(一八〇〇年)のなかで初めて体系的に取り扱われた。この影響力のある著作で、他の多数のテーマのなかでとりわけシェリングは、芸術と歴史の関係をめぐる理論を仕上げている。歴史的転回は、すぐにヘーゲルにとって中心を占めるようになる。彼は、初期の著作ですら、歴史と不可分の「生を考えること」[81]に関心をもっている。成熟期の著作でヘーゲルは、知識論が本質的に歴史的であると見なしている。彼は、哲学が超越的ではなく、哲学の歴史的契機のうちで完全に統合されていると理解している。ヘーゲルにとって哲学は、思考によって捉えられた、哲学の歴史的契機以外ではないのである。[82]彼の断固とした哲学にかんする歴史的な見解は、知識の歴史的概念と密接に結びついており、この概念は、大半が論争から姿を消す前に、マルクス、ディルタイ、カッシーラー、そしてクローチエ[12]のような人物によって受け継がれている。われわれは以下で、この点に立ち戻るつもりである。

第三章　二十世紀のマルクス主義について

われわれは、二十世紀の哲学運動をスケッチするさいに、マルクス主義から開始したい。マルクス主義は、前世紀における他のどの哲学の主要動向以上に、政治とは別の土壌で今日でも真剣に検討されるべき哲学的アプローチとして重要性や価値をもつことを申し立てる必要がある。マルクス主義に認められる意義は、二十世紀の政治的変化の結果、大きく変わってしまった。マルクス主義は、かつて政治的な闘争の場だけでなく哲学的な闘争の場でも中心であると見えた時代があった。マルクス主義は、ロシア革命後数十年にわたり共産主義諸国の公認哲学として、トミズムが十九世紀末以来カトリック教会内部で享受し続けたのと同様の地位を享受してきた。第二次世界大戦後、ドイツ語圏の論争では、フランクフルト学派とハイデガーは、ほぼ同程度の重要性をもつことが広く認められていた。しかしながら、マルクス主義の運命は、前世紀末に生じた政治状況の劇的な転換の結果、急激な変化に見舞われた。その哲学的主要動向は、ソヴィエト連邦の急激で予想外の不可逆的な解体により、いまも克服されず、今後も克服されそうにない悪評のうちに投げ込まれることになった。したがって、次の事実は驚くべきことではない。すなわち、T・

I・オイゼルマン[1]は、数十年にわたりソヴィエト・マルクス主義がありとあらゆる哲学的挑戦を返り討ちにできるアプローチであることを示し続けた非常に有能で主要なスポークスマンであり、この分野における多くの重要な書物の著者であるが(1)、近年はよりソフトで妥協的な路線を採用し、おそらく、また結局のところ、マルクス主義とユートピア思想とは完全には分離できないことを認めているのである(2)。

マルクス主義が政治との関係いかんにかかわらず哲学的重要性をもつことを論証するという課題は、この動向に固有のものではない。しかし少なくともマルクス主義にとって、この問題は、並外れた重要なやり方で提起されている。哲学は、なんらかのかたちで実際に世間の喧噪を超越できる、したがって自らをとりまく環境から自立できるということは、哲学の主要なフィクションの一つである。哲学は、少なくともプラトン以来、つねに周囲の世界の影響を被らず、だが善き生には不可欠であるかのように装ってきた。この西洋哲学のコミュニティの創設神話が、現在ほど疑わしく見えるようになったことはない。いまやほとんどの評者は、哲学が固有の知識の一源泉であるとは考えておらず、アカデミーの外部で役に立つとさえ思っていない。われわれが同時代の大いなる闘争に加わり活動するよう求められているとき、哲学者は、そうした事柄について言うべきことがないように思われる。また、哲学者は、歴史的出来事にあまり関心をもたないように思えることもしばしばである。それだけにいっそう、哲学者やおよそ哲学は、歴史的文脈から独立していることが疑わしく思われるのである。

哲学を構成するあらゆる部分が、戦争、革命、科学的発見といった社会的、政治的、経済的、その他の変化に応答することは不可避である。異なる諸理論の出現や興亡、また諸理論が学者の注意を引くために発揮する能力でさえも、おそらく別の場所で起きている出来事から完全に自立しているわけではない。哲学とその環境との相互関係は、哲学者が政治の領域に惹きつけられるとき、また政治の領域が哲学の論争に影響を及ぼすときに明白となる。ソクラテスは、吟味されざる生活が生きるに値しないと確信していた。彼の確信は、哲学者が図書館を離れて、周囲の世界に少なくとも注意を払わなければならないということを示唆する。二千年以上が経過して、ナチスのハイデガー、ボリシェヴィキのルカーチ、民主党のデューイのような哲学者は、同じ動機から都市の生活に参加する気持ちになっていた。哲学には語るべき重要なことはないというローティのメッセージが注目を集めるようになったのが、ベトナム戦争のすぐ後、いつからか全能で最善の意志をもつアメリカ合衆国という神話が疑われるようになってからであるとすれば、それは偶然ではない。しかしながら、マルクス主義は、他の多くの、おそらく全ての主要な哲学運動とは異なり、哲学が政治的であり、それゆえ決して中立的ではないと力説してきた点で、二十世紀の激烈な変化に最も深い影響を受けた運動であると言えるであろう。

マルクス主義の哲学的運命は、つねに有力な政治勢力と結びついてきた。ヘーゲルの航跡のなかで、哲学は、ヘーゲルの思想で頂点を究め、終焉を迎えたかのように思われるが、すべてをあるがままにしておき、何事も変化させることはないだろう、と多くの者には思われた。ヘーゲル左派の学生は、同時代の主要な課題が、哲学を実行（practice）ないし実践（praxis）と結びつけ——これが、理論と実践の問題というよりも、この問題にかんする周知のマルクス主義者が抱く関心のドイツ観念論の伝統における直接の源泉である(3)——理論を現実世界のもとで人間の必要に奉仕させることにある、と信じた。マルクスの有名な「第一一フォイエルバッハ・テーゼ」は、誰もが知っている(4)。「哲学者たちは世界をただ**さまざま**に解釈してきただけである。肝腎なことはそれを変えることである」。マルクスがこの見方を定式化するとき、そこにはたんなる解釈を活動によって乗り越えようとする独特の政治的意図がある。彼は、この区別に注意を促すとき、解釈を活動によって終わらせることができる、と想定しているように見える。理論と実践との関係に着目することは、マルクスにとって中心テーマであり、彼の立場に依拠して形成されたマルクス主義における中心テーマでもある。

マルクス主義は、一連のさまざまに変化してきた政治的教義と哲学的教義を包括している。この二種の教義を分離することは困難であり、おそらく十分に可能であるわけではない。マルクス主義に対する関心は、哲学を実効性のある社会的な力に転換する原理的方法として、十九世紀後半に多くの追随者たちを魅了した。この状況は二十世紀になっても変わらず、冷戦の終焉によって疑問視されるまで続いた。二十世紀の大半は、一方ではソヴィエト連邦、中国を含む東側陣営の国々、他方ではアメリカ合衆国に率いられた西側諸国という、両陣営の厳しい対立が続いた時期であった。マルクス主義は、このような政治的対立を反映してきた。それは、ボリシェヴィキ革命の直接的な帰結としてロシア、そして東ヨーロッパや中国で覇権を獲得した。一九六〇年代には、マルクスの未刊行の初期著作のいくつか、とくに『一八四四年のパリ手稿』としても知られる『経済学=哲学手稿』が遅ればせながら刊行され、立ち入った討論の対象となった。このような刺激のもとで、マルクス主義ヒューマニズムについて重要な論争に火がついたのである。(5) 当時マルクス主義は、あるいは少なくともある種の形式のマルクス主義は、他のいっそう伝統的なタイプの哲学に代わる、見込みのある選択肢を提供するように見えた。だが、ソヴィエト連邦の政治的終焉により、あたかもマルクス主義には語るべきことが存在しなくなったかのように、またマルクス主義は一種の政治的ファンタジーにすぎず、何人もそれを受け入れるべきではなかったかのように、マルクス主義に思想的に背を向ける動きが生じたのである。こうして、レシェク・コワコフスキ[2]は、かつてマルクス主義が将来の認識論を実り多いものとすることに注意を喚起していたが(6)、この本人が、後にマルクス主義の歴史家兼墓掘人を自任し、マルクス主義が巨大な失敗であり、悲劇的な誤謬であることを暴こうと試みたのである(7)。

私が信ずるように、もしも、どのような単一のアプローチも哲学を独占することはないとすれば、その場合、マルクス主義の重要性に対する、あるいは少なくともその哲学上の重要性に対する信頼できる評価は、両極端のあいだのどこかに存在するように思われる。マルクス主義は、ルカーチの有名な主張のように、資本主義が直面するすべての問題とその解決へとつうじる唯一の王道であるわけでは決してない(8)——ルカーチによれば、資本主義のすべての問題は、商品構造を指示し、それゆえ近代の産業社会についてのマルクスの理論を指示するのである。——またマルクス主義は、後にコワコフスキが信じたように、哲学的関心を欠いたたんに政治的な運動ではない。本章では、いっそう穏健なアプローチを採用して、マルクス主義が一つの独自性をもつ哲学的アプローチであり、当代をリードした主要な四潮流の一つとしての地位を正当に要求することを示してみたい。

◆マルクス、マルクス主義、そしてフォイエルバッハ

ここで私は、マルクス主義哲学に焦点を絞って論じることにしたい。マルクス主義哲学は、マルクス主義の一部分集合であり、マルクス主義は、マルクスの代弁者であることを常々主張してきた。マルクスは、

最も重要な哲学者の一人であるだけでなく、[9]創造的な知識人でもある。彼の厳密な意味での専門分野の範囲を画定することは、彼の及ぼした巨大な影響と同様に、困難な作業である。彼の影響は、哲学から経済学に及び、文学研究、人間学、心理学、社会学、さらに科学哲学、精神分析、その他の数え切れない分野にわたっている。せいぜい控え目にいっても上述の全分野を含み拡がる巨大な思想の大陸である。少なくとも、その突然の崩壊以前の時代には、このようなものであった。

マルクス主義は、カール・マルクスの思想に忠実に思考することを自認する知識人と、政治的人物を含むそれ以外の人々とからなる多様な運動である。マルクス主義が政治的ヘゲモニーを握っていた時代には、マルクス主義の哲学と政治とのあいだには不愉快なまでに緊密な関係が成立していたので、レーニンやス[3]ターリン[4]のような政治的人物は、最上級の哲学者であるかのように装うことも可能であった。また両者の緊密な関係のゆえに、マルクス主義哲学者は、しばしば政治的影響にさらされた。政治路線はたえず変更され変化したが、その当時に政治的な正統とみなされた路線はどれでもそれから哲学者が逸脱した場合には、そうした反動がしばしば起きたのである。こうしたわけで、ルカーチは、一九二三年に『歴史と階級意識』を刊行したが、その翌年にレーニンの『唯物論と経験論批判』（一九〇八年）が西洋世界に知られるようになると、自己自身の著作を公開で批判するよう強いられたのである。[5]

二十世紀のマルクス主義は、十九世紀後半に起源をもつ一つのテーマの変奏である。マルクス主義は、マルクスを代弁する権限を自己自身に与えている――レーニンは、「マルクス主義」を「カール・マルクスの見解と学説との体系」であると定義する[10]――が、この意味でのマルクス主義は、マルクスの親友で忠実な政治的盟友、長期にわたる財政上の支援者であり、彼の未刊行の著作に偏向した編集を施した人物であるフリードリヒ・エンゲルスによって発明された。マルクス主義には、マルクスとマルクス主義とのあいだのどんな差異も曖昧にするという、広範にわたる根深い傾向がある。この傾向は、おのずから両者が一体で同一であるという誤った印象を生み出している。しかしながら、哲学的に言えば、両者は異なるだけでなく、まったく対立することもしばしばである。哲学としてのマルクス主義を理解するためには、マルクスとマルクス主義とを区別する以外に選択肢は存在しない。両者の相違を簡潔に述べるための一つの方法は、次のように言うことである。すなわち、マルクスとエンゲルスの政治的見解は一致していても、ここでわれわれの関心の的である彼らの哲学的見解は、きわめて異なっており、明白に対立している。[11] マルクスは、性向と教育によって、偉大なドイツ観念論の伝統に属している。彼はただ、政治的背景によってそれから区別されうるにすぎない。エンゲルスは、今日であれば実証主義の陣営に属する人物として理解されるであろう。

マルクスは、キルケゴールやニーチェと同様に、死後のヘーゲルに対して生じた反動のなかで、最も重要な三人の人物のひとりである。マルクスは、キルケゴールやニーチェと同様に、自己の著作を「哲学」と呼ぶことを軽蔑していた。彼は、哲学者としての教育を受けた。——彼は、学位論文『エピクロスの自然哲学とデモクリトスの自然哲学との差異』により一八四一年に哲学博士号を取得した——。この頃は、依然としてヘーゲルが論争に巨大な影響力を及ぼしていた時代である。マルクスは、すっかりヘーゲルに傾倒していた。本人の主張するところによれば、彼は、十代でヘーゲルの全著作を読破したほどである。[12] マルクスは、ヘーゲルを批判したにもかかわらず、ヘーゲル的な枠組みの内部で思考し続けている。彼は、この枠組みに反旗を翻すが、それを自身のものとし、自分自身の目的のために大いに役立てている。第一章で指摘したように、ヘーゲルの死後、その学派はさまざまな分派へと分裂した。そのなかにはヘーゲル右派、すなわちヘーゲルの著作の神学的解釈を擁護する者たちと、青年ヘーゲル派とも呼ばれるヘーゲル左派、すなわち宗教批判の立場から、ヘーゲルの右派的な読み方の正しさを認めたうえでこれを拒絶する者たちが含まれていた。(13) マルクスはヘーゲル左派の一員であった。ヘーゲル論理学の諸カテゴリーは、マルクスの傑作である『資本論』の第一巻(一八六七年)のいたるところに登場する。この第一巻は、マルクスが一八八三年に死去する前に完成できた唯一の巻である。(14) エンゲルスは、正規の哲学教育を受けたことがなく、せいぜい才能に恵まれたアマチュアであり、ドイツ観念論の主要概念に対する理解も脆弱であった。彼は、この伝統に精通しているかのように装ったうえで、これをきっぱりと拒否した。マルクスの主要な発想は、古典的なドイツ哲学との連続性を保っており、彼は、少なくとも哲学については明らかにその一翼を担っている。[6] エンゲルスの立場は、今日科学主義と呼ばれるものにはるかに近い。彼の関心は、後のポパーのように、(15) 哲学と科学とのあいだに境界線を引くことにある。そのさい、彼はマルクス主義を科学と連繋させるのである。彼はまた、問題とその解決を平明に、極度に単純化してまで述べることに長けている。マルクスは、教授には決してならなかったが、ドイツの教授のような仰々しい散文を書いたので、エンゲルスは、難しい問題に手軽に近づきたいと望む読者を魅了し続けているのである。

マルクス主義の伝統は、マルクスを政治経済学者とみなし、エンゲルスを哲学者とみなしている。マルクスの墓前で行なわれた演説で、エンゲルスは、マルクスに近代社会の運動法則を発見した功績を帰した。(16) エンゲルスが哲学を学んだのは、短い期間にすぎない——彼は、一八四一年、キルケゴールと同時期にシェリングの講義をいくつか聴講した——、彼は半通俗的な哲学のテクストを何冊か著述している。そのなかには以下の著作が含まれる。『オイゲン・デューリング氏の科学の変革』（一八七八年）は、しばしば『反デューリング論』の名前で親しまれているが、これは不正確である。[17] これは、同時代のドイツの教授に対する論争の書である。未完の『自然弁証法』では、エンゲルスは、ヘーゲルと同様に、だがマルクスとは異なり、弁証法を自然へと拡張した。『ルートヴィヒ・フォイエルバッハとドイツ古典哲学の終結』は、薄い小冊子であり、彼は、そこでドイツ観念論と絶縁している。彼はまた、『ドイツ・イデオロギー』にもささやかな寄与をしている。[7] これは、イデオロギーに対するマルクス主義の標準的な見方の最も優れた説明を含む作品である。

ルートヴィヒ・フォイエルバッハ[8]は、ヘーゲル左派に属する同時代人であり、ヘーゲル以後生じた変化のなかで重要な役割を果たしている。彼は、最初ヘーゲルの信奉者であったが、後に強力な批判者に転じ、彼の哲学観と神学観は、マルクスに影響を与えた。マルクスは、ヘーゲルと格闘するために努力を重ねるなかで、『哲学の改革のための予備的提言』[18]（一八四二年）や『将来の哲学の根本命題』[19]（一八四三年）といったフォイエルバッハの著作に魅了された。これらの著作は、経験論的‐唯物論的性格を明確に示している。今日ではフォイエルバッハは、その興味深い哲学的作品よりも、その神学的作品、殊に『キリスト教の本質』[20]が与えた影響によって知られている。ヘーゲル右派は、ヘーゲルを基本的に宗教的な思想家とみなしていた。だが、ヘーゲルは『精神現象学』のなかで、宗教に対する人間学的なパースペクティヴを展開させている。[9] そこで示唆されているのは、むしろ宗教を幻想とみなすフロイト的見解[21]のもとでよく知られているテーゼ、すなわち宗教は人間的思考の産物であり、人間の創造物であって、そこにわれわれが見いだすのはわれわれ自身であるというテーゼである。[22] フォイエルバッハは、ヘーゲルを丹念に研究したが、ヘーゲルが宗教に対する人間学的アプローチに肩入れして、正統派のキリスト教を深く批判していることを看破できなかったのである。神学者としてのフォイエルバッハが依拠するのは、D・F・シュトラウス[10]の作品である。シュトラウスは、ヘーゲル主義者として出発したが、ただちにイエスの生涯の記録の研究に転じた。シュトラウスの有名な二巻の作品『イエスの生涯、その批判的検討』(23)(一八三五―三六年)は、公衆の批判を引き起こし、彼はテューービンゲン大学における職を失うにいたった。シュトラウスの論じるところによれば、福音書は、歴史上の出来事の直接の証拠ではなく、むしろ、われわれの有限で歴史的な条件を超えた何かを理解しようとする人間の努力の記録である。福音書は、神的なものについて証言しているのではなく、むしろひとがしばしば人間の表現行為と呼ぶもの、神話、伝説、叙事詩と大して変わらないもの、一言でいえば文学のもう一つの形式にすぎないものについての歴史の証言である。フォイエルバッハは、『キリスト教の本質』(一八四一年)についての有名な研究のなかで(24)、ヘーゲルとシュトラウスに範を仰ぎつつ、変形による批判(transformational criticism)を行使する。すなわち――彼は主語と述語とを入れ換えて――神が人間を創造するのではなく、人間が神を創造すると主張する。

マルクスは、初期の論文「ヘーゲル法哲学批判序説」(一八四三年)のなかで、ヘーゲル、フォイエルバッハ、その他の思想家を引き継いで、人間が神の「根本」(root)であると主張している。しかしながら、人間は人間の「根本」であると主張する点で、彼はさらに前進してさえいる(25)。マルクスがここで採用している人間学的パースペクティヴは、彼がその後の著作のすべてをつうじて放棄することのなかったものである。彼は、『一八四四年のパリ手稿』で、フォイエルバッハを、哲学が宗教の一形式にすぎないことを示した最初の思想家と呼んでいる(26)。そして、フォイエルバッハの「類的本質」の概念を借用しながら、疎外にかんする見事な説明を行なうのである。[27] しかしながら、それはマルクスがまったく無批判であることを意味するわけではない。マルクスは、「フォイエルバッハ・テーゼ」のなかで、フォイエルバッハのものとみなす唯物論の形式を批判する。それは、スタティックで人間の実践を十分に把握することができないというのである。[28]

◆マルクス主義とエンゲルスの『フォイエルバッハ論』

マルクス主義のあり方は、エンゲルスのドイツ観念論に対するきわめて異質で否定的な反応と、ヘーゲルさらにはドイツ観念論の批判者として理解されたフォイエルバッハに対する肯定的な反応とによって主として決定された。フォイエルバッハは、最初ヘーゲル主義者であり、ヘーゲルの立場に精通していた。エンゲルスは、知識にはずっと乏しかったが、より批判的であった。簡単に言えば、エンゲルスは、フォイエルバッハ自身がヘーゲルをよく知ったうえで行なった批判を引き継ぎつつ、これを変質させる。彼は、ドイツ観念論と哲学を拒絶する一方で、哲学の真に現実的な諸問題はマルクス主義によって解決できる、と主張するのである。

分量的には大変スリムなフォイエルバッハ論は——それは五〇ページ程度にすぎない——エンゲルスの作であり、マルクスの死後『ノイエ・ツァイト』誌に分載された論文（一八八六年）を、すみやかに単行本のかたちで刊行したものである（一八八八年）。このテクストは、友人の遺産に対するエンゲルスの見解が一般受けする単純さをもち、平易な一口サイズの形式で述べられているので、影響力をもったのである。

そこには哲学的な陰影はまったく欠けている。ところが、マルクス主義者は、しばしば難解ではあるが、それ以上に得るところが無限に大きなマルクスのテクストを読む能力や意志を欠いていたので、彼らには数世代にわたって巨大な影響を与えた。マルクスが、宗教は大衆の阿片である、と言ったことは有名である。エンゲルスは、マルクスの立場を説明しようとしながら、実際にはただのパロディを提供している。それは、真正の哲学的洞察の代わりに数々の陳腐な主張を連ね、軽率な者のためにドラッグがひきおこす麻痺状態の思想上の等価物を創り出している。

エンゲルスは、きわめて短い序文のなかで、マルクスの『経済学批判』(一八五九年)の序文を引用している。そこでマルクスは、「ドイツの哲学のイデオロギー的見解」に対立する「われわれの見解」、すなわち「マルクスの唯物論的歴史観」について語っている。彼らはともに、「ヘーゲル」を含めたヘーゲル以降の哲学を清算したいという思いを抱いていたが、彼らは「包括的で連関した説明」というかたちでは、そうすることができなかった。(29)

エンゲルスの示唆によれば、マルクスと彼は、イデオロギーとしての哲学に対する一つの非イデオロギー的な見方を共有している。そこには、実際に共有された見解があり、この見解はイデオロギー的ではなく、実際にヘーゲルおよび哲学との断絶が存在することが含意されている。次のように言うだけで十分であろう。すなわち、マルクスは、エンゲルスの主張にもかかわらず、ヘーゲルや哲学と決して袂を分かっておらず、エンゲルスの哲学的立場を共有しているわけではない。マルクス主義は、甚だしくイデオロギー的であり、つねにそうあり続けてきた。だが、こう指摘したところで、マルクスの立場については何も語ってはいない。さらに、マルクスとヘーゲルのあいだには証明可能な断絶が存在するわけではない。より正確に言えば、マルクスは、すべての偉大な思想家と同様に、重要な先行者を批判しながら自身の立場を築き上げるが、彼の立場は、これらに反対する主張を行なっているにもかかわらず、カントからヘーゲルを経てマルクスにいたる論争の枠組みの内部にとどまっている。マルクスの立場は、哲学－外のものではなく、むしろドイツ観念論に属するという結果になる。

エンゲルスは、彼のフォイエルバッハ書の本論でドイツ哲学に対する自身の解説を加えている。『法の哲学』の有名で謎めいた言明――「現実的なものはすべて合理的であり、合理的なものはすべて現実的である」(30)――に言及しつつ、エンゲルスは、まず論証もせずに、ヘーゲルを同時代の政治的抑圧を支持して恥じるところのない人物として描き出す(31)。エンゲルスの努力の主眼は、ヘーゲルをヘーゲル自身と対立させることにある。ヘーゲル学派は解体したが、ヘーゲルはいまだ論破されていない。ヘーゲルは、発展のすべての段階は過渡的なものにすぎない、と示唆する。ところがまた、彼は、彼の体系のなかですべての矛盾は解決され、歴史は終焉に達する、と示唆する(32)。「しかし、矛盾がすべて一挙にとりのぞかれたら、われわれは、いわゆる絶対的真理に到達したのであり、世界史は終わったのである」(33)。これはヘーゲルが決して行なっていない主張であり、彼の立場の誤解にもとづく主張である。それにもかかわらず、この主張は〔マルクス主義の〕文献のなかで、固有の生命を獲得するにいたった。同様の主張は、後にコジェーヴ[11]がヘーゲルをマルクス主義的に読み解くさいにも反復されている（コジェーヴ[12]は、最初ナポレオンで、後に戦後日本で、歴史が終焉すると考えた）。それからこの主張は、いっそう単純化されたかたちでフクヤマ[13]の確信のうちに現われる。フクヤマは、ロナルド・レーガン[12]が共産主義を打ち負かし、歴史を終焉させた、と確信している(34)。

エンゲルスは、ヘーゲルの立場には重要な政治的含意があり、それはこれまで実現されてこなかったという正確な観察を示すことで、ヘーゲルを論破しようとすれば、ヘーゲルの体系を彼自身と対立させることが可能であろう、と暗示している。エンゲルスは、二つの理由から、ヘーゲルで哲学そのものが終焉する、と主張する。ヘーゲルは、先行する発展を総括し、哲学の体系という過渡的にすぎないものを超えて、エンゲルスの呼称である科学的認識という「真の実証的認識」にいたる道をわれわれに示すからである。(35) 一方でヘーゲルと哲学があり、他方では科学があり、両者の差異は、自然とのかかわりに見ることができる。ヘーゲルにとって、自然はたんに理念の他者にすぎない。反対に、唯物論にとっては自然のみが実在する。このように主張するとき、エンゲルスは、後のアングロ＝アメリカの物理主義者や外延主義者の努力、すなわち、有意味な言明を空間的‐時間的世界にのみかかわるものに限定しようとする努力に先鞭をつけている。フォイエルバッハの革命的な重要性は、観念論を唯物論へと移行させたことにある。唯物論は、自然の独立性をふたたび確立し（ヘーゲルの）「体系」をただ破壊するだけで、哲学を論破するのである。(36) エンゲルスの議論の核心は、もしも哲学がヘーゲルで頂点を極めたとすれば、またもしもヘーゲルがフォイエルバッハによって論破されたとすれば、哲学は終焉したという点にある。しかしながら、この議論に確証を与えるためには、フォイエルバッハのヘーゲル批判が成功していることを示す必要があろう。

この仮定を立てるエンゲルスは、観念論と唯物論との区別を念頭において、哲学と科学とを対立させる分水嶺となる問題が存在する、と論じている。すべての哲学の根本にあるのは「思考と存在」の関係である。(37) もしも驚くほど多様な異質の諸理論が、ただ一つのテーマに還元されるならば、しかもそこでは、イエスかノーか、真か偽か、自然か精神か、唯物論か観念論か、といった二つの態度のどちらかだけが可能であるとすれば、総体としての哲学を敵にした闘いは、ずいぶん容易になることは明らかであろう。この場合には、誰かに単純な質問（「あなたはどちらの立場に立つのか？」）を提示さえすれば、議論を終わらせるのに十分であろう。エンゲルスは、認識の問題に興味をもっており、思考は存在を知ることができるかということに関心を抱いている。彼は、哲学者が知識の問題にかんして二派に分かれると見る――ヘーゲルにとってわれわれは世界を認識しているが、エンゲルスによって懐疑主義者として括られたヒュームとカントにとって、われわれは世界を知ることができない。エンゲルスは、知識は自然に対する適切な態度の所産であるという見解を採る。エンゲルスは、きわめて粗雑でカントに対する誤解を露呈している一節で、次のように書きつけている。すなわち、「実践、すなわち実験と産業」は、われわれに何が正しいかを十分に示している、と。この主張は、彼をプラグマティズムに近づける。「カントの認識不可能な『物自体』はそれで終わり」である。(38) 反対に、科学の諸問題に対する明確な諸解答は存在する。例えば、ルヴェリエ[15]が海王星の軌道を計算し、後にガレ[16]が海王星を発見したことは、コペルニクスの太陽系の証明となる。このような所見を示すとき、(39) エンゲルスは、カントのニュートンに対する見解を反復しているのである。

エンゲルスの読み方によれば、フォイエルバッハは、ヘーゲルの観念論を唯物論者のやり方で再定式化している。エンゲルスは、ヘーゲルの観念論の体系が転倒された唯物論であるという所見を述べるとき、マルクスの有名な所見を反復しているのである。すなわち、弁証法の合理的な核を見いだすためには、弁証法は転倒されなければならないという所見である。

弁証法がヘーゲルの手のなかで受けた神秘化は、彼が弁証法の一般的な諸運動形態をはじめて包括的で意識的な仕方で述べたということを、けっして妨げるものではない。弁証法はヘーゲルにあっては頭で立っている。神秘的な外皮のなかに合理的な核心を発見するためには、それをひっくり返さなければならないのである。(40)

エンゲルスは、彼が想定する観念論から唯物論への移行を、フォイエルバッハの功績に帰する。この移行のもとで哲学は放棄されるが、一方でヘーゲルの体系の富は効果的に再編成されるのである。しかしフォイエルバッハは、初期の観念論への関与を完全に克服することができず(41)、十全な唯物論に到達することができなかった。彼は、自然過程と歴史とを混同しているので[17]、彼には自然に対する歴史的な観方が欠けているのである。(42)

エンゲルスは、フォイエルバッハが観念論を完全に放棄することは決してなかったと信じている。その証拠として彼は、フォイエルバッハの宗教――彼が欲するのは宗教を完成させることであって、廃止することではない――と倫理に対するスタンスとを批判する。今までエンゲルスは、フォイエルバッハがヘーゲルを超えている、と論じてきた。今や彼は、倫理にかんして言えば、フォイエルバッハがヘーゲルの水準に達し得なかった、と主張する。フォイエルバッハの新しい宗教は、結局のところ「抽象的人間の礼拝」であり、「現実の人間とその歴史的発展とにかんする科学に置きかえられずにはすまなかった」(43)。それは、十全な唯物論にいたる途上の一つの踏み石にすぎないのである。フォイエルバッハは、ヘーゲル左派のなかで唯一の重要な哲学者ではあるものの、半-観念論者、半-唯物論者の立場にとどまったので、ヘーゲルを克服することができない。マルクスだけが唯物論的立場に移行することによって、ヘーゲルを克服し批判することができた。[44] エンゲルスは、このように示唆しつつ、観念論と唯物論とを分かつ分水嶺にかんする彼の見方に忠実に、非‐観念論者としてのマルクスを断固として唯物論者の陣営に位置づけるのである。

マルクスは、ヘーゲルの弁証法観を克服することによってヘーゲルを克服する。ヘーゲルの弁証法観は「イデオロギー的なさかだち」[45]であり、「現実の事物の模写」[46]としての概念に重点を置く。エンゲルスは、知識は独立した存在をもつ現実を映し出すという考え方を前面に押し出すとき、さまざまな形態の経験論のもとでお馴染みの知識の反映論の焼き直しを行なっており、その点では、ヘーゲルだけでなく、マルクスの述べることのどれとも対立している。この理論は、後に受け入れられ、マルクス主義の標準的見解となった。エンゲルスの示唆によれば、知識は独立した客観についての知識、あるいは少なくともそうした客観にかかわる過程の知識でなければならない。エンゲルスにとって、弁証法とは「外部の世界および人間の思考の運動の一般的諸法則にかんする科学」であり、「概念弁証法そのものは、現実の世界の弁証法的な運動の意識された反映にすぎないものとなった」。これは、「ヘーゲルの弁証法がさかだちさせられた、あるいはむしろ、さかだちしていたのが、もういちど足で立つようになった」という事実の帰結にほかならない。[47] その結果として、ヘーゲルの方法は、観念論的な繋留から解き放たれ、革命の道具に改造される。その基礎にあるのは、自身の立場がヘーゲルのそれを転倒させたものであるというマルクスの示唆の解釈にほかならない。最後にエンゲルスは、マルクス主義の歴史観を素描する。彼の主張するところでは、その歴史観は、歴史の過程を支配する一般法則を明らかにし、「歴史の領域で哲学を終わらせる」[48]。歴史の過

程とは、最終的には経済的利害を反映するものである。(49)

◆ルカーチ、コルシュ、コジェーヴ、そしてヘーゲル・マルクス主義

二十世紀のマルクス主義には、政治的革命家や大学人、またルカーチのように、時期と場所が異なるに応じて二つの役割を演じた人物もいる。政治的人物の間には、しばしば興味深い哲学的見解をもつ者がいた。そのなかで最も重要な人物は、V・I・レーニンとローザ・ルクセンブルク[18]である。レーニンの師であったG・V・プレハーノフ[19]を筆頭に、マルクス主義は多数の思想家を輩出してきた。その簡単なリストには、カール・コルシュ、ゲオルグ・ルカーチ、エルンスト・ブロッホ[20]、リュシアン・ゴルドマン[21]、レシエク・コワコフスキ（すでに指摘したように、後に彼はマルクス主義の激しい批判者に転じた）、アントニオ・グラムシ[22]、アレクサンドル・コジェーヴ、マックス・ホルクハイマー、テオドール・アドルノ、ヘルベルト・マルクーゼ[23]、一時期のユルゲン・ハーバーマス、カレル・コシーク[24]、および後期のジャン＝ポール・サルトルなどが含まれるであろう。二十世紀のマルクス主義には、哲学はヘーゲルで終焉したという青年ヘーゲル派の見解のエンゲルス版に矛盾する傾向がある。二十世紀のマルクス主義は、マルクスとマルクス主義とのマルクス主義者による混同から引き出された、きわめて豊かな哲学的帰結に依拠しているのである。

マルクスとマルクス主義とは、ヘーゲルに対して異なるスタンスをとっていることは確かである。マルクスは、ヘーゲル的な諸テーマを批判したが、これをわがものとし、改造し、発展させている。エンゲル

スは、マルクスの立場と両立しがたいとみなしてヘーゲルを拒絶する。二十世紀におけるマルクス主義の諸展開のうちで最も興味深いことの一つは、ヘーゲル・マルクス主義が登場し、マルクスの無視できないヘーゲル的なルーツを白日のもとに晒したことである。ヘーゲル主義は、イデオロギーであり、ただ放棄すべきであるというマルクス主義者の安直な主張のもとでは、このようなルーツは隠されたままであった。ヘーゲルや、ヘーゲル－マルクス関係は、多数の重要なマルクス主義者や非マルクス主義者によって解釈されてきたが(50)、そのなかで最も重要な西洋マルクス主義者は、ルカーチ、コルシュ、コジェーヴである(51)。二十世紀のマルクス主義は、マルクスの遺産をめぐるヘーゲル・マルクス主義者と、反ヘーゲル・マルクス主義者との闘争を映し出している。前者は、哲学的次元が重要性をもち続けることを強調する。後者は、ルイ・アルチュセール[25]のように、マルクスの成熟した立場における反哲学的な理論構成を擁護し(52)、したがって、どのようなかたちの哲学も端的に超えたものとして、マルクス主義を擁護するのである。

ヘーゲル・マルクス主義は、一九二三年に、それぞれ独立に、だが、ほぼ同時に刊行されたルカーチおよびコルシュの著書に始まる。カール・コルシュは、法律と哲学を学んだドイツ人である。彼は、一九一〇年にイェーナで法学博士号を取得し、ロンドンに留学してフェビアン協会に入会した後、ドイツ共産党に入党した。一九二六年には、彼は党から除名されている。コルシュは、ヘーゲル・マルクス主義者のなかでは最もエンゲルスに近い立場にあり、『マルクス主義と哲学』では、次のように主張している。マルクス主義の目標は、ブルジョワ社会の現実を廃絶することにあり、またその過程でこの社会の理念的構成要素である哲学も廃絶される(53)。コルシュは、マルクスの多くの著作のタイトルに「批判」の語が用いられていることに注目して、マルクス主義は資本主義の経済的基盤に対する徹底した批判を実行する、と理解している。コルシュのアプローチは、近代産業社会の基礎が経済にあるという考えを真剣にとりあげる。それは、具体化された唯物論的弁証法を、革命的実践の不可欠の部分として理解するのである。(54) コルシュのヴァージョンでは、マルクス主義は、社会主義建設の前提条件としてのブルジョワ社会の壁を打ち壊すことが目的であるとする、特殊な形式の批判というかたちをとる。

コルシュは、才能に恵まれてはいるが、その他の点では典型的なマルクス主義知識人である。ルカーチとコジェーヴは、コルシュ以上の才能の持ち主であるが、きわめて例外的なマルクス主義知識人である。ルカーチは、ドイツ語で著述したハンガリー人であり、ドイツで教育を受けた。ドイツでは、彼はハイデルベルクでマックス・ウェーバー[26]のサークルと親交を結んだ。ルカーチは博識の人であり、哲学、美学、文学、文芸理論の分野で夥しい数の書物を執筆した。彼は、マルクス主義に関心を抱くようになる前に、まずカント主義に魅了され、そこから美学についての二冊の書物が生まれた。彼が一九一八年にマルクス主義へと転向して以降、彼の多産なペンは、マルクス主義の諸テーマに向かう。上述の彼の有名な試論集『歴史と階級意識』は、一九二三年に刊行された。これによって彼は、スターリン時代の最も重要なマルクス主義哲学者となったのである。

この書物は、ルカーチのすべてのマルクス主義的著作と同様に、政治的正統と哲学的異端との混淆物である。本書の要は、有名な試論「物象化とプロレタリアートの意識」にある。マルクスは、すでに言及した初期著作「ヘーゲル法哲学批判序説」(一八四三年)で、哲学の重要性が革命的行動に導く階級意識を創出する点にある、と示唆している。今やルカーチは、この考え方を発展させ、哲学の主要な諸問題の解決のために、マルクス主義を適用するのである。彼は、マルクスがヘーゲルから継承して使用する全体性のカテゴリーや、ルカーチの用語で疎外を意味する物象化を強調する。マルクスの『パリ手稿』がまだ刊行されていなかった時代に、ルカーチは、この物象化の概念をみごとにマルクスの後期著作から推論するのである。ルカーチの推論のすばらしさは、後に本人が認めたことであるが、不幸にも物象化の名のもとに対象化と疎外を混同したからといって、少しも減少するわけではない。[55] 対象化とは、ひとが自身の行なうことのうちに自分自身を「具体化」する場合であり、ヘーゲルのうちではすでに明瞭となっている概念である。[56] 疎外、ないし自己の自己自身からのさまざまな種類の分離は、マルクスが『パリ手稿』で分析していることで有名である。[57]

ルカーチの主要な議論は、マルクスこそが哲学の諸問題を解決するというマルクス主義者の見解を正当化するための、彼の創意に富んだ努力にかかわっている。ルカーチのドイツ観念論に対するカント主義的な読み方の根本には、哲学は自身の諸問題を適切に解決することができず、それらは哲学－外の平面でマルクス主義によって解決されるという主張がある。ルカーチの語るところでは、すべてのドイツ観念論の根本には、解決不可能な物自体の問題がある。ちなみに、彼は、エンゲルスがマルクス主義に導入した反映論を拒絶し、エンゲルスがカントの物自体を曲解していることを暴露する。[58] ルカーチによれば、ドイツ哲学の限界はヘーゲルの神話的な歴史理論にある。[59] この問題は、哲学の基盤の上では解決することができず、マルクスがプロレタリアートを「社会的・歴史的発展過程の同一の主体・客体[60]」として発見したことによって解決される。ブルジョワ思想の地盤の上では、最も偉大なブルジョワ思想家の格闘さえ虚しい結果しかもたらさなかったので、この地盤は捨て去られ、資本主義の諸問題は、プロレタリアートの思想によって解決されるのである。

ルカーチは、この他にも多数の重要な著作を書き続けた。それらは、しばしば重要ではあるが、彼が初期にマルクス主義へと跳躍した水準に達することは決してなかった。注目に値するのは『若きヘーゲル』(61)の研究である。そこで彼は、ヘーゲルの初期思想に政治経済学が果たした重要な役割に光をあてて、ヘーゲルが経済学を理解しなかったというマルクス主義者の主張の欺瞞を暴露した。晩年の未完の書『社会的存在の存在論』(62)は、マルクス主義者による社会存在論を創り出そうとする重要な試みである。彼はまた、文学理論と美学(63)に対して、マルクス主義者の立場から大きな貢献を果たしている。

ルカーチは、大学と政治活動のどちらを選ぶかという点では、曖昧な態度を示している。彼は、長いキャリアのなかで、一九一九年のラーコシ政権下[27]に活動しただけでなく、数十年間にわたり主導的役割を果たす大学人であり続けた。後のマルクス主義者は、革命家としての活動や、さらに革命的態度さえも徐々に放棄し、より日常的な大学人やその他の職業に従事するようになる。例えば、コジェーヴの場合、ヘーゲル・マルクス主義は、革命に対する情熱をすっかり失い、品の良い哲学的アプローチとなっている。コジェーヴは、ヘーゲルに対するマルクス主義者の（そしてハイデガー主義的な）解釈を提示しているにもかかわらず、革命的活動には関心を示さなかった。のちに彼は、フランス政府の文官となった――彼は、一九六八年に、フランスの学生革命のさなかに死去した。そのとき彼は、ブリュッセルで開催されたヨーロッパ経済共同体の会議に参加していたのである。彼はまた、ヘーゲルにかんするマルクス主義者のさまざまな教条の正しさを論証することにも関心を示さなかった。コワコフスキは、マルクス主義のあらゆる形態を広範に研究しているが、彼がマルクス主義運動史にかんする重要な三巻本でコジェーヴについてはわずか一文しか費やしていない。その理由は、おそらくここにある。(64)

アレクサンドル・コジェーヴ（アレクサンドル・コジェーヴニコフの筆名）は、ロシア革命後にロシアを離れた帰化フランス人であった。帰化への途上で、彼はハイデルベルクで八年ほど過ごしている。そこで彼は、ヤスパース[28]とともに学び、フランスに来る前に哲学博士号を得た。一九三二年に、別のフランス移住者のロシア人であるアレクサンドル・コイレ[29]がヘーゲル講義を中断せざるを得なくなったとき、コジェーヴが援助の手をさしのべ、一夏の準備期間しかなかったにもかかわらず、フランス語版が未訳のヘーゲル『精神現象学』について前代未聞の講義を行なうにいたった経緯は、よく知られた話である。これら即興の講義が才能ある学生のエリート集団に与えたインパクトは、まったく法外なものであった。そして彼らの多くは、フランスの指導的知識人になっていったのである。これによってフランスにおけるヘーゲルの評判は大いに高まり、ヘーゲルは思想の巨匠であり、あの時代以来哲学のすべては、彼を中心に回るようになったという類の議論が真面目に行なわれるほどであった(65)。

コジェーヴの有名な講義は一九三八年まで続いた。この年、第二次世界大戦がまさに勃発しようとする時期に、講義は、ナポレオンとともに歴史は終焉したという上述の主張で締めくくられた。講義録は、後にフランスの詩人レイモン・クノー[30]によって編集・刊行された。コジェーヴのアプローチは、恣意的であるかと思えば、すばらしいところも多々ある。彼の恣意性の一例としては、ヘーゲル、フッサール、そしてハイデガーまでが同一の現象学的方法を採っているという、根拠を欠いた愚かしい誤った主張がある(66)。この主張は、後にフランスの有名なヘーゲル研究者ジャン・イッポリット[31]や、ジャック・デリダによって繰り返されたが、これは正しい主張であるとは言えない。というのも、ヘーゲルは、いわゆるフッサール的な意味で方法と呼ばれるものをもたないからである。コジェーヴは、フォイエルバッハから強い影響を受けており、ヘーゲル解釈では哲学的人間学に重点を置くあまり、ヘーゲルの論考のすべてを主人－奴隷関係のレンズをとおして読み解くにいたっている。(67) 彼の分析は、ハイデガーの〔死に対する〕見解にもとづいてヘーゲルの死の概念を解釈するといったように、若干のアナクロニズムの要素を含んでいるのである。

◆ホルクハイマー、批判理論、そしてフランクフルト学派

ヘーゲル以後哲学が果たすべき固有の役割は存在しないという、エンゲルスの正統マルクス主義的見解は、ヘーゲル・マルクス主義では矛盾が生じる。それは、さらに社会理論に対するフランクフルト学派の見解でも矛盾を生みだす。フランクフルト学派の枠組みのもとに分類される主要な思想家は、マルクスと選ばれた何人かのマルクス主義者の影響のもとに、批判的な社会理論を展開した。彼らは、政治党派から独立しており、教条主義的ではなく、どの思想家や傾向ないし教条に対してもたんなる追従者となることはなかった。

フランクフルト学派と、この学派が活躍した時代との関係については、多くを語ることができるであろう。この学派が登場したのは、二つの世界大戦のはざまの時期、第一次大戦の余波のなかであり、労働者階級の運動が崩壊し、ロシア革命のもたらした希望がスターリニズムへと変貌し、ドイツではナチズムが登場した後であった。(68) フランクフルト学派は、社会に対する批判勢力であったが、その活動期間は、コワコフスキが指摘しているように、まったく別の意味ではあるが社会に対する批判勢力でもあった国家社会

主義の興亡とほぼ正確に一致する。(69) フランクフルト学派は、公式には社会研究所（Institut für Sozial-forschung）として知られ、一九二三年にフランクフルト大学内に創設された。この学派の活動は、この時期に始まり（一九三〇年以来、学派はマックス・ホルクハイマーの指導下にあった）、一九三三年に研究所が閉鎖され、そのメンバー――彼らのほとんどはドイツ系ユダヤ人であった――が移住するまで続いた。第二次世界大戦後、ホルクハイマーとアドルノは、ドイツに帰還し教育者としての活動を再開したが、マルクーゼはアメリカ合衆国にとどまった。

この学派は、注目に値する一群のアカデミックな思想家、すなわち、スターリニズムとナチズムの両方に批判的な思想家を束ねただけでなく、広く哲学から、さまざまな形式の社会理論、社会科学にまでおよぶマルクス主義のさまざまな制度的形式を糾合していた。この学派は、政治活動を行なったルカーチとコルシュの影響を受けていたにもかかわらず、そのメンバーは、マルクス主義者の革命的活動、制度化されたマルクス主義ないし共産主義の政治にはほとんど関心を示さなかった。

マルクスとマルクス主義からの影響、およびマルクスとマルクス主義に対する批判的関係は、フランクフルト学派では中心的ではあるが不明瞭なテーマである。マルクスやエンゲルス、あるいはルカーチとは異なり、フランクフルト学派全体は、プロレタリアートを革命的変化の原動力とみなす考えを見捨てた。マルクス主義者の観点から見れば、あるいはマルクスのパースペクティヴから見た場合にすら、そこから帰結するのは、ある特殊な種類の理論を定義する努力、すなわち社会的な力が欠けているので、社会を変革することができない理論を定義する努力である。哲学は、〔フランクフルト学派の思想家にとって〕マルクスやルカーチの場合のように、プロレタリアートを導くためにあるわけではなく、レーニンの党派性

（*partiinost'*）概念の場合のように、政治的な尺度に従属するのでもなかった。ルカーチが先に物象化と呼んだ疎外の問題に対する関心に応えるのは、適切な種類の理論だったのである。だが、受け入れ可能な理論は、カント的な意味で純粋ではありえず、社会とかかわらなければならず、また社会理論は、弁証法的でなければならない。目的は、古典的な意味での真理ではなく、むしろ、ヘーゲルだけでなく、マルクス、すべてのマルクス主義者、そして他の多くの人々と共通のやり方で、社会的に重要な諸問題を全体として前進させることである。

フランクフルト学派の研究業績は、二つの世代に分けることができる。最初の世代には、哲学者のホルクハイマー、テオドール・アドルノ、ヘルベルト・マルクーゼ、文芸批評家のヴァルター・ベンヤミン[32]、社会学者のレイモン・アロン[33]、政治経済学者のカール・ヴィットフォーゲル[34]、精神分析家のエーリヒ・フロム[35]、経済学者のフリードリヒ・ポロック[36]、その他の人々が含まれる。第二世代で最も重要なメンバーは、社会理論家のユルゲン・ハーバーマスであるが、その後彼は、異なる方向に転じている[70]。

フランクフルト学派と結びついた哲学者のなかで最も重要な人物は、ホルクハイマー、アドルノ、マルクーゼであり、そして、もしも彼が哲学者であるとするなら、ハーバーマスである。批判理論の発展を記述する唯一の方法ではないが一つの方法は、カントと、彼が代表する哲学的伝統との関連を見ることである。簡単に言えば、批判理論は、その正当な自己理解によれば、マルクスとマルクス主義の影響を受けつつ、柔軟で非教条的なアプローチを構築し、ヘーゲルのカント批判がもつ含意から多くを引きだす理論として記述することができる。カントの関心は、純粋で、状況への依存性を欠き、自己以外のどのような根拠ももたない理性にあったが、ヘーゲルは、これに対する反動から次のように主張する。すなわち、理性はつねに状況に依存しており、したがってつねに「不純」であって、決して十全に根拠づけられず、変動する概念的フレームワークに依拠しているのがつねであり、こうして歴史的契機から自立することは決してないのである。

われわれがプラトンから受け継いだ西洋哲学の伝統的な哲学観とは、哲学はその環境から独立しているが、善き生のために不可欠であるというものである。ヘーゲルと同様に、フランクフルト学派の思想家は、これと競合する哲学観を確立しようとした。すなわち、哲学はその環境から全面的に自立することはできず、不可欠でもないが、ある種の条件のもとでは社会的に有用である。フランクフルト学派の哲学における主要論題は、創造的でプログラム的な性格をもつホルクハイマーの論文「伝統的理論と批判理論」（一九三七年）の用語で記述することができる。[71] このテクストは、フランクフルト学派のメンバーの多くの著作で前提されているある重要な区別、すなわち、デカルトに代表される伝統的理論と、マルクスがその主導者である批判理論との区別を提案するのである。

ホルクハイマーの試論は、理論の標準的で絶対化されたモデルを特定し、これに代わる選択肢を提示する。伝統的理論は、自然科学、社会科学、そして哲学に可能なすべての対象を包括する普遍的で体系的な学問をめざす。デカルトは、演繹の連鎖という理想に哲学的表現を与える。この理想は、フッサールのもとでは、「あたかもたとえば、認識の内的本質からとか、あるいはそれ以外の仕方で非歴史的に基礎づけられるかのような」[72] 単一の命題体系という形式をとる。伝統的理論は、理論が文脈に対してもつ関係を隠蔽し、社会的機能を自覚的に行使することがなく、純粋に形式的な継起というかたちを身にまとうのである。その結果、個人的なカテゴリーを不当に一般化して、普遍的なものとみなす学者の虚偽意識が生じる。

この認識過程に対する一面的理解は、カントで頂点に達する。ホルクハイマーは、カントにとって現実が最終的に非合理的であるというルカーチの見解を引き継いでいる。カントは、経験の諸対象がいわゆる「超個人的活動」の生み出す、説明不可能で純粋に知性的な成果であり、したがって「社会的労働の所産」ではないという誤った見方を示している。カントは、経験の諸対象の源泉が認識不可能であると信じており、『純粋理性批判』の図式論のひどく曖昧な一節で、それを「人間の魂の深みに隠された技術」と呼んでいることは有名である。ホルクハイマーにとって、この見解は、ただ社会的現実の理解に失敗したことを映し出しているにすぎない。彼は、カントの図式論の考えを非難しつつ、それとヘーゲルの理性の狡知の考えとを比較している。(75)

伝統的理論とは異なり、批判理論には、生存のための合理的条件に対する関心が根本にある。批判理論は社会を対象とする。その目標は、認識過程を社会的基盤の上で捉え直しつつ、個人と社会との分離を相対化することにある。主体とは、もはやブルジョワ思想の自律的主体ではなく、特定の個人、ないし特定の文脈における諸個人の集合である。認識過程は、論理的なものとしてだけでなく、歴史的なものとしても再度記述される。知識の目的は、社会の変化を生み出すことにある。理論は、カントが主張するように「関心を欠いた」ものではなく、むしろヘーゲルやマルクスの考えるように、新しくよりよい社会世界をめざすものである。ホルクハイマーは、次のように書いている。「彼の洞察と、彼がそのために思考をすすめている抑圧された人類との緊張を克服する仕事が、批判的理論家の課題である」(76)。批判理論は、理性的な社会の組織化を生みだすための社会の変化の可能性にかかわる(77)。社会の未来は、文字どおり「批判的態度」(78)を採用することに依存している。

◆マルクーゼとアドルノについて

ホルクハイマーは、批判理論に人類のために不可欠の役割を与えつつ、批判理論と伝統的理論とのコントラストを強調する。伝統的理論は、絶対論のモデルに従いながら、みずからの偶然的な社会的重要性以上のものを主張できないのである。マルクスの強調点は、理論が自己完結してはならず、われわれの暮らす世界を変革しなければならないということにある。これは、批判理論の根本区別のもとで再び浮上する。フランクフルト学派と結びついたすべての思想家は、それぞれ異なったやり方で、ホルクハイマーの区別を何らかの形で翻案し、継承している。すなわち、伝統的理論は厳格だが社会的には無用であるのに対して、批判理論は原則として社会的に有益である。

フランクフルト学派と結びついた思想家を論じるさいに、人為的な統一性を押しつけないようにすることが重要である。彼らの著作は、それぞれ大きく異なる焦点をもっている。ホルクハイマーは、多数の論文を執筆したが、書物は数冊著述しただけである。ホルクハイマーは、厳格で超然としているが社会に対する批判性を欠いた現代の理性概念を批判せよと誘う。この誘惑は、とりわけ興味深いものである。彼は、精神を欠くテクノロジーの発達は社会的抑圧を強めるにすぎず、その結果、進歩は転じて野蛮となる、と示唆する。[79] この考えは、後にマルクーゼが発展させた。[80] それは、ハイデガーのほぼ同時代の議論と強いコントラストをなしている。ハイデガーによれば、現代のテクノロジーの失敗は、ギリシア人のテクネー(*techne*)の観念に忠実でなかった点にある。[81]

アドルノは、ホルクハイマーに最も近い同僚であり、哲学の教育——彼はフッサールにかんする学位請求論文で博士号を取得した——および音楽の教育——彼はアルバン・ベルク[37]とエドゥアルト・シュトイアーマン[38]に師事して作曲法とピアノを学んだ——を同じ比重で受けている。彼の音楽にかんする莫大な知識は、トーマス・マン[39]が小説『ファウスト博士』(一九四七年)の登場人物アードリアン・レーヴァーキューンを創作するさいに基礎となっている。

アドルノの哲学的作品は、マルクスや初期のホルクハイマーとは異質な一種のペシミズムを示している。だが、こうしたペシミズムは、後にホルクハイマーの著作の主要な特徴となった。ホルクハイマーとアドルノは、『啓蒙の弁証法』(一九四七年)で、十八世紀の啓蒙(Enlightenment)を分析するわけではなく、「もっとも広い意味での進歩思想であり……人間から恐怖を除き、人間を支配者の地位につけることを目標とする(82)」と理解された、(小文字の"e"の)啓蒙(enlightenment)を分析するのである。ルカーチは、マックス・ウェーバーを継承しつつ、すべてを対象化する周知の数学的アプローチに抗議する。ホルクハイマーとアドルノは、ルカーチを反復しつつ、どのような種類の体系にも反対して、「啓蒙はおよそいかなる体系にも劣らず全体主義的である(83)」と主張する。こうした主張は、ドイツ観念論は専制的であるというアンドレ・グリュックスマン[40]の安直な提言の先鞭をつけている(84)。進歩的思想は、人間の解放を追求するにもかかわらず、その反対物に転化した。世界に対する全体主義的な数学的アプローチは、人間を自由にしようと努めずに、反復するものを捉えることができるだけである。反復するものは、数学的形式のもとで対象化され、一部の人間による他の人間の支配を可能にするのである(85)。

アドルノ自身の貢献は、文化批判、音楽理論、同時代のドイツの現象学に対する詳細な批判、権威主義的人格についての社会学的研究など、非常に広範な領域にわたっている。[86] 彼のスタイルは、『ミニマ・モラリア』[87]（一九五一年）のようなテクストではアフォリズム的であり、『否定弁証法』[88]（一九六六年）では近寄りがたいほど理知的で、ほとんどあるいは完全に理解を拒絶するほどである。『否定弁証法』でアドルノが展開するのは、形而上学と認識論に対する純然たる否定とでも言うべきものであり、それはハイデガーの著作のどの箇所にも劣らぬほど曖昧である。またそれは、いわばデリダが『弔鐘』[89]（一九七四年）でヘーゲルおよび体系に対して行なった攻撃を彷彿とさせる猛攻撃である。アドルノは、同時代のドイツの現象学を批判するときにはそれほど曖昧ではなく、はるかに明快である。博士論文に端を発するフッサール研究では、彼は認識論としてのフッサール現象学に検討を加えている。彼は、二点を指摘しているが、これは、後に異なるかたちでハイデガーに対しても指摘されている。〔第一に、〕究極の基礎づけにかかわる認識理論（*Ursprungsphilosophie*）、すなわちかつて第一哲学と呼ばれたものは、一種の擬似‐所与を見いだすことで満足しなければならない。〔第二に、〕自身の主張に反して、現象学は、純粋な所与に達することができず、したがって自己を正当化することができない。こうしてフッサールが創始した運動は、本来性の隠語へと行き着くだけである。[90] 抽象的なものを具体的なものとみなすアポリア〔本来性の隠語のアポリア〕は、アドルノの体系性を欠くが包括的なハイデガー研究のなかに繰り返し現われる。アドルノは、ハイデガーが基礎存在論に集中する言語の哲学者であるとみなす。[91] ハイデガーは、真正な語り（*Sprache*）とたんなる空談（*Gerede*）とを区別する。[92] アドルノの見るところ、ハイデガーは、みずからの立場を具体性を帯びた専門用語で定式化しているが、この言葉は、自身の記述するものとの直接的な繋がりを失っているので、哲学的なおしゃべり以上のものではなく、自身が記述するものの本質を把握することができずただできるふりを装っている空談の一形式である。ハイデガーは、社会的現実の基礎にある交換関係を捨象することによって、具体的な社会生活を把握しているかのように装うだけでそうする力を端的に欠いた抽象的な隠語を提出しているのである。(93)

ホルクハイマーとアドルノの年下の同僚であるマルクーゼは、フッサールとハイデガーのもとで短期間学び、ヘーゲルにかんする教授資格請求論文 (*Habilitationsschrift*)、ないし第二博士論文をハイデガーの指導のもとで執筆した。(94) 彼の初期の論文は、一種のハイデガー・マルクス主義を提示しており、この立場は、後にガーヨ・ペトロヴィッチ[41]のようなユーゴスラヴィアの思想家によって発展させられた。すでに述べたように、ホルクハイマーとアドルノがドイツに帰還したのに対して、マルクーゼは、アメリカ合衆国にとどまったので、〔合衆国の読者に〕受け入れられやすいスタイルで著述した。その結果、彼は、ヴェトナム戦争の頃にアメリカ新左翼のあいだで、通俗哲学者として半ばポップ・スターのような地位を獲得するにいたった。彼の業績は、広範な領域に及んでいる。そこには、彼がソヴィエト・マルクス主義にかんする書物のなかで詳細に論じた古典的マルクス主義(95)や、フロイトとマルクスを結びつけた書『エロス的文明』(一九五五年)における性の形態の多様化による自己解放、(96) ポピュラー・カルチャー(97)や美学(98)が含まれる。

マルクーゼは、ホルクハイマーやアドルノよりもドイツの現象学に近かったが、ヘーゲル－マルクスの伝統にも近かった。彼は、この伝統を詳細に研究している。ヘーゲルの存在論と歴史性との関係を論じた彼の研究は、ハイデガーの洞察をドイツ観念論の伝統に適用しようとする最初の試みの一つである。(99) その価値は、後にマルクーゼがハイデガーから距離を置こうと努めたからといって少しも減少するわけではない。マルクスの『パリ手稿』が一九三二年にようやく刊行されたときには、マルクーゼは、この草稿それ自身の重要性と、マルクス理解のためにもつ重要性とを最初に認めた学者の一人となった。彼の『理性と革命』[100]（一九四一年）は、第二次世界大戦の初期に刊行された書物であるが、弁証法のパースペクティヴから実証主義を批判し、ヘーゲル学徒の右派と左派とが戦場で陣を張り対峙しあうさまを描き出した。彼は、ソヴィエト・マルクス主義にかんする研究で、ヘーゲル－マルクスの伝統に傾倒する者による最初の洗練された批判の一つを提供している。『一次元的人間』[101]（一九六四年）では、彼は、技術文明に対する全体的批判を提起した。そこでは、ホルクハイマーとアドルノの『啓蒙の弁証法』に比べていっそう近づきやすい表現が採られているが、類似した多くの洞察が見いだされる。

◆ハーバーマスとマルクス主義にかんする補説

フランクフルト学派の第二世代の思想家には、マルクスの自然概念にかんする興味深い書物[102]の著者であるアルフレート・シュミット〔42〕、マルクス主義の歴史の研究者であり、ヘーゲルの個人概念にかんする重要な研究[103]の著者であるイリング・フェッチャー〔43〕、そして現代ドイツの指導的な社会理論家であり、この間フランクフルト学派から離れているユルゲン・ハーバーマスが含まれている。

ハーバーマスは、哲学やいくつかの関連分野できわめて生産的な活動を示してきたので、彼を特徴づけるのは困難である。彼の関心は、哲学の内部にあるとともに、哲学を超えてもいる。彼は、政治学や社会学を学び、それに加えて哲学も学んだ。彼の博士論文は、シェリング論考であり、彼は、その後公共空間について重要な研究を行なった[104]。それから彼は、マルクス主義[105]に始まり、コミュニケーション理論[106]、理性に対して啓蒙（Enlightenment）の抱く関心が後にたどった展開[107]、倫理学[108]、法理論[109]にまで及ぶ、ほとんど当惑させるほどの多様な論題について一連の書物を執筆した。彼を哲学者と呼ぶことが最も適切かどうかは定かではないが、ガダマーの逝去（二〇〇二年）後の今日、彼は、存命中のドイツの思想家のなかで最も重要な人物として広く認知されている。われわれは、本章の主題を保持しながら、彼のフランクフルト学派と広義のマルクス主義に対する関係に焦点を絞ってコメントすることにしたい。

ハーバーマスは、一時期アドルノの助手を務め、後にどのような形式のネオ・マルクス主義も放棄し、オーソドックスな哲学、とりわけ、まだ社会理論の装いをもつネオ・カント主義へと回帰した。ハーバーマスのもとでは、ホルクハイマーによる伝統的理論と批判理論との区別は消滅している。彼の目標は、初期著作のなかでさえ、すなわち、ハーバーマスがフランクフルト学派の第一世代の思想家に最も近かった頃でさえ、実践における自己実現をめざす理論という考え方を定式化することにあったわけではない。彼は、理論そのものに関心をもっており、実践を概念的に把握するものとして理論に関心を寄せることがしばしばあった。当時の彼の立場は、哲学に対するカントの考えに接近している。すなわち哲学は、人間理性の諸目的、理性が自己自身で実現していく諸目的を包括するという考えである[110]。カントと同様に、ハーバーマスにとっても、問題は、マルクスやマルクス主義の場合とは異なり、世界を変革する理論をどのように考案するかということにはない。というのも、理論は、それ自身で自己実現的だからである。問題は、むしろドイツ観念論の場合と同様に、だがそれとは異なるやり方で、カントの批判哲学に生命を吹き込む意図を最終的に実現する人間理性の十全な概念を確立することにある。

ハーバーマスがフランクフルト学派から、したがってまたマルクス主義から去った後に執筆された著作には、非常に興味深いことがしばしばある。だが、ここでの文脈では、これらの著作をフォローすることは不可能である。ここでは、彼の初期著作について、目下のテーマにかかわるかぎりで議論すれば十分であろう。マルクス主義は、しばしば「史的唯物論」や「弁証法的唯物論」という用語を使用する。エンゲルスは、マルクスの功績に帰する歴史法則の発見を指示するために、「史的唯物論」という語を用いる。(11) マルクスには、「弁証法的唯物論」という語は登場しない。この語は、マルクス主義の哲学を明示するために、おそらく、マルクス死後の一八九一年にプレハーノフによって最初に用いられた。「史的唯物論」という包括的な見出し語のもとで、ハーバーマスの初期著作の多くは、マルクスとマルクス主義のさまざまな側面に関心を寄せている。マルクーゼとは異なり、ハーバーマスは、社会的ユートピアを実現することに関心をもたない。ホルクハイマーやアドルノとは異なり、彼は、批判理論と伝統的理論との区別を維持することにも関心がない。ハーバーマスによる史的唯物論の説明の主眼は、次のような非伝統的な理論〔すなわち批判理論〕の観念を拒絶することにある。すなわち、その理論は、社会に応答し、したがって解放に役立つと同時に、広く受け入れられた知的規範にかなう理論として擁護されうるという考えである。ハーバーマスは、ホルクハイマーが伝統的理論と呼ぶものに条件つきで回帰しつつ、マルクス主義のどのような形式も放棄する。それに代わって彼は、西洋の伝統のもとで発展してきた理論に社会の変革の責任を委ねはするが、この伝統に代わる選択肢を描き出そうとはしないのである。

ハーバーマスの努力は、四つの段階に再構成することができる。それは、マルクスとマルクス主義の解釈に始まる。ハーバーマスは、マルクス主義の慣習にならって両者を区別していない。これに続くのは批判であり、それから再構成であって、最後にポスト・マルクス主義の段階にいたる。最後の段階では、彼は、この種の議論の路線を救うことはできないと結論づけ、彼自身の考案によるネオ・カント主義と呼ぶのが最もふさわしい立場へと撤退する。マルクスやマルクス主義の諸テーマは、彼の著作に一時期登場したにもかかわらず、ハーバーマスがコミュニケーション的行為や討議倫理学、法のようなテーマにかんする自身の見解を確立するにつれて、次第に姿を消した。さらに最近では、認識論的正当化、実在論、心の哲学といった、分析哲学の中心的テーマ全般にわたる研究をとおして、彼の立場は分析哲学に接近してきた(112)。

ハーバーマスは、フランクフルト学派の伝統的な諸テーマに興味を抱いた頃でさえ、他の多くのことがらにも関心を寄せていた。彼は、ハイデガーとナチズムとの関係に注意を喚起する二つの論文によって、一九五三年に著作の公表を開始した[44]。彼には、マルクスやマルクス主義に対する自身の見解についてまとまった叙述は存在しない。それは断片的に少しずつ表明されてきたのである。ハーバーマスは、マルクスとマルクス主義との連続性を主張する点ではマルクス主義に追随している。彼の史的唯物論の読解は、一九五七年初出の長大な諸文献のサーヴェイ(*Literaturbericht*)に始まり、彼が一九七〇年代後半にこの論題に興味を失うまで一連の論文や著書のなかで続けられた。われわれは、過去三〇年間の彼の業績のなかから、直接ないし間接にマルクスおよびマルクス主義の解釈にあてられたテクストと、マルクスやマルクス主義が表面的な重要性しかもたないテクストとを区別することができる。このテーマにかんする主要なテクストの多くは、英訳で入手することができる。これらには、以下のものが含まれている。すなわち、「マルクスとマルクス主義をめぐる哲学的討論によせて」(一九五七年)、「哲学と科学の間——批判としてのマルクス主義」、いわゆる就任講義である「認識と関心」、および同名の単著(ともに一九七一年)、論文「史的唯物論の再構成に向けて」（一九七九年）、そして『コミュニケーション的行為の理論』と呼ばれる大著（一九八四年、一九八七年）である。[113]

マルクスとマルクス主義についての初期の報告では、マルクス主義が観念論と唯物論とのあいだに見いだす標準的な区別にもとづいて、史的唯物論が一つの哲学として解釈されている。この初期の段階ですら、ハーバーマスは、マルクスの立場、とりわけ初期著作にかんして優れた理解を示しており、多様な分野にわたる膨大な二次文献にも精通している。ハーバーマスは、主体の概念、あるいは哲学的人間学を強調しているが、それは、マルクスの初期著作、とくに『パリ手稿』で力強く提示されている。彼はさらに、マルクスが革命的な意図をもって歴史の理論を提起していると主張する。ハーバーマスは、当時ハイデガーの現象学の影響を受けており、「歴史の意味への問いに対する典型的な諸解答と史的唯物論の解答」（一九五七年）という表題のもとで、マルクスの歴史理論を論じている。[114]

ハーバーマスは、彼の議論の劈頭をかざる解釈的段階では、伝統的な哲学から区別された史的唯物論とマルクスの哲学的解釈とに議論を集中させている。しかしながら、彼は史的唯物論そのものを批判しているわけではない。彼は、議論の次の段階、ないし批判的段階では、自身の批判的態度を拡張して、マルクスおよびマルクス主義の見解をともに包括する。ここで彼は、マルクスに対する認識論的批判を練り上げている。この批判は、後続の著作のなかで拡張され、コミュニケーション的行為の理論の基礎となっている。批判的局面の議論は、史的唯物論を科学と哲学とのあいだに位置づける試みに始まる。ここでハーバーマスは、秘かにコルシュに従いつつ、批判としての史的唯物論が実践的意図をともなった可謬的な歴史理論である、と主張する。また彼は、理論に対する彼独自の認識論的批判の最初の形態を提示している。[115]

第二に、彼は、いわゆる「就任講義」で、フッサールとホルクハイマーの見解に代表される伝統的理論と批判理論との対立を研究し、それをつうじて認識と関心の関係を吟味している。ハーバーマスの主張の要点は、伝統によって想定された理性の意義が批判理論の立場から認められることが可能であったとしても、それを承認することはできないという点にある。またここで彼は、認識の諸形式と関心の諸形式とを相互に関係づけるために、重要な意義をもつ三つの区別を導入している。[116]〔批判的局面の〕第三の段階、すなわちヘーゲルにかんする試論では、彼は、ヘーゲルが事実上、労働と相互行為ないしコミュニケーションとを区別し、マルクスがこれを混同したことを主張している。[117]〔批判的局面の〕最後の段階は『認識と関心』に見いだされる。本書は、結局のところ、彼の最も重要な書物と見てよい。ここで彼は、彼独自の認識論的批判にふたたび論及している。彼は、ヘーゲルとマルクスが認識論に背を向けたので、反省〔理性の自己反省の営み〕の衰退によって実証主義が台頭した、と位置づける。また彼は、フィヒテとフロイトの見解のうちに、認識と関心の適切な分析を見いだしている。[118]

きわめて単純化して言えば、ハーバーマスの史的唯物論の読解には、この時点で、二つの主要な変化が見られる。一方で、彼は、史的唯物論に対する以前の分析を、さまざまなやり方でさらに深化させている。そこには、『ドイツ・イデオロギー』の時代へと注目の焦点が移動したことが含まれている。この書物は、観念論と唯物論との間にあるとされる区別を唯一強調している。また、そこには、理論が経験的に誤りうることをますます、だが逆説的に強調するようになったことも含まれる。他方で、彼は、認識論的批判主義を導入する。これは、後の著作群ではたえず修正され、論じ直されていく。ハーバーマスは、暗默のうちにカント的な見方を受け入れており、彼によれば、マルクスは、実践的意図をともなう彼の歴史哲学の条件の可能性について問いを立てることに失敗しているのである。史的唯物論は、自己反省の次元を端的に欠いている。ハーバーマスは、後にこの点を定式化するさい、次のように示唆している。すなわち、マルクスは目的志向的な生産活動ないし労働を基礎概念に据え、これに依拠しているので、生産活動と相互行為とを分離ないし区別することができない。言い換えれば、マルクスは、まさにこのアプローチによって、身体的労働と反省の次元とを同一視するよう強いられており、つまり、文化的領域全体をその基底にある経済的次元に還元するよう強いられているのである。

この段階でのハーバーマスの批判は、二段階の議論に要約することが可能である。〔第一に〕マルクスの立場は、労働と相互行為ないしコミュニケーションとを同一視するので、反省の次元を欠いている。〔第二に〕マルクスの立場は、概念の網の目が投げかけられる範囲が狭すぎて、労働と相互行為との必要な区別が不可能なので、反省の次元をもつことができない。ここでは、事実上、マルクスの観点から十分な認識論的分析を行なうのは不可能であることが否定的に論証されている。批判哲学にいっそう密接に関係する用語を使うなら、われわれは、これが史的唯物論の不可避の認識論上の欠点の超越論的分析である、と言うことができる。問題は、この認識論上の欠陥をどのように修正するかにある。

ハーバーマスは、史的唯物論の読解の第三の局面ないし再構成の局面で、この問題に目を向ける。この短いが重要な時期は、二つの部分からなる。すなわち、理論の再構成一般の観念についてのメタ理論的反省と、この課題を史的唯物論とのかかわりで実行する努力とである。メタ理論的な反省は、論文集『史的唯物論の再構成』(119)（一九七六年）の序論のわずか一段落を占めるにすぎないが、それは問題となっている可能性の基礎づけをめざしている。ハーバーマスは、ルネサンス（Renaissance）、復古（Restauration）、再構成（Rekonstruktion）という三つの概念を区別する。[45] 彼の理解によれば、再構成とはある理論が本来掲げる目標をより完全なかたちで実現するために、その理論を解体し組み立て直すことを意味する。彼は、これが修正を必要とするがポテンシャルは失ってはいないような理論に対する普通の手続きであると主張するのである。

この言明は、採用された手続きを正当化するというよりも、意志表示に近いものである。しかしながら、この言明が史的唯物論を再構成する努力に基礎を与えていることは、明らかである。ハーバーマスは、適切にも「史的唯物論の再構成に向けて」[120]と題された上述の長大な論文のなかで、史的唯物論の再構成を企てる。彼の視野は、いまや『ドイツ・イデオロギー』からわずかに移動し、後期のいっそう経済学的な著作、とりわけ『経済学批判』の有名な序文までも含んでいる。ハーバーマスは、この段階では、史的唯物論を社会進化の理論とみなしており、その制限が経済的視点に過剰に重きを置くところにある、と考えている。ハーバーマスは、マルクスがコミュニケーションを労働に還元したと言われる考えに反対していたので、後に上部構造／土台という些細な区別と論述するようになるものを、当初は再構成しようとした。だが、これは驚くべきことではないのである。

われわれは、これ以上理論の再構成というテーマを追跡することは無用である。というのも、ハーバーマスは、史的唯物論の読解の第四の、そして最後の段階で、すみやかにこうした努力を放棄するからである。彼はそれ以来、史的唯物論の発展可能な形態を獲得しようとする以前の努力に対して明らかに暗黙の批判を行い、そのなかで次のように主張してきた。すなわち、史的唯物論はそれ自身のうちに欠陥を含んでいるが、さらなる発展によってこの欠陥を克服することは不可能である、と。この局面は、マルクス主義と対決しようとする彼の努力がもつ射程の遠大さを表現する。この局面の主要な課題は、史的唯物論はいまや彼自身の立場ゆえに放棄されなければならないということを示す点にある。ハーバーマスの立場は、一一〇〇ページを超える上述の論考『コミュニケーション的行為の理論』[121]で詳述されており、マルクスとマルクス主義が実現することに失敗したとされる人間の解放という社会的重要性をもつ課題を継承しようとするのである。

ハーバーマスは、この局面では、史的唯物論を経済理論とみなしている。彼の攻撃は、マルクスの剰余価値理論に集中している。彼は、マルクスの価値理論に対して三つの批判を提出しているが、それらは驚くべきことに擬似‐現象学的な言語を用いて定式化されている。第一に、ヘーゲルの『論理学』に負うところがあったので、マルクスには、システムと生活世界との分離という前提が欠けている。第二に、マルクスには、伝統的な生活形態の破壊と、ポスト‐伝統的な生活形態の物象化（*Verdinglichung*）とを区別するために必要な基準が欠けている。第三の批判は、生活世界がいわゆる「システム命法」の下に包摂されるという事態の一つの特殊ケース（労働力の貨幣化）を、マルクスが過度に一般化したという点にある。

ハーバーマスは、第三の批判が決定的であると主張するとき、彼の三つの異論が等しい価値をもつわけではないことを暗黙裡に認めている。これらのうち第一の異論だけが、まさに直接に剰余価値理論にかかわっている。いまやこのマルクスの見解は、明らかに異論の余地がある。近年では、交換価値の計算を労働時間の関数として考察しても、おそらくもっともらしく聞こえることはない。しかし、だからといって価値理論は、市場経済の標準的な労働が労働者個人に及ぼす影響を指摘しているかぎり、有用性が少なくなるわけではない。いっそう一般的な問題は、なぜハーバーマスは価値の労働理論の妥当性が史的唯物論の命運を握っていると考えるのかという点にある。ハーバーマスは、以前にさまざまなパースペクティヴから考察した史的唯物論という立場、マルクスの全著作を構成する異質な諸部分を彼がとりあげて読み解くさいに立っていた史的唯物論という立場が、実際に主要な点で政治経済学の理論であり、もっぱら政治経済学の理論でさえあるということを暗黙裡に主張しているのである。だが、このようなやり方で史的唯物論を論駁することが少なくとも可能であるためには、ハーバーマスは、史的唯物論が政治経済学の理論であることを示す必要がある。

第四章　認識論としてのプラグマティズム

プラグマティズムは、一八七〇年代に開始された。この年代は、マルクス主義が創設された時期とほぼ同じ時代にあたる。しかしプラグマティズムは、二十世紀になり哲学の一傾向として重要になった。またマルクス主義と同様に、論争のなかでプラグマティズムが占める位置は、二十世紀の間に急激に変化した。プラグマティズムには、前途有望な一時期があった──主としてプラグマティズムは、ウィリアム・ジェイムズという、この言葉のあらゆる意味で通俗的な思想家の努力によって、二十世紀の最初の四半世紀の間、アメリカの論争を支配した──その後、プラグマティズムは影響力を失った。しかし、マルクス主義が衰え続けているのとは異なり、プラグマティズムは近年勢いを増している。主としてリチャード・ローティの介入や、アングロ＝アメリカの分析哲学が道に迷いつつあるという広く行きわたった確信によって、二十世紀の最後の二十年間は、プラグマティズムの強力な復帰の舞台となった。二十世紀が終末を迎えたとき、プラグマティズムは、この世紀の四つの哲学の主要動向のなかで、最も人気があるように思われた。大陸の思想家という例外はあるにせよ、ほとんど誰もがプラグマティストであると主張したのである。しかし、自称プラグマティストの共有するものが何かは、どちらかといえば、少しずつ不明瞭になってしまった。

カントの立場は、きわめて多くのテーマを含んでいるが、とりわけ認識論というテーマを含んでいる。彼の主要な影響力は、彼の時代と後の論争のなかで、批判哲学の中心である認識論の理路に対する一連の反応のうちに看取されてきた。二十世紀の議論のある読み方は、多様な形態をもった数多くの理論としての知識に、哲学が興味を寄せ続けることを隠蔽し、あるいは軽視しさえする。この読み方は、全体的であれ部分的であれ、カントの批判哲学に対する二十世紀の議論の関係について、われわれの理解を歪める危険がある。知識論にアプローチする方法は一つあり、しかも一つだけであって、これは、いわばただ一つの王道であり、カントが例証していると主張するアプローチである、と考えられている。だが、この考えを受け入れることは誤りであろうし、これはたしかに正しくない。また、どのように定式化されたものであれ、知識に対するより深い関心を退けることは、同じく重大な誤謬であろう。二十世紀の論争は、カントの批判哲学が議論を終わらせたわけではないことを十分に証明している。むしろそれは、相当広範にわたって連続する、知識に対する後のアプローチを刺激したのであり、プラグマティズムもそのアプローチの例外ではないのである。

この点は、プラグマティズムにかんして強調する価値がある。知識論に対するプラグマティズムのきわめて興味深く豊かな貢献は、しばしば見落とされ忘却されている。この欠点は、プラグマティズムの追随者にも批判者にも等しく責任がある。追随者は、知識の問題にあまり詳しくなく、批判者は、プラグマティズムについてしばしば不十分な知識しかもたないので、その業績を認めることができない。この欠点はさらに、知の主張がなぜかプラグマティズムの関心の中心ではないという、根強いが根拠のない不信感にも原因がある。しかしながら、プラグマティズムの真の独創性は、それと一連の先行する運動とをたんに同一視して、知識の問題に対するプラグマティズムの興味深い貢献を顧みないとき、あるいはこの貢献に気づかないときに、分かりにくくなるのである。

われわれは、アメリカのプラグマティズムを論じるつもりである。このプラグマティズムは、しばしば哲学に対する最も重要な特殊アメリカ的貢献であると見なされている。ところで、C・S・パースは、プラグマティズムの直接の創始者であり、初期の中心的な人物である。また彼は、しばしば最も重要で独創的なアメリカの哲学者と見なされている。この時期における他の哲学の主要傾向と同様に、評者全員に受け入れられるプラグマティズムの定義を提供することは困難であり、ましてそれを記述することはさらに困難であって、おそらく不可能である。このように定義を提供し記述することは、プラグマティズムにとってとりわけ困難であるように思われる。理解の仕方次第では、プラグマティズムは批判哲学のさまざまな側面やマルクス主義と重なり合い〔1〕——プラグマティストであるジョン・デューイはマルクス主義に関心をもっており、シドニー・フックは彼とともに研究を行ない、後にマルクス主義からプラグマティズムに転向した——、また大陸哲学の主要な形態のいくつかと、さらに最も厳密な傾向のアングロ＝アメリカの分析哲学とも重なり合う。ジョサイア・ロイス〔2〕というジェイムズのハーバード大学での同僚は、ドイツ観念論を熟知していた。ロイスは、ドイツ観念論者が実際には、二十世紀の初期にプラグマティストと呼ばれていた人たちである、と信じていた。(1) ロイスは、おそらく誤解から「観念論」と「プラグマティズム」とを同じものであると見なしており、「プラグマティズム」という言葉を広い意味で、しかし依然として制限された意味で使っている。ロイスほどの節度もなく、この言葉をさらに広い意味で使うひともいる。リチャード・ローティは、「プラグマティズム」を並外れて広く使用する。ローティによれば、ドナルド・デイヴィドソンだけでなく、ニーチェさえもプラグマティストである。(2) ロバート・ブランダム[3]は、ローティのかつての教え子だが、同じ言葉をさらにゆるやかに使用しており、ほとんど誰もがプラグマティストにされてしまう。彼は、W・V・O・クワインだけでなく、マイケル・ダメット[4]やルートヴィヒ・ウィトゲンシュタイン、さらにゴットロープ・フレーゲにまでその言葉を用いている。(3) 評者のなかには、「プラグマティズム」を大陸哲学の主要な人物にまで帰する人もいる。(4) ハイデガーの思想の特徴が超越論的プラグマティズムである、というマーク・オクレント[5]の見解には、ヒューバート・ドレイファス[6]が激しく異議を唱えている。(5)

プラグマティズムを記述するときのもう一つの大きな困難は、その著しい多様性にある。A・O・ラヴジョイ[7]という適任の評者が、プラグマティズムを少なくとも十三の種類に区別したことは有名である。(6)「プラグマティズム」は、さまざまな仕方で、またさまざまな観点から特徴づけられる。この「プラグマティズム」は、ある一般的な立場として特徴づけられるが、おそらく誰一人として、その純粋な形態のままでこの立場を主張した思想家はいなかったであろう。「プラグマティズム」を特徴づけるとすれば、パースやウィリアム・ジェイムズから直接開始されるとしても、あるいは他の見方を採ったとしても、多かれ少なかれプラグマティズムの集団に密接に属する思想家におおむね括られる。プラグマティズムは、現役のプラグマティストによって、またプラグマティズムの批判者や研究者によって、きわめてさまざまに理解されている。ジェイムズが、〔パースの〕熱狂的な賛美者であることはよく知られていた。だが、ジェイムズが自分の主要な考えを誤解している、とパースは感じていた。こうした理由からパースは、自分の意にそぐわず受け入れられることを避けようとするようになった。分析的な思想家は、プラグマティズムの明らかに主観主義的な側面にしばしば反発している。バートランド・ラッセルにとっては、真理についての問いが最も重要である。彼にとって、人間が〔万物の〕尺度であるというプロタゴラス[8]の考えは、ある命題が他の命題よりも有用であるという見解にいたる。このプロタゴラスの考えは、プラグマティズムの傾向を示しているのである。(7) A・J・エイヤー[9]は、婉曲にラッセルの考えに従っている。エイヤーによれば、プラグマティズムの伝統は、人間が尺度であるというプロタゴラスの見解に由来する。(8) 彼らやプラグマティズムを批判する他の人たちは、真理に対するプラグマティズムのアプローチがもつ、おそらく主観的な側面に反対しているのである。ニコラス・レッシャー[10]は、認識に対するプラグマティズムの貢献を好意的に強調し、自由気ままな相対主義としてプラグマティズムを記述するどんなやり方にも反対している。(9) ジョン・E・スミス[11]は、プラグマティズムがアメリカの哲学と多かれ少なかれ完全に一致する、と受け取っている。彼は、目的、経験、共同体、宗教というテーマを強調し(10)、「思想はすべて行為の目的のためにある」ことをさらに強調している。(11)

◆プラグマティズムの起源と実践的行為論について

プラグマティズムが、アメリカのプラグマティストの運動以前からあることには疑いがない。共存してもおそらく相互作用しない排他的な諸傾向へと議論を分離しようとする不幸な傾向がある。この傾向は、プラグマティズムと先行する議論との連続性を隠すように働いている。プラグマティズムの先駆けは、たとえこの名前ではなくとも、西洋の伝統全体のほとんどいたるところに散在している。アメリカのプラグマティズムは、アメリカの哲学の伝統という文脈のうちで、アメリカの土壌に生まれた重要な哲学の運動である。プラグマティズム一般の起源から、このアメリカのプラグマティズムの起源を区別することは重要である。プラグマティズムは、必ずしもアメリカ的ではない。あるいはプラグマティズムは、必ずしもアメリカ合衆国に位置するわけではない。「プラグマティズム」について合意のようなものがまったくなく、それどころか全員の意見の一致がまったくない場合には、われわれはカントに頼る以外にはない。この批判哲学の創始者は、臆見、信念、知識を区別し、プラグマティックな信念あるいは偶然的な信念に言及している。この信念とは、例えば、医者のような、ある特殊な実践的文脈のうちで行為する必要がある人を導く信念である。[12] そのような人は、次のような主張を頼りにする。それは、たんなる信念に基づいているから、真理を主張するには理論的に不十分であり、したがってまだ知識ではないが、しかし行為するには十分な主張である。

カントは、プラグマティックな信念を確定するさいに、客観的な真理の主張という知識の必要条件と、たんなる信念とを区別できる、と想定している。カントにとって信念とは、知識がないときに、人が頼りにするものである。例えば、医者が、症状に基づいて賭けをしなければならないとき、つまり経験に基づく推測にすぎない診断を下さなければならないときに、頼りにするものである。カントは、行為一般が信念に基づくべきだと勧めているわけではない。というのも、実践にかんしては、知識が、より正確に言えば、規則がつねにあり、この規則がどのような場合の行為に対しても、普遍的で必然的な手引きとして役立つことができる。このように、彼は考えるからである。

カントは、知識と信念との一般的な区別に基づいている。この区別は、はるか昔の伝統に由来する。アカデメイアの懐疑主義者は、信念によって対処することに賛成した。彼らは、厳密な意味での知の努力をいずれも放棄することによって、真理（*episteme*）の代わりに蓋然的なもの（*to pithanon*）を勧めた。理論的な領域と実践的な領域との間のアリストテレスの規範的な区別は、天上の厳密な学問と地上の厳密でない学問との相違を指示している。倫理学や経済学、そして政治学のような地上の学問は、近似的な知識を目指している。純粋な理論と実践的な理論との関係は、アリストテレスのうちでは不明瞭である。もしも実践の理論が純粋な理論に依存するなら、アリストテレスは理論を実践に優先させている。もしも実践的な学問が自律的であれば、したがって理論的な学問に依存しなければ、われわれは、すでにアリストテレスのうちで、それを見分けられる形態の自足した理論として実践的な理論に出会うことになる。そしてこの理論が、後にプラグマティズムと呼ばれるようになったものの有力な原型なのである。

アリストテレスは、純粋な理論と実践的な理論とを異なる領域に制限する。この関係が、そのはるか後にドイツ観念論のうちで再検討されるとき、強調点は、理論を実践に従属させることに置かれる。また、この関係は、マルクスに従って、理論と実践（*Praxis*）との関係と呼ばれるようになった[13]。マルクスが、世界を変革する必要があると強く主張していることは有名である。マルクスは、たんなる理論に反対するだけでなく、社会環境の誤った把握に基づく行為にも反対する。彼の立場は、ある形式の理論を前提している。この理論は、実践から分離することができず、したがって実践に基づいており、他のいっそう標準的な形式の理論に代わるものとして、実践を正確に把握する理論である。

マルクスは、実践を特権化することによって、ドイツ観念論を貫く関心を拡張している。この問いに対するカントの立場は、複雑で自己矛盾を犯している。彼は、理論を実践へと吸収しようと試みており、それは、地域的な差異をまったく考慮しない普遍的かつ必然的な仕方で、あらゆる時間および場所で例外なくすべてのひとに適用される道徳法則の領域で顕著である。しかし彼は、『判断力批判』のなかで、理論を実践に従属させることを示唆するさいに、まったく対立するやり方で再度論じている。[14] フィヒテは、少なくともカントよりも首尾一貫している。彼は、理論が生のうちでのみ、そして生によって提起された問題を解決するためにのみ生じる、と主張している。哲学が人間存在に依存するという彼の見解は、マルクスに影響を与えており、哲学が生の圧力と緊張によって生じるというデューイの後の考えを、大部分は先取りしている。

◈デカルト的基礎づけ主義と知識を問うパース

プラグマティズムについての説明は何であれ、長い間無視されてきたC・S・パースから開始する必要がある。彼は、まぎれもなくアメリカの天才である。もしもプラグマティズムの運動におけるパースの役割が、その運動に対する彼の貢献と同程度によく知られていたなら、このように明白に述べる必要はないであろう。しかしながら、さまざまな理由から、アメリカのプラグマティズムとなったものを創造したときの彼の役割は、パース、ウィリアム・ジェイムズ、そしてジョン・デューイというプラグマティズムの黄金時代に属する三人の主要な人物の関係を隠蔽するどころか、歪曲さえするような仕方で、しばしば描かれている。典型的な実例は、バートランド・ラッセルのこれらの人物に対する扱い方である。『西洋哲学史』（一九四五年）のなかで彼は、ジェイムズに一章、デューイに一章を割り当てているが、パースには二度、それぞれジェイムズとデューイに対する彼の影響に言及するだけである。(15)

今日知られているプラグマティズムは、アメリカ国内で生まれた立場が大部分であるが、それだけに限定されているわけではなく、アメリカの土壌で生まれた後に、少しずつ世界の遠方の地域に支持者を増大させていった。しかし、「プラグマティズム」についての合意はいまだに確立されていないので、いつそれがアメリカ大陸で始まったのか、あるいはそもそも誰がプラグマティストと見なされるのかについても合意がないことは、まったく驚くにあたらない。パースとジェイムズから開始する評者がいる一方で、ラルフ・ワルド・エマーソン[12]のうちに、(16)あるいはもっと以前にプラグマティズムを見いだす評者もいる。さらに、評者のなかには、ルドルフ・カルナップやネルソン・グッドマン[13]のような人物をプラグマティストに含める者もいる。(17)

たとえそれがその他何であるにせよ——しかも多くの見解は異なっている——われわれが知っているプラグマティズムは、知識に対するポスト基礎づけ主義者のアプローチである。パースが最初のプラグマティストであるだけでなく、唯一の最も重要なプラグマティズムの思想家でもあることは、まず間違いない。しかも彼の貢献は、彼が創造した運動に魅せられた後の哲学者の貢献を凌駕し続けている。彼は、並外れた広がりを備えた体系的な思想家として、膨大な数のテーマについて執筆した。それらのテーマは、形式論理学を含んでいる——一八八〇年以後、パースはフレーゲとは独立に、弟子たちの助けを得て、量化子と関係の論理学を仕上げた。それらのテーマはまた、倫理学、美学、歴史学、現象学、宗教だけでなく、認識論、科学方法論、記号論、形而上学、宇宙論、数学なども含んでいる。

パースの業績には疑問の余地はない。だが、それにもかかわらず、さまざまな理由からパースは、何年にもわたって比較的顧慮されることがなかった人物である。一つの理由は、彼が自身の立場を一度に分かりやすく解説して、自分のさまざまな洞察をまとめ上げることが決してできなかったからである。もう一つの理由は、彼が、終身の教授職を得ることが決してなかったので、他の同時代人や弟子の集団に、通常見られる類の学問的影響力を及ぼすことができなかったからである。第三の理由は、彼の影響力を相対的にさらに失わせることになった、ジェイムズおよびデューイに集中する最近の傾向である。すでに指摘したように、パースによれば、ジェイムズは彼の立場を誤解した。デューイは、明らかに重要なプラグマティストであるが、パースについては決して多くを知らなかった。部分的にはこの理由から、パースはデューイを批判している[18]。ところが、デューイ自身は惜しみなくパースを称賛していた[19]。しかしながら、ジェイムズとデューイはたしかに重要ではあるが、パースほど重要ではなかった。これは純然たる事実である。彼らは主として直接的に、あるいはデューイの場合には——彼はジェイムズ程度にもパースを知らなかった——間接的に、パースの学説に応答していた。パースがいなければ、後に知られるようになった類のプラグマティズムは何も存在しなかったであろう。

パースは、プラグマティズムに対して独特のアプローチをする。このアプローチの最初の定式化は、一八七〇年代後半（一八七七—七八年）に『ポピュラー・サイエンス・マンスリー』に掲載された一連の六本の論文[20]のなかできわめて短期間に現われ、適切に発展させられて、パースを新しい立場に導いた。この一〇〇ページに満たない文章のなかで、パースは哲学の一つの運動全体を創設した。そしてこの運動は、二十世紀の哲学の主要傾向の一つとして、繁栄し発展し続けてきた。

アメリカのプラグマティズムに対するパースの偉大な貢献には、彼の立場や他の人物の立場のうちで明確になったように、二つの側面がある。一方で彼は、デカルト的基礎づけ主義、主要な、しかも依然として最も影響力のある、知識に対する近代のアプローチに断固として反論する。他方で彼は、実践に直接基づく知識についての非デカルト的な、ポスト基礎づけ主義者の見解を輪郭づけ描き出している。

パースは、優れた数学者の息子として化学を研究した。また彼は、哲学と論理学の研究を個人的に続ける一方で、天文学者および物理学者として研究に携わった。後に彼は、しばらくの間さまざまな大学で教鞭をとった。しかし彼は、終身教授職の権利を得ることに成功せず、その後は私的な研究者という困難な生活に引きこもった。パースが終身のアカデミックな研究者の職に就けなかったことが、彼の広大な哲学の成果がもつ、まとまりのない性格に反映していることは疑いがない。彼の立場、実際には関連する一連の立場は、論理学と科学のさまざまな問題を扱う一連の膨大な論文のなかで――出版されれば、これらはおよそ一三〇巻に及ぶと予想されている――仕上げられた。今日では彼は、歴史に強い関心を寄せる型破りな科学哲学者として分類されるであろう。彼は哲学史にきわめて精通していた。新版のバークリ全集にかんする彼の書評は、このアイルランドの哲学者についての深い理解を典型的に示している。[21] 彼の哲学の主要な背景は、カントにあったが――彼は『純粋理性批判』をほとんど暗記していると主張した――、彼自身の独特な立場の起源は、その鋭いデカルト批判のうちにある。

もともとパースの研究は、まとまりがないので、その中心がどこにあるのかについて論争が湧き起こった。見識のある専門家の意見は一致していない。C・J・フックウェイにとって彼は、形式論理学に対して貢献した点で最も重要である。[22] H・S・セアーは、パースの記号論の重要性と、コミュニケーションを明瞭にするその有用性を主張する。[23] マーリ・マーフィーは、異なる体系を少なくとも四つに区別する。それらは、論理学の連続的な概念から一組の関連する問題を解決するために、パースが何年にもわたって格闘したときに現われた体系である。[24]

パースは、デカルトを批判するさいに、知識のカント的な建築術的モデルの初期の形式を吟味し、これを退ける。それは、経験の可能性にかんする一連の必当然的な主張としての知識のモデルであり、また将来の発展に鑑みて、後に修正することのありえない知識のモデルである。デカルトとカントは、一義的であるが異なる一つの方法の概念に、ともに肩入れしている。要するに、彼らはともに、あらゆる種類の科学と知識にいたる、あらかじめ確立し固定された不変の王道に肩入れしているのである。パースは、デカルトとカントに反対して、ヘーゲルのように、科学と知識のある種の発展的なモデルに好意を寄せている。齢を重ねるにつれてパースは、自身がヘーゲルと一致する点が増大していることをしだいに強調するようになった。しかしながら、知識の歴史的性格を強調するヘーゲルとは異なり、パースは、知ることが過程であることを強調するが、それを歴史的観点から特徴づけるまでにはいたらなかった。

パースのデカルト批判が示しているのは、次のことである。一般的な基礎づけ主義者の認識論的モデル——一つあるいはそれ以上の命題が真であると知られているならば、その命題から残りの理論を厳密に演繹することができるし、必当然的な知識を得ることによって、心のうちにある観念から心に依存しない外部世界へと移行することができるというモデル——は、われわれの知の過程を開始する仕方を誤って記述したにすぎない。この理由から彼は、知識を形而上学的実在論と結びつけようとする努力はもちろん、知識に対する適切なアプローチとしての基礎づけ主義も、また認識論の基準としての必当然性も退ける。彼は、よく知られた基礎づけ主義者のモデルの代わりに、科学の進歩が推論の進歩に依存するという、より柔軟なアプローチを提案する。パースは、科学について目的論的であることが明らかな概念を認めず、科学史の段階それぞれが、その段階が基づいている推論様式の欠点を示している、と信じている。[25]

パースは、創造性に富む一連の論文のなかで、信念によって疑いを克服する争いとして理解された探究に携わった。[26] 彼は、権威、不屈の精神、アプリオリ性を備えた方法と、科学的方法とを対比することから開始している。この科学的方法とは、それを経験のうちで与えられるままの実在と突き合わせることによって、信念を産み出すことのできる唯一の方法である。[27] 論理学の第一の義務は、われわれの観念を明晰にすることである、とパースは考える。[28] 信念について自身の概念を明らかにすることによって、パースは、信念が習慣すなわち行為の習慣を引き起こす、[29] あるいは物事の始め方を引き起こす、と示唆する。この考えを拡張して、パースは、非常に重要な一節のなかで次のように記している。この一節は、繰り返し引用され、しばしばプラグマティズムの中心的な洞察を表現するものと見なされている。すなわち、「われわれの概念の対象が及ぼすとわれわれに考えられるもろもろの効果を、しかも実際と関わりがあると考えられるかぎりでのそうした効果をとくと考えてみよ。その結果えられる、それらの効果についてのわれわれの概念が、すなわちその対象についてのわれわれの概念のすべてである」[30]、と。

パースは、この節のなかで、実践的意味、つまり実践における結果を、われわれが対象によって意味するものと結びつけることによって、意味についての一般的概念を提供している。彼は、その実践的な結果の観点から理解された対象にかんするこの見解を、実在性についての考えと直接結びつける。実在性は、あなたや私がそれをどう考えるかということに依存しないものとして、と彼は言う[31]――理解することができる。また〔もう一つの仕方は〕、科学的方法の正しい適用は、ただ一つの結果を産み出すだろうという想定に基づいて、探究の最後に関係者全員がいつか受け入れるであろうものとして、理解することができる。――要するに実在性は、長い目で見れば、そうしたものとして理解することができる。パースによれば、「探究を行う人たち全員によって、究極的に同意される運命にある意見こそ、真理ということばでわれわれが意味しているものであり、その意見のなかに表現される対象こそ、実在的なものなのである」[32]。パースは、心に依存しない実在に、知識の対象としてそれ以上頻繁に訴えることを退ける。そして彼は、何であれ、探究の過程から究極的に現われるものとして理解される、実在についての彼自身の対抗する操作的見解を、ここで提供している。

一連の論文のうちの最初の二つの論文――「信念の固め方」および「観念を明晰にする方法」――は、科学的方法をモデルとして使いながら認識論を再度記述する文脈のうちで、知識についての根本的な問いに取り組んでいる。多くの評者と同じように、パースは、現代科学が自然に対する数学的アプローチの改良から生じた、と考える。一連の論文のうち残り四本の論文は、あまりよく知られていない。それらの論文――「偶然の理論」、「帰納法の蓋然性〔確率〕」、「自然の秩序」および「演繹、帰納、仮説形成」――は、数学を、科学的方法に戻る前に自然を知るための適切な道具と見なしている。パースは、「偶然の理論」では「帰納法の蓋然性」のなかで蓋然性の増大を論じ続けることに先立って、連続性の想定が科学にとって非常に重要であり、それが蓋然性についての量的理論の発展を可能にすることを示している。

後者の論文は、蓋然性に対する量的アプローチをカントへと拡張するという、きわめて重要な記述で終わっている。パースは、その批評のなかで、あらゆる知識の源泉である帰納的で総合的な推論を簡単に自分のものにしている。カントは、どのようにしてアプリオリな総合判断が可能であるかを問うているが、パースによれば、そもそもどのようにして総合判断が可能であるのか、といういっそう重要な問題を問うべきであった――パースはここで、クワインによる分析‐総合の区別に対する後の攻撃を先取りしている――。暗黙のうちに自然の連続性に基づいて、パースは、われわれが結果を確信することができるのは、過去に同じ過程が信頼できることが証明されたからである、と強く主張している。総合的な推論は演繹的でないが、しかし長い目で見れば、帰納は信頼することができる。[33] しかしながら、自然の連続性という作業仮説に基づく一連の推論が、次の二人のいずれかを満足させるかは疑わしい。それは、未来が過去に類似していることを支持するどのような理由もないと否定するヒュームであり、あるいは、アプリオリな論証に訴えることによってヒュームに反対するカントである。

科学の領域では宗教を引き合いに出す理由はないが、キリスト教は、その根本的な原理が広く受け入れられており、科学以外の領域では影響を受けない。このように「自然の秩序」の説明は論じている。パースはこの論文で、実践のうちで展開するような科学から宗教を分離している。最終的にパースは、一連の論文のうちの最後の論文「演繹、帰納、仮説形成」のなかで、科学の武器庫にある三つの主要な道具（演繹、帰納、仮説形成）を区別し、またその機会に他の諸区別をひとまとめにしている。時には混同されることもあるにせよ、パースにとって、帰納はわれわれが直接観察したものに基づき、仮説は直接観察していないものに基づくという点で、両者は異なる。[34] 帰納は仮説よりも強力であり、「習慣の形成という生理的過程を表わす論理的公式」(35)である、とパースは言う。続けて彼は、さまざまな自然科学が、帰納、仮説、そして自然法則に基づく理論の差異によって分類できる、と主張している。

パースは、この一連の創造性に富んだ論文のなかで、プラグマティズムという自身の新たな理論の主要な輪郭を提示し、友人のジェイムズによって彼の立場が注目されるまで、世に知られることなく苦労して研究し続けていた。しかしわれわれが見たように、ジェイムズもまたこの理論を歪めたとパースは思っていたのである。ジェイムズは、自分自身をプラグマティストと呼ぶ癖がついており、彼らしい寛大さで、パースがプラグマティズムの創始者であると記している。(36)パースは、友人であるジェイムズとイギリスの哲学者F・C・S・シラー[14]が自分の考えから作り出したものに不満であった。自分自身に対する賞賛を受け取る代わりに、驚くべきことに、彼はプラグマティズムの創始をバークリ[15]に帰した。(37)後にパースは、一九〇三年のハーバード大学での七回の連続講義のなかで、そしてふたたび一九〇五―〇六年の『モニスト』でのプラグマティズムにかんする一連の三本の論文で、自身の立場を記述しようとした。そしてその記述は、自分の立場を、物分りの悪い弟子たちがそれについて述べたことから区別するような仕方で行なわれた。

パースは、ハーバード大学の講義で、プラグマティズムを「論理学のある種の格率」として特徴づけ始めている。この特徴づけによって彼は、プラグマティズムが現実に即しており、したがって思弁的ではない、と述べている。そこで彼は、注目すべき成果を残してはいないが、自身の根本的な主張の真意を明らかにしようと試みている。その主張とは、「観念を明晰にする方法」の説明のなかで彼が以前に述べて有名になったように、「概念の対象」に言及して、「それらの効果についてのわれわれの概念が、すなわちその対象についてのわれわれの概念のすべてである」[38]という主張である。第一回の講義のなかでパースは、ヘーゲルを批判する一方で、彼自身の理論がヘーゲル主義の変種であることを認めている。[39]しかし、第七回の講義のなかで彼は、プラグマティズムをカント学派（Kantism）と同一視する。もっとも、このカント学派は、アリストテレスやトマス・リード[16]を含むものとして、奇妙な仕方で定義されている。[40]

パースは、『モニスト』に掲載された最初の論文のなかで、合理的な行為と合理的な目的との間の結びつきがプラグマティズムの中心であるとただちに指摘して、ふたたび自身のプラグマティズムの格率を繰り返している。[41]カントの言葉で言えば――パースはこの論文で、カントを読むことによって哲学を学んだ、と認めている――パースは行為にかんしてプラグマティック（*pragmatisch*）を好むが、プラクティカル（*praktisch*）を好まない。プラクティカルは、カントにとって実践理性、ないし道徳性にかかわる。カントは、実践理性と道徳的行為を結びつける。ところが、パースはここで、実践理性を科学的探究の道具とすることによって、両者を分離している。要するに、「プラグマティズム」はその創始者にとって、認知的な確認が引き起こす未来の結果に注意を向けることを意味し、行為については何も主張しないことを意味するのである。この論文でも、注目すべきはパースの重要な強い主張であり、彼のプラグマティズムの格率からの結論である。形而上学的実在論についての主張――彼は「存在論的」実在論という言葉を使用する――すなわち、心に依存しない世界それ自体を知ることについての主張――は、まさにがらくた同然である。パースは、デカルト的基礎づけ主義を退ける。明らかに彼は、知識とは心に依存しない世界そのものを知ることに依存する、という見解のどれとも関係を絶つことを意図している。自分のプラグマティズムの格率がもつ意味に対する質問に答えて、パースは次のように記述している。すなわち、「その格率は、存在論的形而上学のほとんどすべての命題は無意味でわけのわからないものであるか……あるいはまったくの不条理なものであるということを示すのに役立つであろう……」[42]。この言明は、実在とは何であれ、誰かある人がそれについて考えることに依存しない、という彼の主要な考えの帰結を引き出している。こうしてこの言明は、プラグマティズムについてのパースの見解に、探究の科学的過程の最終的な結果としての実在についての見解を決定的に同調させている[43]。心に依存しない実在に近づくよう要求する、あるいは少なくともそう努力する代わりに、パースは限定された評者の間で通用している合意だけを狙うように、目標を引き下げている。

◆ジェイムズとパース以後のプラグマティズム

振り返ってみれば、これほどの混乱がプラグマティズムにかんする文献を支配している事実は、まったく驚くべきことではない。パースは、デカルト的な明晰の観念を退ける間に、何であれあるものの意味はその未来の結果にある、というプラグマティズムの格率に到達した。しかし彼は、プラグマティズムについて、自身の理解を満足のいくように明らかにすることが決してできなかった。彼の有名なプラグマティズムの格率でさえ、彼の追随者によって誤解された。あるいは少なくとも、彼らはその格率を彼と異なる仕方で理解した。それは、ジェイムズとともに始まっている。さらなる要因は、実在にかんする彼の心境の変化である。すなわち、彼は、あるものをあるがままに把握しようとする企てや、心から独立した実在の知識に狙いを定める伝統的なアプローチから、経験だけに基づく合意に到達しようとする、より謙虚ではあるが、しかし限りなく興味深い努力へと考えを変更した。実在にかんして、パースはたんに二つの異なる見解の間で舵を取っているにすぎない。彼は、一方の見解を早い段階で受け入れ、後にその見解を捨てて他方の見解に賛成したのである。われわれがジェイムズにたどり着くときには、実在についての考えは、根本的経験論についての一連の曖昧な宣言のうちに消失したようである。

アメリカのプラグマティズムの黄金時代に属する三人の主要な思想家は、およそ可能なかぎり異なっていながら、それでもなおある傾向を共有している。ジェイムズは、間違いなく度量が大きく、生き生きとした想像力といっそう生き生きとした言語感覚を備えたすばらしい何でも屋である。また彼はつねに、自身の見解についてさらに別の通俗的な見方を生み出しつつあった。パースは、そうしようと思えば、すばらしく上手に執筆することができた。しかしジェイムズが、全体としてはむしろすばらしい書き方をしたことは確かである。しかし不運なことに彼は、おそらく心理学の議論を除いて、自著のなかで、実際に受けた知的な陶冶を決して表わしていないように思われる。実際、ジェイムズは公的な哲学者であり、公衆の面前で自身の考えを仕上げた。デューイは、非常に優れた哲学者であったが、死ぬほど退屈な著作家であった。彼は、われわれの時代におけるヨーロッパの知識人に近い意味で、公的な知識人であり、つねにその時代の問題すべてについて見解をもっていた。

プラグマティズム内部での主要なプラグマティストたちの関係は、あまりよく理解されていない。多数ある説明では、アメリカのプラグマティズムの黄金時代に属する三人の最も主要なメンバーは、あたかも継ぎ目なく結びついているかのように、次から次へと論じられている。実際には、他の重要な哲学の運動に属する重要なメンバーと同じように、彼らは一連の変移する理論の内部で研究していた。そして彼ら自身の見解は、この理論のうちで決して同一であることがなく、まさにしばしば矛盾するほどであった。真相を言えば、彼らの見解は関係してはいるが、それらすべてを覆う共通の衣装は一つもないのである。

パースは偉大な中心人物であり、プラグマティズムは彼の存在の上に構築されている。しかし、次のことは認めなければならない。すなわち、彼が古い疑問を繰り返して論じ、新しい疑問を取り上げるにつれて、彼の立場は変化した。それだけでなく、彼自身の視点から見ても、彼によって影響されたと主張しながら、彼とまったく同じ仕方で彼の立場を理解する人物は決していないのである。プラグマティズムを創始したパースの目から見た見解と、彼に応答する他の人の目から見たその見解との相違は、非常に早くから生じた。ジェイムズは、パースによるプラグマティズムの発見に気づいた最初の人物であると主張した。(44)また彼は、パースの観点から見れば、プラグマティズムを誤解したまさに最初の人物でもあった。この事実は重要である。というのも、ジェイムズははるかに人気のある思想家だからである。また彼は、いまやデューイとともに（あるいは彼抜きで）古典的なプラグマティズムの、それどころか手軽なプラグマティズムの主要な源泉として役立っているからである。パースは、より深い洞察力をもつ思想家である。ところが、さまざまな理由から、プラグマティズムについて論述し関心をもつ人はいまや、彼よりもはるかにジェイムズに向かう傾向がある。

パースとジェイムズとの間の距離は、ジェイムズが友人のパースの見解に関心をもつや否や、いたるところであらわになる。一つの理由は、ジェイムズの稀にみる分かりやすい哲学の文章構成の様式にある。この様式は、プラグマティズムの創始者の様式にかんして、ジェイムズが典型的にすばらしい言い回しで「暗黒の世界にひらめく輝かしい光明！」(45)と呼ぶものとたしかに対照的である。ジェイムズは、人生の終末近くには、おそらく最も重要な存命中のアメリカの哲学者と見なされた。そのため、われわれがいまもなお、何であれ何らかの形でパースの完全版著作集に近いものを待ち望んでいる間に、ジェイムズの書物の多くが文字どおり何十回も版を重ねていることは、偶然ではないのである。

われわれは、プラグマティズムについて、ジェイムズとパースとの概念の相違がもつ重要な本性に気づく。この相違は、ジェイムズが友人パースの創造力に言及している点にみられる。すでに引用した一節のなかで、パースは、不器用ながら次のように記述していた。すなわち、「われわれの概念の対象が及ぼすとわれわれに考えられるもろもろの効果を、しかも実際と関わりがあると考えられるかぎりでのそうした効果をとくと考えてみよ。その結果えられる、それらの効果についてのわれわれの概念が、すなわちその対象についてのわれわれの概念のすべてである」[46]、と。ジェイムズは、「プラグマティズムの意味」(一九〇四年)についての論文のなかで、プラグマティズムを方法として特徴づけ、パースの原理、さらにプラグマティズムの原理として、いま引用した一節に言及している[47]。同じ考えに対するこれらのさまざまな言及は、その学説を創始したというパースの主張を確定し、その学説をパースが解釈し擁護し続けてきた見解と同一視するのに十分である。パースは、この一節が現われる論文のなかで、そしてこの節そのもののなかで、とりわけ科学的探究の過程にかんして、認知的な確認を明らかにしようと努めている。パースと同様にジェイムズもまた、科学について優れた経歴をもっていた。彼は、化学、比較解剖学、生理学を学び、後に医学の学位を取得した。しかも彼は、心理学という成立したばかりの科学に対して、稀にみる重要な貢献を果たした。彼は、科学の手ほどきをきわめて適切に受けていたが、プラグマティズムに関心をもったのは、パースの関心を惹いた適切な科学的方法への手がかりとしてよりも、むしろ行為の指針としてであった。強調点のこの相違は、ジェイムズがパースを解読する仕方のうちで、したがってプラグマティズムについて彼がもつ概念のうちで決定的になる。ジェイムズは、自分がパースの見解の根本思想として正しく確定するものを解釈するとき、次のように記述することによって、その思想にまったく異なる解釈を与える。すなわち、パースにとって、「われわれの信念こそほんとうにわれわれの行動を支配するものであり」、また「思想の意義を明らかにするには、その思想がいかなる行為を生み出すに適しているかを決定しさえすればよい[48]」。この相違は、行為と科学との相違である。ジェイムズは、ここで習慣と意味とを混同しており、主として行為に関与している。しかしパースは、主として科学的探究という文脈のうちでの意味に関与しているのである。

ジェイムズは、多くのことに関心をもっており、しばしば同時に重要な貢献をした。彼は、哲学だけではなく、いま言及したように心理学にも——彼はハーバード大学で心理学と哲学の教授であった[17]——、また宗教にも重要な貢献をした。宗教に対する彼の関心は、スウェーデンボリに関心をもっていた宗教的思想家で、父のヘンリー・ジェイムズ[18]——有名な小説家で、彼の弟ヘンリー[19]とは別人物である——に由来している。哲学での彼の研究は、心理学の研究から自然に生じた。

ジェイムズのすべての研究は、現象学的傾向を強くもっている。そのため、ジェイムズが後に、現象学者エドムント・フッサールに重要な影響を与えたことは偶然ではない。しかしながら、フッサールとは異なり、ジェイムズは、純粋で純然たる記述という考えそのものには反対した。彼が研究したことの多くは、比較的軽妙な性格をもっていた。彼の研究の多くは、魅力的で探究的であり、非体系的でつねに興味深いが、細部まで仕上げられていることは稀であった。彼が折り紙つきの多元主義者であったという理由もあって、彼の著作には多くの緊張や逆説があり、さらにはっきりした矛盾すら見られる。

心理学に対するジェイムズの貢献は、きわめて重要である。彼は、最も重要なアメリカの心理学者と評されることがしばしばある。彼のアプローチは、フロイトの見解でもなければ行動主義者の見解でもなく、認知主義者の見解でもない。これらの見解は、後になって生じたにすぎない。彼の最初の著書である『心理学の原理』は、一八九〇年に二巻本で出版された[49]。またその簡略版が、『心理学要論』として二年後に出版された[50]。心理学のなかで、彼の最も重要なテーマは意識の流れである。彼は、総合的なアプローチを退ける。このアプローチは、感覚という単純観念から出発し、意識の高次の状態が低次の単位から構成されることを単純に想定するアプローチである。「意識の流れ」についての有名な章[51]のなかで、ジェイムズは、主観のうちで互いに継起する心の状態としての意識について、内省による貴重な記述を提供している。ここでジェイムズは、あらゆる思想ないし観念が絶えず変化する個人の意識に属し、この意識は正確に同じ仕方では決して繰り返されない、という見解を展開している。意識は、川または小川に似ており[52]、明確に途切れることがなく、また現在は意識上の現在にすぎず、持続せず[53]、決してふたたび繰り返されることがない。彼は、このように述べている。

ジェイムズの宗教に対する関心は、奇妙である。というのも、彼は、懐疑に悩んでいたにもかかわらず、普通の意味での信仰者ではなかったからである。あるいは彼は、ことによると信仰者ではまったくなかったからである。『宗教的経験の諸相』(一九〇二年)のなかで彼は、神秘主義と宗教的経験の妥当性を最後に経験的に評価するために、これらの現象を研究している。この研究は次に、心霊研究に対する関心を引き起こした。心理学や哲学の研究と同様に、宗教についてのジェイムズの研究はきわめて記述的である。

しかし、この研究は経験的である。彼の研究は、宗教的現象を分類し説明する場合に、通常の科学の原理や法則——最初の章は「宗教と神経学」と題されている——を超え出ようとはしない。ジェイムズは、個人的で主観的な現象を強調するとき、心理学に対する彼の内省的なアプローチに一貫して依拠している。彼は、「哲学」についての章では、宗教について何か客観的に真であるものがあるのかどうかを検討している。[54] 宗教的経験を含めて、経験についての正しい見解には、主観的な部分と客観的な部分とがあり、そのどちらの部分も省略することはできない。[55] つねに心理学者であるジェイムズは、宗教の一般理論を開く鍵として、自己についての拡大された見解を強調するのである。[56]

ジェイムズにとって哲学は、しばしば他の見解に積極的に関与する形をとった。だが、彼はこれらの見解の多くを退けた。パースは、もともとヘーゲル主義を軽蔑していたが、着実にヘーゲルに近づいていった。それに対してジェイムズは、ヘーゲル主義についてほとんど何も知らなかったので、それを嘲笑することで満足した。「あるヘーゲル主義について」（一八八二年）は、ヘーゲル主義が浅薄である理由を適切に語っている論文である。[57] この論文のなかでジェイムズは、次のように書き始めている。すなわち、「ヘーゲルの哲学は、がらくたの山とほんのわずかな長所を混ぜ合わせている……」。[58] 彼は続けて、ヘーゲルの体系が「ネズミ捕りに似ている。もしあなたがいったんそのドアを通るならば、あなたは永遠に道に迷ってしまうであろう」[59]と述べている。

ジェイムズは二つのテーマについて、たとえ論争の余地があるとしても、実質的な哲学的貢献をした。このテーマとは、経験論と真理である。ジェイムズは経験論者として、根本的経験論に賛成する。言い換えれば、彼は、現実（あるいは少なくとも知ることのできる現実）の究極の素材が純粋経験である、という見解に賛成する。[60] 純粋経験とは、われわれが対象に注意を集中し何かを行なう、生きられる経験を意味する。すなわち、純粋経験は、われわれが自身の経験するものに貢献していることを想起させる、限界概念を意味する。根本的経験論とは、反省が経験に制限されなければならないことを意味する。根本的経験論が根本的であるのは、それが非還元的な多元主義に賛成するからである。また根本的経験論が経験的であるのは、経験についての主張が後になって修正可能な経験的仮説にすぎないからである。しかしジェイムズは、おそらく多元論に賛成するのであるから、物質世界についての根本的経験論者の説明を何であれ一つも提案しない。同一の小論集のなかで彼が、本質的に異なるパースペクティヴを少なくとも三つ採用することは典型的である。これらのパースペクティヴには、物質は可能な経験のうちに存する、という現象学者の見解が含まれる。また、物質は感覚的光景のうちに存し、かろうじて心のうちに存するものもある、という「新実在論者」の見解が含まれる。さらにまた、物質はそれ自身の内的経験のうちに存する、という汎心論者の見解が含まれる。

ジェイムズは、専門的な論証に習熟していなかった。彼は、自分が擁護することが困難な見解か、まったく擁護できない意見を思い切って述べることがあった。彼は、真理について議論するときも、いくつもの文脈のなかで直接・間接に疑問を提起した後で、一つの中心的な考えを提出するよりも、むしろその問題のまわりを回っているように思われる。彼は、「信ずる意志」（一八九六年）という小論文のなかでは、「真」によって意味することについて合意がなく、あらゆる党派に受け入れられる基準が一つもない、と論じている。それどころか、彼は、客観的な明証性が存在しない、と軽率に敢えて述べている。ジェイムズによれば、真についての考えは次のことを含んでいる。すなわち、知覚、啓示、人々の合意（*consensus gentium*)、心情の本能、そして人類の体系的経験である――したがって客観的な明証性は含まれない。[61] 彼は、「プラグマティズムの意味」のなかで、プラグマティズムが真理論であると表現している。その真理論のうちでは、真理は善の一つの形態であるとされる。[62] 彼は「プラグマティズムの真理観」(一九〇七年)のなかで、真理と有用性とが同一であると軽率にも公言することによって、プラグマティズムの見解とよく知られた対応説とを対比するのである。[63]

真理が決して客観的ではないというジェイムズの示唆は、とりわけラッセルによって酷評された。ラッセルは、彼が真理についての大西洋の彼方の見解と呼ぶものを嘲笑したのである。ラッセルは、『信ずる意志』という書物のなかで展開された真理の見解を検討している。彼は、ジェイムズがその積極的な信念を懐疑論の基礎のうえに置こうと望んでおり、その本質が客観的な事実を無視することにある、と示唆する。ジェイムズは観念論を軽蔑した。しかしラッセルは、誤って観念論を主観主義と結びつける。ラッセルは、ジェイムズの背後に、かすかにバークリが潜んでいるのをおぼろげに見ている。彼は、真と有用さとを同一視しようとするジェイムズの努力――この努力は、はるか昔のギリシア哲学、プラトンによる真・善・美の同一視に由来する――が、「大部分の近代哲学の特徴である主観主義的狂気の一形態」[64] である、と述べるのである。

◆デューイ、公的な知識人としてのプラグマティスト

すでに指摘したように、ジェイムズをプラグマティストに分類することは、必ずしも明白であるという

わけではない。彼はまた、アンリ・ベルクソンやアルフレッド・ノース・ホワイトヘッドのようなプロセス哲学者たちの集団に位置づけられることがある。デューイは、セントルイス・ヘーゲル主義という経歴の出身であった。しかし成熟期のデューイは、パースがふたたび影響力を失って以来、いまや広く尊敬され、典型的なアメリカのプラグマティストとして、おそらく最も重要なアメリカの哲学者として、(65) プラグマティズムに属する。これは、これまで誰一人疑ったことがないのである。

デューイは一八五九年に生まれた。この年は、ダーウィンが『種の起源』[20]を出版した年にあたる。デューイは、パースより二〇歳、ジェイムズより一七歳年少であった。彼は、アメリカのプラグマティストの最初の世代にかろうじて属するにすぎない。デューイは、ジョンズ・ホプキンズ大学でわずかの期間、大学院生としてパースとともに論理学を研究し、この大学で、一八八四年に哲学の博士号を取得した。彼は、大学院入学前、まだ学校の教師であった間に、W・T・ハリス[21]によって初期の三本の小論文が『ジャーナル・オブ・スペキュラティヴ・フィロソフィー』に公表された。大学院生のときにデューイは、ジョージ・S・モリス[22]の影響を受けた。それからデューイは、ミシガン大学で十年間を過ごし、そこでG・H・ミード[23]と共同研究を行なった。続いて彼は、シカゴ大学でさらに十年間を過ごした。そしてこの大学で彼は、ジェイムズの心理学の見解に影響されて、観念論からプラグマティズムに転向した。彼はパースとともに研究し、後に一九三〇年代に出版されたパースの全集版に批評を執筆した。(66) だが、すでに指摘したように、彼はパースの研究をよく知らなかったので、パースはデューイに対して強い影響力を発揮することが決してなかった。(67) その理由は、強調点の違いを除けば、パースが安定した大学の所属を取得することに決して成功しなかったので、たんに長い間知られていなかったということにある。彼の友人のジェイムズが、パースの研究に注意を喚起することに成功したときには、デューイは、すでに彼自身の経歴を首尾よく踏み出していた。デューイのプラグマティズムへの参加、したがってプラグマティズムについての彼の初期の考えは、ジェイムズに由来した。しかし、ジェイムズのデューイに対する影響は、もっぱらジェイムズの心理学の研究によるのであり、彼の哲学によるのではまずない。しかしデューイは、知識にではなく実践に重点をおくという関心は、ジェイムズと共有している。デューイは、パースとは異なるが、しかしジェイムズと同様に、理論よりも行為に関心をもっていた。やがて彼は「アメリカのプラグマティズムの発展」(一九二五年)にかんする論文のなかで、概念は可能な適用にあたって意味をもつという見解にプラグマティズムが還元できる、と主張するまでにいたる。「したがって、概念の価値の基準となるのは概念の起源ではなく、その適用である。そしてこの点でわれわれは、萌芽状態のプラグマティズム全体を手にしている[68]」。

デューイは、たんに重要な哲学者であるだけではなかった。すでに言及したように、彼はまた真の意味で公的な知識人であり、さまざまな仕方で自身の時代の問題に関与した。この点で、彼はアメリカ合衆国における類まれな人物であった。アメリカ合衆国では、ヨーロッパとは異なり、哲学者や他の文化人がその時代の出来事についてコメントを求められることは稀だったのである。シカゴ在住の期間に、デューイは、哲学科が管理する小学校を設立し、ハルハウスでジェーン・アダムズ[24]とともに研究した。それから彼は、コロンビア大学に移った。彼は、この大学および教員養成大学院で、一九〇四年から一九三〇年まで教鞭をとった。この期間に、彼は、教員養成大学院とも協力して、進歩的教育の後援者となり、米国大学教授協会を設立した。また彼は、ニューヨーク市での教師の連合運動の設立に関与した。さらにまた彼は、一九三七年に時間を割いて、スターリンが組織したモスクワ公開裁判で、レオン・トロツキイ[25]に対して行なわれた告発の調査委員会の議長を務めた。ラッセルがニューヨーク市立大学で教鞭をとる権利が否定されたとき、デューイは学問の自由に基づいて彼を擁護した。しかもその間つねに彼は、いっそう専門的な哲学の問題について多くの著作を執筆するとともに、リベラリズムといったようなさまざまな社会的話題について、多数の短いモノグラフを執筆し[69]、また『ザ・ニュー・リパブリック』のような雑誌のために、時事問題について膨大な数の論文を著述した。

それに加えてデューイは、パースと同様にきわめて多作であった。おびただしい数の彼の著作——その桁外れな著作目録は一五〇ページ以上にわたる[70]——は、印象的なテーマのリストにのぼった[71]。それらのテーマの多くは理論的であるが、しかし少なくともそれらの同数は実践的であり、心理学[72]や教育学から哲学の再構成[73]、経験[74]、個人主義[75]、そして美学[76]にまで及ぶ。いずれにせよ、プラグマティストという肩書きで研究する人はすべて認識論について論述するが、そのやり方は非常に異なっている。すでに強調したように、プラグマティズムは全体として、認識論に対する反デカルト的な、ポスト基礎づけ主義者の非常に実り豊かなアプローチを提案するのである。

デューイは、認識論という古典的な概念について、直接に論述することはほとんどなかった。しかし彼が知識論に関心をもっていなかったと言えば、それは誤りであろう。彼のギフォード講義は、『確実性の探求』となった。この講義は、婉曲にパースを模範にしており、確実性というデカルト的な基準に知識を基礎づける、という考えそのものの徹底的な批判である[77]。

デューイは、認識論の伝統的な理論そのものには関心をもっていなかったが、具体的な問題に対する特殊なアプローチを仕上げることには強い関心をもっていた。この意味で、デューイにとってプラグマティズムは、パースやジェイムズにとってのそれとは異なる。パースは、科学哲学および関連する問題に注目した。この注目は、ジェイムズが根本的経験論と真理とを強調することによって、彼のうちで変形している。これらのテーマは、依然として伝統的な認識論と関連していることが確認できるが、デューイのうちで、広範にわたり有効で一般的な、特殊的ではない知識論としての認識論という、伝統的な概念に対する反抗に取って代わられる。彼は、依然として認識論のテーマに取り組んでいるが、パースあるいはジェイムズとは異なる仕方で取り組んでいる。パースやジェイムズは、知識に対する実践的な、道具主義的に方向づけられたアプローチを見いだすことに依然としてかかわっているが、デューイは、これらの問題を避ける。彼は、少なくとも普段それらの問題が論争になるときには、むしろ一般的ではなくより具体的なテーマに携わっている。そこで彼は、アメリカの民主主義にかんする一連の省察として記述されることがあるものに狙いを絞る。彼は、中期に由来する論文のなかで、アメリカの哲学の誕生と民主主義の経験とを結びつけている。

アメリカの哲学は、民主主義の要求から生まれなければならず、また、その要求に応えなければならない。それは、民主主義が、大規模に、また歴史がこれまで目撃してきた以上に、徹底的かつ最終的な仕方で、自身を表明し達成しようと努力するからである。しかも民主主義は、あまりに微妙であり、あまりに複雑であり、またあまりに野心的であるので、哲学の一つの学派あるいは党派で捉えられることができない。そこで、哲学の根本的な問題を見いだすためにわれわれが向かうのは、まさにアメリカの民主主義の要求である。われわれが、哲学がこれらの問題を考察するはずの観点と言葉を探求するのは、まさに民主主義の傾向およびその作用力のためである。(78)

哲学は、アメリカの経験から引き出された問題にかかわるべきである、というデューイの忠告は、たしかに彼の立場における重要な動機であった。しかしながら、これはアメリカに特有のアプローチを示唆しており、このアプローチは、彼が自分自身のパースペクティヴから改変した伝統的な人物や問題にかんする彼の思考の広さを正しく表わしているわけではない。パースほど深く哲学史に基づいていないにせよ、彼がジェイムズよりもしばしば伝統的な人物に取り組んだことは確かである。ジェイムズは、自身がよく知らないドイツの伝統と関係を絶つことを望んだ。このジェイムズとは異なり、デューイは、生涯にわたり、自身の関心が観念論からダーウィニズムへと変化した後でさえ、若き日のドイツ哲学にかんする基礎知識の影響を失わなかった。この経歴は、カントについての彼の批判的なコメントや、彼が自分自身の立場を客観的観念論として一般的に記述することによって、また彼が理論と区別して実践を一般的に強調することによって明らかである。

カントに対するデューイの関係は、ヘーゲルに対する自身の関係を明確にしようとする彼の努力にとって重要であった。そして後に、カントに対するこの関係は、彼が観念論やヘーゲルを捨てたときに、ダーウィニズムに対する自身の関係を明確にしようとする彼の努力にとって重要であった。デューイは、「カントと哲学的方法」(一八八四年)(79)にかんする初期の論文のなかで、ヘーゲルの有機体モデルに賛成して、カント的な二元論に異議を唱える。四半世紀の後にデューイは、ヘーゲルからダーウィンへと根本的なモデルを変更する過程で、「知性と道徳」（一九一〇年）という研究論文のなかで、カントに反対してヘーゲルをふたたび擁護する。すなわち、ヘーゲルの貢献は、理性にかんするカントの空虚な概念に具体的で歴史的な内容を与える点にある、と示唆することによって擁護するのである。[80] しかしながらデューイは、初期の著作のなかでさえ、テクストの綿密な分析には決して関与せず、後に特定の思想家に直接言及することを避けるようになる。それゆえ『経験と自然』（一九二七年）のなかで、折に触れてカントに言及した点が一箇所だけであったとしても、驚くべきことではないのである。

認識論に対するデューイの関心と貢献は、二つの理由から軽視されてきた。一方で、彼は知識の問題に関心をもっていなかったと考えられることがある。だが、それは誤りである。彼が、主として知識の特定の問題に携わったことは正しい。しかし彼は、『確実性の探求』や『哲学の再構成』、『経験と自然』を含む一連の重要な著作を捧げて、経験的自然主義（あるいは自然主義的経験論）という形式で、もう一つのプラグマティズムについて自分自身の見方を仕上げただけではなく、知識についての哲学の主要概念を記述し批判したのである。およそ彼は、ダーウィンの生物学的モデルに引き付けられていたので——彼はこの関心をもつ、唯一の偉大なプラグマティストである——認識論の問題に対する関心を見失うはずがなかった。

デューイにとってダーウィニズムは、固定した目的（*telos*）、つまり形相（*eidos*）の実現へと向かう種という、アリストテレスにまで伝統を遡る考えを捨てさせることに役立っている。生命は変異に依存するというダーウィンの洞察は、設計者、したがって知性的なデザインという考えを排除する一方で、新しい論理が必要であることを示唆している。「哲学に対するダーウィンの影響は、彼が、変異の原理によって生命現象のとらえ方を確立し、したがって、精神、道徳、生命に適応するための新しい論理を解放したところにある[81]」、とデューイは記述している。

デューイは、論理学者ではないので、ここでは「論理」を標準的ではない意味で使っている。「論理」によって、彼は形式的な推論の方法を意味するのではなく、むしろ探究の論理を意味している。この点で、デューイがパースと部分的に重なり合うことは明らかである。もちろんパースは、非常に優れた論理学者であった。そしてその洞察は、もしもデューイがそれらをよりよく知っていたら、彼に自分自身の説明を明確化することができるようにしたであろう。さらに、彼らそれぞれが論理にアプローチした射程には相違がある。科学的探究の論理というパースの偏愛する分野は、探究一般にデューイがもつさらに広い関心の一部分にすぎないのである。

デューイは、『論理学——探究の理論』（一九三八年）のなかで、探究のパターンと呼ぶものを研究している。探究とは、始めは形を成さず混乱していると思われるものを、明確な状況へと転化する過程である。「探究とは、不確定な状況を、確定した状況に、コントロールされ方向づけられた仕方で転化させることである[82]」、と彼は述べている。これは、次のような仮説を導入することを含むかもしれない。それは、デューイが稀で印象的な言い回しで、保証つきの言明可能性と呼ぶものを提供する主張を明確にすることによって、テストされる仮説である。彼は、探究の特殊なパターンの観点から、さまざまな可能な解決を、テストによって確証されたものとして、確実な知識の伝統的な主張から区別されるものとして、およそ擁護可能な結論を考えている。

実験的探究としての論理学にかんするデューイの見解は、知識に対する伝統的な哲学のアプローチから彼の考えを変更させて、哲学の再構成へと彼を向かわせる。知識に対する伝統的な哲学のアプローチについて、彼の最も詳細な議論は、『確実性の探求』（一九二九年）に見いだされる。デューイに典型的なように、彼のアプローチは、知識についての問いに、それだけを分離して立ち向かうのではなく、むしろその社会的機能との関係のうちで立ち向かうことにある。デューイの命題とは、哲学と宗教の両者はともに不確実性が確実性への探求を生み出すというものである。「確実性の探求は確実な平和の探求である……」[83]。確実性に対する関心は、安定性の強調を引き起こす。そしてこの安定性のうちで、真の意味での科学は現実の把握を意味した。デューイが言うように、科学は伝統的に「変化を犠牲にして不変なものを称賛した」[84]。確実性を提供するという点での成功は、以前は宗教によって、近代科学の誕生によって崩壊した信仰と権威との総合をとおして保証されていた。この総合は、宗教に固執すること、あるいは古代の哲学の見解に復帰することによってではなく、確実性を捨て、実践における実験的ないし操作的な見解を採り入れることによってのみ、修復することができる。

デューイは、すでにダーウィンについて論じたとき、差し迫った現世の問題を扱うことによって永遠の関心事から遠ざかるよう、哲学に要求している。「哲学がいつか、人生のうちで生じるいっそう深刻な争いを発見し解釈する方法となり、その争いに対処する仕方を企てる方法とならなければならない」[85]、と彼は主張する。実験科学の例に倣って彼は、実験的な結果だけをもたらす、哲学の実験的な見解を提案する。デューイは、最も人気のある著作である『哲学の再構成』（一九二〇年、一九四八年）のなかで、哲学についての自分の新しい見方を展開する。この著作のなかで彼は、フィヒテやマルクスはもちろん、その雰囲気のある点ではアリストテレスのような思想家を偲ばせる方法で、「哲学の固有の任務、問題、主題は、哲学の所与の形態を生みだす共同社会の生命の圧力や緊張から生じる」[86]、と主張する。この一節のなかでデューイは、デカルトとカントをとおして近代の論争にいたる、最終的で不変の哲学の追求に反対するところに、自分自身を位置づける。デューイによれば、あらゆる時間と場所で真である哲学はただ一つも存在せず、またそれは存在しえない。というのも、哲学は、さまざまな歴史的契機のうちにあるさまざまな状況の内部で生じ、またその状況に制限された、二次的な企てにすぎないからである。この著作のなかでも彼は、確実性についての研究の場合と同様に、本質的に実験的なものとして、哲学の見解の輪郭を描いている。

デューイの最も重要な概念は、経験についての概念であり、この概念の最も重要な表明が、『経験と自然』（一九二五年）である。この書物のなかで彼は、経験的自然主義、あるいは自身が述べるように自然主義的経験論に、さらに自然主義的ヒューマニズムに賛成している。「自然主義」によって彼は、自然的世界すなわち自然に基づき、またそれに制限された説明を考えており、分析的な思想家のうちでの自然化する認識論とは非常に異なるアプローチを考えている。「経験論」によって彼は、哲学が世界について提出する主張は何であれ経験に由来しなければならないことを意味し、また一般的な結論が経験と一致しなければならないことを意味する。自然主義は、哲学に対するデューイの実験的なアプローチに従って、時代遅れの説明と諸物の本性との不整合を暴露することを意図している。デューイの努力はすべて、人間存在を自然の内部で暴露し、自然をわれわれに接近可能なものとして暴露する哲学的な方法を定式化することによって、人間存在と自然との想定上の分離を克服することを意図しているのである[87]。彼の説明は、カントとその追随者の多くによって反省に与えられた超越的な身分を否定する。反省は、自然的な出来事として、自然の内部で起こる。[88]「これらの平凡な事は、経験が自然のなかで、自然についてであることを証明している」[89]、とデューイは記述している。彼にとって、自然に対する経験的なアプローチは、それを知的に使用すれば、少しずつ自然をあらわにする。彼は、多くの科学者やきわめて多くの哲学者とは異なり、自然そのものを知ること、あるいは形而上学的な実在性を把握することを主張しない。彼は、道具主義的なアプローチをとりながら、ただ次のことだけを主張する。すなわち、自然科学は、自然を人間の目的に適合させる仕方を発見する。つまり彼が第二版で付け加えた序文のなかで言うように、自然科学は、「それによって事物が道具として利用されうる本性や関係」[90]を発見するのである。

◆ローティと分析的ネオプラグマティズム

デューイが一九五二年に亡くなったとき、プラグマティズムは概念上の冬眠状態に陥った。それからほぼ四半世紀後に、ローティによって初めて、プラグマティズムは、その状態からふたたび目覚めた。ローティは領域を横断する人物であり、分析哲学に属する。彼は、分析哲学のなかで長い間重要な役割を果たしていた。しかしながら、少なくとも彼が『哲学と自然の鏡』(一九七九年)のなかで、分析哲学の理想や考えの多くを公に放棄して以来、彼はプラグマティズムの分野も研究していると主張している。ローティのプラグマティズムへの転向と分析哲学からの離反は、相互に関連している。ローティにかんしては分析哲学についての章でも論じるので、ここでの言及は、アメリカのプラグマティズムにおける彼の役割に制限するつもりである。彼は、プラグマティズムにかんして、三つの仕方で貢献している。すなわち〔第一に〕、彼の稀にみる評判をとおして――ローティは現在、世界で最も注目を浴びている哲学者の一人である――現代の論争における主要な選択肢としてのプラグマティズムという重要な源泉へと注意を促すことによって貢献している。〔第二に〕、とりわけデューイに注意を集中させることによって貢献している。デューイは、ローティにとって、またローティをとおして、徐々にアメリカのプラグマティズムの支配的な人物となった。そして〔第三に〕、分析的ネオプラグマティズムという、彼自身の独特の形式によって貢献している。――忠実さに変化があるにもかかわらず、ローティは、ポスト分析哲学的な著作のなかで、自身の以前の分析哲学的な信念に属する論述スタイルや語彙を使い続けている。

分析的ネオプラグマティズムは、ローティより早く、おそらくずっと早く開始されている。もっとも彼は、分析的ネオプラグマティズムをとりあげた、ただ一人の最も主要な最近の思想家である。プラグマティズムは、長い間、分析哲学の集団のなかで不満を抱くメンバーには避難所として役立っていた。一般的に言えば、分析的ネオプラグマティストは、ある確信によって結束している。それは、伝統的な分析哲学が、指示の特殊な問題に対して、あるいはより広く言えば、意味論に対して抱く関心事は、形式的な根拠に基づいて解決することはできない、という確信である。こうした思想家たちは、プラグマティズムがさまざまな仕方で都合よく再解釈され理解されるなら、知識に対するいっそう伝統的で分析哲学的なアプローチの代わりに、もう一つの受け入れられる選択肢を提案する、と見なす傾向がある。

分析的ネオプラグマティストとは、最も主要な分析的思想家にも数えられる思想家たちである。その名簿は増え続けており、評者によっては、オットー・ノイラート、ルドルフ・カルナップ、C・I・ルイス、[26]W・V・O・クワイン、ヒラリー・パトナム、そしてとくに最近ではロバート・ブランダムといったような名前を含んでいる。パースは、デカルト的基礎づけ主義を批判した。このパースのように、プラグマティズムに対するノイラートの貢献は、カルナップの努力に彼が徹底的に反論したことにある。それは、プロトコル文と自身が呼ぶものによって経験のうちに科学を基礎づけようとする、カルナップの初期の基礎づけ主義的な努力である。プロトコル文は、およそラッセルや初期のウィトゲンシュタインのうちでとくに取り上げられた、原子命題に類似した根本的な言明である。ノイラートは、ある有名な論文のなかで、プロトコル命題の考えそのものを決定的に批判している[91]。カルナップは、知の主張を他のカテゴリー枠のインデックスとすることに賛成して、その基礎づけ主義的な計画をただちに放棄した[92]。C・I・ルイスは、カルナップに影響を与えており、プラグマティズムの立場からカント的なアプリオリを相対化した点で、重要である[93]。クワインは、婉曲にノイラートを模範にして、ある稀にみる重要な論文のなかで、全体論的なアプローチを用いている。そのさいクワインは、主張を明確にしようと努力せず、彼がプラグマティズムへの方向転換としてたんに特徴づける見方から、観念が世界と一対一で対応することを否定する[94]。パトナムは、長い間プラグマティズムに関心をもっているが、それを縮減してジェイムズの思想と同一視する傾向がある[95]。ブランダムは、推論主義についての彼自身の見解をプラグマティズムと同一視している[96]。プラグマティストとして分類されることもある他の分析的な人物には、ゴットロープ・フレーゲ、ドナルド・デイヴィドソン、そしてネルソン・グッドマンがいる[97]。

プラグマティズムがデューイの死後かなり無視されていたので、ローティは、プラグマティズムに注意を喚起することに寄与している。しかし、彼がこのように寄与する仕方は疑わしい。また、その仕方は、彼によるプラグマティズムとプラグマティストとの同一視とともに始まっている。ローティは、知識に対するもう一つのよりよいアプローチを探求しているわけではない。彼は、知識について議論するという考えそのものに懐疑的である。一貫して彼は、もしも誰かがこの問題を取り上げれば、行なうべき最善のことは主題を変更することである、と述べている。パースは、プラグマティズムがポスト基礎づけ主義的な認識論の新しいアプローチである、と記述する。パースとは異なり、ローティは、一貫してプラグマティズムが認識論に代わるもう一つの選択肢である、と描き出している。知識の問題に対するローティの嫌悪は、哲学がヘーゲルで終わるという青年ヘーゲル派の見解と類似している。どちらの場合でも、異なる仕方でさらに先へと進むことではなく、むしろたんに会話を打ち切ることが強調される。ローティに委ねられたプラグマティズムは、近代の主要な認識論の戦略が失敗した後に、事態を収拾し論争を継続する仕方としてはもはや現われない。むしろプラグマティズムは、すべての企てが分の悪い賭けとして、もはやまじめに取り上げる努力に値しないものとして放棄された後に行なわれること、あるいは少なくとも行なわれているはずのこととして現われる。ローティは、『哲学と自然の鏡』のなかで、西洋哲学の頂点として理解された分析哲学に反対している。この書物のなかで彼は、伝統的な哲学とはある形式をもつ正確な表象の結果としての「合理性」や「客観性」にかかわるものである、と描いている。また彼は、プラグマティズムが、彼の言うところでは「世界を表象することと世界に対処すること」との間の「ギリシア的対比」を放棄するものである、と描いている。(98) ローティのパースペクティヴから見れば、デューイの保証つきの言明可能性のようなものを認めることは、うまく対処できること、つまりその場を切り抜けられることを意味する。また、それは、知るつまり知識をもつと主張できることから区別されるのである。

ローティは、認識論の代用としてプラグマティズムに向かっただけであり、知識の問題を解こうとする伝統的な努力のどのような形式にも反対する。彼は、プラグマティズムについて論述するとき、知識の類に依然としてかかわっている頭の固い人物の著作に異議を唱える一方で、自身の懐疑的な想像力を掻き立てる人たちを重視する。ローティは、『哲学と自然の鏡』の直後、中期の「プラグマティズム、相対主義、非合理主義」にかんする論文のなかで、依然として自身のプラグマティズムの真正さを確立する過程で、他の著作のなかで擁護し続けてきたプラグマティズムについて輪郭を描いている。この論文のなかでローティは、パースを非難する一方で、ジェイムズとデューイに注意を喚起している。彼の示唆によれば、プラグマティズムは論理的経験論の変形であるだけでなく、この経験論そのものがカント主義の変形であり、むしろプラグマティズムは、カント的な認識論の伝統ときっぱり関係を断っている。ジェイムズとデューイは、真理や知識あるいは道徳についての理論をもっていると誤解されている。むしろ彼らは、哲学を基礎的な学問にしようとするどのような努力からも遠ざかっていると理解されるべきである。この部分は正しいように思われる。というのも、初期のすべてのプラグマティストは、さまざまな仕方で、デカルト主義に対するパースの反動を共有しているからである。しかしながら、ローティは、彼らのテクスト解釈の代わりにプラグマティストであるさまざまな人物について語り、状況を異なる目で見る。彼はパースの専門的な能力を認めるが、ローティによれば、パース自身はプラグマティズムに貢献しなかった。「プラグマティズムへのパースの貢献は、彼がそれに名称を与えることでジェイムズを刺激したということにすぎない」(99)、とローティは記している。さらに悪いことに、ローティの目から見れば、パースは依然としてカント主義者のままであった。したがって敷衍して言えば、パースは認識論へのカント的なアプローチに肩入れしたままであった。とはいえパースは、批判哲学の創始者について申し分ない見識があったが、しかし深く批判的であった、と述べたほうがいっそう正確であろう。

ローティの懐疑的なアプローチは、知識の問題を本気で取り上げようとするどのような努力にも反対する。このアプローチは、プラグマティズムについて影響力のある、しかし視野の狭い見解を引き起こす。一つの困難は、プラグマティズムを説明するさいの根本的な歪曲にある。この説明は、プラグマティズムを運動として紹介するとき、知識に対するプラグマティズム特有のアプローチへのあらゆる関心や、創始者であるパースを事実上排除するのである。もう一つの困難は、「プラグマティストたち」の蔓延にある。彼らは、ローティの豊かな想像力のうちで、キノコのように急成長する傾向がある。他のどの傾向とも同じように、プラグマティズムにとっても、主要な学説やその代表者を確定するのは相当困難である。ローティは、受け入れられる知識論を提案するという考えそのものに反対し、この考えをカント学派と同一視する。また彼は、「プラグマティスト」という言葉を拡張して、ニーチェやデイヴィドソン、さらにローティの個人的な仇敵（*bête noire*）であるパトナムを含めて、非カント的であると思われる人物に事実惜しみなく広く使用する。ローティは、彼の一巻本の論文集に前置きを付すさい、次のように示唆している。すなわち、ニーチェがヨーロッパの哲学に対して行なったことは、ジェイムズとデューイが遠近法主義に賛成して、デカルト主義や本質主義、そして表象主義を批判することによって、アメリカの哲学に対して行なったことと同じである[100]。しかしながら、このニーチェの読み方は、あまりに性急すぎるように思われる。というのも、もしも知の主張が認識論を超えなければならないなら、終わりなき解釈が不可避であることに賛成するよく知られた主張は[101]、認識論を捨て去るもの、と見なされるだけだからである。

ローティは、非常に好意的にデイヴィドソンをジェイムズになぞらえている。デイヴィドソンは、「概念図式という考えそのものについて」（一九七四年）という重要な小論文のなかで、分析的－総合的の区別に対するクワインの攻撃を「図式－内容の区別」と呼ぶものにまで拡張する。(102) デイヴィドソンは、命題が何かに対応するという考えを放棄するが、自身の見解の影響でプラグマティズムに肩入れしていると見られることを否定する。(103) ローティは、デイヴィドソンを彼自身〔の意図〕に反して読む。そのときローティは、認識論と経験論を投げ捨てることによって、おそらく真理の問題をたんに解消するという点で、デイヴィドソンをジェイムズになぞらえている。(104) デイヴィドソンは、自身の論文の「あとがき」で後に応答して、真理の整合説を仕上げようとする自分自身の努力から遠ざかった。彼がそうした理由は、ローティの「プラグマティズムの」視点から見れば、整合性が認識論の伝統を希望のない混沌として捨て去ろうとする努力だけでなく、対応も含意するからである。(105)

デイヴィドソンは、パトナムによるプラグマティズム擁護のための努力に敬意を表している。これに対してローティは、ハーバード大学の同僚が現代の主要なプラグマティストであり、(106) また打ち破るべき重要な敵対者である、と見なしている。この感情は、おそらくお互いに共通であろう。パトナムは、ローティをさまざまなフランス思想家と一緒にして、文化的相対主義者に分類している。ローティは、パトナムによって自身が不当に扱われたと考えたらしく、それに負けまいとただちに挑発に応じた。彼は、「ヒラリー・パトナムと相対主義者という危険人物」（一九九三年）のなかで、パトナムの見解が想像上の歪曲であることをあらわにして、報復を行なう。(107) ある複雑な議論のなかでローティは、パトナムが実在論者の立場から、何らかの形の普遍妥当性要求を救い出すことに不幸にしてまだ肩入れしている、と記述する。(108) この議論の論点は、ローティ自身を相対主義の非難から引き離すことにあるように思われる。おそらく相対主義は、ローティが依然としてある種の知識論に愛着を抱いていることを意味するからである。ローティは、懐疑論に基づいて真理や知識の要求を避けている。ローティにとって、パトナムについてのこの記述は、パトナムが最終的にはプラグマティストではまったくないと暴露することに等しい。ところが、パトナムは、自分自身がプラグマティストであり、依然として普遍的な真理要求を保持していると見なしているのである。

第五章　現象学としての大陸哲学

マルクス主義とプラグマティズムは、それぞれ一八七〇年代と一八八〇年代に始まり、二十世紀に入って興隆を迎えた。これらとは異なり、いわゆる「大陸哲学」とアングロ＝アメリカの分析哲学は、ともに一九〇〇年前後に登場した。「大陸哲学」という術語は、規範的な意味をもっていないわけではないが、さまざまな仕方で理解することができる。この術語のうちに、イギリスから分離されたヨーロッパ大陸という地理的空間内でのあらゆる形態の哲学を含ませるという、一つの方法がありうる。このように理解すれば、大陸の哲学者とは、英語を除くいずれかのヨーロッパ言語で執筆する哲学者となるであろう。もっとも、その言語は、主としてフランス語かドイツ語になる。大陸哲学は、その代表者として、大陸合理論者（デカルト、スピノザ、ライプニッツ）だけでなく、ドイツ観念論者、またキルケゴール、マルクス、ニーチェといった後の十九世紀の人物、ドイツの新カント学派、また、それ以降の多くの人物を含むであろう。実際、この術語は、とりわけアメリカ合衆国では用法が限定されており、エドムント・フッサールに始まるヨーロッパ大陸哲学由来の一群の哲学だけを狭く指示している。したがって、フッサール現象学以前のヨーロッパの思想家や、フッサール現象学とは無関係なヨーロッパの思想家は、この術語の範囲からは端的に除外される。本章で私は、現象学運動としばしば呼ばれているものを表現するために[(1)]、「大陸哲学」という術語を用いることにしたい。したがって、この術語は、解釈学、構造主義、ポストモダニズムやそれに関連する運動を含む、広い意味で理解された現象学の諸形態を意味する。すなわち、それは、フッサール現象学から始まり、フッサールおよび多くの継承者によって創始された多様な哲学の形態を意味する。

「大陸」哲学では、フッサール現象学およびフッサール以後の現象学、ならびにそれに関連する運動を表現する慣例が、すでに確立している。ところが、これに従うとすれば、われわれは、二つの明白な問題に直面する。一つは、フッサールという人物と、現象学およびフッサール現象学とを混同するという危険であり、もう一つは、フッサール現象学および彼以後の現象学と大陸哲学とを混同するという危険である。これらの問題はいずれも、事実の歪曲を生じる。フッサールの弟子のなかには、フッサールが現象学を創始したと考える者がいるにもかかわらず、フッサールは現象学を創始したわけではなかった。もっとも、フッサールは実際に現象学の一形式を発案し、その形式は何年にもわたり、きわめて有能な一連の思想家に多大な影響を与えてきた。現象学運動と呼ばれるようになったものは、実際には、現象学を示しているわけではなく、エドムント・フッサールによって開始された広範な議論を指示している。フッサールの弟子は、フッサールの登場以前に現象学が存在したことをことごとく否定して、しばしば彼の重要性を誇張している。[1] しかしながら、これはまったくの誤りである。フッサール以前、ヘーゲルや、またA・G・バウムガルテンやカントすら含めてその他大勢の者も、現象学者であるか、それとも現象学的な傾向性を示していた。フッサールや彼以後の現象学の諸形態は、すでに存在していたテーマをせいぜい変奏しているだけである。これらの形態は、明らかに新しい種類の現象学である。しかし、これを現象学の最初の登場と主張することはできないのであり、まったく新しいタイプの哲学と主張することもできないのである。

さらに言えば、大陸哲学は、フッサールとともに始まるわけでもなければ、また彼とともに終わるわけでもない。フッサールは、モンテーニュやデカルトといった以前の大陸の思想家からほぼ三世紀を経て、ようやく論争の輪に加わったのである。さらに、二十世紀初頭、多くの哲学者が、ヨーロッパの空間のなかで哲学研究を進めてはいたものの、フッサールの現象学運動には加わっていなかった点を指摘することもできる。これらの哲学者のリストには、ヨーロッパのマルクス主義者だけでなく、ドイツ語で著述を行なったものの、主としてイギリスで研究したオーストリア人のウィトゲンシュタイン、ベルクソン、ジャン・ヴァール[2]、エティエンヌ・ジルソンやジャック・マリタンといったトミストたち、ドイツの科学・文化哲学者エルンスト・カッシーラー、またカッシーラー以外にも、ヘルマン・コーヘンを含むドイツの新カント学派の全研究者などが含まれるであろう。

◆現象、現象主義、そして現象学の初期形態

「現象学」の意味とは何かという問いに解答することは困難である。というのも、この問いに対する主要な現象学者の見解は、まったく一致していないからである。「現象学」という術語は、「現象主義(phenomenalism)」や「現象(phenomenon)」といった他の似たような類義語から区別することができる。

プラトンは、線分について論じた『国家』編の有名な一節のなかで、カントにとっては現象《フェノメナル》としての対象と本体《ヌーメナル》としての対象にあたるはずの二つのものを区別している。すなわち、一つは、境界線の下にあって感覚をつうじて与えられるもの、したがって可視的なものである。もう一つは、境界線の向こうの見えないもの、したがって不可視なものであり、魂をつうじてのみ与えられる。(2) 後にカントは、思考可能であるが認識不可能なヌーメナと、経験可能で認識可能なフェノメナとを区別して、論争を巻き起こした。(3) 一般に「現象主義」は、対象が感覚的経験へと還元されうる（そしてそこから再構成されうる）という学説である、と言うことができる。この学説は、二十世紀ではA・J・エイヤーやC・I・ルイスといった思想家と関連がある。語源学的には、現象学（ギリシア語の「現象 *phaenomenon*」＋「学 *logos*」）とは、文字どおり、現象の学問である。

「現象学」は、評者が理解する内容によって大きく異なるので、一般化することは困難である。しかしながら、広く知られた現象学の諸形態は、現われ（appearance）に対して反プラトン主義的なアプローチを採ることであるように思われる。プラトンは、最も影響力のある対話篇『国家』のなかで、真なるもの、ないし魂から独立した実在についての直観的把握を際立たせている。この真なるものや実在へと接近できるのは、その本性と教育によって選び抜かれた一群の哲学者に限られ、彼らは、現象、現われ、そして実在性の間に厳密な認識論的区別を設けることができる。プラトンによれば、現象をつうじて実在性へといたる道はない。彼が、芸術や文学に対する批判のなかで、たんなる現われによって真なるものや実在するものに近づくことができるとする見解を否定したのは有名である。すべての現象学者は、現象が適切に理解されるなら、実在へと接近する通路を与えるもの、したがって現われとみなせると考える点で、例外なく反プラトン主義的な立場に立つ。別の表現をすれば、現象学者は、少なくとも次の三つのプラトン的信念を否定する。(1)超越的実在は存在する。(2)超越的実在はたんなる現われないし現象をつうじて知られることができない。(3)超越的実在は、少なくとも、いくつかの時代の幾人かの個人によって直接に把握されうる。反対に、現象学者にとって、現象の学、現われるものの学は、存在するもの、したがって実在および真への接近を可能にするのである。

「現象学(phenomenology)」(ドイツ語ではPhänomenologie)という術語は、カントの同時代人J・H・ランベルト[3]によって、一七六四年にライプツィヒで刊行された『新機関』のなかで最初に用いられたようである。(4) カントは、「現象学」という言葉を二回だけ用いている。彼は、一七七〇年にやがて批判哲学として成立するものを定式化し始めていた。同年に執筆されたランベルト宛書簡で、彼は、ある形而上学理論に携わっており、その理論が「一般現象学(*phaenomenologia generalis*)」と自身が呼ぶ消極的な学問を前提している、と述べている。この学問は、感性の諸原理の限界を画定する作業にかかわる。(5) それから約一年半の後、カントは、友人のマルクス・ヘルツ宛の有名な書簡で、この話題に立ち返っている。後に『純粋理性批判』となる書物の計画を述べながら、カントは、その書物が理論的部分と実践的部分とを含むであろう、また前者は、さらに(1)一般現象学と(2)形而上学との二部門に区分されるであろう、と述べている。(6)

ランベルトとカントは、「現象学」をそれぞれ異なる意味で理解している。しかしながら、二人とも、経験との関連で知られうるものの正当な限界を明らかにする、という反プラトン主義的なやり方で「現象学」を理解している。プラトンは、実在の世界の代わりに、現われの世界へと分析を切り詰める考え方そのものを拒否した。プラトンが『パイドン』でソフィストを攻撃したのは、彼らがたんなる現われを超え

出ようとせず、したがって純粋な哲学的説明を拒絶するからであった。(7)

ヘーゲルは、カントの批判哲学に応答しつつ、現象学を再考した。ヘーゲルは、人間的共同体との関係から、現象学を精神の現象学として捉える。彼は、精神現象学が意識の経験の学であると理解する。精神とは、人間の意識的生を表わす一般的な術語である。ヘーゲルは、カントの経験および知の理解を修正するさい、カントとは異なり、意識、しかも自己意識に重心を置いている。意識の経験の学は、何の前提条件ももたず、知の過程に目を向ける。この過程は、知の営みの抽象的条件ではなく、むしろ実在する実践的条件を探求する。この場合の知の営みは、社会的および歴史的文脈のなかで展開するものである、と理解されている。『精神現象学』は、知の獲得という実在的な条件とともに、実際の知の獲得そのものを明らかにする歴史的過程をたどる。この過程は、まず直接的な意識ないし直接的に与えられるものについての知から始まる。続いてこの過程は、弁証法的議論をとおして順次上昇し続け、弁証法的議論は、自然科学、道徳、芸術、そして宗教といった諸段階を貫く、知の本性の理解を中心にして行なわれる。この過程は、ヘーゲルが絶対知 (*das absolute Wissen*) と特徴づける最高次の立場ないし独特な哲学的立場で絶頂を迎える。もっとも、絶対知は、研究文献などではしばしば絶対的な知識として誤解されている。

ヘーゲルは、精神現象学の序論で、対象についてのさまざまな理論が定式化され、経験のうちで試みられ、再定式化される過程として知を記述している。対象の理論は、理論の対象に対応するので、さらに経験を積んでも、両者の区別はもはや明らかにはならない。真理は、こうした限界として現われてくるのである。ヘーゲルは、のちに『精神現象学』を学の体系の第一部として叙述するが、その内容は、さらに『小論理学』では詳細に仕上げられている。(8)

現象学は、ヘーゲルの成熟した立場から逸脱するものではなく、むしろその中心をなすものである。ヘーゲルは、主要な哲学的人物であり、カントと同様に、その桁外れの影響力が後の議論のなかに反響し続けている、きわめて少数の人物の一人である。ヘーゲルは、多くの点で熱烈なカント主義者である。彼は、特定のカント的な考えにはしばしば反対したが、しかし基本的には、批判哲学を明らかにする作業に携わっている。批判哲学は、ヘーゲルの現象学のなかでも継続されているのである。このヘーゲルの衝撃力のゆえに、初期フッサールに先立つ他の者も、またほぼ同時代の者も、現象学に言及している。そうした者としては、ヘルマン・ロッツエ、[4] グスタフ・クラス、[5] アンリ＝フレデリック・アミエル、[6] エドゥアルト・フォン・ハルトマン、[7] ウィリアム・ハミルトン、[8] そしてC・S・パースがいる。(9) 現象学は、フッサールにとって核心的な役割を果たしている。しかしながら、ヘーゲルは、フッサールに先立って、きわめて力溢れる思想家である。

フッサールの哲学史の背景となる知識は、比較的貧弱であった。彼は、現象学の先達ヘーゲルにかんしては、師のフランツ・ブレンターノの先入見を引き継いでいたように思われる。(10) フッサールは、ヘーゲルを念入りに研究したことがなく、おそらくまったく研究しなかった。厳密な学としての哲学への衝動は、理性批判を欠くヘーゲルのロマン主義哲学では妨げられてしまう。フッサールは、このように述べている。(11) ヘーゲルは、自身が批判するロマン主義に反対していたので、この言及は、明らかに不適切である。さらに、ヘーゲルの立場の核心にあったのは、カントの純粋理性（*Vernunft*）の理論に批判の一撃を加えることである。ヘーゲルは、純粋理性の代わりに精神（*Geist*）の理論を用いている。フッサールの後期著作では、中立的な言及が増えているが、それはヘーゲルのテクストについて何か特別な知識を明らかにするようなものではない。

先行する現象学、とりわけヘーゲルに対するフッサールの非歴史的態度は、弟子の間で、きわめて異なるが、等しく不適切な二つの反応を引き起こしている。一つは、すでに述べたように、先行の論争の現象学上の重要な先達をいずれも否定する、という反応である。フッサールやフッサール現象学にかんする研究では、現象学は、フッサールによって発見され創造されたとか、いずれにしても、歴史上の先達に何ら言及しなくとも現象学は議論できる、としばしば主張されている。(12)もう一つの反応は、フッサール現象学や他の現象学の諸形態を区別せず、同じものだと提唱するアプローチである。フッサールが方法を強調したことにならって、フランスの評者たちは、ヘーゲル、フッサール、そしてハイデガーは同じ方法を使用しているといった、誤った主張をしばしば行なっている。(13)しかしながら、ヘーゲルは、それと認められる単一の方法をもっているわけではない。彼の立場は、カント批判を意図しているので、一つの方法という考え方そのものを排除するように思われる。他方で、フッサールとハイデガーの間の相違は、あまりにも深刻であるため、彼らが同じアプローチを共有しているという考え方には、疑問を感じるほどである。

◆フッサールと現象学運動の起源

ドイツの現象学者エドムント・フッサール(一八五九—一九三八年)は、現代の最も創意に富み、かつ最も影響力のある思想家の一人である。フッサールは、実に多作な著述家であり、生涯の間にいくつもの著作を刊行した。亡くなったときには、彼は約四万五千頁にのぼる速記録を残したが、それらは、まだすべてが文字に起こされるにはいたっていないのである。

フッサールはボヘミアで生まれ、ライプツィヒ、ベルリン、ウィーンで学び、ハレ、ゲッティンゲンに移り、一九一六年から二八年の間はフライブルク・イム・ブライスガウで教鞭をとった。彼は、数学から哲学に転向した人物である。彼は、カール・ヴァイアーシュトラース[9]とレオポルト・クローネッカー[10]のもとで学び、変分法の研究で哲学博士号を授与された。その後、フランツ・ブレンターノやカール・シュトゥンプの講義に出席し、最終的に数の概念の心理学的分析にかんする教授資格論文（*Habilitationsschrift*）を執筆した。この頃彼は、認識論を心理学へと還元する心理学的アプローチをとったJ・S・ミル[11]に接近している。彼は、ミルの『論理学体系』（一八四三年）を丹念に研究した。未完に終わった『算術の哲学』では、数の基礎的な概念、したがって数学を心理学から導き出そうとしている。一八九一年に刊行された第一巻では、フッサールは、ドイツ人論理学者ゴットロープ・フレーゲの『算術の基礎』（一八八四年）の見解を心理学主義的観点から批判している。フッサールに対するフレーゲからの回答は有名である。フッサールの著作に対するきわめて辛辣な批評のなかで、フレーゲは、心理学の上に論理学を、この場合では、数学を基礎づけようとするフッサールの心理学主義的努力に異議を唱えている。[14] それ以後、フッサールは心理学主義に徹底的に背を向けることになったが——その明確な理由については議論の余地を残している[15]——、この背反は、フレーゲの批判に対する応答であるか、それとは無関係であるかのいずれかである。

心理学主義の拒絶から結実した最初の成果は、『論理学研究』に現われた。一九〇〇年と一九〇一年に二巻本で刊行された『論理学研究』は、フッサールにとって現象学への突破口を切り開くものであった。八〇〇頁以上に及ぶこの浩瀚な書物は、草創期の現象学運動の基礎文献であり、フッサール現象学に惹きつけられた人々に対して、広範な影響を及ぼした。しかしながら、マイケル・ダメットは、初版の刊行から一世紀を経た二〇〇〇年になっても、英語圏の哲学研究者にとって依然として『論理学研究』の知名度が低い、と述べることができた。[16] いまやみずからの当初のアプローチに背を向けたフッサールは、『純粋論理学の序説《プロレゴメナ》』というカント風の表題を掲げた第一巻のなかで、心理学主義に対して実に激しく、そしてきわめて詳細な論駁を行なっている。[17] フッサールは、心理学主義批判を特殊な主題としてではなく、現象学にとって不可欠なものとみなしている。[18] これは奇妙なことである。ついでながら言えば、彼は、フレーゲの反心理学主義の正しさを承認してもいたのである。[19] フッサールは、ライプニッツの普遍数学（*mathesis universalis*）の伝統[12]を受け継ぎながら、この第一巻では、論理学の概念をイデア的な意味での純粋でアプリオリな学問として、そして純粋な学問の理論ないし学問の学問として展開している。

フッサールは、『認識の現象学と認識論のための諸研究』と題された第二巻のなかで、純粋現象学を経験的心理学にとって副次的なものとして位置づけながら、論理学、認識論、現象学の間のつながりに注意を向けている。経験的心理学は、実在の出来事として扱われる経験の諸形式を研究する。それとは逆に、「現象学は純粋論理学の基本的概念やイデア的諸法則が《発生》する《諸源泉》を開明するのである。つまり、それらの諸概念や諸法則に、純粋論理学の認識批判的理解に必要な《明晰性と判明性》を与えるためには、当然それらは再びこのような源泉にまで遡って論究されねばならないからである」[20]。フッサールは、このように述べている。彼は、現象学が基礎づけの役割を担うという点を明確にしている。しかし、現象学と経験心理学との明確な関係をどのように理解すればよいかという点については、彼はまだ明らかではなかった。

論理学についての議論は統一性を欠いており、それは六つの「体系的に結合された一連の諸研究」ないし「一連の分析的諸研究」がまとまりのない性格をもっている点に現われている。こうした諸研究が、第二巻を構成している。[21] これら六つの研究は、意味、概念、命題、真理といった認識論的テーマを研究している。論理学は、人間の精神から独立してはいるが、しかし人間の精神にとって接近可能で把握可能なイデア的対象を研究する。これが、ここでの彼の見解である。[22] フッサールの説明によれば、『論理学研究』を執筆していた当時、彼は純粋ないし超越論的現象学と記述的心理学との間の明確な相違をまだ意識していなかった。やがて彼は、この相違に注意を向けるのである。[23]

六つの研究を詳細に追うことは、本章の考察範囲を超える。ここでは、志向性について探求している第五研究について語ることで満足しよう。フッサールが学んだブレンターノは、中世の志向性の概念――これは精神によって形作られた観念や表象を表わすスコラの術語の *intentio* に由来する――を復活させて、「内容への指示、対象……ないし内在的対象性へと向かう方向性」という意味を与えている。[24] フッサールはここで、内容と心的作用の質とを区分するブレンターノの区別に手を加えている。[25] さらにフッサールは、観察者が精神を超えた対象を目差すのは特定の視角、側面ないしアスペクトからだけである、と主張している。彼は、第六研究のなかで、意味と真理との連関を、さまざまな意識作用のなかで現われるありさまとして探求している。これが、ハイデガーの注意を惹きつけた。[26] ここでフッサールは、知覚と直観の概念を拡張することで、彼が範疇的直観と呼ぶものをある種の知覚であると論じている。

『論理学研究』の刊行後、プログラムとして重要な論文「厳密な学としての哲学」[27]（一九一一年）にいたるまでの十年間、フッサールはほとんど何も公にしなかった。この論文は、フッサールがヴィルヘルム・

ディルタイに応答するきっかけとなった[13]。ディルタイは、彼自身の生の理論とともに、ヘーゲル研究への貢献で知られる当時のドイツ人哲学者である。ディルタイは、一九一〇年に刊行された重要な論文のなかで、変更されざる知という伝統的な哲学的主張と対立するような、ヘーゲル的なやり方で、漠然と次のように論じている。さまざまな哲学的立場は、一連の途方にくれるほどの世界観を明らかにしているが、他方、それらは認識論的懐疑主義に陥るのを否定している、と[28]。フッサールは、個人的にはディルタイに好意的であったが、この主張をディルタイ自身とはまったく別の仕方で読みとった。すなわち、フッサールは、ディルタイの立場を相対主義と懐疑主義に陥るものだと理解したのである。それに応じてフッサールは、必当然的な知の源泉として、伝統的な哲学の見方を提示している。ここで推奨されているのは、厳密な意味で、ないし学問的意味で唯一受け入れられうる哲学のあり方としての現象学である。

フッサールは、『論理学研究』と同様に、ここでも厳密な哲学というカント的な含意に満ちた見解を擁護している。カントは、『プロレゴーメナ』のなかで、いまだ実現されていない将来の形而上学をめざしている。このカントの規範的見解が、いまやフッサールの明快な呼びかけのなかに蘇っている。この呼びかけは、まさしく学問そのものである哲学、すなわち「人類の永遠の営みをどのように行なうかをわれわれに教える[29]」さいに、必要不可欠な哲学を求めている。哲学は厳密な学であることを要求するが、しかしながらそれは、将来にのみ満たされうるようなやり方で行なわれるのである。「私は、哲学が不完全な学であるなどといっているのではない。むしろ端的に、哲学はまだ学ではない、哲学は学としてまだはじまってさえいない、といっているのである[30]」。

フッサールは、哲学の規範的概念の由来をカントに求めている。この概念を引き継ぐフッサールにとっては、学問への衝動以外に、論争を前進させる積極的なものは何も存在しない。カントの場合ですらそうであり、[31] カント以前のデカルトや、カント以後のフィヒテの場合でもそうである。フッサールに従えば、厳密な学への関心をカントと十分に共有するこれらの思想家も、この目標の達成に向けた最初の一歩すら踏み出せてはいない。[32] フッサールは、自分自身のアプローチの見込みについては楽観的であった。だが、彼は、他の思想家や先行するすべての哲学に対しては悲観的であった。この点でもフッサールは、カントに似ている。二十世紀初頭に執筆活動していたフッサールにとって、厳密な学としての哲学という目標は、間近に迫りつつあるものではなく、遠のくだけであった。三つの競合する見解――自然主義的哲学、[33] 歴史主義、世界観の哲学[34]（*Weltanschauungsphilosophie*）――が登場してきたために、必当然的に知を主張することは成し遂げるのが困難である、と彼は考えていた。したがって、これらの見解が行きつくのは懐疑主義であり、それ以外にはありえないのである。クワインおよびそれ以後の他の分析哲学者は、自然主義化された認識論に対して分析哲学的関心を寄せた。しかし、それ以前に「厳密な学としての哲学」を著していたフッサールにとって、分析哲学の見方は知ることがなかった。彼は、分析哲学を知っていたとしても、まちがいなくそれを退けたであろう。むしろ彼が自然主義として考えているのは、すべてを、とりわけ諸々の観念や理念やあらゆる種類の規範などを、物理的自然へと還元することである。[35] 彼が指摘しているように、この傾向性は、現代生活のなかで膨れ上がり、すみずみにまで拡大した近代科学と関連しており、近代科学は、自然をつねに所与のものとみなすのである。

フッサールは、自然主義について論じながら、経験的心理学と、それとはまったく異なる現象学という学問とを対比させている。心理学は経験的意識にかかわるが、現象学は彼が純粋意識と呼ぶものにかかわる。心理学が顧みることのない純粋意識は、現象学の主題である。現象学は、一種の非経験的な心理学として「社会学的現象を直接の所与とし、その本質を研究する」のである。[36] 現象学は、現われと存在とを区別できないような諸現象を研究する。[37] 現象学は、何らかのもの、いわば形而上学的な実在の現われとしての現象とかかわるのではなく、直接的に与えられるもののみにかかわる。現象学は、この直接に与えられるものを与えられるとおりに研究するのである。直接に与えられる精神的内容は、自然そのものではない。現象は自然をもっておらず、その代わり直接に把握されうる本質をもっている。現象は直接に、しかも直観をつうじて直接に与えられるのであり、本質直観はそれと相関する概念によって正確に記述される、とフッサールは主張する。「現象を直接的な概念において記述する言明はすべて、それが妥当な言明であるかぎり、本質概念によって、つまり本質直観において充実される概念的語義によって、現象の記述を行なうのである」。[38] 直観によって把握された本質は、客観的妥当性をもつ概念的言明によって、したがってどのような点でも主観的ではない概念的な言明によって記述されうる、とフッサールは信じている。さらに彼は、知覚ないし想起、経験的一般化、事実にまつわるさまざまな事柄などを含むいわゆる「経験」のような明白な対立項を、本質の直観的把握から区別し始めるのである。

フッサールは、哲学史を決して正確に把握しなかったので、歴史にかんして奇妙な見方をしていた。他の諸学問に対する自身の現象学的批判は、近代哲学の密かな願望と合致している、とまで彼は主張している。[39] 周知のように、カントは、ヒュームによって独断のまどろみから目覚めさせられた、と述べた。それと同様に、フッサールも自身の立場をヒュームのそれと関連づけている。ヒュームは、印象とは区別して、本質と観念とを実証主義的に融合して把握しようとしていた。これをフッサールは、本質として理解するべきだと主張する。ヒュームは本来、こうした問題によって懐疑主義へと追い立てられる必要はなかった。というのも、こうした問題は現象学に属するものであり、したがって現象学によって解決可能だからである。[40] ヒュームは、自然についての実在的言明から、純粋現象学という学問へと転じる必要があった。なぜなら、心理学、したがって心理学的認識は、フッサールが明確に「心的なものの本質的認識」と呼ぶものにのみ基づけられるからである。[41] 言い換えれば、ヒュームが描き出した近代の心理学の混乱を乗り越えることができるのは、他の諸学問と同じく、心理学が現象学に基づけられる場合だけである。なぜなら「真の認識論はすべて、現象学に必ず基づけられねばならない」からである。フッサールは、このように悠然と述べている。[42]

フッサールはまた、歴史主義や、彼がディルタイにならって世界観の哲学（*Weltanschauungsphilosophie*）ないし世界観に基づいた哲学と呼ぶものも退けている。フッサールは、ディルタイの立場が学としての哲学という考えそのものに対する攻撃である、と理解する。フッサールにとって、これら二つの種類の哲学は関連している。すべてを歴史へと還元するのが歴史主義であり、これとは反対に、すべてを自然へと還元するのが自然主義である。そしてこの自然主義は、歴史主義と同じく、すべてを相対主義へ、したがって懐疑主義へと導くのである。フッサールは、ディルタイに従いながら、あれこれの世界観に対して客観的妥当性を帰した結果が世界観の哲学である、とみなす。ディルタイが指摘しているように、こうしたあれこれの世界観だけが蔓延すれば、どのような哲学体系であれ、その普遍的妥当性への信頼は崩れ去ってしまう。フッサールは、世界観に基づく哲学によって、必当然的な知を生み出すものとしての哲学という伝統的な見解が弱体化している、と考える。歴史主義を選びとった結果、「この場合には、真理とか、理論とか、学問などという理念は、他のあらゆる理念と同様に、その絶対的妥当性を失ってしまうであろう」[43]。フッサールは、カントと同様に、どのような形態であれ、学問が歴史に基づく合理的推論から現われるという考えを退ける。フッサールは、世界観が最も高次な智恵に到達するという点を認めたいと思っていた。他方で彼は、どのような意味でも、世界観が真理に到達するという点を認めようとしない。世界観は時代によって異なるが、しかし学問の理念は「超時間的」である[44]。したがって世界観に基づく哲学は、学問であるという見せかけを捨てなければならないのである[45]。

「厳密な学としての哲学」は、フッサールの大部分の著作と同じく、学問としての哲学の正しい始まりないし根本的な始まりを明確かつ最終的に決定するさいの問題と困難さについて、省察している。この問題にかんする彼の反省から生じた現象学についての見解は、主として、本質についての直接的な直観という終わりなき作業にかかわっている。彼は、次のように述べている。「それゆえに、われわれの時代が踏み出さねばならない最も偉大な一歩は、正しい意味での哲学的直観によって、すなわち現象学的本質把握によって、無限の研究領野が開けてくるということ……を認識することでなければならない」[46]。

これに続く著作のなかで、フッサールは、自身の立場をさらに発展、深化、変化させているが、それらはしばしば基本的な点にかかわっている。一九一三年に刊行された『イデーン』第一巻の狙いは、彼が純粋現象学と呼び始めたものに対するふたたび一般的な手引きであった。『論理学研究』の実在論は、しばらくの間に超越論的観念論に取って代わられたのである。いまや彼が提唱するのは「現象学的還元」と呼ぶものであり、これは、自然的態度からいわゆる「超越論的現象学の領域」への視点の切り替えを生じさせる[47]。現象学的還元の手続きには、二つの段階が必要である。一つは超越論的地平への還元であり、もう一つは形相的還元ないし形相的次元への還元である。現象学的還元によって、現象学的主観は、日常的な視点または自然的視点と呼ばれるものを超越論的視点へと変更し始める。そして超越論的視点のもとでは、根源的で純粋な記述が遂行される。その結果、意識のうちで主観に直接与えられたもののみに注意を集中することで、世界の存在ないし実在は、括弧にくくられる。彼の見解では、そこで生み出された現象学的ないし超越論的現象学は、どのような意味でも心理学ではなく、むしろ経験的心理学と厳密な平行関係にある。現象学的還元が獲得するのは、超越論的哲学的視点、もしくは彼の言い方によれば、超越論的‐現象学的観念論、さらに言い換えれば、学としての身分を獲得した観念論である。これをフッサールは、心理学的観念論から峻別する。

フッサールは、「イデーン英語版への原著者の序言」（一九三一年）のなかで、超越論的独我論だけは不完全に扱われているが、それに対するさまざまな反論は誤っている、と述べている。[48] そこで彼は、数年前の著作『デカルト的省察』（一九二九年）に言及している。かつてフッサールは、現象学とカントとの関係に力点を置いていたが、いまや現象学とデカルトとの関係を強調する。彼は、こうしたデカルトに対する新たな関心の一環を示すものとして、超越論的間主観性の問題を取り上げている。彼の見解によれば、間主観性は独我論の問題に対して決定的な解答を与える。独我論（ラテン語で「唯一の *solus*」＋「自己自身 *ipse*」）ないし主観だけが実在するという可能性は、デカルトの『第一哲学についての省察』（一六四一年、一六四四年）のなかで問題として浮上している。デカルトは、第二省察の終わりでこう述べている。窓から外を眺めると、帽子と衣服が通りを横切っているように見える。それらは自動機械かもしれない。しかしそれらは、実際には人間であると判断される。[49] 類似した問題は、現象学的還元後のフッサールにも生じる。現象学的還元の結果、主観は世界から自己自身へと身を退くからである。フッサールは、『デカルト的省察』の第二省察では、その哲学的視点を「超越論的独我論」と特徴づけている。[50] 彼は第五省察では、超越論的自我が他の自我を間主観的共同体のうちで構成する、と論じている。彼はそこで、テオドール・リップス[14]から借用した感情移入（*Einfühlung*）の概念を作り変えている。他者についてのわれわれの認識は、類比に基づく付帯的現前化（*Appräsentation*）と彼が呼ぶものによって間接的に生じてくる、と彼は論じている。しかしながら、この議論は、フッサールの成熟した立場にとって決定的な意味をもつものであったが、彼の弟子のなかでそれに納得した者はほとんどいなかったのである。[51]

彼は、何年にもわたって現象学という概念を仕上げようと努めた。彼のこの果敢な努力は、現象学へのもう一つの手引きのなかで、最終段階を迎えることになる。それが、彼の死後未完のままに遺された『ヨーロッパ諸学の危機と超越論的現象学——現象学的哲学入門』である。危機という概念は、彼が最初に現象学の突破口を開いて以来、いわば彼の思想の概念的な影のように、いまでもつきまとっている。「クリジス（*Krisis*）」という用語は、ギリシア語の「クリシス（*krisis*）」に遡ることができる。それは、「選択ないし選別、判断ないし判定、危険ないし危機的瞬間」を意味している。この最後の意味は、現代ヨーロッパの諸言語でも、同じ語源の言葉のうちに見事にその名残をとどめている。例えば、英語の「危険（crisis）」という言葉に見られ、この語は、ギリシア語「クリシス」の音訳に対するフッサール独自の用法の翻訳であり、ドイツ語ではいっそう一般的な同義語である「危機（*Krise*）」にも見られる。大雑把に言えば、フッサールは、合理性を構成するある問題を言い当てるために、この言葉を用いている。

フッサールは、現象学が客観的な知と主観的な関心とを結びつけるものである、と理解しており、厳密な哲学と暗黙の倫理的目的との間のつながりを確立した。[52]『危機』書で彼は、学問の危機[53]を人類と関係づけ、哲学者が客観的な知を求めながら「人類の公僕（*functionaries of mankind*）」でもある、という点を強く主張する。[54]カントと同様に、彼は、人間の関心が人間の生の導きである哲学的理性によって満たされる、と主張する。[55]『危機』書の土台をなす「ウィーン講演」（一九三五年）では、フッサールは、素朴に、自身の哲学がナチズムに対する唯一の効果的な砦である、という見通しを示している。[56]数年後、『危機』書のなかで彼は、現代という危機の時代には「事実学は……何もわれわれに語ってくれない」ことに気づいている。[57]この困難さは、哲学に固有の限界のうちにあるのではなく、厳密な学としての哲学という正しい概念を擁護することに失敗した点に潜んでいる。だが、この概念だけが、「ヨーロッパにおける人間性の歴史哲学的理念（あるいは目的論的意味）」を現実化できるのである。[58]

『危機』書のなかで、フッサールは以前のテーマに立ち戻って、それを新たに発展させている。「厳密な学としての哲学」のなかでも彼は、その機会に、近代科学の興隆のなかでガリレオの果たした中心的な役割についてほのめかしていた。[59]いまや『危機』書でフッサールは、ガリレオの詳細な分析に取り組んでいる。しかし――ガリレオは数学を自然に適用することに成功した――その成果は、もはや驚くにはあたらないと見られているように思われる。[60]ここでフッサールは、すでに初期段階での著作に登場し始めていた生活世界の概念も発展させている。そこでフッサールは、カントが表明しなかった「前提」を批判している。それは、外界を当然のものとみなす「前提」である。[61]彼は、入念な分析を展開して、すべての学問は現象学を前提している、という考えへと導いている。現象学は、あらかじめ与えられた外界を研究するのであり、この外界は、われわれが還元によって超越論的地平へと上昇するさいの出発点である。[62]フッサールによれば、科学者は、客観的な科学的成果が、あらかじめ与えられた外界や生活世界にかかわっている、という単純な前提を抱いている。「客観的‐学的世界についての知識は、生活世界の明証性に《もとづいている》」(63)。

フッサールは、ドイツの観念論者フィヒテと同様に、自身の基礎的洞察の提示方法を見つけ出すことに躍起になっていた。フッサールは、哲学を人生そのものと同一視しており、このような哲学に対するかかわり方は、年を重ねるにつれて、彼を絶望へと追い込んでいった。すなわち、現象学という形式によって、あるいは後の超越論的現象学として、哲学から厳密な学を創出するはずである唯一の真実の糸口を何とかして開こうとする目論見は、絶望へと追い込まれたのである。『イデーン』第一巻のなかの、張り詰めた緊迫感に満ちた一節のなかで、フッサールは、自身の研究について次のように記している。「筆者は今、真の哲学の無限に開かれた土地、その《約束の地》が、目の前に拡がっているのを見る。〔その土地が、完全にもう開拓され尽くすありさまを、余命いくばくもない〕筆者自身は、もはや体験することはないであろう」(64)。周知のように、『危機』のなかの別の一節では、年老いた者として自身の生涯と著作を振り返りながら、こう彼は記している。「学としての哲学、真剣で、厳密な、まさに必当然的に厳密な学としての哲学――夢は潰えた」(65)。

◈ハイデガーとフッサール以後の現象学

フッサールは、同時代に大きな影響力を与え、彼の門下には現象学派が形成された。彼らは師の教えを急速に広めていった。やがて現象学は、解釈、受容、さらなる発展、あるいは批判や拒否をつうじて、フッサールの鍵となるさまざまな洞察を発展させる。フッサールの『論理学研究』は、現象学派が登場するための礎としての役割を果たした。もっとも、自身の著作に決して満足しないフッサールは、ただちに著作の改訂を開始した。一九一三年には『論理学研究』の第二版が刊行されたが、そこに第六省察の改訂版は含まれておらず、一九二一年にようやく刊行された。後にフッサールは、《現象学》を記述的心理学として特徴づけた初版には最も重要な誤りがあった、と主張するようになった。(66) 彼の見解は、発展するにつれてすっかり様変わりしたので、その立場の発展段階に応じて、彼の信奉者たちが魅力を感じた点も、それぞれ異なっていた。フッサールによって長期間にわたり顕著な影響を受けた思想家には、ドイツではマックス・シェーラー、[15] ニコライ・ハルトマン、[16] マルティン・ハイデガーといった重要な哲学者が含まれ、またフランスではガブリエル・マルセル、[17] ジャン＝ポール・サルトル、モーリス・メルロ＝ポンティ、ポール・リクール、[18] そしてジャック・デリダといった一連の人物が含まれる。これらの人物はすべて、しばしば重要な方途についてフッサールとは異なっている。二十世紀後半の現象学がフッサールの現象学の精神を前進させているかどうかは、まったく定かではないのである。

フッサールから影響を受けた思想家のなかで、重要視されることの多い人物の数は、実に膨大である。しかし、本書の紙幅が限られていることを考慮すれば、必然的に取捨選択を強いられる。フッサール門下のなかで、最も重要であるとともに、最も論争を巻き起こした唯一の人物は、間違いなく、ドイツ人の現象学者、マルティン・ハイデガー（一八八九―一九七六年）である。評者の多数は、ハイデガーがフッサールと同等ないしそれ以上に重要である、とみなしている。

ハイデガーは、当初イエズス会の牧師を志し、カソリック神学を学んでいた。ブレンターノの博士論文『アリストテレスによる存在の意義の多様性について』（一八六二年）に触れて以後、ハイデガーの関心は次第に変化した。神学と数学、とくに数学的論理学を学んだのち、彼は、学位論文『心理学主義の判断論』（一九一三年）、次いで教授資格論文『ドゥンス・スコトゥスにおける範疇論と意義論』（一九一五年）を執筆する。彼は、修学時代を終えたのち、当時も今もドイツでは慣例である無報酬の講師として、フライブルク・イム・ブライスガウで教え始める。次の年、フライブルクにフッサールが着任すると、彼はその助手となった。彼は、いわゆる「戦時下緊急」学期には、講義のなかでヤスパースおよびディルタイ批判とともに、フッサールに対する批判を開始している。ハイデガーは、一九二三年から一九二八年の間、マールブルクで教鞭をとった。一九二八年にフッサールが退官すると、彼はその後任者としてフライブルク大学の正教授職に就任する。彼は、一九二八年から一九四四年までフライブルクにとどまっていたが、第二次世界大戦の終結時の期間だけ、故郷のメスキルヒにとどまることを余儀なくされた。彼は、一九五〇—五一年の冬学期に復職すると、以後、退職までフライブルクにとどまった。

ハイデガーとフッサールとの関係は、二十世紀の現象学を把握するうえで鍵を握る問題である。国家社会主義に対してハイデガーの抱いた共感は疑問の余地のないことであったので、この問題は、不透明さを帯びている。[67]ハイデガーがフッサールに関心をもち、また彼から影響を受けていたことは明らかである。だが、ハイデガーの弟子たちは、しばしばハイデガーの考えをフッサールのそれとは別個のものとして研究している。しかしながら、フッサールのさまざまな洞察も、それに対する応答も、ともに初期ハイデガーの立場のうちにすっかり織り込まれている。簡単な自伝的なスケッチによれば、ハイデガーは、フッサールの『論理学研究』に熱中したと伝えられているが、とりわけ熱心に繰り返し読んだのは、第六研究の範疇的直観の問題であった。フッサールは、心理主義を批判していたが、後にふたたび心理主義に戻ってしまった、とハイデガーは確信していた。ハイデガーが最終的にたどり着いた結論は、現象の明証性を把握しようとするフッサールの努力は、アリストテレスによってきわめて早い段階から徹頭徹尾覆い隠されている、ということであった(68)。

ハイデガーは、フッサールと比較しても等しく多作であるが、その叙述ははるかに読みにくい。とはいえ、彼は、少なくともフッサールと同じく、影響力のある思想家である。ハイデガーは現象学者を自称していたが、自身がフッサールとはまったく異なるやり方をしていることを理解していた。哲学的に言えば、やがてハイデガーは現象学を捨てるように見えるが、この現象学を遂行していると自称する点を除けば、両思想家は、ほぼすべての重要な点で対立している。例えば、ハイデガーは、現象学的還元という考えそのものを、したがって超越論的現象学を拒絶する。ところが、これこそ、フッサールが自身の立場の礎とみなそうとしていた考えであった。ハイデガーはまた、認識論に対する現象学的アプローチも拒絶している。ところが、フッサールが『論理学研究』第二巻の冒頭から論じたのは、まさにこのアプローチであった。それとは逆に、ハイデガーは、現象学が現象学的存在論である、と理解している。フッサールが依拠したのは、意識や志向性の分析といった考え方であった。ハイデガーは、「意識」や「志向性」などの術語を完全に放棄する。フッサールは、ハイデガーが自身の立場に対する強力な批判者であることを正確に見抜いていた。ハイデガーは、フッサールの立場を継承するというよりも、むしろ破壊しようと目論んでいた。両者がともに現象学にかんして正しい、ということはできない。ハイデガーが正しいとすれば、フッサールが誤っているのは確かである。逆に、もしもフッサールが正しいとすれば、ハイデガーは誤っているはずである。

ブレンターノの博士論文を読んだことに端を発して、ハイデガーが生涯にわたり執拗に繰り返し言及し続ける唯一の関心事は、存在の問題である。存在は、存在者、換言すれば、存在者の存在から区別される。この問題にかんするハイデガーの最初で最も重要な議論は、『存在と時間』（一九二七年）に見いだされる。これは哲学的にみて、実に野心的な書物である。『存在と時間』は、刊行されるや否や、哲学の古典として喝采を博した。少なくとも、これは、二十世紀の他の哲学書のいずれにも劣らぬ重要な著作である。この著作は、フッサールに捧げられており、そこでのハイデガーに対するフッサールの影響も明白である。ところが、『存在と時間』でハイデガーは、現象学についてフッサールとはまったく異なる見解に立っている。

『存在と時間』の序論に先立つ短い一節のなかで、ハイデガーは、プラトンの『ソピステス』から短い文章を引用し、それに意見を加えている。ハイデガーは、この仕掛けによって、みずからの主要なテーマをきわめて効果的に掲げている。プラトンは、この対話篇『ソピステス』で、存在についての新たな理論の輪郭を描き出している。ハイデガーの引用する短い文章では、テアイテトスと客人が「存在」について論じている。この文章をごく一般的に翻訳すれば、次のようになる。「それなら、われわれのほうはすっかり困惑に行き詰っているのですから、あなた方はぜひそうした点について、われわれに対して充分に明らかにしていただきたいのです――あなた方が《ある》ということを口にされるとき、そもそも何を指し示そうと望んでおられるのかを。なぜなら明らかに、あなた方のほうはこうした事柄を、とっくの昔から知っておられるのに対して、われわれは、以前には知っていると思っていたのに、いまはまったく困惑に行き詰っているのですから」(69)。ハイデガーは、この一文をギリシア語で引用し、それをドイツ語に翻訳したうえで、こうつけ加えている(70)。われわれは、いまやかつてのように「存在の意味への問い」によって惑わされてはいない、と。彼は、存在の問いに対する理解をあらためて呼び覚ますことが自身の目標である、と述べる。それは、「あらゆる存在了解一般を可能にする地平として時間を学的に解釈すること」をつうじて行なわれるのである(71)。

われわれは、この短い一節によって、ハイデガーを動機づけている問題と、彼特有のやり方とを理解することができる。ハイデガーは、叙述のいたるところで、彼の関心を惹きつけている存在の意味にかんする問いと哲学史とを、独特なやり方で結びつけている。他の場合と同様に、ここでもハイデガーは、古代ギリシア哲学を参照する。彼の哲学史の把握は、風変わりである。しかし彼は、母国ドイツ以外の同時代の論争をほとんど知らなかった。彼のテーゼの語り方には、フッサールの影響が垣間見られる。「地平(*Horizont*)」は、明らかにフッサールの術語である。フッサールは、『イデーン』のなかで、自然的態度について論じながら、とりわけ世界の時間的地平を指摘している(72)。彼は、これら自然的視点と時間的地平についての自身の分析が、いずれも具体的となるであろうこと――彼の分析のもつ具体的な性質は、彼の議論の最も興味を引く特徴のうちの一つである――またその理由として、彼の分析が、何であれあらゆる可能的な地平に、つまり超越論的地平にかかわっていることを表明しているのである。

『存在と時間』は、未完の大著の断片である。その既刊部分は、現存在の予備的基礎分析と現存在の時間性とについて論じた二編に区分されており、全体として八三の節から構成されている。ハイデガーは、序論のなかで、ただちに、存在の意味の問いが哲学の核心的問題そのものである、と論じている。ハイデガーによれば、この存在問題は、すでにプラトンやアリストテレスにとって核心をなすものだったのであり、ヘーゲルにとっても依然としてそうである。第二のポイントとして、従来解決されてこなかったこの問題に必要な手がかりは、われわれすべてがもっている存在についての曖昧で非主題的な理解という事実にある。ハイデガーによれば、「現存在」という名称で理解している人間――これは文字どおりには「現に存在すること」ないし「現実に存在していること」を意味する――は、もともと存在の意味への問いに関心を寄せている。「存在問題を問うことは、或る存在者自身の存在様態として、この問うことにおいて問いたずねられている当のもののほうから――すなわち存在によって、本質上規定されているのである。われわれ自身こそそのつどこの存在者であり、またこの存在者は問うことの存在可能性をとりわけもっているのだが、われわれはこうした存在者を、術語的に、現存在と表現する(73)」。ここまでのところで、ハイデガーが論じてきたのは、彼の関心を惹きつけている問いが人間によって惹起されうるものであり、この問いはまた、何らかの仕方で人間存在の核心に位置している、という点であった。さらに彼は、この存在の意味についての問いが、あらゆる学問の基礎として、存在論的に他のあらゆる問いに対して優位にある、と主張する。加えてこの問いは、存在者的に言っても優位にある。というのも、現存在（ないし個々の人間）は、その「実存」との関係のなかで、すなわち「おのれ自身であるか、あるいはおのれ自身でないかという、おのれ自身の可能性から」つねに自己自身を理解しているからである(74)。個々人は、このように本来性という態度を目指しながら、自身の可能性を現実化するという仕方で行為できることもあれば、行為できないこともある。しかしながら、存在への問いは、人間の存在に根ざしているのだから、存在の意味の問いに対する解答はいずれも、人間存在の予備的分析を必要とするのである。

ハイデガーには、企図された現存在分析を遂行するために、一つの手法（*a modus operandi*）を選ぶ必要がある。彼は、「差しあたってたいてい……平均的日常性において」[75]現存在が自身を示す通常のあり方に意識を向けることを選ぶ。存在一般と同じく、現存在にとっても、時間は地平として機能する。この作業は、ハイデガーが「存在論の歴史の解体」と呼ぶものを必要とする。すなわち、それは、存在の意味に到達するために、存在論を伝承してはいるものの、彼によれば、存在論を隠蔽してもいるこれまでの伝統に対して、自己自身を晒すとともに、そこから自身を放すことである。ここで企図されている解体の機能は、積極的なものである。これにかんして、ハイデガーは、次のように述べている。カントは、人間の時間性にかんして可能なかぎりの前進を成し遂げた唯一の人物であるが、デカルトに依拠したために、それ以上の前進が阻まれた。またデカルトは、彼自身が中世存在論に依拠していた、と。より一般的に言えば、こうした解釈によってわれわれは、時間の観点から、いっそう厳密に言えば、現前性（*Anwesenheit, parousia*）から、古代ギリシアにおけるもともとの存在者の存在の解釈を評価できるようになる。ハイデガーによれば、後代の時間の議論はすべて、アリストテレスの説明に依拠している[76]。存在論のさまざまな過ちが、つまり存在論の歴史が「解体」され「露呈」されるときにのみ、存在の意味の問いは、具体的になるのである。

ハイデガーは、そのための適切な方法が現象学的方法であると信じて、いまや現象学と存在論とを結びつける。フッサールと同様に、ハイデガーは、フッサールが事象そのもの（*die Sachen selbst*）とすでに呼んでいたものに近づきうる通路として、このアプローチを理解する。すなわち、事象そのものとは、経験に直接与えられるもののことであり、カントの物自体（*das Ding an sich*）とは区別される。物自体は、経験に与えられず、また、与えられることもできない。ハイデガーは、ギリシア語の語源学を駆使することによって、現象、ロゴス（*logos*）、現象学といった諸概念を考察している。その狙いは、これらの概念の原義に光を投げかけることにあるが、この点で彼は、フッサールとは異なる。この議論の箇所は、「現象」や「現われ」といった術語にかんして、彼固有の古代ギリシア語の語源学による説明だけでなく、カントによるその論じ方にも、少なからず密接に関係している。ハイデガーによれば、「現象」という言葉は、「おのれ自身を示さない」という意味で現われることを意味する。現象は、自分自身を示したり、示さなかったりするものを告知するのである(77)。また「ロゴス」とは、「何かを見えさせる話」を意味する。したがって、存在者の存在の学すなわち存在論である現象学は記述的であり、記述は解釈的ないし解釈学的である。こうした議論の運び方は、ある一文で最高潮に達する。それは、『存在と時間』では二度登場するほど重要な一文であり、そこで彼は、きわめて分かりやすく自身の現象学理解をまとめている。「哲学は、現存在の解釈学から出発する普遍的な現象学的存在論なのであって、現存在の解釈学は、実存の分析論として、あらゆる哲学的な問いの導きの糸を、それらの問いがそこから発現し、そこへと打ち返すところに、結びつけておくのである(78)」。

　初期のハイデガーは、体系的な思想家であった。『存在と時間』の後続の部分でも、彼は、独創的でしばしば鋭敏なやり方で、これまで以上に進んだ議論を厳密に展開している。ハイデガーは、自身の立場が哲学的人間学に依拠していることを否定する。現存在の分析論は、人間学、心理学、生物学などといった諸学問よりいっそう深遠である、と彼は主張する。ハイデガーはここで、主観にかかわるどのような超越論的態度とも縁を切っている。彼によれば、現存在はつねに世界のうちに存在しており、知は、根源的ではなく、派生的にすぎない人間の存在様態なのである。

ハイデガーはまた、世界の世界性と呼ぶものについて、あるいは世界を世界として成り立たせる本質的属性ないし諸属性についても考察している。彼が注意を向けるのは、二つの事物の間の区別である――〔そのうちの一つに〕彼は「道具（*Zeug*）」という術語を用いている――これは、手許に存在するもの、すなわち、使用に供されたり、使用できなくなったりするものである。〔もう一つは〕ただ手前に現前しているもの、あるいはただそこに存在しているだけのものである。これは、大まかには、われわれの目的という観点からみて、われわれにとって意味に満ちたものとしての対象と、ただ存在しているだけの対象との区別である。この文脈でハイデガーは、有名なハンマーの例を挙げている。ハンマーが自分自身の姿を示すのは、おそらく、それが供されるさまざまな使用の場面である。その使用は、ハンマーにとって固有のものであり、ハンマーが出会われる文脈ないし世界に依存している。(79) 彼の主要論点は、人間存在が自身の目的という観点からみて、世界のうちに存在しているものを構成するということにあるように思われる。彼は、デカルト批判のためにこの区別を用いている。デカルトは、存在の意味の問いを問いかけることに失敗しているので、世界の世界性を把握することに失敗したのである。

ハイデガーは、本来性という考え方の概要を描くために、この著作の大半を割いている。彼は、キルケゴールからこの本来性という主題を引き継いでいるだけであり、その属性を省いてしまっている。この本来性にかんする議論のなかで、ハイデガーは二つを区別する。一つは、現存在が何であるか、つまり私のものであるもの、大まかに言えば、個々人の可能性にあたるものであり、もう一つは、現存在が実存しようとする傾向性、ないし現存在が現実的であろうとする傾向性である。後者のあり方は、他のものからの影響を受けているので、このあり方は、自己自身を現実化するさいに、他のものを無視することで存在しうるようなものとは異なる。ハイデガーによれば、世界のあり方を開示するのは、ひとの気分である。これにかんして、彼は恐怖と不安とを区別する。恐怖は、他動詞的なものであり、誰かや、何かを恐れることである。それに対して不安は、漠然とした存在のあり方である。人間は、存在の解釈を含めて、自身が行なうあらゆることの了解に依拠している、と彼は主張する。[80]「了解は、現存在自身の固有な存在しうることの実存論的存在なのだが、しかもこの実存論的存在は、おのれ自身に対してとるべき立場を、おのれ自身に即して開示している」。[81]フッサールにとって、記述は無前提なものであった。彼とは異なり、ハイデガーは、解釈は前提を欠いているわけではなく、むしろつねに解釈の構造に依拠している、と主張する。[82]これは、人間に特有の解釈的能力が循環的に機能する、と主張することに等しい。「了解における《循環》は、意味の構造に属しているのであって、《循環》というこの現象は、現存在の実存論的体制のうちに、つまり解釈しつつ了解することのうちに根づいているのである」。[83]個々の人間は、端的に自身がその者であるという点で現実化されうるような諸能力をもっている。とはいえ、われわれは、たいてい非本来的な存在として、世間話（*Gerede*）に陥りがちである。そこでハイデガーは、個々の人間のもつあらゆる特性を、関心（*Sorge*）のうちに包み込む。彼は、非本来性という可能性を「おのれ自身とおのれの本来性とに直面して、そこから逃避する」[84]ことだ、と読み解いている。そしてハイデガーは、この可能性を検討しながら、個々の人間がそれであるもの、彼の言い方では、現存在の存在は関心である、と主張している。われわれは、ここでこの詳細な分析を追うことはできないが、次の点だけは指摘しておこう。ハイデガーにとって、個々の人間は、つねにさまざまな可能性に、簡潔に言えば、自身が何でありうるか、あるいは彼の言い方では、「おのれに先んじて存在すること」[85]に関心を寄せているのである。

ちなみにハイデガーは、欠陥があっても影響力の強い真理論を論じている。彼は『存在と時間』の前半部で、超越論的真理[86]（*veritas transcendentalis*）と解釈学的真理[87]という両立不可能な二つの見方を提示している。それが真であるという言明を語ることは、あるがままに存在しているものを露わにすることを意味する、とハイデガーは論じながら、よく知られた真理の対応説の由来をアリストテレスまで辿りなおしている。「言明の真理存在（真理）は、暴露しつつあることだと了解されなければならない[88]」。彼は、真理を表わすギリシア語（*aletheia*）の分析をつうじて、接頭辞（*alpha*）が、隠蔽性ないし隠れから露わにするという欠性辞の役割をもっている、と主張する。〔ところが〕真理は、個々の人間が行なうことに依拠しているので、ハイデガーは、真理が人間にとって相対的である、とまで主張している。「すべての真理は、現存在に適合したその本質上の存在様式に応じて、現存在の存在との相対関係にある」[89]。

ハイデガーは『存在と時間』のなかで、彼固有の現象学と、彼の哲学史読解とが関連していると主張している。それ以後の彼の著作では、哲学史のなかのテーマを扱う頻度が次第に高まる。『存在と時間』に続く主著は、『カントと形而上学の問題』（一九二九年）である。私が知るかぎり、主要な解釈者は、カントの批判哲学に対して認識論的アプローチを採っている。彼のアプローチは、議論の余地があるにしても重要な例外である。彼が、ドイツの新カント学派のエルンスト・カッシーラーを相手に、スイスのダヴォスで一連の講演と論争を繰り広げたことは有名である。そこで彼は、カッシーラーに対抗して、批判哲学の存在論的読解の主要な論旨を展開している[90]。彼は、『存在と時間』で、カントがテンポラリテート（時間）

の分析に着手しながら、それを十分突き詰めずに手を引いている、と指摘する。[91] 彼は、その重要なカント研究のなかでは、自身をカントの正当な後継者として、すなわち、カントの関心を解決する唯一の人物として位置づけている。[92] カント以後のドイツ観念論者やドイツの新カント学派は、カントでは未完成に終わって遺された批判哲学を発展させようと試みてきたが、その決着がつけられるのは唯一、自身の立場だけである、とハイデガーは仄めかしている。カント以後のドイツ観念論者もまた、カントを超えて、批判哲学を最後まで考え抜いて引き受けようと決意を固めていたので、ハイデガーは、彼らの対抗者として自身を明確に位置づけているのである。

ハイデガーの説明によれば、続く数年の間、自身の立場についての転回（*Kehre*）をしばしば企てていたというが、それは今なお謎に包まれている。この転回の由来が、彼の哲学的立場にのみ辿られうるのか、それとも国家社会主義への政治的関与に辿られうるのか、あるいはそのいずれでもあるのかについては、見解が分かれている。〔いずれにしても〕この転回の結果、ハイデガーは、自身の思想の焦点を変更した。存在論は、存在の意味の問いとして解されるが、この存在論に対する初期ギリシア人の哲学的関心を活性化し完遂するという考え方を、いまや彼は捨て去る。したがって彼は、少なくとも当初の議論では間違いなく西洋哲学の伝統の主要な目的であったものを完遂するという考え方を捨てるのである。おそらくそれまでの間に、彼は、自身が開始したもともとの課題が単純には遂行できないと、したがって西洋哲学は、自身に課された課題を完遂できないと、考えるにいたった。それゆえ、ハイデガーの新たな関心は、哲学を打破すること、あるいは哲学を超えることに向けられる。[19] この間にハイデガーは、ドイツ・ロマン派の詩人、フリードリヒ・ヘルダーリンにかんする一連の講義も行なっている。[93] 周知のようにプラトンは、『国家』編のなかで、詩人と芸術家は現実から、したがって真理から二重に遠ざけられている、と述べた。[94] ハイデガーは、ヘルダーリンについての論考のなかで、反プラトン主義的な議論を展開している。偉大な詩人のみが、われわれが何者であるかを告げることができる、とハイデガーは述べている。ニーチェ講義では、西洋哲学の伝統はニーチェの立場で終焉にいたる、と述べられている。[95]『「ヒューマニズム」について』（一九四七年）では、思索（*Denken*）は哲学よりも深層に位置している、という見解が明確に主張されている。そこで彼は、「人間の人間性を、存在への近さにもとづいて思索するヒューマニズム」として思索を描いている。[96] ハイデガーはまた、古代ギリシアのテクネー（*techne*）の概念に基づいた科学技術論も展開している。現代では、人間は非本来的な科学技術によって支配されるようになっている。だが、この科学技術の本質は、存在者を全体性として露わにするというあり方なのである。[97]

◆サルトル、メルロ＝ポンティ、そしてフランス現象学

後期の現象学は、少なくともフッサールと同様に、ハイデガーにも多くを負っている。彼らのきわめて異なる立場のもつ影響力は、一連の実に広範な反響を呼び起こしている。フッサールは大きな影響力をもったが、ハイデガーの影響力は、間違いなくそれ以上であり、とくにフランスでの影響力はきわめて甚大であった。フランスではハイデガーは、ほぼ第二次世界大戦後から二十世紀の終わりにかけて、正統派の大物の思想家とみなされることができたのである。[98] この間、一貫して現象学は、フランスで最も重要なただ一つの思潮であった。

フランスでは、現象学に対して特別な関心が払われたが、これはヘーゲル受容に負うところがある。アレクサンドル・コジェーヴは、一九三〇年代にパリでヘーゲルについて有名な一連の講義を行なった。これが、フランス哲学を含めて、フランス文化全般にやがて名を馳せることになる多くの思想家に影響を与えたのである。一九三〇年代の終わりから、すなわち、コジェーヴの一連の講義が終わってから、少なくとも一九七〇年代の終わりまで、フランス哲学はすべて、ヘーゲルに対する一連の応答として考えることができる、と論じられてきた。ヘーゲルは、二十世紀のフランス哲学では、主要な思想家としての役割を果したのである。(99) ヘーゲルについては、存命中からすでにフランスで研究が行なわれていた。著名なフランス人哲学者のヴィクトール・クーザン[20]は、ヘーゲルの友人の一人であった。ヘーゲルへの関心は、やがて衰退したが、一九二〇年代末に、ジャン・ヴァールによるヘーゲルとキルケゴールについての重要な研究をきっかけとして復活した。(100) フッサール研究[21]は、一九三〇年代初頭に開始された。リトアニアからフランスに移住したエマニュエル・レヴィナスは、フッサールとハイデガーの両者を研究した（そして両者に魅了された）。レヴィナスは、フッサールをフランスの研究者に紹介する重要な役割を担った。フッサールが一九二九年、ソルボンヌ大学で『デカルト的省察』の講義を行なったとき、その原稿をフランス語に翻訳したのはレヴィナス（とガブリエル・プファイファー）であった。レヴィナスはまた、早い時期にフッサールにかんする研究書をフランス語で刊行した。(101) ハイデガーの書物が最初にフランス語に翻訳されたのは、一九三〇年代初頭であった。戦後には、サルトルに対する反発のなかで、ハイデガーの思想に対する関心が高まる頃には、サルトルはすでに世界的に有名になっていたが、いまだにフランス共産党にかかわりあっていた。サルトルは、戦後に公開講演として行なわれた『実存主義はヒューマニズムである』

（一九四六年）のなかで、実存主義を反ヒューマニズムとする批判に対して、自身がハイデガーと同様にヒューマニストであると弁護した(102)。ハイデガーは、『「ヒューマニズム」について』（一九四七年）のなかで、サルトルによって自身が誤解されていると主張し(103)、サルトル流の実存主義と彼固有の現象学的存在論との区別に注意を促した。ハイデガーに対する関心は、フランスの現象学者ジャン・ボーフレ[22]によって、弛まず高められていった。戦後のフランス文化の強力な覇権を握ったサルトルに対して、フランスの哲学者たちは反旗を翻したが、彼らにとってもハイデガーは好都合な哲学者であった。一九五〇年代の終わり、ないし遅くとも一九六〇年代初頭までに、ハイデガーは、サルトルに代わって、フランスにおける大物の思想家となった。当時、事実上すべてのフランスの若き思想家は、マルクス主義に手を出していただけでなく、ハイデガー主義者でもあったように思われる。

　実存主義は、人間の実存の事実に焦点を絞った哲学的立場である。この実存主義が、ヘーゲルに対する反発のなかで、デンマークの哲学者セーレン・キルケゴール（一八一三―五五年）によって創り出されたことはほぼ間違いない。この一般的な実存主義の立場が、フランスでは、やがてさまざまなかたちをとって開花した。実存主義と現象学は相互に関連しており、両者を区別することはしばしば困難である。もしも実存主義が現象学に含まれるとすれば、フランス「現象学」には、サルトル、メルロ＝ポンティ、ガブリエル・マルセル――彼らは現象学者であると決して自称しなかった実存主義者である――や、レヴィナス、ミシェル・アンリ[23]、ポール・リクール、ジャック・デリダ、そしておそらくアルベール・カミュ[24]、シモーヌ・ド・ボーヴォワール、そして若い世代では、ジャン＝リュック・マリオン[25]といった重要な人物が含まれる。これらの人物のなかで、現象学的にみて最も重要なのは、間違いなくサルトルとメルロ＝ポンティである。

現象学における彼らの仕事は、多くの場合、ヘーゲルあるいはフッサール、あるいはハイデガーから刺激を受けている。フランス現象学における議論の特徴は――上述のように、彼らは同一の方法を用いているものとして理解されている――、フランスの現象学者が、これら三人の思想家から発想を得る傾向にある、という点にある。サルトルは、ほぼ四年にわたり集中的にフッサールを研究した。サルトルは、ドイツ語力が完璧ではなかったが、原文でハイデガーの思想と格闘した。またサルトルは、ヘーゲルの考えに没頭していたとみられる。もっとも、それまで彼は、ヘーゲルを直接研究したこともなければ、コジェーヴの講義に出席したこともなかったので、その理解は中途半端なものであった。サルトルがこれらを取りまとめた結果、公にしたのが『存在と無――現象学的存在論の試み』（一九四三年）である。この著作が戦時中に公刊されたのは、偶然ではない。この著作は、ナチ占領下のフランスでの〔人間の〕全面的な自由を主張したので、サルトルの名を一躍世界的に有名にしたのである。

フランス哲学とフランス文化は、何世紀にもわたりデカルトから甚大な影響を蒙ってきた。サルトル（一九〇五―八〇年）は、しばしば最後のデカルト主義者と呼ばれる。メルロ＝ポンティ（一九〇七―六一年）は、同僚のフランス人思想家に対して批判的であったが、しばしばデカルト主義以降最初のフランス人思想家と呼ばれている。ハイデガーと同様に、サルトルとメルロ＝ポンティは、ともに還元不可能な世界との存在論的交渉を名指すものとして、志向性を読み込んでいた。サルトルは、初期の重要な論考のなかでは、実在論という見通しのよい観点からフッサールの観念論を批判している。(104) 彼の最も重要な哲学的論考『存在と無』では、即自と対自との区別に基づいた、印象深い二元的な存在論的分析が導き出されている。サルトルの手によって、即自と対自というヘーゲルの術語は、ただ存在しているだけの事物と、投企の観点からあるべきことを望み選び取る人間とに、それぞれ割り振られている。人間は、世界のうちで自身を見いだすが、その世界は、自身が作ったものではないので、意味をもっていない。しかし人間は、自己自身の存在を選び取ることによって、この世界に意味を与える。サルトルは、総じてこのように主張する。初期の論文でサルトルは、「デカルトの自由」について論じている。[105] ここで彼は、このテーゼを取り上げて、われわれは、つねにかつ全面的に自由であるという、にわかに信じがたい主張を展開している。

サルトルは、彼以前の現象学者から影響を受けたが、しかし彼らとは異なる立場に立っている。彼は、『存在と無』に付された詳細な序論のなかで、現象学に対する実在論的アプローチを展開している。現象学では、主体が超越するのは現象の現われだけであるが、この現われは、それについてのわれわれの知も超え出ている。こうして行き着いたのが、「存在が自己をあらわすとおりに、……存在現象を記述すること」と定義される存在論である。[106] サルトルは、意識に力点を置いて、ハイデガーをただちに切り捨てる。彼は、フッサールも切り捨てている。実在論を推し進める彼にとって、フッサールの観念論は、バークリのモデルで理解されるからである。サルトルは、主体の超現象的次元として意識を理解していた。意識をつうじてわれわれは、世界の内部のうちにある諸対象へと差し向けられる。彼はこう記している。「哲学の第一歩は、意識から事物を追放し、意識と世界との真の関係を……うちたてようとするところにあるのでなければならない……」。[107] 意識は、つねに直接的で非反省的な自己意識に根ざしている。サルトルは、意識を理解する場合に、知覚の因果説に従っている。知覚の因果説では、対象によって引き起こされる諸現象は、知覚されるものではあっても、そこへと対象が還元されうるものではない。「現象の存在は、たとい現象と同じひろがりをもつにしても、現象的条件から逃れているのでなければならない——現象的条件というのは、現象がおのれ自身を露わにする程度に応じてのみ存在するということである——したがって、現象の存在は、われわれがそれについてもつ認識の外に溢れ出るものであり、認識の根拠をなすものである[108]」。

サルトルは、才能溢れる哲学者であるだけでなく、才能溢れる文芸批評家でもあり、またノーベル文学賞を受賞するほどの小説家でもあった。もっとも彼は、この受賞を辞退した。彼の文才は、小説『嘔吐』（一九三八年）で示されている。そこで彼は、おそらくマロニエの木の根に潜む嘔吐を、見事な筆致で描き出したのである。[109]『存在と無』では、サルトルが「眼差し（*le regard*）」と呼ぶものが、同様にすばらしい文章で表現されている。そこで彼は、われわれが他者を固体化ないし客観化するあり方を分析している。例えば、羞恥についての文章のなかでは、サルトルは、次のように記述している。「純粋な羞恥は、これこれの非難されるべき対象であるという感情ではなくして、むしろ、一般に、一つの対象であるという感情であり、私が他者にとってそれであるところのこの存在、下落した、依存的な、凝固したこの存在のうちに、私の姿を認めるときの感情である[110]」。

やがてサルトルは、上記以外の多くの活動に参画していった。しばらくの間彼は、マルクス主義——彼はマルクスとマルクス主義とを区別しなかった——に傾倒したが、その狙いは、彼自身の実存主義というブランドと、マルクスおよびマルクス主義の両方とを総合することにあった。もっとも、多くの評者は、この狙いは成功しなかったと考えている。サルトルによれば、マルクス主義はわれわれの時代のイデオロギーと呼べるが、実存主義がなければ破綻する危険がある。[111]彼は、未完の膨大な論考『弁証法的理性批判』

（一九六〇年）のなかで、このマルクス主義にかんする自身の見解を披露している。この論考で彼は、理性に対して文脈的かつ歴史主義的な見解に立っている。しかしそのために彼は、つねにまた全体として自由なものとしての個人、という当初の見解から離れてしまった。(112) 彼は、歴史的文脈のなかで個人を把握しようとするのちの関心の一端をなすものとして、フランスの小説家ギュスターヴ・フローベール[26]にかんする実に長大な論考を生み出した。しかし、これも完成することが決してなく、残念ながら未完のままに終わったのである。(113)

他にも多くのものに興味を寄せていたサルトルは、哲学者としては、つねに才気あふれる素人という印象をふりまいていたが、やはりどこまでも一介の素人であった。彼は、年齢を重ねるにつれて次第に自堕落になり、一日に五〇頁ほど執筆して、校正や再読をせず、それを公刊していった。サルトルと比較すれば、メルロ＝ポンティは、いっそう正統派の思想家である。サルトルと同様に、メルロ＝ポンティも高等師範学校で学び、最優秀学生に選ばれている。サルトルは、戦前にリセで教えていたが、教職に戻ることは決してなかった。〔それに対して〕メルロ＝ポンティは、戦後にパリのリヨンで教え、それからコレージュ・ド・フランスで教鞭をとった。コレージュ・ド・フランスは最高学府であり、その教授職は、専門分野でも一、二を争う優秀な者のためだけに設けられている。この職を務める資格があるのは、彼らだけである。一時、サルトルとメルロ＝ポンティは、さまざまな活動で密接に連携をとっていた――例えば、彼らは、フランスの知識人向けの雑誌『レ・タン・モデルヌ』の共同刊行者であった――しかし、当時の知識人たちのほぼ全員と論争していたサルトルがメルロ＝ポンティの見解を攻撃してのち、二人は仲違いすることになる。(114) みずから思考するタイプの人間のメルロ＝ポンティは、独自の見解をもち、同僚に対しても批判的であり、ときに排他的で温室のようなフランス哲学界とも対立した。しかしそのやり方は、あまりにも興奮しがちなサルトルと比べて、きわめて慎重かつ的確であった。サルトルは、フランス哲学の伝統である三H——ヘーゲル、フッサール、そしてハイデガー——に主として依拠していた。メルロ＝ポンティは、サルトルとは異なり、フランスの思想家アンリ・ベルクソンという別なところに着想の源泉を求めたのである。

メルロ＝ポンティとサルトルとの間のスタイルの相違が重要となった領域の一つに、哲学史が挙げられる。サルトルは、歴史上の人物には言及したが、哲学書を研究することは稀であり、せいぜい彼らについて曖昧な批評を行なう程度であった。〔それに対して〕メルロ＝ポンティは、はるかに哲学史の解釈に優れ、先哲の意義も強く意識していた。メルロ＝ポンティは、ヘーゲルにかんする重要な批評のなかで、このドイツの哲学者を十九世紀哲学における中心的な人物として挙げている。ヘーゲルは、やがてフランス国内の論争を含めて、二十世紀の議論に指針を与えた人物である。「ヘーゲルはこの一世紀以来哲学の中で形成された偉大なすべてのもの——例えばマルクス主義、ニーチェ、現象学やドイツの実存主義、精神分析学——の源をなしている」(115)。ヘーゲルは、たんに一人の重要な思想家であるだけでなく、その理論は、ハイデガー受容を含めて広く現代のフランスの論争を規定している。私の考えが正しいとすれば、この一文は、このことを示唆している。

メルロ＝ポンティは、彼の見解の全体を仕上げる機会にめぐり合う前に早世した。彼の著作は、きわめて図式的に言えば、二つのグループに区分される。一つは、哲学的心理学と現象学であり、彼は両者を統一的に考えていた。もう一つは、政治哲学である。彼は、ヴォルフガング・ケーラー[27]の脳状態についての研究や、心的活動と物理的組織との間に想定された因果関係についての行動主義者の主張を批判しつつ、とりわけゲシュタルト心理学[28]に関心を寄せていた。彼自身の立場を牽引していたのは、現象学に対する批判的関係である。それは、フッサールの還元の概念に向けられていた。メルロ＝ポンティにとって現象学は、現象学的還元のない現象学でなければならず、そうでなければ、現象学はまったくありえないのである。『知覚の現象学』（一九四五年）は、『存在と無』にも匹敵する彼の最も重要な単著であり、その序文では、フッサールの還元について詳細な批判的議論が行なわれている。そこでメルロ＝ポンティは、自然的態度から超越論的地平、したがって超越論的自我への還元が現象学の礎でなければならない、という後期フッサールの確信に反論している。還元は無限の長さをもつプロセスである、と彼は反対する。彼は、有名な一文のなかで、次のように述べている。「還元の最も偉大な教えは、完全な還元というものは不可能である、ということである」(116)。

このような還元の考え方によって、メルロ＝ポンティは、フッサールに対してもハイデガーに対しても批判的立場をとることになった。彼らが現象学についてまったく異なる態度をとっていることに言及しながら、メルロ＝ポンティは、『知覚の現象学』序文のなかの重要な一節で、こう記している。

こうした矛盾は、フッサールの現象学とハイデガーのそれとを区別することによって、解決されるだろうか。しかし『存在と時間』はすみずみまで、フッサールの指示に由来するものであって、要するにこれは、フッサールが、その生涯の終わりに臨んで、現象学の最も主要なテーマとして提起した「自然的世界概念（natürlicher Weltbegriff）」あるいは「生活世界（Lebenswelt）」の、一つの解明にすぎないのだ。だから結局、上述の矛盾は、フッサール自身の哲学のなかに舞い戻ってくることになる。[117]

この見解は、二重の意味で重要である。一方でこの見解は、純粋で無拘束的で、無前提な記述をめざす初期フッサールの現象学打開の努力のなかに、困難さを指摘している。もしも現象学が生活世界ないし自然的態度に依拠しているとすれば、カントだけでなく、フッサールもいまだに認められざる前提に依拠することになる。これは、前提なき学問としての哲学という考え方そのものを掘り崩してしまうことになる。他方で、ハイデガーにも深刻な矛盾がある。ハイデガーは、還元、したがって超越論的自我というフッサールの主体の概念を拒否して、つねにすでに世界のうちに存在する現存在の側に立っている。メルロ＝ポンティによれば、「ハイデガーの《世界‐内‐存在》は、現象学的還元を基礎として、はじめて出現しえたのである」[118]。ハイデガーが現象学的還元を拒否しつつそれに依拠しているという事実のうちには、矛盾が潜んでいるのである。

メルロ＝ポンティは、『行動の構造』[119]（一九四二年）や『知覚の現象学』で展開した知覚論に、自身の現象学の基礎を据えている。前者は、主として競合するさまざまな理論、とりわけ行動主義的モデルや因果的知覚モデルに対する批判を提示している。後者は、彼自身の理論を提示している。サルトルと同様、おおむねメルロ＝ポンティも、知覚経験は、その経験とともに意識を超える世界との関係を担っている、と主張している。彼は、知覚がそうした世界への特権的通路の様態である、と考える。問題は、知覚の受容理論の構成にある。メルロ＝ポンティは、『知覚の現象学』のなかで、この問題に着手するにあたり、身近な感覚与件に依拠するアプローチを批判することから始めている。彼は、「純粋」な感覚を構成する基礎的経験のレベルを歪めて伝えるものだとして、この感覚与件のテーゼを拒否する。知覚は、つねにまた必然的に世界にかかわっており、この世界は、われわれの世界についての知覚へと単純に還元することができない。こう主張しながら、彼は、感覚与件による知覚分析をたんなる知的分析の産物とみなす。さらに彼は、知覚における身体の役割という独創的な見解を描き出すにいたる。[120] そこで彼は、すべての知覚はつねにある視点ないしパースペクティヴを伴っている、と論じている。まさにこの身体という視点から、われわれは身の回りのあらゆる物に接近し、知覚するのである。メルロ＝ポンティによれば、身体および知覚の諸理論は不可分である。というのも、彼が論じているように、身体はすでに知覚の一つの理論だからである。[121] 彼は、『知覚の現象学』の後半部で、この理論をとりわけ知の問題に適用して、その仕上げに取り組んでいる。知覚の優位および伝統的な認識問題の意義にかんする彼の見解は、フランス哲学会(Société française de philosophie) での短い発表のなかで、きわめて簡潔に示されている。ヘーゲルは、知が本質的に歴史的な性格をもつことを論じながら、知の要求が歴史的契機に依拠しているか、あるいは相対的であり、したがってそれに制約されている、と考えた。メルロ＝ポンティは、ある一文のなかで、フッサールおよびハイデガーとの距離を示すとともに、自身をヘーゲルへと近づけながら、同様の点を指摘している。メルロ＝ポンティによれば、われわれの認識上の主張はすべて不完全であり、したがって決して絶対的ではなく、つねに歴史的契機に依拠している。「けれども実際のところ、われわれが思い浮かべる諸観念は、われわれの生きている時代やわれわれの文化や歴史の時代においてのみ、有効である。明証というものは決して偶然ではなく、思想というものは永久的なものではない……」[122]。

メルロ＝ポンティは、サルトルと同様に、政治理論と政治的事件にかんする文書を執筆した。もともと政治に無関心だったサルトルは、やがて理論的マルクス主義へと急接近していった。メルロ＝ポンティは、もともと実践的マルクス主義、とくにフランス型のトロツキズム[29]に親近感をもっていたが、やがてそこから距離を置くようになる。『ヒューマニズムとテロル』（一九四七年）で、彼は、人間による現実政治のなかでは一定の困難さが生じることは避けがたい、と主張しながらも、マルクス主義にはどちらかといえば寛大な見方をとっている[123]。後の『弁証法の冒険』（一九五五年）では、彼は、マルクス主義が歴史の全体的な知を不正確に主張しようとする試みである、と批判している[124]。

◆ハイデガー解釈学の弟子たち　ガダマーとデリダ

フッサール現象学は、後の思想家に影響を及ぼし、彼らをつうじて直接的にも間接的にも二十世紀全体にわたり大きな影響を与え、引き続き激しい論争を引き起こしている。広範な現象学一派に属する者の名を挙げれば、それは実に膨大な数にのぼる。他にも大勢の者が挙げられるであろうが——ポール・リクールとミシェル・アンリは、とくにその重要性の点からみて別個に論じるに値する——、二十世紀の終わりに最も影響力を発揮した現象学者は、ハイデガーにきわめて近しい二人の後継者、ドイツの思想家ハンス＝ゲオルク・ガダマーと、フランスの思想家ジャック・デリダである。もっとも後者は、もし現象学者であるとすれば、という条件づきである。

この二人の思想家は、ハイデガーと強く結びついているが、それ以外の点ではまったく異なっている。ガダマー（一九〇〇—二〇〇二年）は、ハイデガーのもとで学び、彼から非常に強い影響を受けて、個人的にも哲学的にも彼に忠実であった。戦後ハイデガーは、国家社会主義に関与したという理由によって、フライブルク大学から追われた。のちにガダマーは、彼の教職への復帰を実現するために奔走した。

ガダマーは――八〇年以上に及ぶ――そのきわめて長い経歴の間に、ギリシア哲学や解釈学にかんする重要な研究を行ない、それによって一躍その名を世に知らしめた。ガダマーの研究の特徴は、大まかに言えば、哲学と文化全般の歴史にかんする説得力の強い把握にある。彼の博士論文は、プラトンにかんするものであり(125)、彼は、以後長年にわたり、ギリシア哲学の諸相を扱った何冊かの書物を刊行してきた(126)。彼はまた、数多くの先哲や詩人についても(127)、また特定のテーマについても、歴史的契機との関係を強調しつつ、しばしばきわめて興味深い研究を刊行してきた。例えば、彼は、無時間的な理性という考え方に反論して、現代科学の興隆によって科学と哲学の亀裂が深まった以上、理性を従来とは異なる仕方で理解する必要があると指摘したが、これは有益なものであった(128)。

六十歳のときに彼は、重要な解釈学の研究書『真理と方法』(一九六〇年)を刊行した。そのとき、ようやく彼の経歴は真に開始されたのである(129)。『真理と方法』という題名からは、真理へと導く方法や、あるいはデカルト的な方法を想起させるであろう。しかし、これは誤解を招くおそれがある。ガダマーは、方法に代えて解釈学ないし解釈の形式を導入する。ハイデガーは、『存在と時間』のなかで、解釈と理解を説明するくだりでこのテーマを取りあげている。ガダマーは、『真理と方法』のなかで、ハイデガーとは異なるやり方でこのテーマを追求する。ガダマーは、解釈学をめぐるそれまでの長年にわたる議論のなかに、このテーマを置き直したのである。ハイデガーは、こうした議論をほとんど無視している。

解釈学(ギリシア語の *hermeneuein* つまり「解釈すること」に由来する)は、すでにアリストテレスによって論じられている。[130] フリードリヒ・シュライアーマッハーによる研究以後、解釈学はプロテスタントの聖書解釈とかかわりをもってきた。シュライアーマッハーは、ドイツの偉大なプロテスタント神学者であるとともに、プラトン研究者でもあり、ヘーゲルとほぼ同時代、十九世紀初めの四半世紀に活躍した人物である。[131]『真理と方法』におけるガダマーの主要な目的は、理解の概念を解明することにある。彼は理解の概念を、それ自体で、また彼が「精神科学の方法論」と呼ぶものとの関係のなかで、ともに解明しようとしている。[132] 彼によれば、理解は、認識に制限されるものではなく、文字どおり、場所を問わずわれわれが世界にかかわるあり方に含みこまれている。ガダマーは、学の内部では、自然科学でさえ理解の機能に依拠している、と指摘している――学（science）という語は、彼にあっては不明瞭な術語である――。彼の主要な関心は、科学以外の場面で理解される真理を主張することにある。それは、とりわけ哲学的伝統にのっとった重要なテクストを自己のものとする場合や、「芸術作品をつうじてわれわれに到来する真理の経験」と彼が呼ぶものの場合のことである。[133]

ガダマーの解釈学に対する見解は、フッサールによる現象学的記述の理解、そしてあらゆる哲学の背景としての歴史的地平に対するディルタイの着目、加えてハイデガーの影響下にある。ハイデガーの考え方は、かつての弟子ガダマーの著作のいたるところに残響している。ガダマーは、自身の解釈学的理解の理論のなかで、ハイデガーに対して妥当な訂正を加えている。ハイデガーの関心は、存在の意味の問いを、もともと初期ギリシア哲学に発生したものとして露わにすることにあった。それによってハイデガーは、歴史的伝統の背後に回り込むことができると主張したのである。それとは対照的にガダマーは、解釈が持続的な歴史的文脈のうちに不可避的に組み込まれている、と主張する。この持続的な歴史的文脈は、ひと括りにすることもできなければ、考察の対象から除外することもできない。このようにして彼もまた、フッサールの現象学的還元の方策に反抗する。ヘーゲルやメルロ＝ポンティといった現象学者も歴史の重要性を強調したが、とくにこの点で、ガダマーは彼らと近しい関係にあると言えるであろう。

ガダマーによれば、どのような類の解釈もすべて、歴史をつうじて変化する文化的文脈のなかから生じてくる。どのような文脈のどのような解釈者であれ、彼らは特定の文化に属している。解釈の作業は、過去と現在との相互作用であり、ガダマーは、これを地平融合と名づけている。地平融合は、理解されるべきテクストと、解釈者がその内部に位置する現在のパースペクティヴとの間で生じる。われわれは、どのような特定のテクストでも、何が現実であるのかを知ることはできない。なぜなら、われわれは現在のパースペクティヴを飛び越える方途をもたないからである。現在のパースペクティヴは、つねに地平ないしわれわれの理解を構造化する制約として機能するのである。

デリダ（一九三〇―二〇〇四年）は、きわめて幅広い話題について、多数の著作を刊行した。彼は、アルジェリアで生まれ、まもなく高等師範学校で学ぶために、若くしてフランスに移住した。しかしながら彼は、多くの点で骨の髄までフランス人である。その著作が哲学と文学という二つのテーマを結びつけていることからもわかるように、彼は領域横断型の人物である。彼が主として影響を受けた人物は、フッサール、ハイデガー、ニーチェ、フロイト、レヴィナスなど、多岐にわたっている。彼は、フランスよりもアメリカ合衆国で、長年にわたり広範な影響を及ぼしてきた。アメリカでは彼の仕事は、とりわけ多種多様な文学研究の分野で、マイナーで小規模な研究活動の種を産み落とした。フランスでは彼は、主として通常の教育機関の外部で活動した。彼は、当初は高等師範学校の教員を務め、以後何年にもわたって社会科学高等研究院（École des hautes études en sciences sociales）の教授を務めた。

デリダの第一歩は、フッサールに対する激しい批判から始まった。修学時代のデリダは、フッサールを丹念に研究し、彼の初期のいくつかのテクストにかんする批判を行なった。[134] それからデリダはハイデガーに転じて、長大できわめて詳細な一連の分析をつうじて、彼のさまざまな著作や概念に対して批評を加えた。[135] その間にデリダは、これまた長大で、容易には理解できないヘーゲル研究を行なっている。その書物『弔鐘』は、すでに述べたように、[30] 彼がこのドイツの思想家に帰している全体的体系という考え方そのものに対する反論を意図していた。これは、フロイト[136]や他の人物についての彼の研究の場合でも同様である。やがて彼は、マルクス[137]や宗教[138]を含む他の一連のテーマにも向かっていったが、それらの関係性は必ずしも明瞭ではない。

彼の著作では、典型的なフランス文学に寄せる関心と、詳細なテクスト分析（*explication de texte*）とが組み合わされている。彼はフランス語の曖昧さに乗じて、しばしば冗談ともつかない曖昧な筆致のスタイルをとりながら、こうしたテクスト分析を哲学のテクストにも適用している。彼は「脱構築（*déconstruction*）」という術語で一躍有名になったが、彼がこの術語を哲学に導入したのは、一九六〇年代後半のことである。デリダは、この術語をどの著作でも定義しておらず、実際のところも、自身の立場を明確に記述しようとするあらゆる取り組みに対して激しく抵抗した。[139] この術語は、知の可能性そのものを転倒させようとする彼の精力的な努力を文脈的背景とするとき、最も適切に理解できるに違いない。ハイデガーは、存在の意味の問いに立ち返るという自身の努力の一端を表現するものとして、「解体（*Abbau*）」という術語を用いている。存在の意味の問いは、連綿と続く存在論の歴史を解体することによって、したがってこの歴史の周辺で次第に積み重なってきた後代の堆積物を剝ぎ取ることによって、それ本来の姿で提起されるに違いない。このようにハイデガーは考えた。デリダは、ハイデガーの航跡のなかで、つまりハイデガーの努力が明らかに失敗に帰した後に著述を行なっているので、ハイデガーと同じ術語を否定的に用いている。デリダは、しばしばローティと比較されるが、それは、こうした否定的な術語の使用が、知のための積極的な議論の可能性そのものを弱体化させる狙いをもっているからである。

デリダは、認識論にかんする特殊なタイプの懐疑論者である。デリダは、知のための議論は何も機能しない、と主張しているわけではない。この点は、ローティも同様である。むしろデリダは、知のための議論が、ひょっとすると何も機能しないことがありうることを示そうと試みている。彼の議論には、二つの段階がある。第一段階として、彼は「テクストの外部は存在しない[140]」という主張で表現される単純な仕掛けによって、すべてを言語としてインデックス化する。もしもテクストの外部に何ものも存在しないとすれば、知のための議論はどれも、テクストに基づいて行なわれなければならないことになる。こうしたデリダの議論が成り立たないとする反論は、ヘーゲルから借用することができる。言語は普遍的であるのだから、君は君が意味していることを言うこともできなければ、君が言うことを意味することもできない。ヘーゲルが『精神現象学』の早い段階で主張しているのは、実質上こうしたことである[141]。非懐疑論者のヘーゲルは、知の一つの理論を定式化する作業の一環として、言語と対象とを重ね合わせる困難さを指摘しようとしているだけである。彼の主要論点は、言語は本来普遍的であるが、言語が関係する物事は個別的であるという主張として定式化することができる。懐疑論者のデリダは、決定的な言及の可能性そのものを弱めることによって、こうしたヘーゲルの議論を、言語によって物事を語ろうとするどのような努力に対しても拡張する。もしも知が、言語をつうじて対象を取りあげるようわれわれに要求するとすれば、そのための議論はどれも不十分になるかもしれない、とデリダは説明するであろう。もしもこのように議論が進行すれば、知は不可能となる。デリダの議論からは、こうした事態が帰結するのである。

第六章　アングロ＝アメリカの分析哲学

本章では、アングロ＝アメリカの分析哲学を考察することにしたい。アングロ＝アメリカの分析哲学は、前世紀の初頭にイギリスのケンブリッジ大学に現われて、のちにアメリカに広がり、それから急速に世界中へと拡大した特殊なアプローチとして理解される。どの思想家がどの伝統に属するかという同定の困難さについては、マルクス主義は、政治的な基準によってこれを確定した。しかし、その困難さは、分析哲学の内部では哲学的な問題である。分析哲学者は、いままさに終わりつつある一つの長い時代をつうじて、他の主要な立場を論駁するなかで、政治的に団結することを絶えず大きく特徴づけてきた。この傾向がイギリス観念論に反抗することに成功して、これを完全に打破するなかで生じたことは忘れられてはならない。しかしながら、分析哲学は始めから、概念と内容にかんする際立った相違によって特徴づけられていたのである。分析哲学の政治的な団結は、この傾向が進むなかで主として次の二つのあり方で重要であった。〔第一に〕マルクス主義の場合と同様に、他の競合する哲学的運動に対する共同戦線が効果的に機能して、さまざまな思想家の間での逸脱や際立った対立さえも隠蔽した。マルクス主義者は、彼ら自身の間では反目していても、社会全体のうちで政治権力を握るという目的のために、政治的指導者および政治的学説の後ろ盾のもとで、常時あるいはほぼ常時団結した。分析的思想家は、アカデミーの内部で政治権力を握ろうとして、そこでの研究に満足している。〔第二に〕アカデミー内部での哲学者間の政治的主導権に対する関心は、その後、目に見えていっそう深刻さを増すような緊張状態にいたった。これは、主要な分析的思想家たちが異常なまでに激しく争いあうなかで明確に示されている。「アングロ＝アメリカの分析哲学」がより広範な哲学的議論のなかで何を意味することになったとしても、結果として、最近では分析哲学の解体が進んでいる様相を呈している。

いつ、どこで、誰とともに分析哲学が始まるかという判断は、評者に依存している。アンソニー・クイントンによれば、分析哲学は、一九一二年のウィトゲンシュタインのケンブリッジ到着とともに始まった(1)。モーリス・ウェイツにとって、分析哲学は、哲学的分析と呼ばれる方法を用いるものである。この方法は、ラッセルによって考案されて、のちにようやく他の哲学者によって洗練されたのである(2)。マイケル・ダメットの意見では、分析哲学は、オーストロ＝アメリカ哲学に対する誤った名称である。これにはフッサールに起源をもつ現象学と、フレーゲに始まりのちにアングロ＝アメリカの分析哲学となる立場との両者が含まれる(3)。

分析哲学を記述することの困難さは、分析哲学が登場した尋常ではないあり方と相互に関連している。分析哲学を除外すれば、前世紀の主要な傾向すべては、少なくとも当初、ただ一人の重要な思想家の考えに――マルクス主義ではエンゲルスに、いわゆる大陸哲学ではフッサールに、プラグマティズムではパースに――中心を据えた。直接的な帰結として、これら三つの運動のいずれも、少なくともある中心人物に焦点を絞って出発した。ところが、分析哲学は、最初からこうした人物をもたなかった。分析哲学は、次の点で前世紀の他の主要な哲学的傾向とは異なる。すなわち、人目をひくただ一人の哲学者が介在してその後に影響を与えた結果というよりも、むしろイギリス観念論に反対するという特別な目的のために集まってきた一種の連合であった点である。分析哲学が出現した一九〇〇年頃のイギリスでは、イギリス観念論が支配的な立場にあった。分析哲学は、その出発点からすでに、他の主要な哲学的アプローチの中心人物のような、そこに焦点が絞られる哲学者を決してもたなかった。この事実は、分析哲学に対して比較的多様な方向へと拡大していく豊かさを与えるだけでなく、初期の主導的な哲学者の見解における一連の重要な相違を付与し、さらに異種性までも与えている。この相違は、同時期の他の主要な傾向以上に、分析哲学の主要なテーマを名ざすことをきわめて困難にさせるのである。

◆観念論に対する分析哲学の反抗について

アングロ＝アメリカの分析哲学の起源と、分析哲学それ自体の起源との間には、ある相違がみられる。議論の余地はあるにしても、哲学的分析と広義の分析哲学とは、さまざまな点でギリシアの伝統にまで遡る。にもかかわらず、今日われわれの知っている分析哲学は、はるかに歴史が浅いのである。

一般的に言えば、アングロ＝アメリカの分析哲学は、二十世紀初頭のケンブリッジ大学で活動した三人の思想家によって基礎が築かれた。それは、バートランド・ラッセル、G・E・ムーアという二人のイギリス人と、オーストリア人のルートヴィヒ・ウィトゲンシュタインである。イェーナで教鞭をとっていたドイツ人のゴットロープ・フレーゲは、この三人に並ぶ人物である。フレーゲは、現代の論理学、現代数理論理学を考案した点で、誰よりも功績のある人物であり、ラッセルをつうじてつねに分析哲学に強い影響力を及ぼしてきた。ウィトゲンシュタインは、ラッセルのもとで学生としてケンブリッジに入学したが、のちに自身の指導教官を凌ぐほどになった。しかしながら、初期の分析哲学が二十世紀の変わり目にイギリスに出現したとき、ウィトゲンシュタインがケンブリッジに到着する以前であれば、その主要な人物は間違いなくムーアとラッセルであった。

アングロ＝アメリカの分析哲学の起源を理解するためには、哲学的観念論について一言述べておくことが有益であろう。観念論は、カントから少なくともヘーゲルにいたり、さらにヘーゲル解釈の仕方によっては、マルクスにつうじるドイツの哲学的情況を支配した。上述のように、一八三一年にヘーゲルが亡くなったとき、ドイツ哲学では依然として観念論は、強力に〔哲学的情況を〕支配していたが、ヘーゲル没後に衰退していった。この衰退が唯一中断したのは、ドイツのさまざまな新カント学派にいたる、一八六〇年代のカントへの回帰をつうじて観念論が盛り返した時期である。一八六五年にスターリング[1]の『ヘーゲルの秘密』が出版されるとただちに(4)、イギリス哲学には観念論が急速に流布した。その当初のイギリス観念論には、しばしば言われるように、サミュエル・テイラー・コールリッジ[2]、J・F・フェリア[3]、T・H・グリーン[4]、エドワード・ケアード[5]、F・H・ブラッドリー[6]、J・M・E・マクタガート[7]、バーナード・ボーサンケト[8]といった名前が含まれる(5)。

イギリス観念論は、分析哲学が二十世紀の変わり目にイギリスに出現し始めたとき、まだ支配的な哲学的傾向であった。イギリスにおける分析哲学の起源は、ムーアとラッセルが共有していた観念論に対する反抗のうちにある。フッサールが現象学に、そしておそらくは観念論に転ずる前に、プロト分析主義者のフレーゲはフッサールを批判した。しかしながら、フレーゲが観念論に対して敵意を抱いていたと信ずるべき理由はない。フレーゲは、ある観念論者の雑誌に寄稿したので、自分自身を観念論者とさえ見なしていたのかもしれないと示唆されたことがある。(6) フレーゲと同様に、もう一人の中心的な初期の分析的思想家であるウィトゲンシュタインもまた、観念論にそれほど関心をもたなかった。前期ウィトゲンシュタインの重要な著作『論理哲学論考』では、この学説に言及しているのは一箇所だけである。なぜ事実の論理が表象されることはできないのかについて述べている一節で、ウィトゲンシュタインは、カントをほのめかして、空間にかんする観念論者の見解が空間の多くの形式を説明するのに失敗している、と付け加えて注意した程度である。(7)

イギリスにおける分析哲学の創始者ムーアとラッセルは、観念論とどのような関係にあるのであろうか。これについて正確なところは明らかではない。ケンブリッジの観念論者マクタガートが指導した学部学生として、二人は、観念論者であったか、あるいは少なくとも自分たちをそう見なしていたのかもしれない。(8) ラッセルは、最初の著作『幾何学基礎論』(一八九七年)の短い序文で、論理学についてはブラッドリー、ジグヴァルト、[9] ボーサンケトに最も多くを学んだ、と述べている。(9) 同様に、ムーアは、最初の論文「どのような意味で過去と未来の時間は存在するか」(一八九七年)で、時間が非実在的であると論じるさいに、ブラッドリーとその方法に従っている。(10) しかしながら、ムーアは急速に考えを変えて、一八九八年にはすでに、ブラッドリーと広義の観念論は深いところで誤っている、とラッセルを納得させていたと思われる。(11) ムーアとラッセルの両者が自身を観念論と同一視したとしても、それは表面的で短期間続いただけであった。というのも、二人はただちに、ほとんど心の底から観念論に反対するようになったからである。

ムーアは、有名であるが今ではほとんど読まれることのない論文「観念論論駁」（一九〇三年）で、観念論から分析哲学への転回を遂げた[12]。影響力を及ぼしたこのテクストは、イギリス観念論、ヘーゲル、カント、バークリを含むあらゆる形態の観念論に対して向けられていた。『純粋理性批判』第二版で、カントはあの有名な「観念論論駁」を付け加えた[13]。ところが、経験的実在論者で超越論的観念論者であるカントの関心は、悪しき観念論の論駁にあって、観念論それ自体の論駁にはなかった。「観念論論駁」や他の箇所では、外的世界の現実存在を疑おうとするどのような努力もカントは拒絶している。外的世界は、おそらく悪しき観念論によって疑いのうちに置かれるのである。ムーアは、あらゆる種類の観念論を直接攻撃するなかで、カントの不満を一般化するだけでなく、それを変換している。ムーアの論文が提示している試みは、カントに続こうとするのではなく、むしろカントが解決しなかった潜在的な問題を解決しようとするものである。

ムーアの論駁は、観念論を論駁しようとするかつてのカントの努力から生まれたものであり、五つの関連する由来不明の主張に基づいている。第一に、カントの試みは、重要であるがまだ解決されていない問題を指示している。第二に、「観念論」という術語に対応する一つの見解や立場、または理論がある。第三に、観念論は全体として、同一視することができるようなただ一つの中心的な誤った学説に転ずる。第四に、この学説は、外的世界の現実存在を誤って否定することから成立する。第五に、この誤った立場は、直接的な知識のための正当化されているが常識の主張によって打破することができる。

これらの主張は、それぞれ偽であるか、それとも少なくとも論証されておらず、また論証することもできない。ムーアは、自分自身が論争に加わることをある部分で正当化しようとして、カントの論駁が失敗していると——論証抜きに——明確に想定している。さらにムーアは、観念論と呼ばれるものがあり、それが共有されて、主流となる学説に転ずると想定している。ところが、本質的に異なる観念論が数多くあるだけで、総じて同一視できるような共通のただ一つの学説があるわけではない。外的世界の現実存在を否定するような観念論の主要な形態もなければ、おそらくそうした哲学者は一人も存在しない（ムーアは誰一人として名前を挙げていない）。そして、ムーアの示唆する観念論論駁が考慮に値するようになるには——ムーアが持ち出した代替案は、実質的に「ここに一方の手がある……そしてここにもう一方の手がある」[14]というような、常識の主張と見なされるものをあらためて断言することである——、ムーアはそのような主張をただ独断的に断言するのではなく、言うならば認識論的論証によって、主張が受け入れられるべき理由をさらに示す必要がある。

ムーアの観念論論駁は、説得力なく論じられたにもかかわらず、イギリスでの議論に対して極端なまでに影響を及ぼした。これによってイギリス観念論は乗り越えられて、ただちに跡形もなく消失した。さらにムーアの観念論論駁は、あらゆる種類の観念論に対する恒久的な分析哲学的転回に導いた。分析哲学的転回は、これまで無効にされたことがなく、これにさほど事情に通じていない分析的思想家は皆無であった。[15]それはまた広い意味で、哲学史に対するある種の軽蔑にも導いた。ローティは、哲学史に興味をもつ者と哲学に興味をもつ者との間のコントラストにかんするクワインの辛辣な言葉を報告している。[16]クワインに帰せされる短評には、哲学史に対する尊大な態度があらわになっている。この態度は、分析的思想家の間にみられる、ある種の抵抗と結びついている。それは、哲学研究の分野の歴史的本性を認めることに対するある種の抵抗である。デカルトやカントのような過去の思想家の多くと同様に、分析哲学者には、人物ではなく問題に、テクストではなく論証に専念する傾向がある。分析的思想家は、しばしば哲学史についてきわめてわずかしか知らず、過去の哲学者の研究から学ぶことはほとんどないか、あるいはまったくない、という確信によって何年もの間際立っていた。その不幸な結果として、分析的思想家は、カントと同様に、哲学的伝統が間違った道筋を歩んでいると考えて、その研究をしばしば怠り、そこから学ぶことをいっそう困難にした。何年もの間、分析哲学では哲学の反歴史的見解と分析哲学の非歴史的見解が採られてきた。例えば、ヒラリー・パトナムは、「心が世界を制作する」という見解を誤ってヘーゲルに帰して、[17]「知覚されない対象に意味はない」という理念として観念論を記述する。[18]この傾向はいま、いわば内部から変化し始めたところである。ハンス・スルガは、分析哲学がそれ自身の歴史を非歴史的なものとして描写するのは誤っていると主張して、著名なフレーゲ研究者ダメットが非歴史的なアプローチをフレーゲに帰したことを攻撃する。[19]さらに最近では、分析哲学から一連の優れた歴史家が輩出している。彼らには、H・E・L・オーウェンやミルズ・バーニアットのような古代哲学の専門家も含まれるが、より一般的に言えば、エイヤー、ダメット、D・F・ピアーズ、ジョン・パスモア、アルベルト・コッファ、マイケル・フリードマン、ピーター・ヒルトンなどが含まれる。

◆分析、分析性、そして分析哲学

分析哲学は、実際に分析することを重視するが、分析にかんする定義、概念、方法がただ一つあるわけでもなければ、広く受け入れられているものがあるわけでもない。上述のように、哲学的分析のさまざまな形態はギリシア哲学に遡る。分析的思想家は、アリストテレスとヒュームが自分たちの主要な先達に含まれているとみる。カントは、分析的命題と総合的命題との区別を主張して、周知のように、分析的命題が拡張的ではなくたんに解明的である、と考えた。しかしながら、一般に分析哲学者は、世に知られたクワインによる分析的－総合的の区別に対する攻撃に従って、カントの見解のいずれのヴァージョンを是認するのにも慎重である。[20]

分析哲学のなかで理解されているような哲学的分析の本性と制限については、まったく合意がみられない。さまざまな分析的思想家が自分たち自身の間で意見を異にしている。一般的には、哲学的分析にコミットする哲学者たちは注意深く、詳細で、厳密なアプローチという理想を共有している、と考えられている。このアプローチでは、われわれが言語のなかでどのように概念を利用しているかが調査され、その概念について解明される。この最低限の主張以外には、意見はさまざまである。〔哲学的〕分析は、すべての分析的思想家が共有する普遍的な学説がないので、学説と呼ばれることができない。しばしば、それは形而上学に、さらに観念論に反対するように方向づけられる。にもかかわらず、「形而上学」や「観念論」という言葉で何を意味するのかは明らかではない。また、〔哲学的〕分析の本質は、化学と同様に、探究されている事物の部分とその部分の相互関係のさまざまな形式の研究にある、とときおり示唆される。〔哲学的〕分析は、ムーアとラッセルの著作のなかで、新しい段階に達した。実際、ラッセルは最も重要な哲学的分析の実践者であるとともに、その方法を最初に明確に表現した人物である、とときおり言われる。しかしながら、哲学的分析に対する二人の思想家のアプローチは、きわめて異なっており、それらは両立不可能ですらある。

時としてムーアは、哲学の本質が分析にあると信じていた、と見なされる。彼は、さまざまな形式の分析を行なったが、自身が何を行なっていると考えたかについて記述したのは、何年も経過したのちのことである。ムーアにとって、哲学者に課せられた仕事は、哲学的主張を明らかにする一つの方法として定義を定式化することにある。彼に批判的な論文[21]への返答のなかでは、彼は、「男性の血縁者」が「兄弟」の分析を与えるのと同じように、言及されていない同値概念を命題のなかに見つけだすことに〔哲学的〕分析の本質がある、と示唆した。しかしながら、のちの言語分析とは異なり、ムーアは、言語表現の分析を明示的には主張しない[22]。ムーアにとって、命題の分析は、認識にかんする間接的な役割をもつのみであり、ある命題が真か否か、その命題が真として知られうるかどうか、という問いから注意をそらしてしまうのである。

ラッセルの説明では、哲学は概念の化学のような印象を与える。それは、事物を構成部分に分解して、その部分からまた事物が構成される、というのである。彼は、専門的には、哲学の本質が「論理的分析にあり……これに論理的総合が従う[23]」、と述べている。〔哲学的〕分析にかんするラッセルの見解は、彼の論理学と数学の著作に由来する。ラッセルにとっては論理学が哲学の中心なので[24]、哲学は、広い意味で哲学的方法として理解された論理の研究になる。[25] 論理学の著作では、ラッセルは、算術が純粋論理学へと還元されうることを示したフレーゲの研究結果を拡大したが、[26] 数学の他の部門を扱わなかった。ラッセルの論理主義は、このアプローチを数学の多くの形式すべてへと一般化した。ラッセルは、数学の基本概念を純粋な論理学の術語で定義することまではできたが、アルフレッド・ノース・ホワイトヘッドとの著作では、純粋な論理法則から数学の基礎原理を引き出すことに成功していない。[27] ラッセルの見解の標準的典拠は、彼の記述理論に含まれている。記述理論では、彼は、知識について二つの主要な種類を区別する。すなわち、見知り (acquaintance) による知識と記述 (description) による知識である。[28] J・S・ミルは、指示対象と含意との区分を導入した。すなわち、語が適用される個別的基体とこれを定義する属性との区分であり、それぞれ外延と内包とも呼ばれる。ラッセルは、ミルの区分に従って指示理論を導き出して、「指示について」(一九〇五年) というタイトルの有名な論文で、この理論を提示している。ラッセルによれば、言語の表層形式は異なる論理形式を隠しており、この形式は分析によってのみもたらされる。例えば、「現在のフランス国王は禿である」という言明は、少なくとも三つの言明の連言として分析されうる。すなわち、現在のフランス国王がいる。かつ、フランス国王はただ一人である。かつ、彼は禿である。だが、現在ではフランス国王は存在しないので、この言明は偽である。[29] このラッセルの主張は影響力をもった。ラッセルの記述理論は、その後、P・F・ストローソンによって攻撃された。ストローソンの影響力のある論文では、その根拠として、記述理論が発話にかんする日常的な着想の改訂を要求するが、そうした改訂は保証されていないことが挙げられている。[30]

のちの分析的思想家は、さまざまな仕方で〔哲学的〕分析についての着想を拡大している。しばしば分析は、原理のうえでは還元的ないし排除的なものとして理解されてきた。すなわち、言語による言明や事物という項目の一種を他の言明や事物へと還元するか、それともそれを完全に排除してしまうかのいずれかにコミットするのである。意味の経験的基準によれば、経験的に検証されえない言明は無意味であるといわれる。カルナップが頼りにするのは、経験的に知られえないものは明白に実在的ではないという観念と、たんなる認知的な指示は有意味でありえない、というそれ以上の観念である。周知のように、カルナップは「言語の論理的分析による形而上学の克服」（一九三二年）のなかで、[31]すべての形而上学の無意味性について論じながら、ハイデガーを攻撃した。カルナップは、形而上学的文が検証不可能であり、それゆえ無意味であるとする前期ウィトゲンシュタインの見解に従って、[32]外的世界の実在性を肯定または否定するいずれの言明もたんなる疑似‐言明である、と論じた。この点でカルナップは、「形而上学」が経験的な経験を超越する事物の本質についての主張に存すると理解するさいに、カントが悪しき形而上学として理解したものに限りなく近づいていた。パースと同様に、カルナップのヴァージョンの科学的世界観は、かつてヒュームとカントを動機づけた良き形而上学への関心に類似している。

物理主義、ないしすべてが物理的であるとする学説は、唯物論のヴァリアントであり、古代ギリシアの唯物論に遡る。物理主義の多様さは、おびただしい数になりつつある。すべての科学は物理学によって置き換えることができると論ずる、カルナップのような物理主義者もいる。[33]心の哲学は物理主義に関係するが、プラトンとアリストテレスにまで遡る。しばしば心の分析哲学者は、心は脳であるとする見解の何らかのヴァージョンを、例えば、いわゆる「心‐脳同一説」――タイプ‐同一説あるいは還元的唯物論とも呼ばれ、J・J・C・スマート、U・T・プレイス、デイヴィッド・アームストロングによって具体的に示されている——として論ずる。あるいは、消去主義を、すなわち、すべての心的な言葉は物理的な言葉によって置き換えられるとする見解を擁護したり、パトナムのように機能主義を支持したりする。これらの中間的な見解を採る哲学者もいる。例えば、ドナルド・デイヴィドソンは、非法則論的一元論の立場にたって議論している。この立場によれば、心的出来事はじつは物理的出来事であるが、心的出来事が物理的出来事によって置き換えられうるわけではないのである。(34)

ストローソンは、自身が記述的形而上学と呼ぶ、影響力のある着想を押し進めた。これは、日常言語と対比される理想言語の合理的再構成に対する代替案として理解される。ストローソンが述べるところによれば、記述的形而上学とは、おおまかには「日常生活の概念が明示する論理的行動の複雑なパターンを記述する(35)」努力である。『個体と主語』(36)(一九五九年)というタイトルの書物のなかで、ストローソンは、最も目立つかたちでこれを実行している。そこでは、彼は、物質的対象が基本的に個別者であるという見解や、さらに伝統的な心身問題にかんするテーゼを展開している。心身問題にかんして、ストローソンは、二つの主要なアプローチが首尾一貫していないと攻撃する。すなわち、意識状態を心的実体に帰属させるデカルト的なアプローチと、意識状態を何にも誰にも帰属させないいわゆる「無所有権」説のアプローチである。「無所有権」説の一つのヴァージョンは、ギルバート・ライル〔10〕によって擁護されている。ライルは、よく知られたデカルト主義への攻撃のなかで、身体の対立物として心について語る誤った方法を機械のなかの幽霊と見なして、これを追い払おうとする。また、それは行動主義を支持するためでもある。(37)

〔哲学的〕分析にかんする幾分異なる着想は、分析哲学の哲学史家であると同時に独自の思想家でもあるダメットによって具体的に示されている。ダメットは、フレーゲに依拠して、分析哲学が言語論的転回の範例になっていると信じている。哲学は、言語の哲学的説明によって、またこのようにしてのみ思想を説明することができる。[38] ダメットは、問題が現象の探究にあるのではなく、むしろ「現象についてのわれわれの言明の種類」にある、という前期ウィトゲンシュタインの考えを指摘する。[39] われわれは今日、分析哲学が主として言語への関心に依存している、という考えに慣れ親しんでいる。ローティは、言語論的なアプローチがすでに衰えていた時期に出版された古典的論文のアンソロジーのなかで、「言語論的転回」という術語を「言語哲学」「言語哲学者」「言語的方法」を指示するものとして一般化した。[40] しかしながら、この影響がただちに認められたわけではなかった。例えば、ラッセルは一九一八年になってもまだ「私が信ずるところでは、哲学に対する言語の影響は、深いところに及んでいて、まだほとんど認められていない」[41]と書かざるをえないと感じていた。ダメットは、ウィトゲンシュタインのような分析的思想家が特定の表現の言語的なあり方に集中しつつ、哲学の新しい問題のために古い問題を回避した、と論じ続けている。[42] 同様な点を重視したのは、クワインである。クワインは、カルナップに言及するなかで、意味論的遡及の重要性を示唆している。彼は、対象について語ることから語について語ることへとシフトすることとして、これを理解している。[43] いっそうラディカルな言語論的転回の形式は、前期ウィトゲンシュタインの見解にある。それは、哲学的論争を形成している問題や疑問の大部分が、どのようにして言語が働くかを理解することに失敗しているので、偽ではなくてナンセンスである、という見解である。[44] ここから、哲学はその多くの形式すべてについて言語の批判に本質がある、という見解へと導かれる。[45]

◆ムーア、ラッセル、そして初期の分析哲学

観念論、唯物論、実在論は、しばしば両立不可能と考えられている。マルクス主義と分析哲学の両者は、観念論に反対するだけでなく、さらに観念論を拒絶することによって彼ら自身を理解している。分析哲学による観念論の拒絶は、本質的に異なる思想家をしばしば一緒にしてしまう。発端はムーアとラッセルというアングロ＝アメリカ哲学の創始者にある。この二人の思想家は、同時期のケンブリッジの学部学生であり、教鞭をとるためにその後も大学に残った。ところが、二人はきわめて異なる考え方をもち、いくつかの点では鋭く対立していた。彼らが共有しているのは、イギリス観念論を拒絶して分析哲学の基礎を築くという共通の役割に加えて、経験論への一般的なコミットメント——ムーアは経験論の直観形式に、ラッセルは経験論の論理形式にそれぞれ賛同している——と、常識か感覚与件、あるいはその両方に基づいた直接知にかんするある種の主張によって、認識論を避けようとする努力である。しかしながら、このようにきわめて制限された最小限の合意以上に、他の点で共通するものが彼らにはほとんどないと思われる。二人以上の思想家がほとんどすべての点で類似するところがないばかりか、まったく異なっているにもかかわらず、ただ一つの概念上の傾向のうちで深い関係にあることは、これまで稀であった。

ムーアとラッセルは、ともに重要な思想家であり、しばしば一緒に扱われるが[46]、分析哲学という同じ馬車につながれて、異なる方向に牽引している二頭の巨大な馬のようである。二人の相違は、それぞれの経歴に始まる。ムーアは、古典哲学を出発点として、つねに細部に関心を寄せた。これに対して、ラッセル

は数学の研究に携わり、それを大胆な筆づかいで描いた。二人は、しばしば感覚与件や分析のような同じ話題について語っていたにもかかわらず、彼らの見解はいつも異なっており、しばしば両立不可能であった。二人の間での論戦は、複雑で何年もの間続いたが、その間に相互に影響を与えていた。ラッセルに近い関係にあるウィーン学団の実証主義が出現したこの時期に、二人のバランスがラッセルの側に傾いた。その結果として、例えば、共通のプログラムを行なうことによって、ムーアとラッセルの間の相違が解消されるようなことにはならなかった。こうしたプログラムは一度も実現されなかった。むしろ、分析〔哲学〕は、ラッセルに賛同する一方で、ムーアに対しては少しずつ距離をとるようになっていった。ムーアは、完全にその座を奪われて、いまでは過去の哲学者に属しているが——第一級の思想家としては奇妙なことに、ムーアの著作はいまでは絶版である——ラッセルは、のちに彼の学生のウィトゲンシュタインが彼を凌ぐようになったにもかかわらず、多くの点でアングロ＝アメリカの分析哲学の鍵となる人物であり続けている。[47]

ムーア（一八七三—一九五八年）とラッセル（一八七二—一九七〇年）は、まさに同時代の人物であった。ムーアはかつて、認識論および道徳哲学の草分けと見なされる仕事に取り組んだ。ある部分ではバークリと同様に、彼は、日常の哲学的見解の多くが日常の人間の広く正しい見解と単純に衝突する、と典型的に信じていた。トマス・リードと同様に、彼は常識の擁護者であった。すなわち、大多数の人間が一定の時間抱いたり、抱く傾向にあったりするような見解と常識とをさまざまな点で同等に扱ったのである。「常識の擁護」（一九二五年）では、「世界」について共有されている途方もない数の確信がある、と彼は主張した。例えば、他の人間が存在しており、自身はその人たちと意思伝達できることを確実に知っている、と彼は主張したのである。実際、ムーアによれば、常識の見解が否定できないのは、もしも人々がその見解を保持していれば、すなわち、もしもその見解が真であれば、それだけで有意味となるからである。[48]初期の分析哲学の文脈でムーアが常識に訴えたことは、二つの理由から重要である。第一に、常識は観念論に反対する方法を与える。少なくともムーアの説明では、観念論は、誰もが誤っていると知っている主張を押し進める。哲学として通用しているものの多くの資格を奪うことによって、哲学的な健全さを回復するために、常識へと訴えることが企てられる。第二に、常識は知の主張を正当化するという困難な問題にかかわる方法を指示する。それは、どのようにして正当化の必要性をもたずに認識論的断言を下すかを示すことによる。カントによれば、たんに主張を断言するだけで、したがってどのような場合でも拒絶されなければならない独断論と、批判的でしたがって可能なかぎり受容しうる哲学との間の相違は、哲学だけがその主張を論証することにある。ムーアの場合には、分析哲学は、カントにとって独断論の形式にすぎないようなものへと回帰する。われわれが知っているか否か、あるいはどのようにしてわれわれは知ることができるか、という問いは、誰もがすでに知っていることを断言するだけで満足できる仕方で解決される。ムーアはこのように信じている。カントならば、これを独断論的な断言であると言うであろう。

ムーアは、「観念論論駁」の執筆時に、物質的な事物の直接的な知識を信じていた。のちに彼は、われわれが感覚与件を直接知っており、これが物質的な事物を指示する、と主張する立場をとった。ありふれた対象についての日常的な命題――「これは手である」――の分析は、感覚与件のうちにもたらされる。そして問題は、感覚与件とその対象との関係を理解することにある。

ムーアの著作は、主として断片的である。多くの論文を別にすれば、彼の主著は『倫理学原理』(一九〇三年）である。彼は、この著作で「善」の定義不可能性を論じ、自身が自然主義的誤謬と呼ぶものを議論した。この誤謬によって、善の定義は、定義、分析、あるいはそれをつなぎ止めるあらゆる試みに抵抗するので、まったく満足できないことになる。(49) ムーアは、倫理的自然主義を論駁するなかで、客観主義者の立場から論じて、善についての判断が自然的ではなく、むしろ非自然的な性質を指示していることを根拠に、こうした判断に反対している。

ムーアは、本質的に私的で非論争的な人物であり、もっぱら哲学に専念していた。ラッセルは、ある部分でプラグマティストの同僚デューイと同様に、哲学者として重要であるだけでなく、公的な人物でもあった。とくにラッセルの場合、きわめて論争的であった。ラッセルは、教育と社会改革に関心をもち、平和主義と核兵器といったテーマの公的な論争に参入し、平和主義を推奨して核兵器に反対した。ムーアとは異なり、ラッセルは、通俗的なものや半ば通俗的なものなど幅広く多様な論題で、何冊もの書物を執筆した。例えば、ボリシェヴィズムについての書物もある——ラッセルは、ボリシェヴィズムに支払う代償がそれに見合ったものにはなりえず、どのような場合でも共産主義がほとんど不成功に終わると考えた。(50)『結婚論』では、彼は、婚姻制度の重要性をほめたたえながら婚前交渉を唱道しており、(51)『相対性理論への認識』では、門外漢でも手に取りやすいように簡単な言葉で〔相対性理論について〕説明を加えた。(52) さらに自叙伝も執筆した。(53) また、専門的な意味での「哲学的」な論題についても、彼は、限りなく多数の書物を執筆しているので、個別的に取り上げることができないほどである。

ラッセルの主要な「哲学的」貢献は、通常、三つの題目に分類されると見なされている。一つは、哲学的論理学である。これは、数学は論理学にほかならない、という見解に目を向けるものであり、さらに論理主義として知られている。残りの二つは、数学基礎論、認識論および形而上学である。だが、彼はまた、個別の思想家について詳細に著述しており、これにはライプニッツにかんする初期の重要な著作が含まれる。[54] その他の論題には、哲学史、[55] 倫理学、[56] 宗教にかんする書物[57]がある。

ラッセルは、初期の著作では、しばしばムーアを引用している。ラッセルは、『数学の原理』(一九〇三年)を執筆した頃に、哲学の根本問題について自身の立場の主要な特徴がすべてムーアに由来すると寛大にも信じていた。[58] しかしながら、ここでも彼の立場はケンブリッジの同僚とはまったく異なっていた。一つ目の相違点は、直観に対するラッセルの不信であり、これに対してムーアは直観を選択した。二つ目の相違点は、科学と数学とに対するラッセルの関心であり、これに対してムーアはまったく関心をもたなかった。三つ目の相違点は、フレーゲとの複雑な相互作用である。手短かに言えば、フレーゲもまた論理主義にコミットしており、上下二巻の著作〔『算術の基本法則』〕で、算術が純粋論理学と集合論とに基づいて構成されうることを示そうと試みた。第一巻が出版されたのは、一八九三年である。一九〇三年に第二巻がちょうど印刷される頃、ラッセルがパラドクスを指摘した。後にラッセルのパラドクスとして知られるようになったものである。このパラドクスは、クラスを自己のメンバーとすることに関係しており、自分自身がメンバーではないすべてのクラス、というクラスが定式化されることから生ずる。一言でいえば、そのようなクラスが存在するならば、そのクラスが自分自身のメンバーであるのは、自分自身のメンバーでない場合であり、またその場合だけである。[59]

ラッセルの批判は、フレーゲのプログラムにとって衝撃的であった。上述のように、ラッセルは、フレーゲから多くの影響を受けており、フレーゲの論理主義に対する特殊なコミットメントを破棄したにもかかわらず、一般的な論理主義者の理想にコミットし続けていた。フレーゲからの影響は、ラッセル独自の論理主義にも、集合論の仕事へのコミットメントにも見てとれる。それは一つの関心として、彼のいわゆる「無クラス理論」によって、最終的にクラスや集合無しで済ますようになるまで続いた。「無クラス理論」は、クラスを自己のメンバーとすることによって生じた問題の解決を意図したものとして理解できるが、性質、関係、集合ないしクラスをタイプへと分離ないし分割することである。のちにラッセルは、彼の最も独特の哲学的貢献である論理的原子論がタイプ理論によって強固になると主張した。[60]

ラッセルは、フレーゲの影響のもとで、論理学と数学との合流地点で重要な業績を残した。最も影響力のあるラッセルの哲学的貢献は、議論の余地はあるが、論理的原子論の理論である。イギリス経験論者の時代以来、イギリス哲学は、つねにさまざまな種類の経験論に賛同してきた。ムーアは、遠くリードに従って、経験論の直観形式を展開した。直観に不信感をもつラッセルは、伝統的なイギリス経験論と最新の論理的な技術とを結びつけて、論理的原子論という見出しのもとで経験論の論理形式をもたらした。

ラッセルの論理的原子論の理論は――この術語が見出されるのは一九一一年という早い時期の論文である[61]――一九一八年の初めに行なわれた八回連続の公開講義のなかで最も完全に記述された。一九一二年には、二十世紀の主導的な分析哲学者とも見なされるウィトゲンシュタインが、深く影響を受けたラッセルとともに研究するためにケンブリッジを訪れていた。公刊されたテクストにあるように、ラッセルは、講義の前置きとして、友人であるとともに自分の学生でもあるウィトゲンシュタインに由来する考えを説明するつもりだと語った。[62] ラッセルは、数学が論理学に依存するという自身の論理主義者の見解に注意を喚起するさいに、一元論的ないし全体論的な論理学を回避することに言及して、一般的にはヘーゲルの論理学がこれにあたるとする。ラッセルが賛同するのは、原子論的論理学である。世界の本質は「多くのバラバラの事物」にあり、したがって「ただ一つの不可分な実在」にはない[63]、と彼はコメントしている。彼の講義での課題は、「絶対的に否定できない与件」により、このアプローチを支える「分析の過程」と彼が呼ぶものを正当化することにある[64]。ラッセルは、自身の学説を論理的原子論と呼ぶ。彼の意図は、自然科学に期待されるかもしれないような種類の事物、究極的には宇宙の物理的な構成要素に到達することではなく、哲学的分析の終着点として、いわゆる「論理的原子」ないし個別者に到達することにある。ラッセルは、次のように記している。「私が自分の学説を論理的原子論と呼ぶ理由は、分析のなかで最後に残るような類いのものとして私が到達したいと望む原子が論理的原子であって、物理的原子ではないからである[65]」。ラッセルは、実体や質料という伝統的な見解を無視しながら、これらの論理的原子を「色や音の小片、瞬間的な事物[66]」として説明する。これは、のちの講義で彼が感覚与件と呼ぶものである。

この主張を正当化するには、一般に二つの方法がある。一つは、経験が論理的原子にいたることを経験的に論じる、という方法である。もう一つは、それが該当しなければならないことをアプリオリな根拠に基づいて論じる、という方法である。ラッセルは経験論者であり、正しい種類の経験論によって彼の主張が支持されることを示そうとする。論理的原子へといたる手段として哲学的分析を正当化するさいの彼の問題は、最新の論理学的な技術を考慮に入れることによって、堅固な基礎のうえに伝統的なイギリス経験論を再建することにある。彼の論証は、誰もが許容するような類いの事実であり、例えば「命題を真または偽とするような種類の事物[67]」に基づく。事実は、主観的ではなく客観的であり、いわばその外部の世界にある。

ラッセルは、無限背進が存在しないので、哲学的分析のある時点で語が事物に対応する、と前提している。ラッセルの主張が正当化されるためには、彼は事実が分析されうることを示す必要がある。命題は、その構成要素である語からなり、語へと分析されうる。記述と見知りとの間には相違がある。語の意味は記述に依存するが、記述は最終的に見知りに依存する。つまり、赤の意味を知ることは、ラッセルが認めるように、赤い事物を見ることに依存する。(68)

理想言語ならば、一つの語と一つの事物との一対一の対応があるだろう。ライプニッツによって挿入的に擁護された全体論的なアプローチによれば、あらゆる個物は、他のあらゆるものと内的に関係づけられ、したがってそれを含意する。このアプローチを否定するラッセルにとって、日常言語では独立した個別者が扱われなければならない。ラッセルはまた、より単純なものがより複雑なものよりも知るのが容易であると信じている。(69) ラッセルによれば、物質的対象あるいは個別者は、一連の感覚与件として、分析に従う。彼の所見では、異なった時間に異なったかたちで現われる所与の事物は、それが現われるあり方すべてにその本質があるが、こうしたあり方がたんなる感覚与件である。(70) 一言で言えば、われわれが、例えばイスなどの事物を見ているときに見ているそのものは、イスや個別者ではなく、「その瞬間のそのイスの同じ感覚与件」である。すなわち、それがわれわれに現われるあり方である。(71)

◆ウィトゲンシュタインについて

通常の形式での分類を公然と無視するルートヴィヒ・ウィトゲンシュタイン（一八八九—一九五一年）に

ついて、誇張せずに語るのは容易ではない。議論の余地はあるが、ウィトゲンシュタインは、すべての分析的思想家のなかで最も影響力があり、いまなお最も重要で最も興味深く、さらに最もとらえどころのない哲学者である。ウィーンに生まれたオーストリア人のウィトゲンシュタインは、リンツ、ベルリン、マンチェスターで機械工学を学んだのちに、『数学の原理』をたまたま読んだこともあり、ラッセルのもとで研究するためにケンブリッジに向かった。第一次世界大戦中にはオーストリア軍に従軍するが、その間に『論理哲学論考』(一九二一年)を書き上げた。これは彼の最初の書物で、生前に出版された唯一のきわめて謎めいた著作である。大戦後、オーストリアの二つの村で教師として――ウィトゲンシュタインは非常に厳格であり、子供を鞭で打ったりした――、ウィーンで独学の建築家として働いたのち、一九二九年にはケンブリッジに戻って、一時の中断を除いて、彼の経歴の残りの時間をそこで過ごした。彼は、裕福すぎる家庭の一員として、すべての金銭を他人に与えてしまった。イギリスでは、同性愛が非合法だった頃の一時期に、厳しく抑圧された同性愛者として苦悩した。忘れてならないのは、同じ頃のもう一人の抑圧された同性愛者であったアラン・チューリング[11]が、性的なアイデンティティを理由とした裁判に直面して、その二年後に自殺したということである。チューリングは、コンピュータと心の関係に対して早い時期に重要な貢献をした人物であり、卓抜な才能をもっていたイギリス人の数学者である。ときおり言われるように、『論考』の不明瞭な最後の命題――「語りえないものについては沈黙しなければならない」(72)――は、ウィトゲンシュタインが触れたくないことをほのめかすやり方であった。

ウィトゲンシュタインが哲学のなかで果たしたことは、ほぼすべてが影響力を及ぼした。卓抜な才能をもったラッセルの学生、友人、年少の同僚によって、ムーアとラッセルとの間のある種の均衡関係からラッセルの影響が支配的になるまで状況は推移していった。フレーゲとラッセルに負うところがあるとウィトゲンシュタインが表明していた『論考』のなかで、すでにラッセルへの言及が三十数箇所あるが――ウィトゲンシュタインにとって同じく重要であったフレーゲへの言及は十八箇所あった――、しかしムーアへの言及はただ一箇所にすぎない。ムーアに対しては、無視から批判の拡大へと転じた。『確実性の問題』(没後の一九六九年に出版)は、主としてムーアを論駁して、彼の常識主義に対する非経験論者による代替案を与えることに専念したものである。しかしながら、皮肉にもムーア退官後の一九三九年に、ウィトゲンシュタインは、ケンブリッジ大学の哲学教授職を得ることに成功した。

ウィトゲンシュタインは、稀にみる重要な思想家として、また初期およびその後のアングロ＝アメリカの分析哲学の間の推移をつなぐ、中心的な扇動者として、さまざまな役割を果たしている。哲学におけるウィトゲンシュタインの主要な貢献は、言語、論理学、心理学、数学の諸領域、さらに哲学についての新しい着想にある。

最も入念に仕上げられた形式の論理的原子論は、よく知られてはいるが並外れて謎めいたウィトゲンシュタインの『論理哲学論考』によって与えられている。この書物は、きわめて短い――わずか七五頁の――著作であって、神託のような文章からなり、数多くのテーマに幅広く及んでいる。これらのテーマには、とりわけ論理学、形而上学、表象、独我論、倫理が含まれている。

一般的に言えば、『論考』では、ラッセルがウィトゲンシュタインから引き出して、ウィトゲンシュタインがその後独自に展開した思想の方向性の最高点が提示されている。ここでウィトゲンシュタインは、この時期にラッセルとともにコミットしていた種類の論理的経験論を深める、同じ根拠をある程度さらに仔細に調べる一方で、いくつかの欠陥を露呈しており、ウィトゲンシュタイン自身やその他多数の哲学者によってのちに細部にわたって批判されることになる。

『論理的原子論の哲学』におけるラッセルと同様に、『論考』におけるウィトゲンシュタインは、世界が事実からなるという考えから出発する原子論的な知識の着想を展開している。ラッセルは、序文のなかで、あたかも同意しているかのように、コメント抜きでウィトゲンシュタインの理論を記述している。しかしながら、ウィトゲンシュタインは、自身がその書物のなかで表現した学説について、ラッセルが誤解していると考えた。この書物におけるウィトゲンシュタインの見解は、表面的にはラッセルの立場と同様であるが、最終的にはきわめて異なっている。『論考』では、彼は、次のように理解される「世界」の知識に対して真理関数による命題的なアプローチを採用し、これに基づいて一つの理論を展開している。世界とは、「成立していることがらの全体」（一）[73]である、と理解される。そこでは「成立していることがら」または「事実」が「いくつかの事態の成立」を指示する（二）。また、そこでは「事実の論理的像が思考である」（三）。思考とはそのさい、「意味を持つ命題のことである」（四）。

論理的原子論にかんするラッセルとウィトゲンシュタインとの主要な相違は二つある。一つは、表象が実在の像を定式化することに基づくという洞察であり、もう一つは、哲学のすべての形式が必然的に不成功に終わるという洞察である。ウィトゲンシュタインの中心的な考えは、どの形式の表象も実在に応じており、真なる命題の構造は文字どおり世界の構造を映し出す鏡である、というものである。例えば、四・〇一——命題には番号が付けられている——では、彼は、次のように書いている。「命題は実在の像である。われわれが実在を考えるのに応じて、命題は実在の模型となる」。この主張は、世界には存在の仕方があるという考えに従っている（二・〇二四）。認知的な過程は、ウィトゲンシュタインによれば、その過程のなかで「われわれは事実の像をこしらえる」（二・一）のであり、そのさいの「像をこしらえる」とは事態の描写を、つまり世界の描写を意味する。像では部分がある一定の仕方で相互に関係するので（二・一四）――「像は一つの事実である」（二・一四一）ともウィトゲンシュタインが言っているように――われわれは像を実在と比較するなかで、その真偽を知る。

像というウィトゲンシュタインの表象についての見解は、多くの独創的な特徴を有しているが、ラッセルを越えて初期イギリス経験論者のフランシス・ベーコンの見解に回帰している。ベーコンによれば、もし自然の事実をあるがままに知覚しているときに確実に目をそこに固定し続ければ、われわれは目に見えるものを歪めないように[74]、目に見えるものを歪める鏡のように作用しないようにさせることができる[75]。この見解は、経験的な形式の基礎づけ主義を指示している。これは、すでにベーコンのうちに暗示的に含まれ、ラッセル以前に介在する多くの人物、次にウィトゲンシュタインにも、またウィーン学団の理論家のうちにも含まれる。この見解はまた、ウィトゲンシュタインの形式でのちに言語論的転回と呼ばれるようになるものを指示している。より正確には、哲学の問題は言語の誤用に帰すべきたんなる疑似問題であるとする彼の見解である。この誤用は暴露され批判されなければならない。だが、問題は現実のものではないので、それらは解決できない。ウィトゲンシュタインは、誰かが何か形而上学的なことを言おうとする場合、「君が自分の命題のなかで、あるまったく意義をもたない記号をつかっている」（六・五三）、と彼に指摘することを推奨する。これもしばしば言われているが、あらゆる哲学的命題が悪しき文法の実例にすぎないのであれば、『論考』の文は、すべてナンセンスであると思われるであろう。

ラッセルと同様に、前期ウィトゲンシュタインは、一般的ではあるが論争的な、言語と実在との対応を前提している。(76) ウィトゲンシュタインとラッセルの両者にとって、分析のある時点では、語が現実に事物を表現していなければならない。例えば、ウィトゲンシュタインは、無限背進の可能性を絶ち切りたいという願望を繰り返し表わす（二・〇二九九[12]―二・〇二二、三・二三―三・二四）。経験的論証を頼りにするラッセルとは異なり、ウィトゲンシュタインは、言語分析によって語と事物との必然的対応をアプリオリな論証として演繹する。のちにこの彼の立場は根本的な変化を経る。没後に出版された『哲学探究』と『確実性の問題』を含む後期の著作では、言語の現実的な機能についての緻密な研究によってアプリオリな論証を断念しつつ、彼は、自分自身の前期のアプローチを直接批判している。『論考』の序文では、(77) 自身が関心をもつ問題に対して最終的な解決を見つけだした、と彼の信念を述べている。彼はのちに考えを変えたのである。『論考』後の第二の主著と幅広く見なされている『哲学探究』の序文では、ウィトゲンシュタインは、かつての自著をあらためて読んで、そこに重大な誤りが含まれていることを意識するようになったことを報告している。

ウィトゲンシュタインは、前期および後期とも、哲学の問題に対する治療というアプローチを採用した。『論考』では、ウィトゲンシュタインは、哲学の問題がわれわれの言語の論理に対する誤解から生じると示唆している。彼は、『探究』でも同様に、そのような問題が言語的な誤謬に帰すべきものであると引き続き信じている。彼は、典型的な一文で次のように書いている。「哲学とは、言語という手段を介して、われわれの悟性をまどわしているものに挑む戦いである」。(78) 他の大部分の点では、『探究』の見解は、前期の『論考』期の主要な学説と異なるだけでなく、そのほとんどかおそらくそのすべてと矛盾する。後期の立場では、事物に対する語の関係、世界に対する言語の関係について最終的な決定が目指されるわけではない。それは、基礎づけ主義者ではなく反基礎づけ主義者であり、もちろん反文脈主義者ではなく文脈主義者である。言語が世界を映し出すと言われている前期思想から、決定的に区別されるような学説は欠けている。一つの名前が一つの事物を表わすなどの考えを保持する代わりに、いまやウィトゲンシュタインは、意味が使用によって決定されるという考えを抱くのである。典型的な一節で彼は、こう叙述している。「文章を道具と見、その意義をその適用と見よ」[79]。ウィトゲンシュタインは、いまや論理的原子論を跡形もなく放棄して、したがって前期に賛同していた進歩的な経験論の科学的形式もまた放棄した。あるいは、経験論そのものを放棄したと言えるかもしれない[80]。言語には普遍的形式があるという見解は、後期には、言語のさまざまな形式に共通するものが何もないという確信へと道を譲り渡した。いまや彼はこれを言語ゲーム（*Sprachspiele*）と呼ぶ。せいぜい、重なり合う諸関係の家族的類似性が存在するだけである。最終的にウィトゲンシュタインは、私的言語の問題にかんするものとして知られるようになった長い一節で、言語が本質的に私的な領域ではなく、公的な領域で構成されると論じている[81]。要するに、ウィトゲンシュタインは、語と事物との合致によって世界をあるがままに把握しようと努力する前期思想に代わって、文脈によって決定された概念枠を取り換えることに関連づけられる、事実確認的な主張というきわめて異なった着想を採用したのである。

アングロ＝アメリカの分析哲学に基礎を与えたのは、ウィトゲンシュタインではない。にもかかわらず、いまなお継続している彼の強い影響が、アングロ＝アメリカの分析哲学のその後の発展を広範にわたり決定している。ウィトゲンシュタインは、さまざまな仕方で分析哲学におけるのちの三つの主要な展開の合流点に位置づけられる。第一〔の展開〕は、ウィーン学団の形式の科学哲学であり、これはラッセルと前期ウィトゲンシュタインがもたらした論理的原子論のテーマのヴァリエーションに基づく。第二〔の展開〕は、言語論的転回の形式であり、これはオックスフォード日常言語哲学に現われた。第三〔の展開〕は、分析哲学の形式の一つであって、これは第二次世界大戦後にアメリカ合衆国で最盛期を迎えたが、少なくとも現状を具体的に説明すれば、いまや終息しつつあるように思われる。

◆ウィトゲンシュタイン、ウィーン学団、そして日常言語哲学

ウィーン学団と、オックスフォード日常言語哲学として知られる立場は、ウィトゲンシュタインや他の哲学者に対する大きく異なる反作用として現われた。「ウィーン学団」(*Wiener Kreis*) という呼び名は、科学と数学に強い関心を示した科学者と哲学者の一つのグループを意味する。このグループの出現は、一九〇七年に哲学者・経済学者・社会学者のオットー・ノイラートと数学者のハンス・ハーン[13]、物理学者のフィリップ・フランク[14]の間で始まった議論に由来する。主要な哲学者のメンバーは、カルナップ、ヘルバルト・ファイグル[15]、ノイラート、モーリッツ・シュリック[16]、フリードリッヒ・ヴァイスマン[17]であった。シュリックは、一九二二年にウィーン大学でエルンスト・マッハ[18]の後任となった哲学者であり、ウィーン

学団の名目上の主導者となったが、その後の一九三六年に一人の学生によって暗殺された。ヒトラーが権力を掌握した後、学団の他のメンバーは、その多くがユダヤ人かマルクス主義者のいずれかあるいはその両者であったため、他国へ移住した。カルナップは、アメリカ合衆国に渡り、新世界を分析哲学の強固な拠点にした。それは今日まで継続している。

ウィーン学団の思想家は、さまざまな折衷的影響を引き出した。これには、マッハによる科学の反形而上学的な見解、ポーランド人の論理学者アルフレッド・タルスキー[19]による形式言語の意味論にかかわる研究、イギリス人の哲学者カール・ポパーによる科学と疑似科学との相違にかんする探究、そして前期ウィトゲンシュタインによる『論考』の見解が含まれる。ウィトゲンシュタインは、建築家としてウィーンで過ごした時期に、シュリックとヴァイスマンに接触して、彼らのグループの会合に一、二度参加もしている。このグループは、『論考』を一行一行読みながら、徹底的に研究していたのである。

ウィーン学団の思想家は、論理的原子論の一つの形式ないしは論理的経験論をもたらした。これは論理実証主義として知られるが、その名称は当初、さまざまな専門科学の領域のなかで厳密に科学的な哲学を確立しようとする努力の一部として、このグループの哲学の理念に適用されていた。[82] 論理的原子論から距離をおく彼らが最も明確にこれと区別される学説は検証原理であり、より形式的には、意味の経験的基準の原理であった。[83]

この原理は、一九三〇年にヴァイスマンによって最初に定式化されて、その後に他の哲学者によって再定式化された。それは、アプリオリな分析的命題、アプリオリな総合的命題、アポステリオリな総合的命題というカントの三重の区別との関係から理解されうる。カントは、あらゆる種類の知識がアプリオリに総合的な命題の可能性に依存すると信じた。論理実証主義者は、有意味な言明が分析的か経験的に検証可能かのいずれかであると断定して、アプリオリな総合的命題を否定した。彼らは、これを基礎にして、上述の区別を考慮しない検証不可能な伝統的哲学の多くの言明が、偽というよりもむしろ無意味であると主張したのである。しかしながら、のちに見てとられたように、検証原理は、分析的に真でもなければ経験的に検証可能でもないので、それ自身が同じ反論にさらされる。

ウィーン学団における論理的原子論の精神との最も親密な類似性は、前期カルナップの努力にある。それは、ウィトゲンシュタインに依拠して、経験から科学へと縫い目のない織物を編もうとする基礎づけ主義者の努力である。ところが、ウィトゲンシュタインは、とりわけカルナップと総じてウィーン学団のメンバーによって誤解されたと感じていた。カルナップは、ウィトゲンシュタインと同様に、プロトコルが証明不要の命題であり、直接経験と関係して、他のすべての科学の命題の基礎としての役割を果たすと理解する。彼は、記号とそれが表象するものとの関係には、ただ一つの正しい分析のみがあると仮定する。[84]

このプロジェクトは、ただちにノイラートによって反論された。ノイラートは、前期ウィトゲンシュタインに暗示的に含まれ、カルナップとシュリックには明示的に含まれる基礎づけ主義に反対する。彼は、プロトコルの観念がまさに理想言語という虚構の前提とほとんど変わらないことに反対する。ノイラートによれば、「純粋な原子文から構成された理想言語というフィクションは、ラプラスの魔というフィクションと同じく、形而上学的である」。[85] この文脈では、彼は、完全なプロトコル文と外海での舟の修理との間の類似点についてよく知られたコメントを加えている。[86] クワインは、これを『ことばと対象』のなかで名前をあげて引用している。[87] ノイラートは、概念と事物との訂正不可能な関係という考えに対して、科学理論にとって不可能な要求であると反対する。クワインのはるか以前に、彼は、次のことに気づいていた。すなわち、直接的な指示の問題には公式の解決がない。言い換えれば、フレーゲとともに始まった分析哲学の論争全体を貫く意味論のプロジェクトは実行されえない、と。認識論上の舟を首尾よく再構築するには、ただ一つの正しい分析しか許さない理想言語が前提されるであろう。ノイラートは、カルナップの基礎づけ主義者のアプローチの代わりに、無制限の数の可能的分析を許す実際の言語を持ち出す。のちにクワインは、翻訳の不確定性理論で同じ論点に達している。[88]

カルナップは、ノイラートの批判が重要だと認めて、訂正不可能な経験の事実確認に基づいて科学に根拠を与えるという理念をただちに断念した。経験的な基礎づけ主義を実現不可能な理想以外の何ものでもないと放棄して、理想言語に基づいた後退した立場を採るなかで、彼が擁護し続けたのは、実際の言語から理想言語への厳密な翻訳という理念である。カルナップは、ある言語から他の言語への翻訳に対する規則としての定義というウィトゲンシュタインの見解にしたがって、実際の言語とは異なり、理想言語にはプロトコル命題からの翻訳に対する正確な規則があると主張して譲らなかった。[89]

ムーア、それからさらに広い意味で後期ウィトゲンシュタインは、日常言語に関心をもっていた。ムーアはこれを推奨し、ウィトゲンシュタインはこれを分析した。ムーアは、日常言語が否定できない常識項目を指示していると信じ、ウィトゲンシュタインは、哲学の疑似問題へと導く日常言語の誤用と思われていることに関心を示した。日常言語への一般的な関心から、オックスフォード日常言語哲学として知られる運動がその後展開されたのである。[90]

オックスフォードで哲学が講義されたのは、少なくとも十三世紀前半以降である。「オックスフォード日常言語哲学」という術語は、通常、認識論者H・H・プライス[20]をつうじてオックスフォード大学に導入された、一九三〇年代に始まる特定の形式の言語哲学を意味すると見なされている。プライスは、ケンブリッジで教鞭をとっていたクック・ウィルソン[21]の影響を受けて、『知覚』(91)(一九三二年)という書物を出版した。そのなかでプライスは、感覚することが知の形式で、われわれが感覚与件を直接に知っていると主張する。感覚与件の知識という主張は、いまなお伝統的なイギリス経験論のもう一つの形式である。例えば、ロックによれば、われわれが直接に知るのは対象ではなく、一つ一つ対象と関係する観念である。言語分析に基づくこのタイプの哲学は、ギルバート・ライル、J・L・オースティン[22]、のちにはA・J・エイヤーというような異なる性格の人物によって、さまざまな仕方で展開された。

この三人の思想家は、明らかに異質な見解をもっている。エイヤーは、ウィーンで過ごしたさいに、ウィーン学団の理論を吸収している。彼は若い頃に、イギリスで論理実証主義を導く代表的な人物であった。初期の書物『言語・真理・論理』(92)(一九三六年)では、エイヤー自身は賛同しない、ある形式のイギリスの分析哲学およびのちにアメリカの分析哲学の典型となった理論に対して、一種の戦闘的なアプローチが取られている。エイヤーの貢献は、哲学するには一つの方法、それもただ一つの方法しかない、という多くのイギリスの分析哲学者間に広まった態度をもたらしたところにある。『言語・真理・論理』では、エイヤーの信じるところでは、ある形式の検証主義がどのような種類の形而上学的言明についてもその資格を奪うに足るとして受け入れられている。ハイデガーの言明は、自分の理論に貢献するところがあり、深遠なものにも見えるが、評価されうるものではなく、したがって無意味である。このように述べていたカルナップの不満が、エイヤーにどこか反響している。(93) 概してエイヤーは、哲学の実際の機能が分析にあると主張している。哲学的分析の本質は、複雑なものをその構成要素、つまり原子に分解することにあるわけではない。それは、むしろ言語の分析であって、ラッセルの記述理論がその実例である。また、エイヤーは現象主義にも結びつけられる。すなわち、物理的対象はしばしば感覚与件と同一視される感覚的経験へと還元されるとする立場である。エイヤーにとって、感覚与件の言語と物質的対象の言語との間の選択はまったく自由である。その後『経験的知識の基礎』(一九四〇年)では、彼は、物質的対象についての日常的な文が完全に感覚与件の言語へと翻訳されるとする見解を採用した。[94]『言語・真理・論理』第二版(一九四六年)の序文では、エイヤーは、先の書物で詳しく述べられていた理論から生まれる一連の困難を再び取り扱っている。

ライルは、オックスフォード日常言語哲学の立場の哲学者として最もよく知られているが、同じ分析哲学の同僚の多くとは大陸哲学に対する関心に相違がある。例えば、彼は、初期にハイデガーの『存在と時間』の書評を執筆して、部分的に共感を示していた。[95] 初期の重要な論文「系統的に誤解を招く諸表現」[96](一九三二年)では、ライルは、前期ウィトゲンシュタインの方向性を採用している。ライルの考えでは、哲学は一連の学説からなるものではなく、むしろ治療としての活動である。その本質は、事実の実在的形式をあらわにする一方で、ミスリーディングな構成と不合理な理論とを見破ることにある。このアプローチが追求された『心の概念』(一九四九年)では、ライルは、デカルト的な機械のなかの幽霊と呼ぶものへのアプローチの混乱を明示している。[97]

J・L・オースティンの考えでは、論理的原子論によって始められた哲学における運動と言語に対する注目は、言語に注目するなかで一回りして、論理的原子論を先へと進めるよりもむしろ破棄することになった。オースティンは、日常言語が訴えるべき最終審であると信じて、言語についての緻密な考察の実例として分析哲学のなかで最も優れたものを提供する。「われわれが共有している言葉のストックのなかには、何世代にもわたる人類の生活のなかで設定する価値があるということに気づいた区別や、際立たせる価値があるということに気づいた関連がすべて含まれている」[98]、とオースティンは述べている。死後に刊行された『センスとセンシビリア』[99]（一九六四年）では、オースティンは、われわれが最初に知覚するものが感覚与件であることや、感覚与件にかんする命題が知識の訂正不可能な基礎としての役割を果たすことを否定している。

◆アメリカ合衆国の分析哲学

分析哲学は、のちにカルナップ――彼は一九三五年にアメリカ合衆国に移住した――とウィーン学団に属したりかかわったりしていた他の哲学者をつうじて、アメリカに受容された。これには、ドイツ人の物理学者・科学哲学者ハンス・ライヘンバッハ、ポーランド人の論理学者アルフレッド・タルスキー、オーストリア人の論理学者・数学者クルト・ゲーデル[23]、オーストリア人の哲学者ヘルバルト・ファイグルとグスタフ・ベルグマン[24]が含まれる。分析哲学の新たな受容は、ラッセルの存在によって強固なものになった。ラッセルは、一九三〇年代後半と一九四〇年代前半に、アメリカ合衆国で教鞭をとっていたのである。

アメリカの分析哲学は、長い間、ウィーン学団のアプローチに影響されてきた。これは、とりわけ科学の哲学という広く形式的で非歴史的な着想、また歴史的知識を越えた技術的力量の強調、伝統的なイギリス経験論の回避、科学主義などに反映されている。科学の哲学という着想は、広くカルナップや他の哲学者から影響を受けており、イギリスの言語論争のうちでは相変わらず優勢である。イギリス経験論は、異なる形式でムーアとラッセルの両者に独特のものであったが、後期ウィトゲンシュタイン、ウィルフリッド・セラーズ[25]、ドナルド・デイヴィドソンといった主要な人物が含まれる反経験論をつうじて退けられた。分析哲学のサークルで幅広く受け入れられている科学主義によれば、科学は最も優れており、おそらく唯一でさえあるような知識の実在的な源泉である。

アメリカの分析哲学の他のアプローチに対する敵意は、科学主義への傾倒と同じく、主として後期カルナップに由来する。カルナップは、ノイラートに敗北した後、科学の言語を構成しようとする努力へと退却した。依然として論理学を科学とするプロジェクトにコミットしていたカルナップは、『言語の論理的構文論』（一九三四年）では一般的な論理学者のプログラムを模倣して、自身が科学の論理学と呼ぶ論理学の一部門として哲学を扱っている。彼は再び、形而上学が無意味だと示されうると論じて、唯一の有意味な哲学的問いが「論理的構文論を哲学の代わりに用いる」(100)努力の一部として、科学の言語に関係する、と付け加える。この形式でのカルナップの見解によって強く示唆された科学主義は、アメリカにおける論争の主導的な特徴であり(101)、ウィルフリッド・セラーズを含む多数の思想家によって展開された。

セラーズは、所与という観念の拒絶と、理由の論理空間なる謎めいたものへのコミットメントとを科学主義に結びつける。彼は、日常的な個人のいわゆる「素朴」な見解ないしアプローチと科学の見解ないしアプローチとを区別して、科学が、そして科学のみが真なるものをわれわれに語る、と論じている(102)。セラーズは、ヘーゲルの洞察を借りつつ、自身が所与の神話と呼ぶ古典的経験論に対する正面攻撃をこの見解に結びつける。ヘーゲルが『精神現象学』の冒頭で狙いを定めたのは、認識論的な所与を前提する直接的な知識の主張である。この主張は、ベーコンやロックのようなイギリス経験論のうちに、そしてより洗練された異なるあり方でカントの批判哲学のうちに認められる。(103) セラーズは、分析哲学のイディオムでヘーゲルの論証をあらためて開始しながら、知の主張がいわゆる「理由の論理空間」のうちで正当化される点で、直接に与えられるという観念——ヘーゲルの言葉では直接性——が神話以上の何ものでもないとして、これを拒絶する。(104)

第二次世界大戦以降のアメリカの分析哲学における四人の重要人物は、クワイン、デイヴィドソン、パトナム、そしてローティである。クワインは、確かに二十世紀後半のただ一人の最も重要なアメリカの分析的思想家であり、ここでは羅列さえできないほどおびただしい数の重要な寄稿がある。(105) クワインはまた、より極端な見解の多くを適度におさえつつ、いわば分析哲学の中心的学説をより擁護可能な扱いやすい形式へと削ぎ落とし、したがって分析哲学の論争を統一したり、時にはその論争が生き続けるのを守るという中心的な役割を果たした。しかしながら、他の点では、クワインは異端者であって、分析哲学の中心的な理念やテーマの多くと調和していない。[26] 例えば、厳密な指示という理念について、より一般的にはフレーゲからラッセル、ストローソン、クリプキらをへて現在の哲学者にそのまま引き継がれ、いずれにしてもいたるところに流布している形式的な方向性で意味論的問題を解決しようとする努力に対して、クワインはつねに敬意に値する敵対者であった。(106)

クワインの最も意義ある貢献の一つは、彼の重要なカルナップ批判にある。ノイラートは、カルナップに応答する文脈で、先に参照したように、完全なプロトコル文と外海で舟を修理することとの間の類似点にかんするよく知られた短評を加えている。そこでは、アナロジーによって、認識論上の舟の再構築が成功するためには、ただ一つの正しい分析だけを許す理想言語が前提されるであろう、と述べられている。

クワインは、ノイラートに多数の点で同意すると表明しながら、『ことばと対象』（一九六〇年）の論述を開始する。「経験論の二つのドグマ」[107]（一九五三年）は、二十世紀のなかで最も影響力があるおそらく唯一の分析哲学の論文であり、確かに二十世紀後半の分析哲学の着想上の基軸になっている。この論文でクワインは、ノイラートを引き継いでカルナップへの攻撃を続けている。カルナップの狙いは、科学的な形式の経験論をもたらすことであったが、これはすでに、ラッセルとウィトゲンシュタインの計画表に載せられていた。クワインの攻撃の要点を見るためには、カルナップの前期の見解と後期の見解との結びつきについて書き留めておくことが有益である。すでに述べたように、ノイラートの批判の後、カルナップは、実在化不可能な理想以外の何ものでもないとして経験的な基礎づけ主義を放棄して、理想言語に基づく後退した立場を採用した。しかしながら、彼は、実際の言語から理想言語への厳密な翻訳という理念を擁護することは続けていた。カルナップは、ある言語から他の言語へと翻訳するための規則が定義である、というウィトゲンシュタインの見解に従って、実際の言語とは異なり、理想言語にはプロトコル命題から翻訳するための明確な規則がある、と主張している。クワインは、後期カルナップの立場で前提されている分析的‐総合的という区別を攻撃しながら、カルナップ自身による自然言語と理想言語との区別を「破棄」する。したがって、彼は、カルナップが自身の前期思想をノイラートにより覆された後に改訂した形式でのプロジェクトを、決定的なまでに切り捨てるのである。その帰結が、『プリンキピア・マテマティカ』が範例になると思われた翻訳のプログラムを阻止することであり、フレーゲ以来分析哲学の論争で中心テーマになった指示の問題について、形式的解決を見つけだそうとする試みの土台を崩すことである。その代わりにクワインは、翻訳の不確定性という学説を示唆する。クワインによれば、指示が透明ではなくむしろ不透明であるので、理論と実在との合致は不可能である。[108] クワインが引き出す重要な帰結は、プラグマティズムへのシフトである。プラグマティズムのうちでは、〔知の〕主張がバラバラに判定されるのではなく、むしろ全体論者のパースペクティヴから裁定されるのである。

デイヴィドソンは、クワインの忠実な副官であって、彼が希望を失うようなことを一切しない、としばしば見なされるが、実際にはクワインの強い批判者である。デイヴィドソンには執筆した書物がないが、[109] 多数の重要な論文をまとめており、その大半が異常なまでに影響力を及ぼした。「概念図式という観念そのものについて」[110]（一九七四年）では、彼は、経験論の第三のドグマと呼ばれるもの、すなわち形式と内容との区別を追い出している。デイヴィドソンは、多くの分析的思想家にはただクワインの立場を拡大したと思われてきたかもしれず、依然として疑いなくそう思われている。それとは反対に、デイヴィドソンの議論は、結果的に、クワインが他の人の手をほとんど借りずに意味の概念を切り落とすようなことをした後、さらに指示の概念の土台を崩すのではなく、これを据え直すことになった。デイヴィドソンは、形式－内容の区別を批判しながら、指示の理解の仕方を明らかにして、ある形式の経験論を据え直す。デイヴィドソンによれば、われわれはわれわれ自身を理解しているので、あるがままに知る唯一の世界を、言語をつうじて必然的に共有している。「真理と知識の斉合説」（一九八三年）というタイトルをもつ並外れて影響力のあるもう一つの論文では、のちに断念されなければならなかった立場から、[111] 彼は、この見解を承認している。そこで彼は、斉合性（coherence）が対応を示唆する、すなわちある理論の各部分の斉合性が理論と世界のあり方との対応を示唆する、と論じている。[112]

パトナムは、かつてカルナップとともに研究に携わっており、現代の分析哲学のなかでカルナップに最も近い人物である。パトナムを際立たせているのは、卓越した技術的力量と哲学史に対する卓抜した関心という一風変わった組み合わせと――パトナムは、何年もの間、プラグマティズムへの転回の一部としてジェイムズに関心を抱いてきた――並外れて変わりやすい立場である。パトナムは、鋭い批評家であり、自身の考えを変更することにためらわない。彼の批判的能力の主要なターゲットは、しばしば自分自身が以前に採用していた立場である。彼は、その立場を首尾一貫して考え出し、展開させてから、それを断念する。パトナムの全経歴は、さまざまな形式の実在論を擁護する努力に向けられており、彼は、実在論を一連のやり方で次々と支持する。最近では、彼は、自然な実在論と呼ぶ形式によって支持するのである。[113]

パトナムは、もともと論理実証主義、とりわけカルナップに傾倒していた。その後、彼は、内在的実在論という影響力のある理論を定式化して、彼の多くの書物のなかで最も影響力ある『理性・真理・歴史』(一九八一年)のなかで、これを仕上げた。外在主義者の理論家は、世界がどのような対象から成り立つか、という問いに答えるべき中立的な神の視点があるという考えを抱く。パトナムは、自身が水槽のなかの脳と呼ぶ人目をひく考えを拒絶する。[114] 内在主義者は、そのようなパースペクティヴがあるわけではなく、同じ世界で異なる理論が異なるパースペクティヴを与えるという考えを抱く。内在主義者の観点では、知の主張は概念枠から独立して対象を分離するのではなく、むしろ概念枠のうちでのみ対象を分離する。パトナムによれば、「『対象』は、概念図式と独立には存在しない。なんらかの記述図式を導入するとき、われわれは世界を諸対象へと切り分けるのである」。[115] パトナムのような内在主義者にとって、真理は、限界概念（*Grenzbegriff*）以外の何ものでもない。[116]

われわれは、分析哲学にかんするこの短い説明を終えるさいに、アメリカ分析哲学の恐るべき子供にも簡単に触れなければならない。ローティは、簡単に言えば、アメリカ哲学の内部では異例の人物であり、分析的認識論を懐疑論的に転回したプラグマティストとして記述されうる。ローティによる認識論に対する主要な攻撃は、『哲学と自然の鏡』（一九七九年）で展開されている。この書物は、ベトナム戦争の余波という国家的な自己懐疑の時代に出版されるとともに、多くの人には哲学自体に対する攻撃のように思われるもののうちに歴史的契機への広範な幻滅を反映して、大きな成功を収めた。ローティにとって、認識論は、知の主張を正当化することを要求し、したがってデューイが保証つきの言明可能性と呼ぶものを越えることを要求するが、このような正当化には可能性がない。[117] ローティは、この時点で、またその後も、知識の問題に対するいずれの可能的な解決も分析的基礎づけ主義と無批判に同一視しているようであり、認識論を見込みのない賭けとして放棄することを推奨する。哲学は、知識の問題を解決できず、それについて言うべき有益なことは何もない。対話は、進歩の可能性がまったくないたんに実りないものであり、それを続けるよりも主題を変えたほうがよい、というのである。

ローティによる認識論の拒絶は、次のようなウィトゲンシュタインの一般的な見解の実例になっている。すなわち、哲学の問題は真正なものではなく、むしろ知識についての混乱が招いたものであり、そうした混乱は消散されうるのみで解決されえない、とする見解である。二人の相違は、ローティが言語分析をほとんど行なわず、ウィトゲンシュタイン、ハイデガー、デューイから借りた洞察を接合して同じような結論へと導いていく論証を行なう点にある。この三人の哲学者は、ローティが多くの主導的な分析的思想家

(クワイン、セラーズ、パトナム)と同様に認める哲学のヒーローである。これらの三人のヒーローは、のちに、ただ一人のスーパー・ヒーローとしてデューイに道を譲り渡すことになった。しかし、デューイという人物にかんしては、ほとんど誰も認めないであろう。ローティは、さらにその後も哲学史の方向に進んだ。これについては、彼は、故意の意地の悪い見解としか見なされないことをしばしば表現している。多くの具体例のなかの一つには、ヘーゲルの歴史主義は、世界が巨大な彗星によって滅ぼされるわけではないという考えに相当する、という彼の見解がある。(118) ローティにとって、哲学の唯一正当な役割は、われわれが時代に対処するのを手助けすること、すなわちわれわれが時代を上手くやり過ごせるようにすることにある。

第七章　カントと二十世紀の哲学

私の説明は、二十世紀の哲学のいくつかの主要な側面にかんするきわめて一般的な説明であり、四つの主要な運動や傾向が中心となっている。限られた紙幅では、これらの運動それぞれにかんする平均的な見解のようなものを採用することが必要になった場合、そこに含まれる立場の幅広い多様さやその微妙な相違が公平に扱われないのは明らかである。問題点を挙げる方法の一つは、せいぜいきわめてわずかな立場の全体か、それともただ一つの立場であれ、それがいずれかの傾向の範例となることにある。異なる立場は、例外なく決まって、平均的な描写が示唆するよりもいっそう複雑で、したがってしばしばいっそう興味深いものである。

これ以外の問題点は、特定の立場をある傾向と、あるいは他の傾向と連合させるという考えそのものにかかわる。個別の思想家の分類が恣意的になるのは不可避である。特定の哲学的傾向の一員は、真正の哲学的親近性よりも、政治的決断にしばしば関係する。つまり、あるグループではなく、他のあるグループと連合したいという意識に関係するのである。平易で平均的な記述からは溢れ出てしまう人物には不足しているわけではない。例えば、大陸哲学の中心人物であるフッサールの立場には、強く分析的な側面がある。これらの側面がダメットのような哲学者を引きつけている。ウィーン学団という実証主義運動の主要な支持者であるノイラートやカルナップのような分析哲学者、あるいは第二次大戦以降の最も重要な分析的思想家であるクワインは、プラグマティズムを強調しつつ基礎づけ主義を拒絶する。彼らはその一方で、おそらくプラグマティズム創始の父パースの中心的な洞察から極端に距離を置いたところにとどまっている。デイヴィドソンは、おそらくクワインにのみ従う二十世紀後半の分析的思想家であるが、解釈学の思想家のガダマーにある時期関心を抱いていた。クワインは、大陸哲学に目立つほどの関心を示すこともなければ、その知識ももっていなかった。にもかかわらず、クワインがホーリズムに示した関心によって、彼はヘーゲルと関係づけられてきたことがある。ハーバーマスは、かつて、少なくともフランクフルト学派のネオ・マルクス主義のフィルターを通してであれ、マルクス主義の伝統の継承者と思われた。ところが、彼は、ドイツ語のアクセントを伴った分析哲学の響きをもつものにますます接近するとともに、カントにも近づいている。ローティは、初期の著作では分析的思想家に引きつけられていたが、のちにハイデガー、さらにその後プラグマティズム、とりわけデューイに向かった。だが、それがパースではないことは強調されるべきである。

専門化に向かう現代の傾向は、哲学者の「自己部門化」にいたる。哲学者は、賛同を集めている傾向のうちで分析哲学の道徳学説、現象学、初期ヘーゲルなどといった副次的分野や問題、あるいは関心に活動をしばしば制限するうちに、その傾向と自身とをおのずから同一視するようになる。幅広く多様なアプローチや人物、そして問題に関心を抱くことは、わずかばかりの有意義な哲学的問題にかんする手堅い思考が欠けている徴候であり、好ましくない形式で、疑わしい態度であるとさえ思われてしまう。きわめて狭い専門に関係する学科の分野では、多くの人がその学科自体にかんしてもっている規範的な見解に対応した仕方で、職の募集広告がしばしば出される。ライルとハイデガーの両者ではなく、そのいずれか一人に関心を抱く専門家を探そうとする人もいる。ところが、ライル自身は、ハイデガーに関心を抱いていたのである。ある傾向の専門家たちがみな、他の傾向や他の研究方法について知識を欠いていることがあまりにも多いうえに、たんに無関心であったりすることもさらに頻繁である。あたかも実際に進むべき王道があって、何らかの特定の傾向がすでにその上にあるかのように、すべてが生じている。多くの評者の目には、このように映る。しかし、そうした道筋の主要な特徴が偶然そうであったにすぎないというところに、相当な相違がある。ここで概説した〔哲学的〕運動のなかではプラグマティズムが、おそらく二十世紀のある時点でこの主張のあるヴァージョンの特徴を示さなかった、唯一の運動である。カッシーラーは、広い範囲でよく読まれた思想家であり、主要な問題や哲学者のすべてか、あるいはほとんどすべてを含む哲学の伝統全体を型どおりのやり方で、幅広くまたまさしく博識に渡り歩いた思想家である。だが、このカッシーラーのような人物は、今日のますます専門化するわれわれのアカデミックな環境では、奇妙なことに場違いである、と思われるであろう。

　この世紀の論争は、主として複数の哲学的傾向の間ではなく、ある哲学的運動か、あるいは他の哲学的運動の代表者たちの間での意見交換として、内部で展開した。不正確にならない範囲で単純化して問題点を挙げれば、関心と力量という理由から、分析的思想家は〔同じ〕分析的思想家と、プラグマティストはプラグマティストと、マルクス主義者はマルクス主義者と、といったように論争する。かつて重要な哲学者たちは、実質的にはどんな論題でも徹底して調べる力量があると感じ、そのように強いられているとさえ感じた。プラトンやカントの専門領域が何かと尋ねても、まったく意味がないであろう。彼らが無関心であった領域や問いは存在しないように思われる。しかしながら、現代では主要な特徴になったように、ますます専門化し、それもますます厳密になっていく裏面で、いわば物事に全面的に関与しようとする学識豊かな努力――極端なまでに幅広く文献を読んで考えることで、これは以前には最も優れた思想家の多くに特有であった――がますます減少して、きわめて稀になってしまった。

哲学的諸傾向を分離して、そのうちのある傾向か、あるいは他の傾向の内部で全体的に考えたり、その傾向だけを考えたりすることは、少なくとも次の三つの理由から人を落胆させる結果となる。第一に、哲学的諸傾向を分離することは、西洋の一つの哲学的伝統を視野の外に単純に消去するという人を欺く戦略によって、この伝統のなかでさまざまな傾向が現われた、という考えから注意をそらす。現代では、通時的に展開した一つの伝統という考えに代わって、デカルトとカントそれぞれが、対立する説明の二つのヴァージョンを示唆している。この見解によれば、哲学という名前に値するものがかつての見解にわずかばかり負っているか、あるいはまったく何も負わない。かつての見解は、おそらく誤っているか少なくとも誤りうる、論証されていないものであって、あらゆる種類の疑いに反抗しうるような主張の、証明された源泉ではない。いわば、それは哲学的傾向の廃墟から現われる。例えば、カントは、哲学の名前に値する唯一のものと批判哲学とをきわめて明確に同一視する。このテーマのヴァリエーションは、政治的な正統マルクス主義のなかに、さまざまな形式の現象学や分析哲学のなかにも、とりわけ明確に認められる。第二に、哲学的諸傾向を分離することは、哲学の進歩と呼ばれうるものの評価を困難にさせて、おそらく不可能にする。哲学は進歩しているのか、それとも停滞しているのであろうか。すべての活動は、ある種の成就を指し示しているのであろうか。こうした種類の問いは、例えば、フッサール以降の大陸哲学の進歩などの一つの傾向の展開を指摘することで答えられるわけではない。むしろ、すべての傾向に共通する問題やテーマにかんして異なる諸傾向を対置させることで最も的確に答えられる。第三に、部門化のアプローチは、振り返ってみて二十世紀の哲学では何が成就されたのか、というさらに独特の問いを覆い隠してしまう。この問いは今日的研究に密接に関連している。

どのように哲学を評価するかという問いと、どのように二十世紀の哲学を評価するかという問いとは、明確に関係づけられる。認知科学の分野では、知識に貢献するかどうかが問われており、いまやとくに評価が困難である。すべての認知科学の分野に妥当する決定手続きを提案するための方法は、ありえないように思われる。適切な手続きは特定の分野に依存している。自然科学の多くの形式では、例えば、認知科学の主張を評価するさいに予測に訴えるのが型どおりのやり方である。アインシュタイン[1]の一般相対性理論は、巨大な物体が近接するさいに光が曲がることを、一つの適切なテストとして指摘した。もしも一九一九年の日食で光の屈曲が確認されていなければ、さらに測定が必要だと提案されていたであろう。もしも適切な許容範囲内で測定可能な結果がまず生じなかったら、そうした失敗によってこの理論に嫌疑がかけられたであろう。しかしながら、哲学には予測という次元は存在しない。したがって、進歩は一般的に生じるのか、それとも特定の範囲のなかで生じるのか、大抵の場合、相当狭いパースペクティヴで生じるのかを容易に知る方法は、存在しないのである。

哲学が前進しているかどうかを決定することは、困難である。それは、確かに、自然科学について、きわめて制限された意味以上で、豊富な研究活動が論争を前進させたかどうかを知ることよりも困難である。科学にならって哲学を科学へと変えようとする努力（フッサール）、何らかの方法で哲学を科学に対する注釈へと還元しようとする努力（カルナップ）、あるいはまた、厳密に言葉を用いようとする努力は、自然科学と同じ方法やこれに類似した方法によって、哲学を評価することを可能にはしないのである。

科学的問題を解決する場合、より優れたアプローチの一つは、例えば、新しいタイプの予測を案出して、他の競合相手よりも先に進んだ主張を提示することかもしれない。例えば、水星の近日点の歳差とは、この惑星の奇妙な形をした軌道についての専門用語であって、これに説明を与えうる可能性をつうじて、一般相対性理論はニュートン力学を越えていくのである。しかしながら、哲学は、経験的な予測を立てるわけではないので、哲学理論と知識に対する自身の主張を正当化する経験との関係に、自然科学のように頼ることができない。異なる戦略は、哲学と自然科学とのある相違を利用することにある。自然科学は、特殊な知識の問題に携わる。例えば、新しい惑星を発見することや、それがひとたび発見されれば、その惑星の軌道を計算することに携わるのである。他方、哲学は、知識の問題一般に携わる。このことは、認識論における前進という点で、われわれが哲学における哲学的進歩の測定が可能であることを示唆している。

知識の問題を解決するために、さまざまな戦略が示唆されてきた。われわれは、このうちのいくつかを本書で概観した。最もありふれたアプローチは、形而上学的実在論の一種か、あるいは精神から独立した外的世界をあるがままに知るという主張である。この主張は、プラトンにまでその伝統を遡り、並外れてありふれているにもかかわらず、これまで一度も論証されたことがない。繰り返し強調したように、われわれが実在をあるがままに実際に把握することを知る方法は存在しないので、これに取って代わる戦略が示唆されてきた。デカルトは、ユークリッド幾何学というモデルを念頭におきつつ、認識論的基礎づけ主義を強調する。簡略化すれば、これは、第一原理と一組の諸原理から縫い目のない織物を編むような試みとして記述されうる。こうした原理が真であると知られるのは、確実性をもって世界を把握すると考えられうる観念の厳密な演繹によるのである。ところが、この場合には、確実性は真理に到達していない。というのも、世界というわれわれの観念が一対一に、または観念一般として世界と相応することを示す方法は存在しないからである。これと同じ困難がその後、基礎づけ主義者のテーマのヴァリアントにつきまとうことになる。カントは、一組のカテゴリーを演繹して、表象からヌーメナないし物自体への推論をわれわれに許容する。フレーゲに始まる分析哲学者は、指示の問題を分析して、どのようにして語が事物に関係するか、あるいはまた、どのようにして言語が世界につなぎ止められているかを決定する。またフッサールは、超越論的地平から生活世界を研究するという狙いから、本質を直観するために還元を案出する。これらのうちのいずれのモデルでも、もしもそれが機能すれば、基礎づけ主義の形式をつうじて認識論的問題を解決する仕方で、知識へといたることが意図されている。そのさいには、真正の哲学的進歩が明示されるはずである。

進歩は、確かに次の場合に存在する。それは、より古い見解を除外し、新しい運動を創出し、古いテーマのヴァリエーションを提案し、そして新しいテーマを発見する、といった場合である。しかしながら、もしも進歩を測るのが形而上学的に実在するものの知識を論証しうることにあるとすれば、このような知識が、したがって哲学の進歩が何らかのかたちで存在することは、決して明らかとはならない。カントによるカテゴリーの演繹に満足する人は、おそらく誰もいない。デカルトが観念から世界への推論を正当化できないのと同様に、カントもまた、表象から対象への推論を正当化することができない。カントは、認識論的原理としての神を放棄するところで正しい道筋に乗っていたにもかかわらず、デカルトの問題の解決に失敗している。この問題は、カントが現象（あるいは表象）と呼ぶ心のなかの観念と、精神から独立した外的世界との関係にかかわっている。フッサールもまた、同じ課題に失敗しているが、それは異なった理由による。生活世界から超越論的自我への撤退は、世界へと立ち戻るどのような方法も与えず、したがって超越論的地平で生活世界を精査するという主張を正当化するどのような方法も与えないのである。

ある理論か、または他の理論が知識の問題を事実上最終的に解決した、と主張するために頼りにできるような方法は存在しない。これまで企てられたすべての「解決」は、必ずこれに反対する議論と衝突し、いずれ論争を終わらせられるという現実的な見込みが判然としないまま、それを拡大するだけである。[1] 哲学における進歩を測ることは、知識の問題に対して企てられた「解答」と結びつけるのでは、困難なように思われる。もう一つ別の、おそらくいっそう望みのあるアプローチは、論争における議論の状況の時間的な前後関係を詳細に調査することである。

この論点は、哲学の本性にかんする二つの見解の間にある相違に注目することによって、明らかにできる。プラトンの対話篇で描写されているソクラテスから、プラトンの航跡のなかでその後に現われたプラトン主義へと変遷するなかで、重要な何かが生起した。プラトン主義は、プラトンとの正確な関係を知ることができない諸見解の集積である。というのも、プラトン自身の立場も知られないままであり、いまやそれを取り戻すことはできないからである。プラトン主義の特徴は、知ることには精神から独立した実在性にかんする知識が必要であるという、すでにパルメニデスによって定式化された考えにある。われわれは、すでにこのことに言及している。プラトン主義者にとって、知の主張が真であることは、そこで主張されている、認知される対象とそれを知る者との関係に基づく。これと対照的に、ソクラテスは、より弱く、きわめて異なる、おそらくいっそう信頼できそうな主張を打ち出す。ソクラテスの実践では、論争で掲げられた主張が議論の進展を経て吟味され、それから受け入れられるか、あるいはより多くの場合は拒絶される。ただし、このように受け入れられたり、拒絶されたりするのは、精神から独立した世界との関係についてではなく、継続中の論争との関係についてである。

この二つのアプローチの間の相違は、きわめて大きい。それはまた、どのように哲学を評価するかという問題に直接関係する。すべての哲学的理論は、真理を申し立てている。にもかかわらず「真理」は、さまざまな仕方で理解されている。われわれが形而上学的真理とより弱い弁証法的アプローチについてのよく知られた主張に反対しうるということは、有益である。プラトン主義者や、影響力のきわめて強いこのアプローチに影響された哲学者にとって、知を求める主張は有意味だが、これらは絶対的な主張であって、相対的ではない。このアプローチは、デカルト、カント、フッサールなどによる同様の主張に反映されている。実在そのものに近づいた観察者は、おそらく、それが選択されたパースペクティヴの内部で現われたとおりに真理を提示すると同意するにちがいない。しかしながら、ソクラテスのような人物にとって、哲学的主張は、決して絶対的ではなく、つねに相対的であり、異なる観点の弁証法的衝突を特徴とする議論の方向が必ず指標として付されている。

哲学は、主としてソクラテスではなく、プラトンに追従して、論争と相対的な主張とを回避しつつ、絶対的な知の主張に賛同してきた。しかしながら、絶対的な知の主張には矛盾があるので、ここで私は、哲学的主張を査定するいっそう優れた方法として、弁証法的モデルの一つのヴァージョンを採用することを提起したい。このモデルでは、認められうる限りで、異なるパースペクティヴが相互に対立する。例えば、プラグマティズムのアプローチの内部では、パースとジェイムズのどちらにより優れた真理論は見いだされるか、と問うことが有益である。しかし、われわれが、もしもとりわけプラグマティズムの真理論ではなく、パースペクティヴの制限なく真理に関心をもつなら、言うならば、パースとジェイムズの見解だけでなく、ハイデガーとタルスキーの見解や、ルカーチとデイヴィドソンの見解などを含む論争の一部に現われている主要なアプローチを比較するほうがいっそう望ましいのである。

◆カントは二十世紀の哲学の背景か

二十世紀の哲学には、煙が燻《くすぶ》っているだけでなく、いまだにその火が燃えているか。それを知るためには、われわれは、しばしば専門的な哲学には計り知れない範囲で起こっていて、いまなお起こり続けていることがらを評価する、ある種の基準や方法が必要である。異なる基準では、それだけに評価がゆだねられてしまう。例えば、受賞経歴や今のポスト、誰が何をどの出版社から出版して、誰の本が翻訳され、誰の仕事がより頻繁により多くの賛同を得て議論されているかを見るひともいるかもしれない。だが、それよりいっそう優れた有益な基準がカントによって与えられている。カントの『純粋理性批判』は、確かに近代の伝統のうちで最も重要であり、おそらく最も影響力ある単著の一つでさえある(2)。私が信じているように、もしもカントが彼の時代以降に起こった多くのことの基礎にあるなら、われわれは、前世紀に哲学で進行したことがらにアプローチする方法として、それがカントとどのように関係するかを問う以上に望ましいことはありえないのである。

私は、以下で次の考えを展開しておきたい。すなわち、二十世紀における哲学の一般的な主張は、この時期に進行した多くのことがらの背景であるカントとの関係から査定されうる、という考えである。これは確かに皮肉である。というのも、真の哲学は、先行および後続の伝統のいずれとも本質的に無関係である、とカントが信じているからである。カントによれば、カント以前に哲学は存在しなかったのであり、批判哲学のうちで彼が哲学を終わらせたので、カント以後に哲学者は存在しえないのである。だが、カントの同時代の哲学者は、異なる見解を採った。彼らは、カントに鼓舞されたにもかかわらず、ごく稀な例外はあるものの、カントの理論は不完全でさらに展開される必要がある、と信じた。カント以後の伝統は、主としてカントの立場に対する直接および間接の反作用によって構成されている。十九世紀のドイツ観念論は、カント以後のドイツ観念論としてしばしば知られている。この名前に示唆されているように、ドイツ観念論をカントの観念論に対する一連の反作用として理解するのは、有益なことであろう。この理解はまた、十九世紀後半の哲学にとっても当てはまる。一八三一年のヘーゲルの死後、ヘーゲル学派の解体がカントへの回帰にいたったことがこれに含まれる。条件つきではあるが、十九世紀後半のドイツで増大したカントへの回帰は、新カント学派の流れのなかで最高潮に達した。結局、この理解はまた、二十世紀の哲学の込み入った展開にも当てはまる。二十世紀哲学の展開は、主としてカントに対する一連の反作用として直接的および間接的に理解されうる。

カントとの関係で二十世紀の論争を考察するのは、二重の意味で有利である。第一に、この考察は、知ってか知らずか、多様な立場を論争の一部として、いずれかの立場を一つだけ取り出すよりも広く深く理解する方法を与える。多様な立場の起源は、究極的には、ギリシアの古風な姿で覆い隠されている。その時代をそれぞれ支配した主要な諸傾向がそのときどきに生じたが、いわば概念的に希薄な雰囲気から外に出て、自律的に生じたわけでもなければ、先例がなかったわけでもない。むしろ、先行する西洋哲学の伝統全体を基礎にして、これらの傾向が生じたのである。このアプローチの第二の有利さは、共有された、したがってありふれたカント的なバックグラウンドに対して、二十世紀の哲学が評価されうることをこの考察が示すことにある。

この主張は、明らかに論争的である。過去の哲学との関係を絶ち切るのに成功したと信じる人であれば、これに反対するであろう。例えば、ヘーゲルとドイツ観念論の伝統との関係を絶ち切ったと信じるマルクス主義者や、観念論との関係を絶ち切ったと主張する分析的思想家である。他の思想家からの連続的な影響を見抜いている人もまた、反対するかもしれない。メルロ＝ポンティは、先に引用した前世紀中頃の著作の一節で、この一〇〇年に起こったことすべてはさまざまな点で、ヘーゲルに帰されるべきである、と示唆している。(3) しかしながら、二つの見解は両立不可能ではない。というのも、ヘーゲルは実質的に彼の著作のすべての頁でカントへの反作用を示しているが、多くの点ではあらゆるカント主義者のなかで最も偉大な哲学者だからである。二十世紀の哲学をカントおよびヘーゲルに対する一連の反作用とみなす一方で、カントがヘーゲルの立場に決定的な影響を及ぼしたと見るのは、完全に両立するのである。

カントの影響は、さまざまな点で、ここで考察された二十世紀の運動それぞれに深く刻み込まれている。マルクスは、最も深くヘーゲルの影響を受けているが、マルクス主義の創始者エンゲルスは、さらに深くカントの影響を受けている。マルクスはヘーゲルから切り離すことはできないが、このことがマルクス主義者に当てはまるわけではない。むしろ、マルクス主義は、カントから切り離すことができない。エンゲルスは、カントにかんする知識に乏しかったが、カントからヘーゲルにいたるドイツ観念論は、カントの物自体という概念によって提出された問題の解決に関心を寄せている、という見解を提示する。マルクス主義は、カントとカント以後のドイツ観念論がカントの問題を解決できず、のちにマルクスだけが解決したと論じるなかで、カント的議論をカントに適用する。マルクス主義におけるカント的次元は、その後、ただ一人の最も重要なマルクス主義哲学者であるルカーチと、他の人々によって補強されている。哲学におけるカントのコペルニクス的革命は、認知形式がその対象を把握するのに適合していなければならないという考えに目を向けさせる。ルカーチは、この洞察に従って、次のことを詳細に論じている。すなわち、資本主義では、マルクス主義者がブルジョワ哲学と呼ぶものや、広い意味であらゆる種類のブルジョワ思想は、近代産業社会を知るために不適切であり、近代産業社会は、ただマルクス主義によってのみ知ることができるのである。

マルクス主義は、思想がその対象に適合していなければならないとするカントの洞察を保持する一方で、カントの反文脈主義を変更する。マルクス主義は、周囲の社会的文脈との関係によって、古典ドイツ哲学と名指されたドイツ観念論が、その対象を把握するために適切ではない、と主張する。一般的に言えば、プラグマティズムは、マルクス主義者であれば、理論から実践へのシフトと呼ぶようなものによって、知識の問題を実践的な問題ないし諸問題へと変換することで、カントの理論的アプリオリズムを拒絶する。

カントの批判哲学は、デカルト的基礎づけ主義の背後にある衝動を実現する途上での大きなステップである。パースによるデカルト批判、つまり彼によるデカルトの認識論的基礎づけ主義の拒絶は、カントの批判哲学の拒絶と見なされる。パースとカントとの関係は、次のように表現できる。すなわち、パースの一連の学説は、彼がプラグマティズムを仕上げる行程で拒絶した、カントの学説の代替案である、と。パースは、確実性の代わりに、疑問の余地なく先に進められた結果としての信念を置く。アプリオリな演繹的アプローチの代わりに、断固たるアポステリオリな実験的アプローチを置く。このアプローチでは、精神から独立した実在を知ると主張することは決してできない。パースは、この知の主張を不合理なゴールとして拒絶する。自然科学を基礎づけようとする哲学的努力は、おそらく、その哲学自体の真理の主張を保証することはできない。パースは、これらの努力に対して、自然科学が哲学から解放されていて、知の主張に対してそれ独自の正当な理由がある、と提案する。必当然的で、したがって訂正不可能な断定は、デカルトとカントの両者に刻印されている。これらの断定の代わりに、パースは、原理的に決して必当然的でなく、つねに後から訂正可能な断定を置く。パースは、知の過程が本質的に歴史的だと考えられなかった。基本的にこの一点を除けば、これらすべての変更によって、パースは、自身が意識しているように、ヘーゲルが進んだ軌道に乗せられているのである。

大陸哲学に対するカントの影響は、異常なまでに複雑である。批判哲学の認識論的な一撃は、最終的に厳密な学として哲学を構築しようとするフッサールの努力のなかで生きている。こうした努力は、フッサールによるカントの読解やカントに対する反作用から見て、彼の現象学期の主要なプロジェクトである。このプロジェクトは、フッサールの著作の多様なレヴェルで、すなわち『論理学研究』第一巻における心理主義に対するまさにカント的な攻撃にも、純粋論理学と応用論理学というカント的な区別にも、反映されている。フッサールが、学一般の可能性の条件を仕上げるという意図によって、自身の立場にこうした区別を残した時点を過ぎた以降でも、そうである。(5) 大陸哲学に対するカントの影響は、存在論としての現象学というハイデガーの反フッサール的な再定式化のうちでも、等しく強力である。(4) ハイデガーは、敬意に値するカント学者であった。カントおよびその見解に対する言及と分析は、ハイデガーの著作の広くいたるところにあり、なかでも『存在と時間』には豊富に散りばめられている。ハイデガーは、カントの批判哲学を存在論に対する努力として読み直す。こうした努力は、彼自身の立場に引き継がれ、そこで深められ、おそらく完成される。『カントと形而上学の問題』では、カントの唯一正統の後継者という役割を自身に振り当てている。ハイデガーによれば、カントは、超越論的構想力の分析を指示しているが、そこから退却している。(6) この主張は、ハイデガーがカントのプロジェクトを認めて、完成させる哲学者である、と指摘しているのである。

分析哲学とカントとの関係は深く——ムーアとラッセルは、両者とも博士論文でカントにかかわっている。ムーアはカントの倫理学について執筆し、ラッセルは幾何学の非カント的見解を仕上げた——きわめて複雑である。一般的に言えば、分析的思想家は、アプリオリな総合判断を拒否して、さらに観念論の回避の一部分をなす超越論的観念論を避ける一方で、指示の問題にかかわる傾向がある。知の表象主義のアプローチに対するカントの関与を実行しようとするアングロ＝アメリカの分析哲学の試みにとって、指示の問題は中心的である。

分析哲学は、カントに対する反作用のうちで、例えば、アプリオリというカントの着想の拒絶によって現われた、とこれまで論じられてきた。(7) さらに、分析哲学は鍵となるカント的学説の一連の拒絶を通じて展開している、と論じられてきた[8]。おそらく、分析哲学とカントとの最も明確で積極的な結びつきは、形式的な指示の理論を展開しようとしてきたフレーゲ以来の分析哲学の努力にある[9]。おそらく、表象と対象との関係の分析を要求する知識の問題にかんするカント独自の見解は、ときおり簡略化されて述べられるように、どのようにして語が事物に、言語が世界につなぎ止められているかを理解しようとする分析哲学の努力に生きている。一つないし一連の論理パズルとして、言語と指示物との関係にかかわる知識問題の表象主義的解決へと向かうカントの認識論的関心に改めて焦点を絞ると、そこに相違点が現われている。このカントの関心は、決してポピュラーなテーマではないが、分析的思考の縦横全体を貫く赤い糸のように続いている。それは、フレーゲによる意義と指示との区別から、指示を理解する手段としての「表意すること」というラッセルの概念を経由して、次にラッセルが指示と断定という異なるものを一つにしているとするストローソンの見解や、さらに指示の因果説と呼ばれるものでの、全可能的世界における適用としての厳密な指示子というクリプキの説明などにいたる[10]。もしも指示の問題の形式的な解決が少なくとも言語にかんして考え出されたとしても、それは表象と対象との関係に説明を与えてはいないであろう。カントは、この説明を求めて、それを述べることに失敗している。

◆二十世紀の哲学では何が成し遂げられたか

重要な思想家は、個人としてまた集団として、印象的な一連の著作や、きわめて賢明でしばしば才気溢れてさえいる洞察の責任を負っている。二十世紀は、こうした思想家で満ちている。しかしながら、われわれは、カントが『純粋理性批判』で分析している主要なテーマに関係した進歩を考えるならば、次のように結論づけなければならない。すなわち、二十世紀の議論は、おそらく、カント的なテーマに取り組む場合にではなく、むしろカントから逸脱する場合に最も興味深い。それも、古い問題関心に対して新しい解決を創出するためでなく、新しいテーマと新しい問いに対して新しい解答を創出するために、カントから逸脱するのである。同じ論点を別の仕方で述べれば、もしもカントが基準になれば、カント自身が関与したことがらについてはほとんど進歩していないであろう。のちの思想家は、おそらく、カントが歩んだ道をさらに下っていくことよりも、むしろ主題を変更してより古いカント以前のテーマのヴァリエーションを与え、新しいテーマを創出して精査することに最も成功し、したがって最も貢献している。

ここで概説した二十世紀の諸運動のなかでは、おそらく分析哲学が認識論のレヴェルでカントと直接に一戦を交えようとしている。私は、表象主義者と構成主義者との調和しない異なる知識へのアプローチに対する、カントの同時的で首尾一貫しないコミットメントをこれまで強調してきた。カント以前では、知識に対する主要な近代的アプローチは表象主義であり、これはデカルトやロック、その他のいわゆる「観念の新しい方法」の追従者に関係づけられる。分析哲学は、このアプローチに強く影響されている。分析哲学は、その多くの形式すべてについて、表象主義者の方法に近いところにとどまっている。カントは、この方法に対して、知識の認識論的問題を独自に提示するのである。

指示についての分析〔哲学〕の論争は、多くの場合にきわめて独創的ではあるが、結局成功していない試みと見なされる。この試みでは、さまざまな手段により、表象主義者の方向に沿って認識論的問題の形式的な解決を考え出そうとする。分析〔哲学〕のアプローチは、おおまかには、フレーゲを先駆けとする意義ないし意味と指示との区別に基づく。フレーゲは、この区別を手助けにして、宵の明星と明けの明星との関係の場合のように、同一性のパズルを取り扱うことを意図している[11]。指示は意義によって決定されるとするフレーゲの見解は、のちに指示と意味とにかんする表象理論についてのきわめて複雑な継続中の論争に導いた。この論争に新たに加わったものには、ラッセルの指示理論、前期ウィトゲンシュタインの言語にかんする写像理論——使用における意味の理論にその後賛同して、こちらは捨てられる——ラッセルの論理的原子論、クワインの意味の理論に対する攻撃、そしてタルスキーに訴えたデイヴィドソンの後退などが含まれる。

これらの議論は、それぞれが独創的で複雑である。ここでは、それらにふさわしく細部にわたって考察する紙幅の余裕はない。そこで、次のように言うだけにとどめよう。すなわち、一般に合意されているように、分析〔哲学〕は、指示の問題に対する形式的な解決を考え出そうと努力し、したがってカントによって早くからスケッチされていた知識に対する表象主義者のアプローチを実行しようと努力したが、これらの努力は失敗に終わった。指示に対する形式的な分析〔哲学〕のアプローチは、失敗したと広く見られている。実際、この事実は確かに、ブランダムによって簡略化された、いわゆる指示への「推論主義者」のアプローチが最近多くの注目を集めている理由の一つである[12]。

分析哲学には、他に多くの利点がある。しかしながら、知識の問題に対する表象主義的解決に対するカントの特殊な関与を推し進めようとする努力としては、分析哲学は不発に終わっている。この失敗した努力は、意図せずして、知識の問題に対する表象主義的アプローチに対するカント自身の不満を確固たるものにする。

マルクス主義とプラグマティズムは、両者とも分析哲学と同様に知識にかかわっている。もっとも、マルクス主義に比べて、プラグマティズムは、それほど強い関心がない。マルクス主義者の分析は、カントおよびヘーゲルにとって依然として中心的な基礎的区別の再利用を頼りにしている。カントにとって、フェノメナは精神から独立の外的対象を表象する現象である。マルクス主義は、認識主観にかんする異なる着想に訴えて、このカント的なテーマについてのきわめて異なるヴァリエーションを提案する。カントは、反文脈主義者であり、知を主張するさいに、認識主観が周囲の世界との関係によってどのような仕方でも拘束され制限されないことを前提する。しかし、マルクス主義は、例えば、イデオロギーの概念を頼りにして次のように主張する点で、文脈主義である。すなわち、ブルジョワ思想家は、近代産業社会との関係に拘束されており、彼らは近代産業社会を体系的に誤って説明している、と。マルクス主義は、自分たちだけがイデオロギー的に歪められた偽りの現象に含まれるイデオロギー上の幻想の覆いを突き抜けることができると信じているが、その理由が適切な仕方ではっきりと示されたことはないのである。

マルクス主義は、正しい条件のもとでわれわれが世界をあるがままに知ることができ、また実際に知っている、という確信を表象主義と共有する。それは、次の二点について標準的な形式での表象主義とは異なる。第一に、すでに触れたように、マルクス主義は文脈主義に訴える。第二に、マルクス主義は悪名高い真理と知識の反映論に依拠する。思想と文脈との関係は、両者とも知識に対するマルクス主義者のアプローチの重要な洞察でもあれば、主要な弱点でもある。ある状況下で認知的主張がこれを定式化する周囲との関係によって弱められるのは、明白であるように思われる。しかしながら、思想は本来つねに文脈的であり、言い換えれば、文脈は、われわれの知りうるものを歪めるだけでなく、それを構築することもある、というヘーゲル主義者の主要論点に対して、マルクス主義の思想家は無感覚であるように思われる。

観念の新しい方法は、精神から独立した外的世界と観念との関係に対する主張に依存する。真理の反映論にかんしては、マルクス主義は、観念の新しい方法を信じ込み、したがって表象についての表象を示しえないことを含むその困難すべての餌食になっている。マルクス主義者の主張では、彼らが「ブルジョワ哲学」と呼ぶものが、マルクス主義ではないにもかかわらず、周囲の状況との関係によって土台が崩されている。この主張は、認識論的特権への暗示的な訴えを頼りにしているが、こうした特権は受け入れ難く論証不可能である。マルクス主義者の主張を含むどのような既定の認知的主張も、たんなる歪曲のもう一つの形式ではなく、事実上正しく世界を描写し「映し出している」、と示すことはできない。幾人かのマルクス主義者は、反映論とは距離をとっており、ルカーチは、それが人を当惑させるものだと見なす。しかしながら、男女労働者のために定式化されている理論は、まさにただそれゆえに幻想を巧みに避けることができる、と言い張る以上の解決策がルカーチにはなかった。これは確かにより好ましい正当化が求められる主張である。

フッサールによって創出された二十世紀の現象学の形式のうちには、強い認識論的な衝動がある。ハイデガー、サルトル、メルロ゠ポンティ、ガダマーのようなのちの思想家には、こうした衝動がまったくないわけではないにせよ、それは弱められている。

フッサールは、彼がもっぱらデカルト、カント、フィヒテと結びつけて考える厳密な学としての哲学の理想を、現象学によって実現することを意図する。フッサールの全プロジェクトの土台を崩している克服不可能な困難については、すでに私は指摘した。すなわち、フッサールは、超越論的地平の上で定式化された主張が彼自身によって生活世界と呼ばれるものに適用されたり、あるいはそれを正しく記述したりする、と示すことができない。これは、カントが表象（または現象）と呼ぶものと物自体とを関係づけることができないことと、直接的な類比関係にある。もしも知識の問題がカント的な様式で、すなわち精神から独立の対象を知る方法について説明することであると、あるいは逆に、精神に依存して構成された対象を知ることであると理解されるなら、フッサールの現象学は、これとは異なる一連の問題群にかかわっている、と言わなければならない。というのも、フッサールは、還元によって現実存在を括弧に入れ、したがって存在するものについての知識を括弧に入れるからである。

認識論的なテーマは、ハイデガーによって明確にされているのではなく、さらに混乱させられているだけである。少なくとも公式には、ハイデガーは認識論にまったくかかわっていない。ハイデガーの洞察力あるカント読解は、きわめて重要であるにもかかわらず、カントが見てとったような知識の問題の解決には直接的に貢献していない。しかしながら、ハイデガーの立場には、多くの認識論的な側面があり、[13] それらがすべて明確に述べられているわけではない。例えば、ハイデガーは、真理にかんして両立不可能な異なる見解を明らかにしている。すなわち、現象学的であり、したがって必当然的なものとしての真理と、解釈学的であり、したがって解釈可能なものとしての真理である。フッサールから影響を受けた後の現象学者の間では、おそらくメルロ＝ポンティが認識論の標準的な着想に最も近づいている。しかしながら、彼は、知識についてカントの非歴史的な着想よりヘーゲルの歴史的な着想に近いので、おそらく彼が認識論をどれほど進歩させていようとも、それはヘーゲルに対する関心によるものであって、カントに対するそれではないのである。

二十世紀の哲学のすべての重要な運動のなかでは、プラグマティズムがカントによって開かれた道を最も先に進んでいる、と私は信じている。パースはカントに没頭していた。しかし、おそらくパースとヘーゲルとの関係は、知識の問題の解決にとってより有意義である。二人の正確な関係は謎である。その真理がどのようなものであれ、十九世紀後半にパースは、デカルト的基礎づけ主義を批判し拒絶する一方で、同時に彼のスケッチした探究の理論は、ヘーゲルが『精神現象学』序論で表現した理論に類似していることに注目すべきである。知識が疑念と信念との間で舵を取っていく過程であるとするパースの考えは、知識の過程が一連の理論をさらに経験に対して吟味することであるというヘーゲルの着想に類似しており、おそらくそれをモデルにさえしている。両者とも、試行錯誤の過程の結果を知識とする、よく知られた見解のヴァリエーションである。対象についての理論が完全に対象に対応するとき、その日が来れば、われわれにとっての対象と対象それ自体とヘーゲルが呼ぶもの、大雑把に言えば、意識のなかで最初に現われる対象と最後に現われる対象とは一致する、とヘーゲルは予想している。パースの認知的過程の結果としての実在性という見解は、このヘーゲルの予想の言い換えである。パースが知識へのヘーゲル的アプローチをプラグマティックに言い換えたことは、ジェイムズとデューイのなかでは、急速に薄められている。ジェイムズは、カントを軽視しており、真理論における彼自身の努力は、贔屓目にみても混乱しているとしか記述できない。デューイの見解では、例えば、愚かにも確実性を主張するような認識論的な結論が引き出されているが、彼の努力は、カントの問題群を解決することを意図しているわけではないのである。

◆ヘーゲル、カントの余波、そして二十世紀の哲学

二十世紀の主要な哲学的傾向がさまざまな点でカントから芽生えた、と私はこれまで論じてきた。しかしながら、哲学の場合には、後続する者がより優れているわけではない。というのも、何年経過しようともただ課題が吸収されるだけであり、あとは新しい考えに対する抵抗があるだけだからである。われわれは、まだカントの立場を見つけだす過程にある。最も優れた解釈の方法について、論争は続いている(14)。しかしながら、もしもカントが基準であれば、二十世紀がカントの主要な課題を推し進めているかどうかは明らかではない。

すでに述べたように、カントの航跡のなかで最も有能な思想家たちは、カントの立場が不完全であると信じて、哲学におけるコペルニクス的革命を完成させるためには、カントを越えたところに出る必要がある、と信じた。もしもこれが基準となれば、おそらくカントの貢献を展開して完成させるその後の最も重要な革新、最も大きなステップは、非歴史的な着想から歴史的な着想へという知識に対するカント的アプローチのカント以後の変換にある。知識の問題に歴史的次元を導入することは、そのアプローチを全体的に変換する。少なくとも標準的には、カントによる知識の普遍的条件についての超越論的研究は、知識にかんするアプリオリな着想を指示している。つまり、時間と場所に無関係であり、したがって非歴史的な着想である。カントの航跡のなかでは、これはただちに変更される。ヘーゲルへと展開したカント以後の観念論者の系統は、知識の主張にかんする完全に歴史的な着想に導く。この着想には、時間と場所が、し

たがって歴史的な契機が指標として付されている。問題点を挙げる方法の一つは、ヘーゲルがフィヒテとシェリングをまとめ上げていくなかで、カント的な構成主義に賛同しつつその表象主義を拒絶していることにある。ヘーゲルは、カント的な構成主義を、アプリオリな構成としてではなく、歴史的な空間のうちでの有限な人間によるアポステリオリな構成として理解しているのである。

ヘーゲルは、認識論と結びつけられることがそれほど多くなく、また科学の哲学と結びつけられることはいっそう少ないので、具体的に述べることが有益であるかもしれない。このアプローチについての一つの重要な発言は、『精神現象学』序論に見られる。ヘーゲルは、カントから距離をとりつつ、知を過程として描いて、知の条件が知の過程から切り離すことができない、と提案する。ヘーゲルによれば、われわれの認知理論と認知される対象の両者は、知識の過程で発展する。もしも経験のうちで対象についてのわれわれの見解がその対象と合致すれば、認知の過程は終了するであろう。知の主張は、つねに歴史的な契機に関連した理論に依存する。こうした理論は、そこで知の主張が定式化され思いのままになるが、のちに変更されるかもしれないのである。

ヘーゲルの立場では、知識の過程の歴史的な本性が指摘されている。カントの航跡のなかで知識の問題を徹底的に考え抜くことによって、この本性は理解される。ヘーゲルは、次のようなカントの洞察を展開させる。すなわち、われわれが構成する対象は、われわれがアプリオリに知るのでもなければ、非歴史的に知るのでもなく、アポステリオリに、実践のなかで、歴史的過程を経て知る。例えば、自然研究の行程における科学理論の定式化によって、そのように知るのである。ヘーゲルによる知の過程の歴史性に対する洞察は、二十世紀の知識にかんする議論に主として欠けている。パースは、おそらくヘーゲルに最も近かった哲学者であり、知識が過程のなかで生ずると理解しているが、この過程を歴史的なものと決して同一視してはいない。後期ウィトゲンシュタインは、知の主張が文脈に依存するとみるが、その歴史的な展開を決して把握してはいない。私は、〔最後に〕次の提案をしたい。すなわち、認識論の歴史的次元は、どのようにして批判哲学を前進させ完成させるか、という十九世紀のカント以後のドイツ観念論者の論争の成果であった。もしもカントの認識論がわれわれの基準となれば、カントが理解しているような知識の問題の解決に向かう最も重要なステップは、この歴史的次元を取り戻すことにある。

監訳者あとがき

この「あとがき」では、読者の便宜を図るために、最初に、原著者の略歴及び最新の研究活動を含む業績の紹介を行なう。次に、本書の解説を兼ねて、本書の狙い・執筆意図及び基本特徴、意義などについて触れる。最後に、本書の考察方法や論述内容、とりわけ著者のカント解釈に対する若干の疑問や問題点の指摘などを試みる。

1

本書は、Tom Rockmore, *In Kant's Wake: Philosophy in the Twentieth Century*, Oxford, Blackwell Publishing, 2006 の全訳である。著者のトム・ロックモアは、一九四二年生まれのアメリカ合衆国の哲学者・哲学史研究者である。彼は、一九六三年にカールトン・カレッジ (Carleton College) を卒業後、ヴァンダービルト大学 (Vanderbilt University) で一九七四年に哲学博士の学位を取得し、一九九四年に、ポワティエ大学 (Université de Poitiers) で教授資格を取得した。彼は、一九八六年以来、現在までピッツバーグにあるデューケイン大学（Duquesne University）の哲学教授として教鞭をとり、カント、ヘーゲル、マルクス、ハイデガーなどのドイツの哲学者だけでなく、現代のアメリカ哲学を代表する哲学者リチャード・ローティの思想などについても講じ、精力的な教育・研究活動を続けている。ロックモアについては、日本では、下記の訳書の影響などもあり、ハイデガー研究者ないしハイデガー批判者としての評価が定着しているようである。事実、彼の著作のうち、邦訳名『ハイデガー哲学とナチズム』（一九九二年。邦訳、北海道大学図書刊行会、一九九九年）及び『ハイデガーとフランス哲学』（一九九五年。邦訳、法政大学出版局、二〇〇五年）の二冊のハイデガーに関連する書物が翻訳・紹介されている。だが、彼の多数のドイツ哲学研究書のうちでカント哲学にかんする書物の翻訳は、本訳書が最初である。参考までに、下記のようなロックモアの著作リストを掲載したのは、この機会に彼の研究業績に対する日本の読者による上述の一面的な評価を正したい、と筆者が考えたからである。近年のアメリカ合衆国やカナダにおけるドイツ近現代哲学の研究の進展は、目覚ましいものがある。本書を含めたロックモアの業績もまた、そうした多くの優れた蓄積の一つにすぎない、と言ってよい。

ロックモアは、若い頃からカント及びドイツ観念論、フィヒテやヘーゲルなどのドイツ観念論哲学にかんする研究書や論文集を執筆・編集し刊行してきた。それに加えて、マルクス、ルカーチ、ハイデガー、ハーバーマスを含むフランクフルト学派の研究にも精力的に取り組み、現代アメリカを代表するドイツ近現代哲学の研究者となった。当然のことながら、ロックモアは、分析哲学の隆盛なアメリカ合衆国のなかで長年研究・教育活動に従事しているかぎり、アメリカでのこの傾向の最新研究活動にかかわり、同時にその成果を活かしながら、現代哲学の主要動向に十分な目配りをしつつ、ドイツ哲学の研究を精力的に続けている。したがって、彼のドイツ哲学の研究方法やドイツ哲学に対する評価もまた、プラグマティズムの立場の傾向から試みられている、と言ってよい。しかし、彼の主要な研究の関心は、認識論ないし認知科学にあり、同時に哲学と政治学との関係をめぐる問題群にも向けられている。

本訳書以後に刊行されたロックモアの最新の研究書には、『カントとアイデアリズム』(*Kant and Idealism*, Yale University Press 2007, 286pp.) がある。この書物は、このたび翻訳した本書の続編とも言えるカント哲学の「超越論的観念論」の内実を主題的に取り上げて、その意義及び制限などについて、他のアイデアリズム、例えば、プラトン的なそれやドイツやイギリスのアイデアリズム、その後のアイデアリズムの展開などとの関連から哲学的な諸課題に取り組んでいる。この新著でも、ロックモアは、本訳書でのカント解釈の前提とするカント哲学の両立不可能な「表象主義」と「構成主義」との二つの解釈の立場から、カントのアイデアリズムの本質に切り込もうとしているのである。新著に関心のある読者は、それを直接参照いただきたい。

——2

次に、ロックモアの現在までの主な業績に一瞥を投じてみたい。彼の主要な問題関心や研究動向を理解するうえで有益な資料ともなるので、単行書に限定して彼の主要著作の刊行順に列挙しておく。したがって、彼の編著や論文については、省略させていただくことをお断りしておきたい。

Fichte, Marx and German Philosophy, Carbondale: Southern Illinois University Press, 1980.

Soviet Marxism and Alternatives, with T. Blakeley, J. Colbert and W. Gavin, Boston: Reidel, 1981.

Hegel's Circular Epistemology, Bloomington: Indiana University Press, 1986.

Habermas on Historical Materialism, Bloomington and London: Indiana University Press, 1989.

Irrationalism. Lukács and the Marxist View of Reason, Philadelphia: Temple University Press, 1992.

On Heidegger's Nazism and Philosophy, Berkeley: University of California Press and Harverster Wheatsheaf, 1992. 2nd edition, 1997.（邦訳名『ハイデガー哲学とナチズム』奥谷浩一・小野滋男・鈴木恒夫・横田栄一訳、北海道大学図書刊行会、一九九九年十一月）

Hegel et la tradition philosophique allemande, Bruxelles: Editions Ousia, 1994.

Heidegger and French Philosophy: Humanism, Anti-Humanism and Being, London:Routledge, 1995.（邦訳名『ハイデガーとフランス哲学』北川東子・仲正昌樹監訳、法政大学出版局、二〇〇五年十月）

On Hegel's Epistemology and Contemporary Philosophy, Atlantic Highlands, NJ: Humanities Press International, 1996.

Cognition: An Introduction to Hegel's Phenomenology of Spirit, Berkeley: University of California Press, 1997.

Marx After Marxism: An Introduction to the Philosophy of Karl Marx, Oxford: Blackwells, 2002.

Before and After Hegel: A Historical Introduction to Hegel's Thought, Indianapolis: Hackettt, 2003.

On Foundationalism: A Strategy for Metaphysical Realism, Lanham: Rowman and Littlefield, 2004.

On Constructivist Epistemology, Lanham Rowman and Littlefield, 2005.

Hegel, Idealism and Analytic Philosophy, New Haven: Yale University Press, 2005.

In Kant's Wake: Philosophy in the Twentieth Century, Oxford: Blackwell, 2006.（本訳書）

Kant and Idealism, New Haven and London: Yale University Press, 2007.

ロックモアの主要著作は、以上の文献リストで網羅されている。このリストを一瞥しただけでも、読者は、彼の精力的な研究活動と一貫した問題関心、そして彼の哲学的思索の展開の過程を容易に読み取ることができるであろう。同時にまた、彼の研究活動における本訳書の位置もまた、明らかとなるはずである。

3

そこでまず、原書のタイトルを手がかりに、本訳書の簡単な解説を行なう。読者のなかには、メイン・タイトルの含意がにわかに読み取り難く、サブ・タイトルとの関係も理解し難いと感じられる方々もいると予想される。しかし、後述の理由から、監訳者及び訳者は、訳書名を原書表記に即して『カントの航跡のなかで　二十世紀の哲学』と忠実に訳出した。実際、著者は、随所で「プラトンの航跡」を始めとして、哲学的諸潮流の影響作用史を「航跡」という言葉で表現しているからである。次に、本書の基本特徴の説明を兼ねて、著者の執筆意図を述べておきたい。第一に、本書は、そのタイトルから明らかなように、カント哲学の内在的解釈ないしカント研究書ではない。第二に、本書は、ロックモアが上記の幅広い関心のもとで精力的に研究してきた哲学及び哲学史研究の成果を踏まえて、カントの批判哲学の影響作用史を叙述した試みである。第三に、その意味で、本書は、現代哲学の論争の展開を踏まえて、カント哲学の問題提起を二十世紀の西洋哲学の展開過程と重ねあわせるという稀有な試みである、と言ってよい。

次に、本書の意図ないし著者の狙いについて、主要論点を簡単にまとめてみよう。第一に、本訳書の序論で著者は、二十世紀の西洋哲学全般の簡潔な見取り図を描き出し、その主要な動向を四点に絞って、それらの間の重要な論争を辿ることを意図している。具体的に列挙すれば、本書での考察対象は、まずアメリカのプラグマティズムであり、次にフランクフルト学派を含むマルクス主義哲学である。また、現象学を中心とする大陸哲学を扱い、最後にローティを含めたアングロ＝アメリカの分析哲学の考察を含んでいる。第二に、それによって著者は、現代の西洋哲学のこれら四つの主要動向の見取り図を提示するとともに、主要な人物の哲学及び思想形成と発展のプロセスを当時の歴史的・社会的文脈と不可分の出来事として理解している。また、こうした理解に基づいて、それらの関連を簡潔明瞭な仕方で描きだし、当時の思想状況のなかで行なわれた主要な論争点や課題を明らかにする。第三に、そのさい、ロックモアは、カントの批判哲学のうちに「表象主義」と「構成主義」という両立不可能な二つの立場を見いだし、この二つの立場の関連を手がかりとしてカント及びカント以後の哲学的課題の所在を明らかにする。カント以降の哲学的論争の歴史は、とりわけ二十世紀の論争全体は、多くが両立不可能なカントの読み方の選択の仕方と不可分である。第四に、これらの論述展開によって、現代の哲学は、カントの思考の両側面をもつ批判哲学とどのような関係があり、カント哲学及びカント学派、さらにカントの影響を受けてきた哲学者、カントを批判してきた哲学者とどのような論争的状況にあるかが明らかにされる。著者によれば、二十世紀の哲学の展開は、主としてカントに対する一連の反作用として理解可能である。第五に、しかし、これらの考察の範囲は、認識論・知識論の領域に限定されている。したがって本書では、カント及びそれ以降の哲学的論争について、理論哲学以外の実践哲学や美学・目的論・歴史哲学・法哲学・宗教哲学などの分野には立ち入らないのである。

次に本書の基本構成に従って、その主要な論述展開に一瞥を投じておく。まず、序論で著者は、上記のような本書の執筆の意図・狙い・目的と、そのための考察方法について論じている。主要な論点は、すでに紹介した内容以上ではない。そこで、以下では、カントと直接関連する範囲内で第一章から最終章・第七章までの論述の簡単な紹介を試みる。

「第一章　二十世紀の哲学の解釈に向けて」では、哲学と哲学史とは区別されるべきだという現代哲学の有力な解釈に対するロックモアの批判が強調されている。著者は、多くの現代哲学、とりわけ分析哲学やネオ・プラグマティストの見解とは異なり、哲学と哲学史とは不可分であるという立場を採る。著者のこの見解は、十分に評価されるべきである。なぜなら、日本の哲学者の認識には、多くの場合、古典的な哲学史研究と今日の哲学的課題が現代哲学にのみあるとする研究とに二分されている傾向が見られるからである。

一方で、哲学の王道は、古代哲学者の研究や古代以降の古典の哲学者の哲学史研究に代表される「純粋哲学」にあるという伝統的な見解がある。他方で、環境哲学や企業倫理学・情報倫理学などの「応用哲学」や「応用倫理学」、ハイデガー及びウィトゲンシュタイン以後の言語分析哲学やネオ・プラグマティズム、「心の哲学」と呼ばれる学問傾向や最新の脳科学と倫理・法及び「神経倫理」などのいわゆる応用哲学、応用倫理学の研究にのみ、哲学研究の意義を見いだそうとする立場も少なくない。著者のロックモアは、これらのいずれか一方の立場を採用するのではなく、両者の必要性を重視しているように思われる。さらにロックモアは、カントの批判哲学が二十世紀にいたるまで、四つの主要な思想傾向の転機に大きな影響を与えていることを指摘する。そこで著者は、手堅くカント自身の思想展開とその基本特徴の把握に向かうのである。

「第二章　カントとカント以後の論争」では、「カント哲学とカント以後の論争の最初の段階とを性格づけること」を意図する。広大な思想領域に及ぶカントの哲学的な寄与・貢献のなかで、ロックモアは、カントが最も影響力のある貢献を果たしてきた知識論に的を絞って論じる理由を説明し、その後、本格的な議論を開始する。まず近代哲学の思想的背景について簡単に触れ、次に同時代の哲学的背景に対するカントの関係に立ち入る。ここでもロックモアは、古代ギリシア以降の知識論の展開を射程に入れつつ、同時に基礎づけ主義と反基礎づけ主義との対立に見られる現代哲学の論争点を念頭に置いて、デカルト、ライプニッツ、ロック、ヒュームなどとの関連から、経験論と合理論との対立及びそれらに対するカントの取り組みの姿勢と解決の方向性の説明を試みている。次に、カントのマルクス・ヘルツ宛書簡や『教授就任論文』を手がかりにして、カントの批判期の思想的展開と基本特徴を明らかにして、さらに『純粋理性批判』におけるカントの二つの認識論的問題解決の方法を探求する。具体的に言えば、ここでの考察は、知識問題に対する表象主義と構成主義という、カントの問題解決のための二つのアプローチの仕方の存在を指摘し、前者の哲学におけるカントのコペルニクス的革命との相違点を照らし出すことに向けられている。

ロックモアは、批判哲学の本来のアプローチが構成主義にあることを強調する。表象主義者は、われわれの表象が経験の外部にある何かを指示する、と主張する。それに対して構成主義者は、心から独立した実在についての知識を主張するのではなく、われわれ自身が構成する客観に制限された知識との関係に固執する。さらに著者は、この解釈の立場から、カントのコペルニクス的革命、科学、そして形而上学などの相互連関に踏み込んでいく。そこでは、カントの批判哲学の本来のあり方である構成主義に依拠した、哲学と形而上学におけるカントのコペルニクス的革命の意義を確定する。カントの構成主義は、数学史および科学史についての自身の解釈に基づいている、という指摘も興味深い。また、カントの反心理学的主張がフレーゲやフッサールのような論理主義的主張に連なるという目配りは、第六章や第七章の議論と重ね合わせて読めば、著者の論述がいっそう理解しやすくなるであろう。最後に、カントの構成主義的な立場が非歴史的な概念を採用する理由に立ち入り、カントの哲学史的な位置と彼の制限に言及する。カントの知の歴史的な概念の新たな展開は、ヘーゲルそして歴史的転回に及ぶと述べている。著者によれば、いずれにしても知識問題をめぐるカント以後の論争や問題解決のさまざまなアプローチは、すべて「カントの航跡のなかで変化する」思想運動に属するのである。

「第三章　二十世紀のマルクス主義について」では、著者は、二十世紀の哲学運動を素描する場合に、マルクス主義から開始すべき理由について述べる。その主要な論点は、二十世紀における他のどの哲学の主要動向以上に、政治的な情況とは別の土壌で、今日でも真剣に検討されるべき哲学的アプローチとして重要性や価値をもつことにある。著者のこの主張には、「哲学を構成するあらゆる部分が、戦争、革命、科学的発見といった社会的、政治的、経済的、その他の変化に応答することは不可避である」という認識が前提に潜んでいる。そこでロックモアは、二十世紀のマルクス主義の哲学的運命を辿る作業から開始する。まず最初に、本章では哲学的運動としてのマルクス主義の性格づけを試みる。また、ロックモアは、哲学者としてのマルクスの重要性を強調する。マルクスは、ヘーゲル死後、キルケゴール、ニーチェと並ぶ最も重要な三人の人物の一人である。この主張は、伝統的なマルクス理解とは異なる。そこでロックモアは、自身の見解の正当性を明らかにするために、ヘーゲル、フォイエルバッハに対するマルクスの解釈を手がかりにして、マルクスとマルクス主義との差異化を試みる。第二に、その過程でロックモアは、マルクスとエンゲルスとの哲学的立場の相違を明らかにして、マルクス主義がエンゲルスに由来する哲学運動である、と断定する。ちなみに、エンゲルスのカント批判に触れて、彼がカントを誤解していると反論している点は、興味深い。第三に、本章では、ルカーチ、コルシュ、コジェーヴ、そしてヘーゲル・マルクス主義から、アドルノ、ホルクハイマー、マルクーゼ、ハーバーマスなどのフランクフルト学派にまで考察の射程を拡大する。

ロックモアによれば、二十世紀のマルクス主義者は、マルクスの遺産をめぐるヘーゲル・マルクス主義者と反ヘーゲル・マルクス主義者との闘争として整理可能である。そこで、これら両派の代表的思想家を順次取り上げて論じている。最後に、マルクス主義の影響下で誕生し、その後独自の発展を遂げたフランクフルト学派の代表的人物を二つの世代に区分して考察している。そこでは、ホルクハイマーのカント図式論の批判やハーバーマスのネオ・カント主義などに言及している。しかし、ここではフランクフルト学派による立ち入ったカント批判ないし批判哲学の評価などは見られない。本章の考察の成果は、上述の広義のマルクス主義がカントの歴史的・社会的文脈を無視した「純粋主義」に対する批判的見解であり、カントは経験の諸対象が社会的労働の所産であることを看過した、と指摘した点にある。

「第四章　認識論としてのプラグマティズム」では、アメリカのプラグマティズムの黄金時代に属する三人の主要な哲学者、パース、ジェイムズ、デューイにおけるプラグマティズムの思想的特徴とカントとの関係が考察される。第一に、パースはプラグマティズムをカント主義と同一視している。科学的探究の論理は、反デカルト的基礎づけ主義という性格をもつからである。他方、パースはカントの超越論哲学的思考及び表象主義的な見解から距離をとっている。

第二に、パースのプラグマティズムが、どのような意味でジェイムズやデューイから誤解されてきたかを指摘する。この事実は、その後のプラグマティズムの展開に対する影響だけでなく、カントとプラグマティズムとの距離及び影響関係を測定するのにも有効な考察方法である、と著者は考えている。第三に、プラグマティストは、認識論に対する反デカルト主義的な、ポスト基礎づけ主義者の実り豊かなアプローチを提案する。第四に、デイヴィドソン、パトナムを経てローティにいたると、アメリカの分析的ネオ・プラグマティズムは、カントの変形・変換にとどまらず、カント的な認識論の伝統と完全に関係を断ち切ろうとする。しかし、それでも、アメリカのプラグマティズムという、二十世紀哲学のこの主要な傾向もまた、カントの批判哲学に遡る論争を終わらせたわけではないという帰結が生じる。

「第五章　現象学としての大陸哲学」で注意すべきは、著者が、現象学運動を大陸哲学と重ね合わせて理解している点である。この運動には、解釈学、構造主義、ポストモダニズムやそれに関連する思想傾向が含まれる。つまり、本章での「現象学」とは、きわめて広い意味で理解される必要がある。こうした狙いを明確にするために、著者は、まずランベルト及びカントでの「現象」、「現象主義」、「現象学」の概念に触れ、「現象学の初期形態」にまで遡る。次に、ヘーゲルからフッサールと現象学運動の起源に立ち入る。さらに、ハイデガーとフッサール以降の現象学の展開に考察の目を転じ、サルトル、メルロ＝ポンティ、そしてフランス現象学の新たな発展形態に進む。最後に、ハイデガー解釈学の弟子たちのうちで最も大きな影響力を及ぼした、ガダマーとデリダを考察の対象とする。『厳密な学としての哲学』でフッサールは、カントと同様に自然主義、歴史主義がすべてを相対主義に、したがって懐疑主義に導くことを指摘し、これらを批判した。ロックモアによれば、この批判の対象には、ディルタイも含まれており、現代の自然主義、還元主義の立場、クワインやそれ以降の分析哲学にも妥当する。しかし、『ヨーロッパ諸学の危機と超越論的現象学』になると、フッサールは、カントが表明しなかった哲学的「前提」、すなわち外界を当然のものとみなす考えを批判する。そして哲学がナチズムに対する「唯一の効果的な砦」たりえないことを自覚し、「厳密な学としての哲学」という夢が潰えたことを痛感する。

一方ハイデガーは、『存在と時間』や『カントと形而上学の問題』で自身がカントの関心を解釈しうる唯一の人物であると位置づけている。要するに、カント以後のドイツ観念論やカッシーラーを含むドイツの新カント学派を批判しつつ、カントの批判哲学を考え抜き引き受けようとする。サルトルとカントとの関係については直接的言及はないが、メルロ＝ポンティの『知覚の現象学』序文でのフッサール現象学に対する批判は、カントやハイデガーに対する批判としても妥当する。同書でメルロ＝ポンティは、知のパースペクティヴ的な性格、その歴史的・文化的制約に注目している。この立場は、のちに『弁証法の冒険』で、マルクス主義が歴史の全体知を不正確に主張する試みに対する批判となる。

ガダマーによる伝統的な理性に対する批判は、同時に、彼の解釈が歴史的文脈に不可避的に組み込まれるということを意味する。これは、フッサールやハイデガーに対する批判でもあり、デカルト以来の伝統思想、したがってカント批判としても妥当する。デリダは、知のための議論はなにも機能しないと主張するわけではないが、結局のところ、彼もローティもまた、知は不可能になるとする懐疑主義に陥る危険性から免れない。ロックモアは、こうした状況から見て、現代の哲学が再びカントの批判哲学の精神を必要とする、と示唆しているように思われる。

「第六章　アングロ＝アメリカの分析哲学」では、著者は観念論に対する分析哲学の反抗について論じるさいに、まず「分析哲学」の明確な規定を試みる。第一に、「分析哲学」とは、中心となる哲学者をもたず、イギリス観念論に反対するという特別な目的のために集まった一種の連合であった。この点で「分析哲学」は、二十世紀の他の主要な哲学的傾向とは異なる。第二に、「分析哲学」は、カント以後のドイツの観念論哲学及びその影響下にあるイギリス観念論に対する批判として展開された。ここでロックモアは、短期間、観念論に与したムーアによる「観念論論駁」とカントによる「観念論論駁」との相違点だけでなく、両者の思想的な関連にも言及している。また、ムーアの「観念論論駁」の大きな思想的影響力を指摘している。これは、カント以後の「観念論」の展開を念頭に置いてみると、含蓄のある指摘であるように思われる。さらにこれによって生じた「分析哲学的転回」は、クワインにも見られる哲学史に対するある種の軽蔑ないし無視にも導く結果となった。パトナムに見られる哲学史に対する誤解は今日ようやく変化し始めている。

ロックモアによれば、「分析哲学」の展開については、ラッセルの指示理論の影響を経た、カルナップによるハイデガーの「形而上学」に対する批判は、カントの「悪しき形而上学」批判と類似性を有している。だが、ロックモアは、心の分析哲学とカントとの直接的関係には立ち入っていない。「ムーア、ラッセル、そして初期の分析哲学」の論述は、上記の論述と関連して、カント哲学の影響作用史ないし「カントの航跡」のなかでの現代哲学の哲学的論争史を辿るうえで、手がかりとなる興味深い論点を提示している。まずムーアの常識に依拠した知の主張の正当化は、カントから見れば、独断論に陥る危険性を免れない。この論点は、十八世紀のイギリスの常識学派や、ドイツ啓蒙思想家の代表者の一人であったモーゼス・メンデルスゾーンの常識の理論に対するカントの手厳しい批判を想起するとき、大いに示唆的である。他方、ラッセルのカント批判には、ここでは言及されていないので、この文脈での「カントの航跡」を辿ることは困難である。

「ウィトゲンシュタイン、ウィーン学団、そして日常言語哲学」及び「アメリカ合衆国の分析哲学」では、第一にウィトゲンシュタインから強い影響を受けた第三の分析哲学の潮流に属するウィーン学団の科学哲学が、第二に言語論的展開の明確な表現であるオックスフォード日常言語学派が、第三に第二次世界大戦後アメリカ合衆国で最盛期を迎えた傾向が主要な考察の対象とされている。まず、ウィーン学団の検証理論とカントのアプリオリな総合的命題との関連が、考察の対象となっている。ロックモアは、彼らのカント批判がその意図に反して、彼らの批判自身が逆に反論にさらされているという、一種のパラドクスを指摘する。また、オックスフォード日常言語学派は、一九三〇年代、H・H・プロイスに始まり、G・ライル、J・L・オースティン、A・エイヤーらによって展開されたが、ロックモアは、彼らと現象学、初期ハイデガーとの関連に簡単に触れている。だが、彼らと「カントの航跡」との関連には、残念ながら立ち入ってはいない。

最後に、アメリカ合衆国における分析哲学に対する考察では、イギリス哲学の経験論が後期ウィトゲンシュタイン、セラーズ、デイヴィドソンらの反経験論によって退けられた経緯が論じられている。セラーズの「理由の論理空間」と科学主義とを結合する考え方は、すでにカントの批判主義にも認められるという重要な指摘が試みられている。さらに、クワインは、有名な分析－総合の区別を批判しつつ、分析哲学の論争のなかで中心テーマとなった指示の問題への決着をつけようと試みた点にも立ち入っている。他方、ロックモアは、ローティは哲学が知識の問題を解決できず、それについて言うべき有益なことはないという主張について、消極的なローティ評価を下しているように思われる。

「第七章　カントと二十世紀の哲学」では、まずカントは二十世紀の哲学の背景であったかと問い、次に、二十世紀の哲学では何が成し遂げられたかを明らかにしようとする。このことは、第一に、二十世紀の哲学の主要動向のすべてについて、カントの批判哲学が不断に強力で深い影響力を及ぼし続けている点を指摘する。第二に、二十世紀の哲学の主要な成果は、カントの主要な課題を克服したわけではなく、それを主題化しただけである。第三の結論として、ロックモアによれば、二十世紀の哲学は、カントが切り開いた道をさらに掘り下げようとはしないのである。ロックモアの主張を敷衍すれば、要するに、二十一世紀の哲学は、依然として「カントの航跡」を辿り続けている、ということを意味する。

4

ここでは本書の意義について簡単に触れておこう。第一に、カントの批判哲学のうちに、表象主義と構成主義の両立不可能な二つの側面があることを明確にして、この二つの側面から、二十世紀の哲学に対する影響作用史を描き出そうとしている。第二に、本書ではまた、二十世紀の四つの哲学的な主要動向のうちに、これらとの関連を読み取り、それらを象徴的に「カントの航跡」と表現して全体的な観点から考察した。第三に、ロックモアは、知識にかんする諸問題の解決という点については、カントの超越論哲学の制限を明確に指摘しつつ、現代哲学の主要動向が、依然としてカント的な思索の諸傾向とは無縁ではない点を明らかにしている。第四に、カントの批判哲学の提起した課題は、原理的に現代の哲学にも共有されている課題であり、現代哲学は、いまだ批判哲学の提起した課題を克服できていない、という点を明らかにしたことにある。第五に、本書は、従来のいわゆるカント研究書には見られない稀有の特徴をもっていることを指摘しなければならない。二十世紀後半に英米圏で執筆され刊行されたカント文献の単著には、L・H・ベック『カント『実践理性批判』の注解』（一九六〇年、邦訳一九八五年）による倫理学分野の研究書があり、理論哲学の専門書としては、P・F・ストローソンによる純粋理性批判の研究書『意味の限界』（一九六六年、邦訳一九八七年）などが挙げられる。これらはカントの特定の書物、特定のテーマにかんする研究書である。ジョン・ロールズ『道徳哲学史講義』(二〇〇〇年、邦訳『ロールズ哲学史講義』上・下、二〇〇五年)の論述の約半分がカントの道徳哲学の考察に当てられているので、この書物も挙げておくべきであろう。また、S・ケルナーの『カント』(一九五五年、邦訳一九七七年)なども、カント哲学の内在的な解説書である。ところが、本訳書は、上述の点でこれらのすべてとは明確に異なっている、と言ってよい。

次に、本書の制限ないし問題点と思われる点を若干指摘しておきたい。第一に、著者も自覚していることではあるが、論述が概説的になりがちであり、考察の厳密さに欠ける。第二に、カントにおける「表象主義」と「構成主義」との内実にもっと立ち入って考察すべきである。特にこれらのカントの立場と現代哲学における「表象主義」及び「構成主義」との関連及び意義について言及すべきである。さらに言えば、カントの「構成主義」にかんする問題は、「社会構成主義」ないし「社会構築主義」との関係にと言及すべきであった。この問題は、反デカルト主義とカントの「構成主義」との相違点に立ち入ることを要求するはずである。第四に、「文脈主義」と「反文脈主義」との相違と関連にも、もっと立ち入るべきである。この問題は、カントの批判哲学における「文脈主義」の考察を要求する。第五に、第六章のアングロ＝アメリカの分析哲学の展開のなかでの「カントの航跡」をもっと掘り下げて論じるべきであった。特にパース、ストローソン、パトナム、デイヴィドソン、特に最近の「心の哲学」とカントとの関係にも、立ち入るべきであった。おそらく、現代哲学に関心をもつ多くの読者は、やや物足りなさを感じたであろう。第六に、これらとも関連して、結論部分の終わり方も、いわば尻切れトンボのような印象を免れないように思われる。本書の主題である「二十世紀の哲学におけるカントの航跡」とは何であったのか。著者のロックモアは、この点について、いっそう立ち入った説明を行ない、その内実をもっと明確にすべきであった。

特に、カントの表象主義と現代の「心の哲学」の領域で依然として論争の的になっている「表象主義のテーゼ」との関係や、ハイデガーの表象主義批判との関連、カントの構成主義及び文脈主義と現代の哲学や社会理論の領域でも論争になっている「社会構築主義」との関係などには、是非とも立ち入るべきであった。また、現代の科学哲学的な傾向の強い自然主義ないし還元主義の立場には、経験を自然化し、経験を一種の表象とみなす表象主義の立場の影響が依然として一定程度の影響力を有している。この立場とカントの経験及び表象主義の立場とは、外見上無関係であると見られている。だが、事態はさほど単純ではない。著者がカントのうちに見出した表象主義と構成主義とのあいだの不整合や矛盾にかんする問題とその解決という課題は、現代の心の哲学や表象主義的自然主義の主張、「経験」及び「経験の自然化」の再検討にまで及ぶきわめて広い射程をもつものであろう。このように本書の問題提起は、著者が明示的に語っていない現代哲学の諸領域にまで及んでいる。しかし、本書には、問題を掘り下げるための具体的な手がかりは見出しにくい。これらの課題を残した最大の原因は、著者が本書の考察の範囲を「カントの航跡」の理解を狭く解釈し、その知識論ないし認識論に限定した点にある。だが、著者が『判断力批判』におけるカントの批判的歴史観や社会観にまで考察の視野を拡大すれば、本書の諸制約の多くは克服可能となったであろう。こうした論点が加わることによって、初めて本書のタイトルであり、主題でもある「カントの航跡」を正確に辿り、カントの「二十世紀の哲学」との関係が的確に把握できるであろう。

最後に、著者ロックモアの哲学的立場と方法論の意義について触れておきたい。すでに指摘したように、著者は、多くの現代哲学、とりわけ分析哲学やネオ・プラグマティストの見解とは異なり、哲学と哲学史とは不可分であるという立場を採っている。著者のこの見解は、十分に評価されるべきであり、日本における今後の哲学研究のモデルにすべきである。その理由もまた、すでに言及したように、日本の哲学者の研究姿勢には、多くの場合、古典的な哲学史研究と現代の哲学的課題が現代哲学にのみあるとする研究とに二分されている傾向が見られるからである。一方で、哲学の王道は、いわゆる古典の哲学者の哲学史研究に代表される「純粋哲学」にあるという伝統的な見解が根強い。他方、上述のような最新の科学技術の成果と結びついた応用哲学、応用倫理学の研究に携わる「哲学者」は、哲学史の研究が哲学研究ではなく文献学研究にすぎないと批判する。

筆者は、これら一方の見解のみに与することはできない。ロックモアと同じく、筆者は、哲学と哲学史、哲学研究と哲学史研究とは不可分である、と考える。カント風のフレーズで表現すれば、「哲学研究や応用のできない哲学史研究は空虚であり、哲学史研究のない哲学研究や応用は盲目である」。原著者のロックモアがこうした見解をカントの解読を通じて展開したことの意義は大きい、と筆者は考えている。もちろん、本書でのこの試みがどこまで成功しているかは、読者のご判断にお任せしたい。監訳者としては、こうした哲学研究の最前線及び哲学教育の現場に携わる者の一人として、これらの刺激的で有益な前例のない「カント書」を一人でも多くの読者に批評いただき、哲学的思索の導きの一つとして活用いただければ、幸いである。

5

本解説の締めくくりとして、本書の翻訳作業のなかで気づいた点に幾つか触れておきたい。本訳書の訳出作業は、冒頭の「凡例」でも触れたように、以下の翻訳の基本原則にもとづいて進めた。第一に、原則として、ダブルチェック体制により、二次文献にありがちな誤訳や誤解をできるかぎり防止しようと努めた。第二に、正確で達意の文章になるよう推敲に心がけた。特に監訳者が全訳稿に手を入れ、訳語や文体の統一も可能なかぎり、実現した。とりわけ読者の便宜を図るために、各訳者は、詳細な訳注を付し、読者に本書の読解のための最大級の便宜を図った。

それ以外の作業上の原則は、「凡例」の中で立ち入って説明した。そこで、ここでは主要な点を補足を加えつつ確認しておきたい。

第一に、原書では、巻末に人名・事項索引が付されているので、本訳書でも、それを参考にして人名・事項索引を作成し、巻末に付した。ただし、原書では、人名索引と事項索引との区分がされていない。多くの訳書もまた、原書の索引のまま人名と事項が混在した索引を作成している。しかし、この種の索引は、読者にとって必ずしも判明ではない。本来は、両者は区別すべきものであろう。そこで本訳書では、人名索引と事項索引とを別立てにして作成した。

第二に、原書には、名詞や動詞を始め、人名・書名・引用及び参照のページ数や歴史的事実などについても、誤記や誤解と思われる箇所がしばしば見られる。そこで、これらについて必要と思われる範囲で訂正し、訳注に訂正箇所の表示を行ない、注記を付した。ただし、明らかにたんなるケアレス・ミスによる誤植や誤字・脱字・誤記と思われるもの、誤解の危険性のないと思われる箇所については、各訳者及び監訳者の判断で、断らずに訂正して訳出した。したがって本訳書と原書の本文及び原注の記述とが必ずしも一致しない場合があることをお断りしておく。

第三に、原書では二十世紀哲学に関連する膨大な量の文献が引かれている。そのうちで多数を占めるドイツ語文献や、フランス語及びロシア語の文献などについても、原書ではほとんどが英訳の文献が使用されている。そこで、本書で引用された多数の文献の日本語訳に際しては、既訳のあるものは、原則として一次文献ないし原典からの日本語の訳書を使用し、訳語なども既訳書の訳語に従った。ただし、本文の訳文・訳語との整合性を考慮して、必要に応じてそれらとは異なる訳文・訳語を採用した場合がある。

本書の翻訳は、齋藤元紀・近堂秀・松井賢太郎・相原博・平井雅人の五人の新進及び中堅の研究者が各自の得意分野を分担した共同作業であり、筆者が全体を監修した。筆者は、現在、『ディルタイ全集』(法政大学出版局、全十一巻+別巻一) の編集代表者として、各巻平均八〇〇頁から九〇〇頁を超える浩瀚な書物の全巻の編集作業にかかわっているため、筆者の時間的な制約による共同作業のサポートには、特に齋藤元紀氏にお手伝いいただいた。齋藤氏には、この機会に記してお礼申し上げたい。なお、翻訳の作業にかんしては、最初に監訳者の牧野英二のもとで基本方針を定め、それに沿って訳者間での調整を経て、「凡例」で記した分担に従って各担当者が翻訳を行なった。翻訳作業の初期段階から最終段階にいたるまで、適宜、訳者間の意見交換と監訳者による全訳稿の検討を行ない、監訳者が全体の調整と統一を図った。しかし、短期間での共訳作業であったので、思わぬ誤解や誤訳、誤植などがまだ残っているのではないかと懼れる。大方のご教示やご指摘を賜れば、幸いである。

最後に、本訳書の刊行にさいして、まず法政大学出版局・顧問の平川俊彦氏にお礼申し上げたい。平川氏は、『ディルタイ全集』の編集代表として編集・校閲・翻訳作業で悪戦苦闘している筆者に対して、カント関係の書物である本書の翻訳を監訳者としてお勧めくださった。氏のお勧めがなければ、筆者が本訳書を手がける機会はなかったであろう。また、編集代表・秋田公士氏にも、感謝申し上げたい。秋田編集長は、本訳書が翻訳権の期限内に確実に刊行できるようご配慮くださり、そのために必要なご手配をしていただいた。秋田氏の的確なご助言や迅速なご対応がなければ、本書が期限内に刊行されることはできなかったであろう。さらに編集部の郷間雅俊氏にも、深く感謝申し上げたい。郷間氏には、本訳書の入校段階から校了にいたるまで原注や訳注の組み方から訳文・訳語のチェック作業について、適切なアドバイスや有益なご指摘を多々いただいた。とりわけ索引の煩瑣な集約の作業には、氏のご尽力に負うところが大きい。上記の三氏には、訳者を代表して、改めて衷心より感謝申し上げる次第である。

二〇〇八年八月

監訳者　牧野　英二

著　者

トム・ロックモア（Tom Rockmore）

1942年生まれ．アメリカの哲学者．デューケイン大学教授．ドイツ観念論，マルクス主義，フランクフルト学派，ハイデガーとナチズムなど広範な領域にわたって研究活動を続ける．フランス市民権を持ち，フランスの哲学事情に詳しい．主な著書に『フィヒテ，マルクス，ドイツの哲学的伝統』(1980)，『ヘーゲルの循環的認識論』(1986)，『ハイデガー哲学とナチズム』(1992，邦訳：北海道大学図書刊行会)，『ハイデガーとフランス哲学』(1995，邦訳：法政大学出版局)，『ヘーゲル，観念論，分析哲学』(2005)，『カントとアイデアリズム』(2007) ほか．

監訳者

牧野英二（まきの・えいじ）　1948年生．法政大学文学部教授（文学博士）．日本カント協会会長，日本ディルタイ協会会長．著書に『カント純粋理性批判の研究』(1989，法政大学出版局)，『遠近法主義の哲学』(1996，弘文堂)，『カントを読む』(2003，岩波書店)，『崇高の哲学』(2007，法政大学出版局)，編著に『近世ドイツ哲学論考』(1993，法政大学出版局)，『ディルタイと現代』(2001，法政大学出版局)，『カント哲学案内』(カント全集別巻，2006，岩波書店) ほか．

訳者（五十音順）

相原博（あいはら・ひろし）　1975年生．法政大学大学院人文科学研究科博士後期課程．論文に「反省的判断力の原理の新たな意義」，日本カント協会編『日本カント研究5　カントと責任論』(2004，理想社) ほか．

近堂秀（こんどう・しゅう）　1965年生．法政大学兼任講師，国際医療福祉大学非常勤講師．共著に『自然と人間』(2006，梓出版)，論文に「理性批判と人格同一性」，日本倫理学会編『倫理学年報』56 (2007) ほか．

齋藤元紀（さいとう・もとき）　1968年生．法政大学文学部兼任講師，国士舘大学文学部非常勤講師．論文に「知の生成と動揺――『存在と時間』における学問論」，秋富克哉・関口浩・的場哲朗共編『ハイデッガー『存在と時間』の現在　刊行80周年記念論集』(2007，南窓社) ほか．

平井雅人（ひらい・まさと）　1976年生．法政大学大学院人文科学研究科博士後期課程単位取得退学．論文に「フィヒテにおける啓示批判の帰趨」，日本フィヒテ協会編『フィヒテ研究』第14号 (2006，晃洋書房) ほか．

松井賢太郎（まつい・けんたろう）　1969年生．東京理科大学工学部第一部非常勤講師，明治大学政治経済学部兼任講師．論文に「ドゥルーズ=ガタリと新しいプラグマティクス」『叢書アレテイア8　批判的社会理論の現在』(2007，御茶の水書房) ほか．

《叢書・ウニベルシタス　900》
カントの航跡のなかで
二十世紀の哲学

2008年９月25日　初版第１刷発行

トム・ロックモア
牧野英二監訳
発行所　財団法人　法政大学出版局
〒102-0073 東京都千代田区九段北3-2-7
電話03(5214)5540 振替00160-6-95814
印刷: 三和印刷　製本: 鈴木製本

Printed in Japan

ISBN978-4-588-00900-6

人名索引

1. 本索引は，原書巻末に収録された索引中の人名のみに限定する。
2. したがって収録した人名は本文中に限り，原注及び訳注での人名は収録していない。
3. また，人名・カントについては，本文中に頻出するので，本索引では省略する。

ア　行

アインシュタイン　Einstein, Albert　260
アウグスティヌス　Augustine, Saint　32
アダムズ　Addams, Jane　148
アドルノ　Adorno, Theodor　14, 96, 103-4, 107-11
アミエル　Amiel, Henri-Frédéric　170
アームストロング　Armstrong, David　225
アリストテレス　Aristotle　37, 45, 73, 127, 137, 152, 154, 186, 189, 194, 208, 222, 225
アルチュセール　Althusser, Louis　97
アルノー　Arnauld, Antoine　3
アロン　Aron, Raymond　104
アンドロニコス（ロドスの）　Andronikus of Rhodes　37
アンリ　Henry, Michel　198, 207

イッポリット　Hyppolite, Jean　101

ヴァイアーシュトラス　Weierstrass, Karl　172
ヴァイスマン　Waismann, Friedrich　242-3
ヴァール　Wahl, Jean　166, 197
ヴィーコ　Vico, Giambattista　60, 75
ヴィットフォーゲル　Wittfogel, Karl　104
ウィトゲンシュタイン　Wittgenstein, Ludwig　4, 8, 10, 16, 22, 26, 124, 158, 166, 215-7, 229, 233, 235-41, 254, 273
ウィルソン　Wilson, Cook　246
ヴィンデルバント　Windelband, Wilhelm　35
ウェイツ　Weitz, Morris　215
ウェーバー　Weber, Max　98, 108
ヴォルフ　Wolff, Christian　45-6

エイヤー　Ayer, A. J.　125, 167, 221, 246-7
エマーソン　Emerson, Ralph Waldo　129
エンゲルス　Engels, Friedrich　4-5, 12-4, 23, 85-6, 89-96, 99, 113, 215, 267-8

オーウェン　Owen, G. E. L.　221
オクレント　Okrent, Mark　124
オースティン　Austin, J. L.　246-8

カ　行

ガダマー　Gadamer, Hans-Georg　7, 15-6, 207-10, 257, 275
ガッサンディ　Gassendi, Pierre　3, 42
カッシーラー　Cassirer, Ernst　26, 28,

34, 36-7, 78, 166, 194, 258
カミュ　Camus, Albett　198
ガリレオ　Galileo Galilei　46, 68-9, 182
カルナップ　Carnap, Rudolf　10, 25, 129, 157-8, 225, 227, 242-6, 248-51, 253, 257, 261
ガレ　Galle, J. G.　93
ガンス　Gans, Eduard　33-4

キルケゴール　Kierkegaard, Søren　6, 85-6, 164, 192, 197-8

クイントン　Quinton, Anthony　215
クーザン　Cousin, Victor　197
グッドマン　Goodman, Nelson　129, 158
クノー　Queneau, Raymond　101
クラス　Class, Gustav　170
グラムシ　Gramsci, Antonio　96
クリプキ　Kripke, Saul　250, 271
グリュックスマン　Glucksmann, André　108
クローチェ　Croce, Benedetto　78
クローネッカー　Kronecker, Leopold　172
クワイン　Quine, W. V. O.　4-5, 8-9, 16, 20, 62, 124, 135, 157-8, 162, 176, 220, 227, 250-2, 257
クーン　Kuhn, Thomas　10, 22

ケアード　Caird, Edward　217
ゲーデル　Gödel, Kurt　248
ケーラー　Köhler, Wolfgang　203

コイレ　Koyré, Alexandre　101
コジェーヴ　Kojève, Alexandre　91, 100-2, 197, 199
コシーク　Kosik, Karel　96
コッファ　Coffa, Alberto　221
コペルニクス　Copernicus, Nicolaus　33, 47, 60-1, 63-4, 69-70, 93
コーヘン　Cohen, Hermann　26, 34, 166
コルシュ　Korsch, Karl　14, 97-8, 103, 115
ゴルドマン　Goldmann, Lucien　96
コールリッジ　Coleridge, Samuel Taylor　217
コワコフスキ　Kolakowski, Leszek　83, 96, 100, 102-3

サ　行

サルトル　Sartre, Jean-Paul　10, 15, 96, 184, 196-203, 205-7, 275

シェーラー　Scheler, Max　184
シェリング　Schelling, Friedrich Wilhelm Joseph　24, 33, 61, 76-7, 86, 111, 279
ジェイムズ　James, Henry（brother of William）　142
ジェイムズ　James, Henry（father of William）　142
ジェイムズ　James, William　1, 5, 9, 14-5, 28, 31, 121, 124, 128-30, 136, 138-48, 158, 253, 265, 277
ジグヴァルト　Sigwart, Christoph　218
シュタール　Stahl, Georg Ernst　68
シュトイアーマン　Steuermann, Eduard　108
シュトゥンプ　Stumpf, Carl　27, 172
シュトラウス　Strauss, D. F.　88
シュピーゲルベルク　Spiegelberg, Herbert　27
シュミット　Schmidt, Alfred　111
シュライアーマッハー　Schleiermacher, Friedrich　209
シュリック　Schlick, Moritz　242-4
シュルツェ　Schulze, G. E.　32
ショーペンハウアー　Schopenhauer, Arthur　33
シラー　Schiller, F. C. S.　136

ジルソン　Gilson, Étienne　25, 166
ジンメル　Simmel, Georg　35

スウェーデンボリ　Swedenborg, Emanuel　142
スターリン　Stalin, Joseph　84
スターリング　Stirling, J. H.　217
ストローソン　Strawson, Peter　1, 224, 250, 271
スマート　Smart, J. J. C.　225
スミス　Smith, John E.　125
スルガ　Sluga, Hans　221

セアー　Thayer, H. S.　132
セラーズ　Sellars, Wilfrid　249-50

ソクラテス　Socrates　2, 38, 81, 263-4

タ　行

ダーウィン　Darwin, Charles　147
ダメット　Dummett, Michael　124, 173, 215, 221, 226-7 (257)
タルスキー　Tarski, Alfred　243, 248, 265, 273

チューリング　Turing, Alan　236
チョムスキー　Chomsky, Noam　10

ツェラー　Zeller, Eduard　34

デイヴィドソン　Davidson, Donald　8, 16, 124, 158, 161-2, 226, 249-50, 257, 265, 273
ディルタイ　Dilthey, Wilhelm　78, 174-5, 178, 185, 209
デカルト　Descartes, René　3, 6, 20, 31-2, 37-43, 45-48, 56-58, 72, 77, 131-2, 164, 166, 176, 180, 190, 197, 199-200, 259, 262
デューイ　Dewey, John　9, 14-5, 22-3, 123, 128-30, 147-61, 231, 254-5, 257, 277
デリダ　Derrida, Jacques　7, 15-6, 101, 184, 198, 207, 210-3

ドゥンス・スコトゥス　Duns Scotus, John　185
トリチェリ　Torricelli, Evangelista　68
ドレイファス　Dreyfus, Hubert　124
トロツキイ　Trotsky, Leon　149

ナ　行

ナトルプ　Natorp, Paul　34
ナポレオン一世　Napoleon I (Napoleon Bonaparte)　91, 101

ニーチェ　Nietzsche, Friedrich Wilhelm　6, 85, 124, 161, 164, 196, 203, 210
ニュートン　Newton, Isaac　44, 47, 63-6, 68-9, 93, 261

ネルゾン　Nelson, Leonard　35

ノイラート　Neurath, Otto　10, 157-8, 242, 244-5, 249-51, 257

ハ　行

ハイデガー　Heidegger, Martin　4-5, 7, 10, 15-6, 21, 25, 37, 109-10, 124, 171, 174, 183-200, 203-12, 225, 246, 275-6
バウムガルテン　Baumgarten, A. G.　165
パウルゼン　Paulsen, Friedrich　35
バークリ　Berkeley, George　131, 136, 146, 200, 219, 229
パース　Peirce, C. S.　4-5, 8-9, 13-5, 23, 123-5, 128-42, 147-51, 153, 170, 215, 257, 265, 277, 279-80
パスモア　Passmore, John　26, 221
パトナム　Putnam, Hilary　8-9, 14, 16,

157, 161-3, 221, 226, 250
バーニアット　Burnyeat, Myles　221
ハーバーマス　Habermas, Jürgen　14, 27, 33, 96, 104, 111-20, 257
ハーマン　Hamann, J. G.　32
ハミルトン　Hamilton, Willam　170
ハリス　Harris, W. T.　147
ハルトマン　Hartmann, Eduard von 170
ハルトマン　Hartmann, Nicolai　184
パルメニデス　Parmenides　38, 59, 263
ハーン　Hahn, Hans　242
バーンスタイン　Bernstein, Richard 26-7

ピアーズ　Pears, D. F.　221
ヒトラー　Hitler, Adolf　243
ヒューム　Hume, David　45-8, 72-3, 135, 177-8, 222
ヒルトン　Hylton, Peter　221

ファイグル　Feigl, Herbert　242, 248
ファイヒンガー　Vaihinger, Hans　35
フィッシャー　Fischer, Kuno　34-5
フィヒテ　Fichte, Johann Gottlieb 22, 24, 33, 76-7, 128, 154, 176, 183, 275, 279
フェッチャー　Fetscher, Iring　111
フェリア　Ferrier, J. F.　217
フォイエルバッハ　Feuerbach, Ludwig 87-8, 101-2
フクヤマ　Fukuyama, Francis　91
フック　Hook, Sidney　123
フックウェイ　Hookway, C. J.　131
フッサール　Husserl, Edmund　4-7, 13, 15, 18, 20, 23, 27, 72, 142, 164-6, 170-88, 190-1, 193, 196-7, 199-200, 204-7, 209-11, 261, 275-6
プトレマイオス　Ptolemaios Klaudios 64
プファイファー　Pfeiffer, Gabrielle 197
プライス　Price, H. H.　246
ブラッドリー　Bradley, F. H.　217-8
プラトン　Plato　2, 22-3, 29-30, 45, 80, 105, 146, 167-9, 187-8, 195-6, 208-9, 225, 261, 263-4
フランク　Frank, Philip　242
ブランダム　Brandom, Robert　124, 157, 273
フリース　Fries, J. F.　33
フリードマン　Friedman, Michael　27, 221
プレイス　Place, U. T.　225
フレーゲ　Frege, Gottlob　16, 23, 62, 72, 124, 129, 158, 172-3, 215, 217-8, 221, 224, 226-7, 232-3, 251-2
フレック　Fleck, Ludwik　22
プレハーノフ　Plekhanov, G. V.　96, 113
ブレンターノ　Brentano, Franz　27, 170, 172, 174
フロイト　Freud, Sigmund　87, 110, 116, 210-1
プロタゴラス　Protagoras　125
ブロッホ　Bloch, Ernst　96
フローベール　Flaubert, Gustave　202
フロム　Fromm, Erich　104

ヘーゲル　Hegel, George Wilhelm Friedrich　11, 14, 17, 22, 24, 33-4, 39, 75-8, 87-8, 91, 99, 101-2, 104-5, 110, 144, 151-2, 165, 169-71, 175, 189, 197-200, 203, 206, 209-12, 255, 276-7, 278-80
ベーコン　Bacon, Francis　40, 42, 239, 250
ペトロヴィッチ　Petrovic, Gajo　110
ベルク　Berg, Alban　108
ベルクソン　Bergson, Henri　28, 31, 147, 166, 203

ベルグマン　Bergmann, Gustav　248
ヘルダー　Herder, Johann Gottfried　32, 60
ヘルダーリン　Hölderlin, Friedrich　195-6
ヘルツ　Herz, Marcus　48-9, 55, 168
ベンヤミン　Benjamin, Walter　104

ボーヴォワール　de Beauvoir, Simone　10, 198
ボーサンケト　Bosanquet, Bernard　217-8
ホッブズ　Hobbes, Thomas　3, 60
ポパー　Poppe, Karl　86, 243
ボーフレ　Beaufret, Jean　198
ホルクハイマー　Horkheimer Max　14, 96, 104-6, 112
ポロック　Pollock, Friedrich　104
ホワイトヘッド　Whitehead, Alfred North　28, 30-1, 147, 224

マ　行

マイモン　Maimon, Salomon　32
マクタガート　McTaggart, J. M. E.　217-8
マッハ　Mach, Ernst　242
マーフィー　Murphey, Murray　132
マリオン　Marion, Jean-Luc　198
マリタン　Maritain, Jacques　25, 166
マルクス　Marx, Karl　12-14, 22, 33, 52-5, 78, 127-8, 154, 164, 201, 211, 267-8
マルクーゼ　Marcuse, Herbert　96, 104, 107-11
マルセル　Marcel, Gabriel　184, 198
マン　Mann, Thomas　108

ミード　Mead, G. H.　147
ミル　Mill, J. S.　172, 224

ムーア　Moore, G. E.　7-8, 13, 16, 245, 270

メルロ＝ポンティ　Merleau-Ponty, Maurice　15, 184, 196, 198-9, 202-207, 210, 267, 275-6

モリス　Morris, George S.　147
モンテーニュ　Montaigne, Michel Eyquem de　6, 32, 39, 40, 166

ヤ　行

ヤスパース　Jaspers, Karl　101, 185

ラ　行

ライプニッツ　Leibniz, Gottfried Wilhelm　3, 44-46, 164, 173, 232, 235
ライヘンバッハ　Reichenbach, Hans　10, 248
ライル　Ryle, Gilbert　226, 246-7, 258
ラインホルト　Reinhold, K. L.　33, 61
ラヴジョイ　Lovejoy, A. O.　124
ラッセル　Russell, Bertrand　7-8, 13, 16, 30-1, 61, 125, 129, 146, 149, 158, 227, 248-51, 270-1
ラプラス　Laplace, Pierre-Simon　37, 244
ランベルト　Lambert, J. H.　168

リクール　Ricoeur, Paul　184, 198, 207
リッカート　Rickert, Heinrich　35
リップス　Lipps, Theodor　181
リード　Reid, Thomas　137, 229, 233
リール　Riehl, Aloys　35

ルイス　Lewis, C. I.　157-8, 167
ルヴェリエ　Leverrier, Urbain Jean Joseph　93
ルカーチ　Lukács, Georg　5, 14, 81, 96, 98-100, 103, 106, 108, 265, 268, 275

ルクセンブルク　Luxemburg, Rosa　96

レヴィナス　Lévinas, Emmanuel　197-8, 210
レーガン　Reagan, Ronald　91
レッシャー　Rescher, Nicholas　125
レーニン　Lenin, V. I.　96, 103-4

ロイス　Royce, Josiah　123-4
ロック　Locke, John　40, 42-3, 48, 57-8, 72-3, 250
ロッツェ　Lotze, Hermann　170
ローティ　Rorty, Richard　4, 8-9, 14-16, 42, 121, 156-63, 212, 220, 250, 257
ロナガン　Lonergan, Bernard　25
ロールズ　Rawls, John　10

事項索引

1．本事項索引は，原書巻末に記載された索引のうち，人名索引を除いたすべての項目を収録した。
2．本索引には，原著の索引の表記に即して，厳密な意味での「事項」とともに「書名」も収録されている。
3．したがって原注及び訳注中に記載された事項及び書名などのすべてがここに収録されているわけではない。

ア　行

アドルノ
『啓蒙の弁証法』（1947年）　*Dialectic of Enlightenment*　108, 111
『否定弁証法』（1966年）　*Negative Dialectic*　109
『ミニマ・モラリア』（1951年）　*Minima Moralia*　109
アプリオリズム　apriorism　135, 158, 268, 278
アポステリオリ　a posteriori　54, 64, 243, 269, 279
アメリカ合衆国　United States　3, 6, 10, 81, 150-1, 164, 210
——の分析哲学　analytic philosophy in　243, 248-55
民主主義　democracy　150-1
誤り／誤謬　error　41, 43, 241
アリストテレス
目的　telos　152
『形而上学』　*Metaphysics*　37

意識　consciousness　169, 180, 186, 200, 205
経験的——と純粋な——　empirical and pure　176-7
「無所有権」説　“no ownership” theory　226
意識の流れ　stream of consciousness　143
一元論（非法則論的）　monism, anomalous　226
意味　meaning
——の経験的基準　empirical criterion of　225, 243-4
——の理論　theory of　8, 273
——と未来の結果　and future effects　138
存在の——　of being　15, 188-90, 195, 209, 211
意味論　semantics　157
形式言語の——　of formal language　243
意味論的遡及　semantic ascent　227
因果性 causality　45-7

ウィトゲンシュタイン
ウィーン学団と日常言語哲学　the Vienna Circle and ordinary language philosophy　242-7, 251
後期——　later　8, 240-1, 249, 280
前期——　early　225, 227, 240, 243
『確実性の問題』（1969年）　*On Certainty*　237, 240
『哲学探究』（1953年）　*Philosophical Investigations*　240-1
『論理哲学論考』（1921年）　*Tractatus*

Logico-Philosophicus　10, 218, 236-41, 243
ウィーン学団　Vienna Circle　10, 16, 229, 248, 257
ウィトゲンシュタインと日常言語哲学　Wittgenstein and ordinary language philosophy　239, 242-6

エイヤー
『経験的知識の基礎』(1940 年)　*The Foundations of Empirical Knowledge*　247
『言語・真理・論理』(1936, 1946 年)　*Language, Truth and Logic*　246-7
演繹　deduction　73, 262
遠近法主義　perspectivalism　161
エンゲルス
——とマルクス主義　and Marxism　84-5, 89-96
『オイゲン・デューリング氏の科学の変革』(1878 年)　*Herr Eugen Dühring's Revolution in Science*　87
『自然弁証法』(1935 年刊)　*Philosophy of Nature*　87
『ドイツ・イデオロギー』(1845 年)　*The German Ideology*　12, 87
『ルートヴィヒ・フォイエルバッハとドイツ古典哲学の終結』(1884 年)　*Ludwig Feuerbach and the Outcome of Classical German Philosophy*　87, 89-96

オースティン
『センスとセンシビリア』(1964 年)　*Sense and Sensibilia*　248

カ　行

外延，指示　denotation　224, 271
外延主義　extensionalism　92
懐疑主義（論）　skepticism　39, 175-8, 212-3
アカデメイアの——　Academic　127
フィロン流の——　Pyrrhonian　39
プラグマティズムの——　pragmatic　15, 163
外在主義　externalism　253
解釈　interpretation　188, 190, 193
二十世紀の哲学の——　of twentieth-century philosophy　18-35
解釈学　hermeneutics　7, 16, 165, 191, 207-213
デリダと——　Derrida and　210-3
解釈学的循環　hermeneutic circle　193
蓋然性についての量的理論　probability, quantitative theory of　134
概念　concepts　51-3
——の適用　application of　148
分析と——の構成　analysis and construction of　61-5
科学　science
——とコペルニクス的革命　and the Copernican revolution　61-70
——と宗教　and religion　135
——と哲学　and philosophy　61-5, 86, 92-3, 260-1
——の発展的なモデル　developmental model of　132
近代——の発展　development of modern　34
経験的で自然な，すなわち理論的な——　empirical and natural or theoretical　63
厳密な——としての哲学　philosophy as rigorous　15, 170, 175-6, 179, 182-3, 243-4, 262, 269, 275
知識の実在的な源泉としての——　as the real source of knowledge　249
マルクス主義と分析哲学における——　in Marxism and analytic

philosophy　13
科学主義　scientism　20, 39, 86, 249
科学的方法（行為の指針としての）
scientific method, as a guide to action
141-2
科学哲学（分析哲学的）　philosophy of
science, analytic　10
学（派）　science, schools of　2
学芸（と歴史）　art and history　77
学問（前近代の）　science, pre-modern
32
数（フッサールによる）　number,
Husserl on　172
仮説　hypotheses　65, 135-6
ガダマー
『真理と方法』（1960 年）　*Truth and Method*　208-10
価値理論（マルクスの）　value theory,
Marxian　119-20
カテゴリー　categories
アリストテレスの——　Aristotle's　73
カントの——　Kant's　262
カトリック教会　Catholic Church　25
神（知識論における）　God, in theories
of knowledge　43-4, 58, 253, 263
カルナップ
——批判　criticism of　250-1
「言語の論理的分析による形而上学の克服」（1931 年）　"The elimination of Metaphysics Through Logical Analysis of Language"
225
『言語の論理的構文論』（1934 年）
The Logical Syntax of Language
249
感覚的経験　sensory experience　167
感覚与件　sense-data　205-6, 228-30,
235, 246-8
還元（フッサールの概念／着想）
reduction, Husserl's conception
179-83, 186, 204-5, 210, 262, 276
還元主義　reductivism　224-5
感情移入　empathy　181
間主観性（超越論的）　intersubjectivity,
transcendental,　180
カント
——と——以後の論争　and the post-Kantian debate　266-7
——と二十世紀の哲学　and
twentieth-century philosophy
256-80
——への回帰　return to　26, 34,
217, 266
アプリオリズム　apriorism　54-5,
62-5, 67, 133, 158, 243, 268,
279
影響　influence　17, 165-6
哲学を評価する基準としての　as the
standard in evaluating philosophy
265-80
同時代の哲学的背景に対する関係
relation to the contemporary
philosophical background　44-8
認識へのアプローチ　approaches to
knowledge　11, 16
批判哲学　critical philosophy　17,
32-5, 112, 126-8, 168-70, 194-5,
250, 259, 268-9, 280
非歴史的なアプローチ　ahistorical
approach　75-8, 276
ヘーゲルと歴史的転回　Hegel and
the historical turn　75-8
マルクス・ヘルツ宛書簡　letter to
Marcus Herz　48-9, 168
ランベルト宛書簡　letter to Lambert
168
『実践理性批判』（1788 年）　*Critique of Practical Reason*　36, 73
『就任論文』（1770 年）　*Inaugural Dessertation*　48, 52-3
『純粋理性批判』（1781, 1787 年）
Critique of Pure Reason　3, 32,

36, 44, 46, 48-9, 55-7, 77, 131, 168
『判断力批判』(1790 年) *Critique of Judgment* 36, 73
『プロレゴーメナ』(1783 年) *Prolegomena to Any Future Metaphysics* 37, 45, 47, 49
カント - ラプラス星雲説 Kant-Laplace hypothesis 37
観念 ideas
「——の新しい方法」 "new way of" 43, 272, 275
デカルトの—— Cartesian 56-8
内的な—— innate 42
観念論 idealism 7, 61, 217
——に対する分析哲学の反抗 analytic revolt against 13, 16, 92, 216-21, 228
イギリス—— British 7, 214, 216-9, 228
カント以後のドイツ—— German post-Kantian 6, 31-2, 38, 71, 81, 85-6, 91, 99, 123, 217, 266, 268, 280
心理学的—— physchological 18
超越論的—— transcendental 77, 179-83, 270
マルクス主義による拒否 rejection by Marxism 13, 89
唯物論への移行 transition to materialism 92-3

機械のなかの幽霊 ghost in the machine 247
幾何学 geometry 62, 262, 270
疑似 - 言明 pseudo-statements 225
技術(科学技術) technology 107, 111, 196
記述(ラッセルの——理論) descriptions, Russell's theory of 224, 247
基礎づけ主義 foundationalism
——という術語の使用 use of term 40-1
——の拒絶 rejection of 257, 277
経験的—— empirical 251
デカルト的(の) Cartesian 15, 39-41, 128-38, 268-9
認識論的—— epistemological 39, 132-3, 245, 262
帰納 induction 135-6
機能主義 functionalism 226
客観 object
——の統一 unity of 73-4
——への表象の関係 relation of representation to 49-54
超越論的—— transcendental 74
客観主義 objectivism 231
客観性(主観性を通じた) objectivity, through subjectivity 39, 76
ギリシア哲学 Greek philosophy 37-8, 187-191, 208-9, 216, 222, 267

クラス(「無クラス理論」の——) classes, "no-class theory" of 233
クワイン
——による分析-総合の区別に対する攻撃 Quine's attack on analytic-synthetic distinction 135, 162, 222, 251, 273
「経験論の二つのドグマ」(1953 年) "Two Dogmas of Empiricism" 251
『ことばと対象』(1960 年) *Word and Object* 244, 251
クーン
『科学革命の構造』(1962 年) *The Structure of Scientific Revolutions* 10

経験 experience 42, 144-5, 155-6
経験論 empiricism 95, 228

——対合理論　vs rationalism　40-4
イギリス——　British　8, 246, 248-50
科学的——　scientific　251
根本的——　radical　139, 144-5
自然主義的——　naturalistic　152, 155-6
直観的——　intuitive　228, 233
論理的——　logical　228, 233
形而上学　metaphysics　37, 45, 49, 63, 225, 249, 264
記述的——　descriptive　226
存在論的——　ontological　138
——とコペルニクス的革命　and the Copernican revolution　61-75
芸術　art　167, 195-6, 209
——と歴史　and history　77
形相的還元　eidetic reduction　179-80
啓蒙のプロジェクト　Enlightenment project　27
ゲシュタルト心理学 Gestalt psychology 204
言語　language
——哲学（ハイデガーの）Heidegger's Philosophy of　109-10
——と哲学　and philosophy　8-10, 227, 240-1
——と論理学　and logic　223-4
感覚与件　sense-datum　247
私的言語の問題　the private language problem　241
ヘーゲルの——論　Hegel on　212
理想——　ideal　235, 244-5, 251
言語学　linguistics　10
言語ゲーム　language game　241
言語哲学（ハイデガーの）　Heidegger's philosophy of
現象（フェノメナ）　phenomena　74, 166-71, 176-7, 190-1, 274
現象学　phenomenology　6-7, 13, 15-6, 27, 166-71, 173, 176-7, 215, 257
——と実存主義　and existentialism 197-202
——としての大陸哲学　continental philosophy as　15-6, 164-213
——と存在論　and ontology　190-6, 270
——に対するカントの影響　Kant's influence on　269-70, 275-6
術語の用法　use of term　166-70
超越論的——　transcendental　179-83
認識論としての——　as epistemology 109
フッサール以後の——　post-Husserlian　183-96
フランス——　French　196-207
現象学運動　phenomenological movement　165-6, 171-83
現象主義　phenomenalism　166-71, 247
検証主義　verificationism　243-4, 246
原子論（論理的——）　atomism, logical 233-4, 237-9, 243, 273

行為論　action theory　26-7
行為者理論（デカルトの）　actor theory, Cartesian　77
構成主義　constructivism　11, 46, 58-62, 67, 74, 272, 279
構造主義　structuralism　165
行動主義　behaviorism　204-5, 226
合理論（対経験論）　rationalism, vs empiricism　40-4, 48
心の哲学　philosophy of mind　114, 225
国家社会主義　National Socialism →ナチズムを参照
悟性　understanding　50-2
コペルニクス的革命　Copernican revolution　61-75
科学と形而上学の——　in science

and metaphysics　66-70
構成主義としての——　as constructivism　61-5
哲学と形而上学の——　in philosophy and metaphysics　70-5, 268, 278
コミュニケーション，ハーバーマスの——理論　communication, Habermas's theory of　111, 115
コルシュ
『マルクス主義と哲学』(1923 年)　*Marxism and Philosophy*　97-8, 103, 115
根源哲学　Ursprungsphilosophie　109

サ 行

『ザ・ニュー・リパブリック』 *The New Republic*　149
サルトル
——とフランス現象学　and French Phenomenology　196-203
『嘔吐』(1938 年)　*Nausea*　201
『実存主義はヒューマニズムである』(1946 年)　*Exintentialism Is a Humanism*　197
『存在と無』(1943 年)　*Being and Nothingness*　10, 199-201
「デカルト的自由」(1947 年)　"Cartesian Freedom"　200
『弁証法的理性批判』(1960 年)　*Critique of Dialectical Reason*　201-2

ジェイムズ
——とパース以後のプラグマティズム　and pragmatism after Peirce　138-46
「あるヘーゲル主義について」(1882 年)　"On Some Hegelianism"　144
『宗教的経験の諸相』(1902 年)　*The Varieties of Religious Experience*　143
「信ずる意志」(1896 年)　"The Will to Believe"　145
『心理学の原理』(1890 年)　*Principles of Psychology*　143
『心理学要論』(1892 年)　*Psychology: The Briefer Course*　143
「プラグマティズムの意味」(1904 年)　"What Pragmatism Means"　141, 146
「プラグマティズムの真理観」(1907 年)　"Pragmatism's Conception of Truth"　146
シェリング
『超越論的観念論の体系』(1800 年)　System of Transcendental Idealism　77
時間　time　188-90, 194-5
自己意識　self-consciousness　102, 121
指示　reference　5, 8, 157, 174, 245, 250, 252, 270-1, 272-3
事実　facts　218, 234, 238-9
システム命法　system imperatives　119
自然　nature
——と知識　and knowledge　93
——の鏡　mirror of　42, 156, 160, 254-5
自然科学　natural science
——と哲学　and philosophy　261, 269
——におけるアプリオリな知識　a priori knowledge in　54-5, 63
自然主義　naturalism　13, 176-8
経験的——　empirical　152, 155-6
自然主義的誤謬　naturalistic fallacy　231
自然主義的哲学　naturalistic philosophy　176
実験的なアプローチ　experimental approach　154-6
志向性　intentionality　174, 186, 199

実在論　realism　199
科学的——　scientific　59
経験的——　empirical　59
形而上学的——　metaphysical　59, 132, 137
自然な——　natural　253-4
「新——」　"New"　145
存在論的——　ontological　137
端的な——　direct　59-60
実証主義　positivism　86, 111, 116, 229, 257
→「論理実証主義」も参照
実践（理論に対する関係）　practice, relation to theory　81-2, 127, 268
実践的行為論　practical action, the theory of　125-28
実存主義　existentialism　197-9, 201, 203
史的唯物論　historical materialism　113, 115-20
社会研究所　Institute for Social Research
→フランクフルト学派を参照
社会理論　social theory　102-4
『ジャーナル・オブ・スペキュラティヴ・フィロソフィー』 *Journal of Speculative Philosophy*　147
純粋理性の公理　reason, axiom of pure　53
宗教　religion
——信仰と権威　belief and authority in　154
——と科学　and science　135
——とジェイムズ　James on　142-4
——に対する人間学的アプローチ　anthropological approach to　87-8
——の一形式としての哲学　philosophy as a form of　87-9
大衆の阿片としての——（マルクス）　as the opium of the masses　90
集合論　set theory　232
重力　gravitation　64-5
主観／主体　subject
——にかんするハーバーマスの議論　Habermas on　116
——の束という見解　“bundle” view of the　72
超越論的——　transcendent　200
デカルト的——　Cartesian　72, 77
歴史的な見方の——　historical view　75-8
主観性　subjectivity　30, 39, 76
シュトラウス
『イエスの生涯，その批判的検討』（1835-36 年） *The Life of Jesus Critically Examined*　88
消去主義　eliminativism　226
諸概念　concepts　51-3
——の適用　application of
——の分析と構成　concepts, analysis and construction of　62
常識　common sense　229-30, 245
神学と哲学　theology, and philosophy　58
心身問題　mind-body problem　226
心‒脳同一説　mind-brain identity theory　225
信念と知識　belief, and knowledge　126-7
新カント学派　neo-Kantianism　6, 25-6, 34-5, 112, 194-5, 217
ドイツの——　German　6, 25-6, 28, 31, 34-5, 38, 194-5
ハイデルベルク学派　Heidelberg school　34-5
マールブルク学派　Marburg school　34-5
信仰（と理性）　faith, and reason　57-8
真理　truth
——のさまざまな理解の仕方　various ways of understanding

265, 276
——の整合（斉合）説　coherence theory of　162, 252-3
——の対応説　correspondence theory of　162, 194
——の反映論　reflection theory of 274-5
限界概念としての——　as a limit concept　253-4
信念と客観的主張　beliefs and objective claims　126-7, 146
心理（学）主義　psychologism　72, 76, 172-3, 185, 269-70
心理学　psychology　13, 139, 142-3, 172-3, 176-8, 180, 191, 203
経験的——　empirical　173, 176-7, 180
超越論的現象学と記述的——　transcendental phenomenology and descriptive　174, 184
心霊研究　psychical research　143

水槽のなかの脳　brain in a vat　253
推論　inference　57
推論主義（プラグマティズムとしての）　inferentialism, as pragmatism　158, 273
数学　mathematics　108, 134, 172-3, 182, 185, 223-4, 232-4
——と哲学　and philosophy　54, 61-5, 68-9
図式–内容の区別　scheme-content distinction　162
スターリニズム　Stalinism　102-3
ストローソン
『個体と主語』（1959 年）　*Individuals*　226

生活世界　life-world　119, 182-3, 204-5, 262
政治経済学　political economy　100
精神　spirit / Geist　169-70
正当化（認識論的）　justification, epistemological　254
世界観の哲学　Weltanschauungsphilosophie　176, 178-9
全体性　totality　98-9
全体論／ホーリズム　holism　158, 233-5, 252, 257

ソヴィエト連邦（——の解体）　Soviet Union, disintegration of　79, 82
総合　synthesis　73
相対主義　relativism　162, 175, 178, 264
相対性理論　relativity theory　62
疎外　alienation　88-9, 99, 104
ソフィスト　Sophists　168
存在　being　15, 177, 180, 185, 187-196, 199-201
存在の地平　horizon of being　188
存在論　ontology　15, 37, 109-10, 186, 190-1, 195, 198-200, 211
現象学的——　phenomenological 186-91, 270
中世——　medieval　190
存在論的　ontological　189, 194, 199
日常言語哲学　ordinary language philosophy　242-8

タ　行

対象　object
——と神の視点　and God's-eye point of view　253
——と感覚与件　and sense-data 229-30, 235
——の概念　conception of the　133-4, 136-7, 279
現象的と本体的——　phenomenal and noumenal　167
タイプ（——理論）　types, theory of 233

タイプ−同一説　type-identity theory 225
大陸哲学　continental philosophy　6, 12-3, 15, 164-6
——に対するカントの影響　Kant's influence on　269-70
現象学としての——　as phenomenology　15, 164-213
対話　dialogue　2-3, 25, 27
ダーウィニズム　Darwinism　152
ダーウィン
『種の起源』(1859年)　*Origins of Species*　147
脱構築　deconstruction　211-3
単純観念と複合観念　ideas, simple and complex　42-3

知覚　perception
——の因果説　causal theory of　48, 50-3, 200-1
——における身体の役割　206
——の現象学　phenomenology of 204-6
感覚与件のアプローチ　sense-datum approach　72-4, 205-6, 229-30, 235, 246-7
知識／認識／知　Knowledge
——と関心　and interest
——と自然　and nature
——と社会の変化　and social change 106, 154
——と信念　and belief　126-7
——と知覚　and perception　206
——とデカルト的基礎づけ主義　and Cartesian foundationalism　128-38
——に対する脱基礎づけ主義的アプローチ　post-foundationalist approach to　9, 15, 128-38
——の可能性の転倒　subversion of possibility of　211-3
——の真の源泉としての科学 science as the real source of　39
——の反映論　reflection theory of 95, 99, 274
——の問題　problem of　9, 24, 32, 261-65
——の理論　theory of
→認識論を参照
——へのカントのアプローチ　Kant's approaches to　11, 16-7, 49, 55-61, 75, 278-80
——論に対するプラグマティズムの貢献　pragmatism's contribution to the theory of　121-63
アプリオリな——　a priori　48, 52-5, 62-5, 67-9, 135, 158, 269, 278
アポステリオリな——　a posteriori 54-5, 64, 243-4, 269, 279
構成主義と——　constructivism and 11, 46, 54-5, 58-61, 67, 74-5, 272, 279
過程としての——　as a process 278-280
原子論的アプローチ　atomistic approach　238-9
絶対的な主張　absolute claims　169, 264
必当然的な——　apodictic　132, 175-6, 178, 269
表象主義と——　representationalism and　11, 46, 48-61, 66-9, 74-5, 270-3
ヘーゲルの歴史的アプローチ　Hegel's historical approach　11, 17, 75-8, 99, 110, 278-80
見知りによる，あるいは記述による——　by acquaintance or by description　224, 235
知性的なデザイン　intelligent design 152
超越論的哲学　transcendental

philosophy　34, 71-7, 179-83, 188, 270
直観　intuition
範疇的――　categorial　174, 186
本質――　essential　177, 179, 262
直観主義　intuitionism　40

デイヴィドソン
「概念図式という観念そのものについて」(1974 年)　“On the Very Idea of a Conceptual Scheme” 161-2, 252
「真理と知識の斉合説」(1983 年) “ A Coherence Theory of Truth and Knowledge”　252
定義　definitions　223, 245, 251
デカルト
カントに対する影響　influence on Kant　45-8, 71-2, 262-3
科学的方法　scientific method　20
『省察』(1641, 1644 年)　*Méditations* 3, 42, 180
デカルト主義　Cartesianism　77, 272
――に対する攻撃　attacks on　226, 247, 268-9
「デカルトの循環」　“Cartesian circle” 58
哲学　philosophy
――と科学　and science　86, 92-3, 260-1
――と神学　and theology　57-8
――と哲学史　and the history of philosophy　10-1, 19-22
――におけるコペルニクス的革命 Copernican revolution in　60-1, 66, 68
――の学派　schools of　2
――の終焉　end of　92, 195, 266
――の進歩　progress in　259-63, 271-7
――の特殊化と専門化　specialization and professionalization of　258-9
――の評価　evaluation of　259-63, 271-7
言語論的転回　linguistic turn　226-7, 239, 242
現代――の背景　background of modern　38-44
厳密な学としての――　as rigorous science　15, 170, 175-6, 179, 182-3 243-4, 262, 269, 275
宗教の一形式としての――　as a form of　87-9
政治的なものとしての――　as political　18-9, 81
独断的ないし批判的――　dogmatic or critical　44-5
二十世紀の――　twentieth century 16-35, 256-80
歴史的転回　the historical turn　75-8, 99, 110
哲学史　history of philosophy　2, 11, 19-21, 131, 170, 177, 188, 194, 203, 220, 255
デューイ
「アメリカのプラグマティズムの発展」(1925 年)　“The Development of American Pragmatism”　148
『確実性の探求』(1929 年)　*The Quest for Certainty*　149, 152, 154
「カントと哲学的方法」(1884 年) “Kant and Philosophic Method” 151
『経験と自然』(1927 年)　*Experience and Nature*　152, 155-6
「知性と道徳」(1910 年)　“Intelligence and Morals”　152
『哲学の再構成』(1920, 1948 年) *Reconstruction in Philosophy* 152, 154
『論理学――探究の理論』(1938 年)

Logic: The Theory of Inquiry 153
デリダ
『弔鐘』(1974年) *Glas* 109, 211
天動説による天文学および地動説による天文学 astronomy, geocentric and heliocentric 64, 69

同一哲学 identity, philosophy of (Identitätsphilosophie) 71
独我論 solipcism 180-1
独断的哲学あるいは批判哲学 philosophy, dogmatic or critical 44-5
独断論 dogmatism 230
トミズム Thomism 25, 166
トロツキズム Trotskyism 207

ナ 行

内在主義 internalism 253
内包 connotation 224
ナチズム(国家社会主義) Nazism 81, 102-3, 114, 182, 185, 195, 208

日常言語哲学 ordinary language philosophy 242-8
ニュートン
『プリンキピア』(1687年) *Principia Mathematica* 65
人間学 anthropology 191
人間学的アプローチ anthropological approach 44, 72, 88
認識主観 knowing subject 40, 47-9, 71-4
認識論 epistemology 34, 37
——と正当化 and justification 254
——の進歩 progress in 260-280
心理学の一部としての—— as part of psychology 13
認識論的正当化 justification, epistemological 114
ヌーメナ noumena 167, 262

ネオプラグマティズム(分析的) neo-pragmatism, analytic 8-9, 156-63
ネオ・マルクス主義 neo-Marxism 112, 257

『ノイエ・ツァイト』 *Neue Zeit, Die* 89

ハ 行

ハイデガー
——と解釈学 and hermeneutics 207-13
——とフッサール以後の現象学 and post-Husserlian phenomenology 15-6, 183-96
——の影響 influence of 79, 196-212, 254-5, 257-8, 265
ナチズム Nazism 114, 185, 195, 207
『カントと形而上学の問題』(1929年) *Kant and the Problem of Metaphysics* 194-5, 270
『心理学主義の判断論』(1913年) "The Doctrine of Judgment in Psychologism" 185
『存在と時間』(1927年) *Being and Time* 10, 187-94, 204, 208, 247, 270
『ドゥンス・スコトゥスにおける範疇論と意義論』(1915年) "The Categories and the Doctrine of Meaning in Duns Scotus" 185
『「ヒューマニズム」について』(1947年) *Letter on Humanism* 196, 198
パース
デカルト的基礎づけ主義および知識について on Cartesian foundationalism and knowledge 268-9
「演繹, 帰納, 仮説形成」(1878年)

"Deduction, Induction and Hypothesis" 134-5
「観念を明晰にする方法」(1878年) "How to Make Our Ideas Clear" 134, 136
「帰納法の蓋然性〔確率〕」(1878年) "The Probability of Induction" 134
「偶然の理論」(1878年) "The Doctrine of Chances" 134
「自然の秩序」(1878年) "The Order of Nature" 134-5
「信念の固め方」(1877年) "The Fixation of Belief" 134
パースペクティヴ perspective 206, 210
パスモア
『哲学の百年』(1957年) *A Hundred Years of Philosophy* 26
パトナム
自然な実在論 natural realism 253
『理性・真理・歴史』(1981年) *Reason, Truth and History* 253
ハーバーマス
——とマルクス主義 and Marxism 96, 107-20
『認識と関心』(1968年) *Knowledge and Human Interest* 116
『史的唯物論の再構成』(1976年) *On the Reconstruction of Historical Materialism* 117
『コミュニケーション的行為の理論』(1982年) *Theory of Communicative Action* 115-9
反プラトン主義的 anti-Platonic 167-8, 196
反ヘーゲル主義の反抗 anti-Hegelian revolt 26, 33-4

必当然性 apodicticity 133, 269
批判 critique 97-8
批判理論 critical theory
——とフランクフルト学派 and the Frankfurt School 102-6
——対伝統的理論 vs traditional theory 105-6, 112, 116
非法則論的一元論 anomalous monism 226
ヒューマニズム(人間主義) humanism 40, 196-7, 207
自然主義的—— naturalistic 155-6
表象(像という——の見解) representation, picture view of 239-40
表象主義 representationalism 11, 46, 48, 50, 56-60, 66-70, 74-5, 270-4

フォイエルバッハ
マルクスとマルクス主義 Marx and Marxism 83-9
『キリスト教の本質』(1841年) *The Essence of Christianity* 88
『将来の哲学の根本命題』(1843年) *Foundations of the Philosophy of the Future* 87
『哲学の改革のための予備的提言』(1842年) *Preliminary Theses for the Reform of Philosophy* 87
フッサール
——と現象学運動の起源 and origins of the phenomenological movement 171-83, 215, 275-6
——の影響 influence of 6-7, 15-6, 108, 183-7, 196-7, 203-5, 209-11, 257
還元について on reduction 179-83, 186, 204-5, 210, 262-3, 276
『イデーンⅠ』(1913年) *Ideas I* 179-80, 183, 188
「厳密な学としての哲学」(1911年) 174-9, 183, 269, 275
『算術の哲学』(1891年) *Philosophy of Arithmetic* 172

『デカルト的省察』(1931 年) *Cartesian Meditations* 180-1, 197
『ヨーロッパ諸学の危機と超越論的現象学』(1936 年) *The Crisis of the European Sciences and Transcendental Phenomenology* 181-3
『論理学研究』(1900-01 年) *Logical Investigations* 13, 172-5, 179, 184, 186, 269
物象化 objectification 119
物象化 reification 99, 104
物理学 physics 62-3
物理主義 physicalism 92, 225
プラグマティズム pragmatism 3, 5, 8-9, 12-5, 164, 257
——に対するカントの影響 Kant's influence on 268-9, 274, 277
——の起源 origins of 125-8
——の多様性 varieties of 124-5
アメリカの—— American 3, 128-9, 139, 147-56
言葉の用法 use of term 123-4, 161
さまざまな—— varieties of 257
デューイの—— Dewey's 146-56
認識論としての—— as epistemology 121-63
パース以後の—— after Peirce 138-46
→「ネオプラグマティズム(分析的)」も参照
プラトン
『国家』 *Republic* 167, 195
『テアイテトス』 *Theaetetus* 38
『パイドン』 *Phaedo* 168
『ソピステス』 *Sophist* 187
アカデメイア Academy 2
プラトン主義 Platonism 29-30, 263-4
フランクフルト学派 Frankfurt School 14, 79, 111, 257
——と批判理論 and critical theory 102-6
フランス France 101, 184, 196-9, 202-3, 206-7, 210
ブルジョワ哲学 bourgeois philosophy 268, 274-5
フレーゲ
意義と指示 sense and reference 245, 262, 271, 272-3
『算術の基礎』(1884 年) *Foundations of Arithmetic* 172
ブレンターノ
『アリストテレスによる存在の意義の多様性について』(1862 年) "On the Several Senses of Being in Aristotle" 185, 187
プロテスタント Protestant 207
プロトコル文 protocol sentences 158, 244, 250
プロレタリアート proletariat 99, 103
分析(哲学的——) analysis, philosophical 215, 222-7, 247
分析的–総合的の区別(カントによる) analytic-synthetic distinction, Kant's 222, 243-4
——に対するクワインの攻撃 Quine's attack on 62, 135, 162, 222, 251-2
分析哲学 analytic philosophy 5-9, 13-16, 156-7, 176, 259
——に対するカントの影響 Kant's influence on 270-3
アメリカ合衆国の—— in the US 243, 248-55
アングロ=アメリカの—— Anglo-American 3, 7, 12-3, 16, 164, 214-55
観念論に対する反抗 revolt against idealism 216-21, 228
初期—— early 8, 228-35
文脈主義 contextualism 77, 80, 241,

268, 274

ヘーゲル
カント批判　Critique of Kant　104-5
哲学について　on philosophy　22
二十世紀哲学に対する——の影響　influence on twentieth-century philosophy　278-80
認識に対する歴史的アプローチ　historical approach to knowledge　11, 17, 75-8, 99, 110, 278-80
物自体　thing in itself　34
『小論理学』(1817, 1827, 1830 年)　*Logic*　169
『精神現象学』(1807 年)　*Phenomenology of Spirit*　87, 101, 169, 212, 250, 277, 279
『法の哲学』(1821 年)　*Philosophy of Right*　91
ヘーゲル学派　Hegelians
左派　left-wing　33-4, 81, 86-8
右派　right-wing　33-4, 86-7
青年——派　young　20, 86, 96, 159
ヘーゲル主義　Hegelianism　147, 169-70, 197-200, 203, 206, 209-11, 255, 266-8, 274-5, 277
変形による批判　criticism, transformational　88
弁証法　dialectic　93-4, 104, 264
弁証法的唯物論　dialectical materialism　113

ボーヴォワール
『第二の性』(1949 年)　*The Second Sex*　10
保証つきの言明可能性　warranted assertibility　153, 159, 254
ポスト基礎づけ主義としてのプラグマティズム　post-foundationalism, pragmatism as　9, 128-38
ポストモダニズム　postmodernism　165
『ポピュラー・サイエンス・マンスリー』　*Popular Science Monthly*　130
ボリシェヴィキ革命　Bolshevik Revolution　82
ホルクハイマー
「伝統的理論と批判理論」(1970 年)　"Traditional and Critical Theory"　105-6
『啓蒙の弁証法』(1947 年)　*Dialectic of Enlightenment*　108, 111
翻訳(——の不確定性)　translation, indeterminacy of　244-5, 252
本来性　authenticity　109, 189, 192-3

マ　行

マルクス
——とマルクス主義　and Marxism　14, 83-9, 201
『資本論』(1867-94 年)　*Capital*　86
「ヘーゲル法哲学批判序説」(1843 年)　"Contribution to the Critique of Hegel's Philosophy of Right"　88, 98
『経済学 = 哲学手稿』(1844 年のパリ手稿)(1932 年刊)　*Economic and Philosophic Manuscripts* (*Paris Manuscripts of 1844*)　82, 88, 99, 110, 115
『経済学批判』(1859 年)　*A Contribution to the Critique of Political Economy*　90, 118
『ドイツ・イデオロギー』(1845 年)　*The German Ideology*　12, 87, 116, 118
「フォイエルバッハ・テーゼ」(1888 年刊)　"Theses on Feuerbach"　81-2, 89
マルクス主義　Marxism　3-6, 12-14, 20, 164, 198, 201-3, 207, 214, 258
——とエンゲルス　and Engels　12-4, 89-96, 215

——とハーバーマス　and Habermas 111-20
——とプラグマティズム　and pragmatism　123, 164
——に対するカントの影響　Kant's influence on　267-8, 274-5
——の諸形態　forms of　14
イデオロギー的なものとしての—— as ideological　90, 274
ソヴィエト・——　Soviet　80, 111
二十世紀の——　in the twentieth century　79-120
ヘーゲル・——　Hegelian　14, 96-102
マルクスとフォイエルバッハ　Marx and Feuerbach　14, 83-9
マルクス主義哲学　Marxist philosophy 4, 83-9
マルクーゼ
『一次元的人間』(1964年)　*One Dimensional Man*　111
『エロスと文明』(1955年)　*Eros and Civilisation*　110
「ヘーゲルにかんする教授資格請求論文」(1932年)　*Habilitationsschrift on Hegel*　110
『理性と革命』(1941年)　*Reason and Revolution*　111

ミル
『論理学体系』(1843年)　*System of Logic*　172
民主主義（アメリカの）　democracy, in America　150-1

ムーア
——と初期分析哲学　and early analytic philosophy　216-220, 222, 228-33
「観念論論駁」(1903年)　"The Refutation of Idealism"　219, 230
「常識の擁護」(1925年)　"A Defense of Common Sense"　229
「どのような意味で過去と未来の時間は存在するか」(1898年)　"In What Sense, If Any, Do Past and Future Time Exist ?"　218
『倫理学原理』(1903年)　*Principia Ethica*　230-1

メルロ＝ポンティ
——とフランス現象学　and French phenomenology　198-9, 202-7
『行動の構造』(1942年)　*Structure of Behavior*　205
『知覚の現象学』(1945年)　*Phenomenology of Perception*　204-6
『ヒューマニズムとテロル』(1947年)　*Humanism and Terror*　207
『弁証法の冒険』(1955年)　*Adventures of the Dialectics*　207

目的　telos　152
『モニスト』　*Monist, The*　137

ヤ　行

唯物論　materialism　90, 92, 225-6
→弁証法的唯物論，史的唯物論も参照

善き生　good life　105
予測　prediction　260

ラ　行

ライプニッツ
『モナドロジー』(1714年)　*Monadology*　46
ライプニッツの充足理由律　reason, Leibniz's sufficient　46
ライル
「系統的に誤解を招く諸表現」(1932年)　"Systematically Misleading Expressions"　247

『心の概念』(1949 年) *The Concept of Mind* 247

ラッセル
——と初期分析哲学 and early analytic philosophy 215-9, 222-4, 228-35
——と論理学について on logic 223-4
記述理論 theory of descriptions 224, 247
『幾何学基礎論』(1897 年) *An Essay on the Foundations of Geometry* 218
『結婚論』(1929 年) *Marriage and Morals* 231
「指示について」(1905 年) "On Denoting" 224, 273
『数学の原理』(1903 年) *Principles of Mathematics* 232, 236
『相対性理論への認識』(1925 年) *The ABC of Relativity* 231
『西洋哲学史』(1946 年) *A History of Western Philosophy* 129
『プリンキピア・マテマティカ』(1910-13 年) *Principia Mathematica* 30
『論理的原子論の哲学』(1918, 1919 年) *The Philosophy of Logical Atomism* 238
ラッセルのパラドクス Russell's Paradox 232
ランベルト
『新機関』(1764 年) *Neues Organon* 168

力学(ニュートンの) mechanics, Newtonian 44, 68, 261
理性 reason
——と信仰 and faith 57-8
——にかんするハーバーマスの議論 Habermas on 112, 116
実践的—— practical 137
状況に依存した—— situated 164-5
純粋——の公理 axioms of pure 170
理念型 ideal types 31, 40
理論 theory
実践に対する関係 relation to practice 81-2, 127, 268
社会変革と—— social change and 106, 113
伝統的——対批判—— traditinal vs critical 105-6, 113, 116
人間の必要に奉仕する—— to serve human needs 81
了解/理解 understanding 193, 209-10

類的本質 species-essence 88-9
ルカーチ
——のマルクス主義論 On Marxism 83
『社会的存在の存在論』(1971-72 年) *Ontology of Social Being* 100
『歴史と階級意識』(1923 年) *History and Class Consciousness* 84, 98
『若きヘーゲル』(1948 年) *The Young Hegel* 100
『レ・タン・モデルヌ』 *Les Temps Modernes* 202
冷戦 Cold War 82
歴史 history
——の終焉 the end of 91, 101
マルクス主義者の——概念 Marxist conception of 95-6, 115
歴史主義 historicism 80, 110, 176, 178, 201, 278-80
歴史的アプローチ historical approach 11, 17, 75-8, 90, 110, 255, 276, 278-80

レーニン
『唯物論と経験論批判』(1909 年) *Materialism and Empiriocriticism* 89

ロック
――とカント and Kant 71-2, 272
経験論 empiricism 42-3, 56-8, 246, 250
白紙 Tabula rasa 42
『人間知性論』(1690 年) *An Essay Concerning Human Understanding* 42
ローティ
――と言語論的転回について Rorty on linguistic turn 227
――と分析的ネオプラグマティズム 156-64
『哲学と自然の鏡』(1979 年) *Philosophy and the Mirror of Nature* 42, 159-60, 254-5
「ヒラリー・パトナムと相対主義者という危険人物」(1993 年) "Hilary Putnam and the Relativist Menace" 162
「プラグマティズム，相対主義，非合理主義」(1980 年) "Pragmatism, Relativism and Irrationalism" 160
ロマン派 Romanticism 195
ロールズ
『正義論』(1971 年) *A Theory of Justice* 10
論争（制限なき） debate, open-ended 21, 27-8, 264
論理（学） logic 131-3, 217-8, 223-4, 233-4
形式―― formal 129
純粋―― pure 173
探究の―― of inquiry 153-4
論理実証主義 logical positivism 243-4, 246
論理主義 logicism 232-5
論理的原子論 logical atomism 233-5, 237-9, 244, 273

原注・訳注

序 論

（1） Peter Strawson, *The Bounds of sense: An Essay on Kant's "Critique of Pure Reason,"* London: Methuen, 1966, p. 29〔『意味の限界――『純粋理性批判』論考』熊谷直男・横田栄一・鈴木恒夫訳，勁草書房，1987 年，19–20 頁〕.

（2） William James, "Philosophical Conceptions and Practical Results," in William James, *Writings 1878–1881*, New York, Viking, 1992, p. 1096.

（3） 例えば，パスモアによるきわめて興味深い議論は，主としてイギリス哲学に焦点を絞っている。John Passmore, *A Hundred Years of Philosophy*, Penguin, Harmondsworth, 1968 参照。

（4） Karl Marx and Friedrich Engels, *The German Ideology*, part one: with selections from parts two and three, together with Marx's "Introduction to a Critique of Political Economy," edited and with an introduction by C. J. Arthur, New York, International Publishers, 1970 参照〔「ドイツ・イデオロギー」『マルクス＝エンゲルス全集 3』真下信一・藤野渉・竹内良知訳，大月書店，1963 年〕。

［1］ ピーター・フレデリック・ストローソン（Peter Frederick Strawson, 1919–2006） イギリスの哲学者。1940 年オックスフォード大学で哲学・政治学・経済学コースを修了，文学士となる。一時期軍務につき，48 年からオックスフォード大学研究員を務め，68 年ギルバート・ライルの後を襲って同大学哲学教授に就任した。人間的思惟の概念枠を明らかにする記述的形而上学の構想のもと，ラッセルの記述理論を批判しつつ，日常言語の論理構造を主語＝述語形式に求めて，その哲学的分析を行なった。主著に『論理の基礎』（1952 年／『論理の基礎――日常言語と形式論理学』上・下，常俊宗三郎訳，法律文化社，1974 年，1976 年），『個体と主語』（1959 年／中村秀吉訳，みすず書房，1978 年）などがある。詳しくは第 6 章 224–226 頁を参照。

［2］ ウィリアム・ジェイムズ（William James, 1842–1910） アメリカの哲学者，心理学者。ニューヨークに生まれ，1861 年ハーバード大学入学。当初は化学を専攻，後に解剖学と生理学を学び，さらに医学に進む。医学部在学中の 65 年から 66 年にブラジル生物探検隊に参加。その後療養と実験生理学の研

究のため再び渡欧，68 年にハーバードに戻り，72 年に学位を取得，翌年からハーバードで生理学・解剖学の講座を，また 75 年からは心理学の講座を受け持つ。79 年以後は哲学を講じ，心理学と哲学の教授を兼任，97 年から 1907 年まで専任の哲学教授を務めた。アメリカにおける実験心理学の創始者のひとりであり，またパースやデューイと並ぶプラグマティストの代表者としても有名。なお，西田幾多郎の「純粋経験論」をはじめ，夏目漱石にも影響を与えた。主著に『心理学原理』(1890 年)，『信ずる意志』(1897 年／『ウィリアム・ジェイムズ著作集 2』福鎌達夫訳，日本教文社，1961 年)，『宗教的経験の諸相』(1901 年／『ウィリアム・ジェイムズ著作集 3–4』桝田啓三郎訳，日本教文社，1962 年)，『純粋経験の世界』(1904 年)，『プラグマティズム』(1907 年／『ウィリアム・ジェイムズ著作集 5』桝田啓三郎訳，日本教文社，1960 年)，『根本的経験論』(1912 年／桝田啓三郎・加藤茂訳，白水社，1978 年) などがある。詳しくは第 4 章 138–146 頁を参照。

[3] プラトン (Platōn，紀元前 427–347)　古代ギリシアの哲学者。アテナイ最後の王コドロスの血を引く貴族の息子としてアテナイに生まれる。体格が立派で肩幅が広かったことから，レスリングの師アルゴスのアリストンに「プラトン」と呼ばれ，以降その呼び名が定着した。当初は政治家を志したが，のち政治に幻滅，ソクラテスの弟子となり，哲学と対話術を学ぶ。ソクラテスの処刑後はアテナイを離れ，イタリア，シチリア島，エジプトを遍歴。紀元前 387 年，アテナイ郊外に学園アカデメイアを設立。紀元前 367 年，361 年と，友人ディオンおよび僭主ディオニュシオス二世の求めに応じて二度シチリア島のシュラクサイへ渡り，哲人政治の実現をめざすもいずれも失敗に終わる。晩年は，著作の執筆とアカデメイアでの教育活動に力を注いだ。師ソクラテスから受けた影響のもと，哲学を一つの学問として大成。イデア論を中心とするその理想主義の哲学は，弟子アリストテレスの経験主義，現実主義の哲学とともに，西欧哲学思想史の全伝統を二分する双璧として，今なお甚大な影響を与えている。主著に『ソクラテスの弁明』(『プラトン全集 1』田中美知太郎訳，岩波書店，1975 年)，『饗宴』(『プラトン全集 5』鈴木照雄訳，岩波書店，1974 年)，『国家』(『プラトン全集 11』藤沢令夫訳，岩波書店，1976 年)，『テアイテトス』(『プラトン全集 2』田中美知太郎訳，岩波書店，1974 年)，『法律』(『プラトン全集 13』森進一・加来彰俊・池田美恵訳，岩波書店，1976 年) などがある。

[4] アカデメイア (Akadēmeia)　前 387 年ころ，プラトンによって創設された哲学教育のための学園。名称は，ギリシアの都市アテナイの北西郊外，英雄ヘカデーモスを祭った聖域に由来する。学園では，哲学に加えて，数論や幾何学，天文学などといった諸科学の教授，探究も積極的に行なわれた。プラトンの死後は，甥のスペウシッポスが第二代学頭となり，クセノクラテスがその跡を継いだ。アカデメイアでは，古代哲学の諸派には珍しく，学説の

自由が保障されていた。哲学の「自己組織化」というロックモアの発想のさしあたりの原点は，ここに求められている。もっとも，こうした学説の自由がかえって災いし，アカデメイアでは当初のイデア論的形而上学から数学主義へと移行したあたりから次第に懐疑主義の傾向が強まり，やがて折衷主義へと変化した。実質的には，ストア学派の影響を受けたアンティオコスによる古代アカデメイアの復帰が唱えられた時点で終焉を迎えたが，形式的には，4 世紀の再建後，529 年東ローマ皇帝ユスティニアヌスの勅令によって完全に閉鎖された。ルネサンス期の 1459 年，フィチーノがプラトン主義の復興を唱えてアカデミア・プラトニカと呼ばれる学校を開設。以後，高等教育機関の名称として「アカデミー」が定着した。

［5］ソクラテス（Sōkratēs, 紀元前 469 頃–399）　古代ギリシアの哲学者。若いころには自然研究にも取り組むものの，後年はもっぱら人間の問題のみに関心を向け，アテナイの街頭や体育場などで対話や問答を行なって過ごした。ほとんどアテナイの町を離れることがなかったとされるが，ペロポネソス戦争のさいには，重装歩兵として北ギリシアに二回，ボイオティアに一回従軍した。幼いころからダイモンの声を聞き，忘我状態を経験する一方，その魅力あふれる人格とアイロニカルな鋭い論法が若者たちを惹きつけた。不敬神の罪で告発され，裁判の結果死刑に処され，毒杯をあおって生涯を閉じた。著作は一切残していない。ソフィストや世間で知者と呼ばれる者の知を，問答をつうじて根本から問い直し，魂への配慮として知を追求することこそが，よく生きるための心がけであると主張した。またみずからの無知を自覚することを勧め，人間は本来の真美を確実には知らない者であり，誤ることのない知をもつ真の知者を神と説いた。

［6］ルネ・デカルト（René Descartes, 1596–1650）　フランスの哲学者，数学者，科学者。1606 年ころイエズス会のラ・フレーシュ学院に入学，約 8 年間人文学やスコラ哲学，またルネサンスの自然哲学を学ぶ。ポワティエ大学では法律学を修め，16 年法学士になるも，数学以外の学問に失望，18 年旅に出る。オランダ軍従軍，またには翌年ドイツでカトリック軍に従軍。その冬，南ドイツのノイブルクに駐屯中に炉部屋で思索を深める。そこで数学の解析方法を学問の普遍的方法としてあらゆる学問を統一する試みを構想するにいたる。その後ドイツ，イタリア，フランスを遍歴，26 年以後の数年間はパリで新進の科学者メルセンヌ，ミドルジュらと知己を得て，数学以外に光学研究も行なった。またこのころ，メルセンヌを中心として，ガッサンディ，アルノー，亡命中のホッブズらとも交流した。28 年ころからオランダに移住，以後約 20 年間各地を渡り歩いて隠棲した。近代哲学の父と呼ばれ，以後の哲学に決定的な影響を与える。精神と物質の二元論，機械論的自然観などによって近代科学の理論的構成を確立し，一切の不合理に対する理性的懐疑の方法や，コギト（思惟, 意識）を中心とする哲学を唱えた。主著に『精

神指導の規則』(1628年執筆，1651年／『デカルト著作集4』大出晁・有働勤吉訳，白水社，1973年)，『方法序説』(1637年／『デカルト著作集1』三宅徳嘉・小池健男訳，白水社，1973年)，『省察』(1641年／『デカルト著作集2』所雄章訳，白水社，1973年)，『哲学原理』(1644年／『デカルト著作集3』三輪正・本多英太郎訳，白水社，1973年）などがある。第2章38–44頁をあわせて参照。

[7] ピエール・ガッサンディ（Pierre Gassendi, 1592–1655） フランスの物理学者，数学者，哲学者。哲学，修辞学，神学を講じ，1645年からパリのコレージュ・ド・ロワイヤルの数学教授を務める。処女作『アリストテレス学徒にたいする逆説的論考』(1624年）では，懐疑主義の立場からアリストテレス哲学を攻撃，形而上学や理性に対する否定的態度を表明した。41年にはデカルトの『省察』に対して「第5反論」を執筆，論争を展開。さらに44年には『形而上学探求』を刊行，デカルトの「第5答弁」に対して再反論を行なった。そこでは，理性の明証性とそれに基づくデカルト形而上学を徹底して批判，有限な理性によって感覚的所与の誤りを補いつつ，現象を整合的に説明すべきであるとする立場に立った。また26年以来執筆を重ね，死後全体が刊行された大著『哲学集成』(1659年）では，エピクロスの学説とキリスト教との調和を試みた。その懐疑主義の立場はロックの経験論に影響を与え，また現象の説明にかんする姿勢やエピクロス流の原子論の発想は，近代科学の成立に寄与した。

[8] アントワーヌ・アルノー（Antione Arnauld, 1612–94） フランスの神学者，哲学者。ポール・ロワイヤル運動と深い関係をもつアルノー家の一員。同名の父と区別するために「大アルノー」と呼ばれる。ソルボンヌ大学で神学を学び，ジャンセニズムに傾倒。デカルトの『省察』に対して『第四反駁』(1641年）を著して，デカルトの哲学がアウグスティヌス神学と一致すると主張。そのデカルト理解は，デカルト本人からも高く評価された。またデカルト主義の立場に立って，マールブランシュやライプニッツと論争を繰り広げた。ジャンセニズム弾圧の動きのなか，1656年にはソルボンヌを追われ，以後ポール・ロワイヤル修道院で抵抗運動を組織した。修道士の教育のために，ポール・ロワイヤルで教鞭をとっていたランスローとの共著『ポール・ロワイヤル文法』(1660年／『ポール・ロワイヤル文法　一般・理性文法』南舘英孝訳，大修館書店，1972年）を，またニコルとの共著『ポール・ロワイヤル論理学』(1662年）を著した。

[9] トマス・ホッブズ（Thomas Hobbes, 1588–1679） イングランドの政治思想家。1608年学位を取得，オックスフォード大学モードリン・ホールを卒業，のち第二代，第三代デボン伯，フランシス・ベーコンらの個人教師や秘書を務める。その間，三度にわたる大陸旅行を通してメルセンヌ，ガッサンディ，デカルト，ガリレオらと知己を得る。ピューリタン革命によって

40 年フランスへ亡命，皇太子チャールズ二世の家庭教師を務める。亡命中に主著『リヴァイアサン』を執筆，51 年の帰国の年に刊行（全 4 巻，水田洋訳，岩波文庫，1982–1992 年）。後は政争を離れて著述活動を展開，各方面で論争を行なうが，宗教界や政界からは激しい批判を受けた。政治認識における哲学的考察を敢行，近代政治学の創始者とも称される。自己保存をめざす自然権をもった人間，闘争状態としての自然状態，特定の人格に絶対的に授権する契約の締結，絶対主権への服従を条件とする国家状態の成立などを説いた。その社会契約説の発想は，のちにロックやルソーへと引き継がれた。

［10］ゴットフリート・ヴィルヘルム・ライプニッツ（Gottfried Wilhelm Leibniz, 1646–1716） ドイツの哲学者，数学者。ライプツィヒ大学で哲学，イェーナ大学で数学，アルトドルフ大学で法律を学んだ後，マインツ侯国の前宰相ボイネブルクと知己となり，1670 年侯国法律顧問官に就任。外交使節として 72 年から 76 年までパリに滞在，イギリスでボイル，オランダではスピノザと交わり，帰国後はハノーファー家に司書官，顧問官として仕えた。1700 年設立のベルリンのアカデミーの初代総裁を務め，またカトリックとプロテスタント両教会の融和にも尽力した。交友範囲がきわめて広く，同時代の著名な知識人のほぼ全員と交流したと言われる。哲学，数学をはじめ，歴史学，法学，神学についても重要な研究を行ない，当時の諸学問の統一，体系化を試みた。宇宙の要素として複合体をつくる単純な実体でありながら，その内部に多様性と変化をはらむモナド（単子）の理論，またそれらモナドが世界全体を自己の内部に映しだし，それによって世界全体が認識されるという，いわゆる予定調和説を唱えた。その着想は，やがてライプニッツ＝ヴォルフ学派へと引き継がれた。主著に『形而上学叙説』(1686 年／『前期哲学　ライプニッツ著作集 8』西谷祐作訳，工作舎，1990 年)，『モナドロジー』(1714 年／『後期哲学　ライプニッツ著作集 9』西谷祐作訳, 工作舎, 1989 年）などがある。第 2 章 44–46 頁をあわせて参照。

［11］エドムント・フッサール（Edmund Gustav Albrecht Husserl, 1859–1938） オーストリアの数学者，哲学者。オーストリア（現チェコ共和国）に生まれ，ライプツィヒ，ベルリン，ウィーンの各大学で学び，学位を取得後ベルリンへ戻る。兵役を務めたのち，ブレンターノに師事，以後哲学研究に転じた。ハレ大学で教授資格論文を提出，87 年から 1901 年まで私講師を務め，01 年にゲッティンゲン大学助教授，06 年教授に就任。16–28 年はフライブルク大学教授となり，退官後も同地で研究活動を続けた。数学基礎論の研究者として出発するが，哲学による諸学問の基礎づけへと関心を移し，やがて現象学を提唱するにいたる。フッサールによって開始された現象学運動は，20 世紀哲学において新たな一潮流を形成，シェーラー，ハイデガー，サルトル，メルロ＝ポンティといった後継者を生み出し，哲学にとどまらず，諸

学問全体に大きな影響を及ぼした。詳しくは第 5 章 171–183 頁を参照。

［12］ マルティン・ハイデガー（Martin Heidegger, 1889–1976） ドイツの哲学者。1909 年フライブルク大学入学，神学，次いで哲学を修める。13 年学位取得，15 年に教授資格論文を提出，私講師となる。新カント学派の影響下のもと，フッサール現象学に親しむ。23 年マールブルク大学教授に転任。27 年主著『存在と時間』を公表，その独自の存在論がドイツと世界の哲学界に衝撃を与えた。28 年フッサールの後継者としてフライブルク大学に転任。33 年大学総長となり，ナチスの大学再編に荷担するが，翌年辞任。この頃からヘルダーリンの詩やニーチェの思想の批判的解釈などを行ない，『存在と時間』をはじめとする前期思想に対するいわゆる「転回」を開始。戦後ナチス協力を問われ，教職を追われるが，ヤスパースやガダマーなどの協力により復帰。ガダマーの哲学的解釈学の成立に影響を与える一方，フランス現代思想にも多大な影響を与えた。晩年はさらにその思想を深め，独自の立場から哲学批判，技術批判などを展開した。日本の哲学界とのつながりも深く，とくに初期から前期にかけての思想は，九鬼周造，三木清，和辻哲郎，田邊元らにも大きな影響を与えた。主要な著作は『ハイデッガー全集』（1978 年–／創文社，1985 年–）に収録されている。詳しくは第 5 章 183–196 頁を参照。

［13］ ルートヴィヒ・ウィトゲンシュタイン（Ludwig Wittgenstein, 1889–1951） オーストリア・ウィーン出身の哲学者。リンツの高等実科学校で 3 年間の教育を受ける。卒業後 1906 年からベルリンのシャルロッテンブルク工科大学（現ベルリン工科大学）で機械工学を学び，さらに工学の博士号取得のためにマンチェスター大学工学部へ入学。11 年秋，フレーゲの勧めでケンブリッジ大学のトリニティ・カレッジにラッセルを訪れ，論理の基礎にかんする研究を開始した。第一次世界大戦中はオーストリア・ハンガリー帝国軍の志願兵として従軍，その間に『論理哲学論考』を脱稿，戦後の 22 年に刊行した。一時期，哲学の世界から距離を置いたが，29 年にはトリニティ・カレッジに復学，39 年にケンブリッジ大学教授に就任した。その思想展開は，一般に，論理的原子論と写像理論を主張した前期，文法と検証を考察した中期，言語ゲームの概念を展開した後期という三つの時期に分類される。主要著作は『ウィトゲンシュタイン全集』（全 10 巻，大修館書店，1975–78 年）に収められている。詳しくは第 6 章 235–241 頁を参照。

［14］ ウィラード・V・O・クワイン（Willard van Orman Quine, 1908–2000） アメリカの哲学者，論理学者。1930 年オバーリン大学で数学と哲学で学士号取得，32 年にハーバード大学で哲学の博士号を授与された。師はホワイトヘッド。32 年から翌年の間，ハーバードのジュニア・フェローシップを活用して渡欧，ウィーン学団のメンバーと交流した。第二次大戦中はブラジルやポルトガルで論理学の講義を担当，42 年から 46 年の間はアメリカ海軍

諜報部でも働いたが，それ以外は生涯ハーバード大学で哲学と数学を講じ，56年から78年まではハーバード大学のエドガー・パース哲学教授職を務めた。門下にデイヴィッドソン，ルイス，デネット，ハーマン，フォレスダール，鶴見俊輔らがいる。論理実証主義の検証主義的意味論に対する批判や，「翻訳の不確定性テーゼ」の主張などにより，現代の分析哲学に大きな影響を与えた。主著に『論理学の方法』（1952年／中村秀吉・大森荘蔵訳，岩波書店，1961年），『論理的観点から――論理と哲学をめぐる九章』（1953年／飯田隆訳，勁草書房，1992年），『ことばと対象』（1960年／大出晁・宮館恵訳，勁草書房，1984年）などがある。詳しくは第6章250–252頁を参照。

［15］チャールズ・サンダース・パース（Charles Sanders Peirce, 1839–1914）アメリカの哲学者，論理学者，物理学者。マサチューセッツ州ケンブリッジに生まれ，当時ハーバード大学の数学と自然哲学の教授であった父ベンジャミンのもとで特別な家庭教育を受け，ハーバード大学に学んだ。数学，物理学，論理学，科学哲学などの多領域で業績をあげるが，大学に定職を得ることができず，1887年にペンシルヴァニア州ミルフォードに隠棲。91年には61年以来勤めてきた合衆国沿岸測量部の技師を辞職，晩年を貧困と孤独と病苦のなかで過ごした。生前からその存在が長く忘れ去られていたが，31–35年に遺稿を中心とする論文集が刊行され，外来の論理実証主義や分析哲学の流行，またその影響下の形式論理学研究や数学，ならびに経験科学の基礎論的研究の流行も手伝って，その思想が再評価されるようになった。プラグマティズムの創始者の一人であり，現代記号論の先駆者とも言われるが，その影響は論理学，科学哲学，科学史研究，現象学，言語学，文学理論などの多領域に及んでいる。主要著作をまとめたものとして，『パース著作集』(全3巻，勁草書房，1985–86年）がある。詳しくは第4章128–138頁を参照。

［16］フリードリヒ・エンゲルス（Friedrich Engels, 1820–95） ドイツ出身のジャーナリスト，実業家，共産主義思想家。バルメン（現ブッパータール）に生まれる。ギムナジウムは中退。1842年にマルクスと出会って以降，協力して科学的社会主義の世界観の構築に取り組む。46年にはマルクスとともに共産主義国際通信委員会を設立，48年には自身の論考「共産主義の原理」に基づき，マルクスとともに共産主義の概要を記した『共産党宣言』を作成，出版。同年三月にはケルンに移り，『新ライン新聞』を刊行。以後は活動拠点をイギリスに移し，エルメン・アンド・エンゲルス商会の経営に参画，成功を収める。その報酬によって，イギリスに亡命中のマルクス一家を財政的に援助。マルクスの死後は，その膨大な遺稿を編纂し，『資本論』第二巻（1885年），第三巻（1894年）を刊行した。またマルクスと自身の著作の各国語訳にも尽力。資本主義の最新の発展段階の諸現象を分析，資本主義そのものの廃絶，共産主義社会の構築による人類の持続的発展を構想し，世界の労働運動，革命運動，共産主義運動の発展に指導的な役割を果たした。主著に『オ

イゲン・デューリング氏の科学の変革（反デューリング論）』（『マルクス＝エンゲルス全集 20』村田陽一訳，大月書店，1968 年），『ルートヴィッヒ・フォイエルバッハとドイツ古典哲学の終結』（『マルクス＝エンゲルス全集 21』藤川覚訳，大月書店，1971 年）などがある。詳しくは第 3 章 83–96 頁を参照。

[17] リチャード・ローティ（Richard Rorty, 1931–2007） アメリカの哲学者。シカゴ大学で学士号，イェール大学で博士号を取得，カルナップとヘンペルから分析哲学の手法を，ハーツホーンからホワイトヘッドの思想を学ぶ。スタンフォード大学では，哲学や比較文学を講じた。現代的なプラグマティズムの立場から，哲学，政治学，経済学，社会学，アメリカ文化など各方面で議論を展開したことで知られる。主著に『哲学と自然の鏡』（1979 年／野家啓一監訳，産業図書，1993 年），『プラグマティズムの帰結——論集 1972 年–1980 年』（1982 年／『哲学の脱構築——プラグマティズムの帰結』室井尚・吉岡洋・加藤哲弘・浜日出夫・庁茂訳，御茶の水書房，1985 年），『偶然性，アイロニー，連帯』（1989 年／『偶然性・アイロニー・連帯——リベラル・ユートピアの可能性』齋藤純一・山岡龍一・大川正彦訳，岩波書店，2000 年），『哲学と社会的希望』（1999 年／『リベラル・ユートピアという希望』須藤訓任・渡辺啓真訳，岩波書店，2002 年）などがある。詳しくは第 4 章 156–163 頁，第 6 章 254–255 頁を参照。

[18] ホーリズム（Holism） 「全体」を意味するギリシア語の「ホロス（holos）」に由来し，部分と全体との関係によって，部分よりも全体に優位を置き，しかも全体を部分の総和へ還元するのではなく，部分を全体の体系的文脈以上のものとみなす考え方。哲学用語としては，J. S. ホールデーンの生物学理論から影響を受けた南アフリカの哲学者 J. C. スマッツが『全体論と進化』（1926 年）のなかで初めて用いたと言われるが，概念上はドイツ・ロマン主義の自然哲学に起源をもつ。この考え方は，フランスの物理学者デュエムによって提起され，クワインが発展させたいわゆる「デュエム＝クワイン・テーゼ」によって徹底化された。デュエムは，ある仮説はその背景をなすさまざまな仮説や知識と有機的に連関していると主張したが，クワインはこの主張を物理理論の枠を超えて拡張，「経験主義の二つのドグマ」（1951 年／飯田隆訳『論理的観点から——論理と哲学をめぐる九章』勁草書房，1992 年所収）では，その適用範囲が，数学や論理学も含め，さらに日常言語で表現される観察命題の領域にまで及ぶものとされた。あらゆる個別的言明を全体として捉えるこうしたホーリズムの立場は，理論命題と観察命題を独立したものとみなす論理実証主義に対して打撃を与える一方，ハンソン，クーン，ファイアーアベントらに代表される新科学哲学の成立に影響を与えた。

[19] ジェルジ・ルカーチ（Georg Bernhard Lukács von Szegedin, 1885–1971） ハンガリーの哲学者。当初はハンガリーで演劇運動にかかわるが，ドイツで

ジンメル，ウェーバーに学ぶ。ハンガリー革命にさいして帰国，革新的知識人のリーダーとして文化革新運動にかかわり，1918 年にハンガリー共産党入党，クン・ベーラ政権の教育文化相となるも，挫折。その後ウィーン，ベルリン等に亡命。33 年のナチス政権成立後はモスクワに亡命，科学アカデミー哲学研究所で文学史，美学等を研究。戦後ハンガリーに帰国，ブダペスト大学教授に就任。東側の代表的思想家の地位を確立するが，党側からしばしば非難を受けた。晩年は美学，存在論等の著述に専念した。ウィーン，ベルリンへの亡命の間に，『歴史と階級意識』（1923 年／城塚登・古田光訳，白水社，1975 年，1991 年）を著し，マルクスの疎外論の動機を再発見，マルクス主義を西欧哲学の中心概念によって基礎づけた。他の著書としては『若きヘーゲル』（1948 年／上，生松敬三・元浜清海訳，下，生松敬三・木田元・元浜清海訳，白水社，1998 年）がある。第 3 章 96–102 頁を参照。

［20］ミシェル・ド・モンテーニュ（Michel Eyquem de Montaigne, 1533–92）フランスの哲学者。トゥールーズで法学を学び，フランスの法官となる。1570 年法官を辞任。以後，カトリックのシャルル九世，アンリ三世から侍従に任ぜられる一方，77 年にはプロテスタントのナヴァール公アンリの侍従にも任ぜられた。80 年から翌年にかけてフランス，ドイツ，オーストリア，スイス，イタリアを旅行。81 年ボルドーの市長に選出され，帰国後 85 年まで務める。フランス宗教戦争の時代にあって，カトリックとプロテスタント両派の融和に尽力した。法官辞任後より，主著『エセー（随想録）』（全 5 巻，原二郎訳，ワイド版岩波文庫，2002 年）の執筆を開始，80 年に二巻 94 章，88 年に三巻 107 章の新版を刊行するが，死去するまでその加筆と改訂作業を続けた。プラトン，キケロ，プルタルコスといった古代の哲学者に学びつつ，ルネサンスの人文主義の流れにも棹差したそのモラリストとしての立場は，のちに大きな影響を及ぼした。とくに真理探究の方法への注目は，デカルトやパスカルにも影響を及ぼし，近代科学の礎の一端を築いた。

［21］セーレン・キルケゴール（Søren Aabye Kierkegaard, 1813–55） デンマークの哲学者，宗教思想家。1830 年にコペンハーゲン大学神学部入学，41 年に論文『イロニーの概念』を大学に提出してベルリンへ赴き，シェリングの積極哲学の講義に出席。43 年以降，実名で刊行した多くの宗教講話とともに，偽名で数々の著名な文学的，哲学的，宗教的著作を発表した。ヘーゲル哲学の全盛時代に，理性主義とそれを基準とした合理的客観性としての真理に反発，否定的弁証法の手法を活用して，無根拠な不安や絶望を主体的に受け止め，自由に存在する人間のあり方を実存として捉えた。主著に『反復』（1843 年／『キルケゴール著作集 5』前田敬作訳，白水社，1962 年），『不安の概念』（1844 年／『キルケゴール著作集 10』氷上英廣訳，白水社，1964 年），『死に至る病』（1849 年／『キルケゴール著作集 11』松浪信三郎訳，白水社，1962 年）などがある。詳しくは第 5 章 198 頁を参照。

[22] フリードリヒ・ニーチェ（Friedrich Wilhelm Nietzsche, 1844–1900） ドイツの哲学者，古典文献学者。1854年ナウムブルクのギムナジウム入学，58年にプフォルタ学院に入学。卒業後ボン大学へ進学，古典文献学の権威フリードリヒ・リッチュルに師事，文献学を修得。ライプツィヒ大学へ転属したリッチュルを追って，同大学へ転学。69年，バーゼル大学から古典文献学教授として招聘。古代ギリシアにかんする古典文献学を講じる。72年『音楽の精神からのギリシア悲劇の誕生』を発表するが，学界から否定され，事実上古典文献学者としての生命を断たれる。79年には体調悪化のため大学を辞職，以後在野の哲学者として活動。療養のため，各地を遍歴し執筆を続けるが，89年トリノ市の往来で発狂。以後十年近くを廃人のごとく過ごし，没した。永遠回帰，力への意志，超人，ルサンチマン，ニヒリズム，価値転換といった独自の諸概念や，アフォリズムの手法などをつうじて，西洋形而上学ならびにキリスト教的価値観の転倒を試みた。その思想は，ナチスによる政治的悪用を乗り越えて，文学，哲学をはじめとする諸分野に今なお大きな影響を与えている。主著に『悲劇の誕生』（1872年／『ニーチェ全集　第1期1』浅井真男訳，白水社，1979年），『ツァラトゥストラはこう言った』（1885年／『ニーチェ全集　第2期1』薗田宗人訳，白水社，1982年），『善悪の彼岸』（1886年／『ニーチェ全集　第2期2』吉村博次訳，白水社，1983年），『道徳の系譜』（1887年／『ニーチェ全集　第2期3』秋山英夫訳，白水社，1983年）などがある。

[23] 新カント学派（Neukantianer）　19世紀後半から第一次世界大戦にかけて主にドイツを中心として興隆した哲学上の学派。19世紀後半における個別科学や自然主義的実証主義の台頭，またそれにともなうニヒリズムやペシミズムの流行に抗して，カントの批判哲学の精神を継承し，哲学の復興を試みた。マールブルク学派のコーヘン，ナトルプ，カッシーラー，西南ドイツ学派（バーデン学派）のヴィンデルバント，リッカート，ラスクらがその主要な哲学者。マールブルク学派は，超越論哲学の方法をつうじた諸科学の厳密な批判的基礎づけや，根源的な論理学に基づく批判的観念論の確立を図った。他方，西南ドイツ学派は，カントの啓蒙主義的人格観に則り，歴史に通底する精神，価値，倫理についての思想的体系化を図った。日本では明治末より新カント学派，とくに西南ドイツ学派の受容が積極的に行なわれ，大正時代に日本のアカデミー哲学の確立に大きく寄与する一方，大正教養主義にも影響を与えた。1920年代以降は，現象学，実存哲学，マルクス主義，論理実証主義の興隆のなかでその活動は凋落，30年代には学派としても事実上消滅した。長くその哲学的意義が忘れ去られていたが，近年その再評価が高まりつつある。第1章34–35頁をあわせて参照。

[24] ハンス＝ゲオルク・ガダマー（Hans-Georg Gadamer, 1900–2002）　ドイツの哲学者。ブレスラウ，マールブルク，フライブルクの各大学で哲学を

学ぶ。マールブルク大学のナトルプのもとで博士学位取得。その後フライブルクでハイデガーと出会い，新カント学派から離反。マールブルクに赴任したハイデガーの後を追い，指導を受ける。その強い影響下に，1928 年教授資格論文『プラトンの弁証法的倫理学』を提出，その後マールブルク大学で私講師となる。39 年ライプツィヒ大学，47 年フランクフルト大学，49 年から退官までハイデルベルク大学教授を歴任。40 年代末から再度ハイデガーの影響下で解釈学の批判的再検討を試み，60 年に『真理と方法』を刊行，言語テクストの歴史性に立脚した独自の哲学的解釈学を主張した。67 年以降はハーバーマスと，また 81 年以降はデリダとも論争を交わし，とくに前者との論争は，彼の解釈学を実践哲学へ展開させる契機となった。主著に『真理と方法』（1960 年／I，轡田収・麻生建・三島憲一・北川東子・我田広之・大石紀一郎訳，II，轡田収・巻田悦郎訳，法政大学出版局，1986–2008 年），『詩と対話』（1990 年／巻田悦郎訳，法政大学出版局，2001 年），『健康の神秘——人間存在の根源現象としての解釈学的考察』（1993 年／三浦國泰訳，法政大学出版局，2006 年），『哲学の始まり——初期ギリシャ哲学講義』（1996 年／箕浦恵了・國嶋貴美子訳，法政大学出版局，2007 年）などがある。詳しくは第 5 章 207–210 頁を参照。

[25] ジャック・デリダ（Jacques Derrida, 1930–2004）　フランスの哲学者。アルジェリアに生まれ，高等師範学校に学び，ソルボンヌ大学，高等師範学校を経て，1984 年から死去する 2004 年まで，社会科学高等研究院で研究ディレクターを務めた。フッサールの現象学から出発，ニーチェやハイデガーの思想を批判的に継承しつつ，「脱構築」と呼ばれる独自の形而上学批判を展開した。エクリチュール（文字ないし書記言語）に対する新たな反省をつうじて，原 - エクリチュール，ならびにそこにおける原的差異としての「差延」の概念を提唱。こうした観点から，ロゴス中心主義や現前性の形而上学と連動した音声中心主義の克服，また自然と文化，内部と外部，本来的なものと非本来的なものといった形而上学的な二項対立の解体を企てた。サール，リクール，ハーバーマス，ガダマー，フーコーとの論争でも知られ，2001 年のアメリカ同時多発テロ事件以降は，ハーバーマスとも共闘。その独自の考察は，文学，法，政治，宗教等，多方面にわたっている。詳しくは第 5 章 210–213 頁をあわせて参照。

[26] バートランド・ラッセル（Bertrand Arthur William Russell, 1872–1970）イギリスの論理学者，数学者，哲学者，平和運動家。ケンブリッジ大学に学び，幾何学の基礎にかんする研究で同校フェロー，のち講師，教授となった。数学の基礎研究から出発，フレーゲから影響を受けて論理学研究に取り組み，ホワイトヘッドとの共著『プリンピキア・マテマティカ』により現代論理学の基礎を築いた。1950 年にはノーベル文学賞を受賞，またアインシュタインやサルトルらと国際的な平和運動を展開したことでも知られる。主要な著

作は『バートランド・ラッセル著作集』(全14巻，別巻1，みすず書房，1959–1963年）に収められている。詳しくは第四章および第六章を参照。

[27] ジョージ・エドワード・ムーア（George Edward Moore, 1873–1958）イギリスの哲学者，倫理学者。ロンドンのアパー・ノーウッドに生まれ，1892年ケンブリッジ大学入学，1911年に同大学で道徳学講師，25年から38年までは哲学教授を務めた。11年から39年まではイギリスを代表する哲学雑誌『マインド』の編集も担当した。「善」という概念を定義不可能とする，倫理学における直覚説を主張したことで知られる。主著に，『倫理学原理』(1903年／深谷昭三訳，三和書房，1977年)，『倫理学』(1912年／深谷昭三訳，法政大学出版局，1977年）がある。詳しくは第6章216–232頁を参照。

[28] ヒラリー・パトナム（Hilary Whitehall Putnam, 1926–　）アメリカの哲学者。ペンシルヴァニア大学で数学と哲学を学び，ハーバード大学大学院で研究後，カリフォルニア大学ロサンゼルス校に移り，1951年に『有限数列の応用における確率概念の意味』によって博士号を得る。ノースウェスタン大学，プリンストン大学，マサチューセッツ工科大学で教鞭をとったのち，65年ハーバード大学へ移る。2000年に退官，現在はハーバード大学名誉教授。論理実証主義から出発，その後，心的性質の機能主義，数学的プラトニズム，科学的探究における実在論といった立場をとったが，1970年代後半，自身のこれまでの立場である「形而上学的・外部的実在論」から「内部的実在論」の立場へと「転向」した。主著に『論理学の哲学』(1972年／米盛裕二・藤川吉美訳，法政大学出版局，1975年)，『理性，真理，歴史』(1981年／『理性・真理・歴史――内在的実在論の展開』野本和幸・三上勝生・中川大・金子洋之訳，法政大学出版局，1994年)，『実在論と理性』(1983年／飯田隆・佐藤労・山下弘一郎・金田千秋・関口浩喜訳，勁草書房，1992年)，『存在論抜きの倫理』(2004年／関口浩喜・渡辺大地・岩沢宏和・入江さつき訳，法政大学出版局，2007年）などがある。詳しくは第4章157–158，161–163頁および第6章253–254頁を参照。

[29] ドナルド・デイヴィドソン（Donald Herbert Davidson, 1917–2003）アメリカの哲学者。ハーバード大学では，当初英文学・比較文学を学ぶが，古典文学と哲学に専攻を変更。卒業後ラジオドラマの台本を書くなどしたが，再びハーバードに戻り古典哲学を研究。その後，哲学を教えるかたわら，ハーバード・ビジネス・スクールにも学んだ。アメリカ海軍に従軍後，小説家を志すも挫折，再び哲学研究に戻り，1949年博士号取得。81年から2003年までカリフォルニア大学バークレー校で哲学教授を務めた。またスタンフォード，ロックフェラー，プリンストン，シカゴ各大学でも教鞭をとった。師クワインの思想を批判的に継承しながら，意味論と行為論を中心に独自の哲学を展開した。主著に『行為と出来事』(1980年，2001年／服部裕幸・

柴田正良訳，勁草書房，1990 年)，『真理と解釈』(1984 年，2001 年／野本和幸・金子洋之・植本哲也・高橋要訳，勁草書房，1991 年)，『主観的，間主観的，客観的』(2001 年／清塚邦彦・柏端達也・篠原成彦訳，春秋社，2007 年)，『合理性の諸問題』(2004 年／金杉武司・塩野直之・鈴木貴之・信原幸弘訳，春秋社，2007 年）などがある。詳しくは第 4 章 158, 161–162 頁および第 6 章 252–253 頁を参照。

[30] ジョン・デューイ（John Dewey, 1859–1952） アメリカの哲学者，教育学者，社会心理学者。バーモント州バーリントンに生まれ，1879 年バーモント大学卒業，3 年間高校教員を務めたのち，82 年ジョンズ・ホプキンズ大学大学院進学，2 年後博士の学位を取得，84–94 年にはミシガン大学で教鞭をとる。その間の 88–89 年にはミネソタ大学の招聘教授を務めた。94 年にシカゴ大学に招かれ，哲学，心理学，教育学科の主任教授，1904 年にコロンビア大学へ転任，30 年に退職するまで教授を務めた。日本，中国，ソ連にも招聘講義に出かけ，19 年には東京帝国大学で二ヶ月におよぶ講義を行なった。シカゴ大学在任中には先進的な実験学校を設置，他方で 1903 年には同僚とともに共同研究『論理学的理論の研究』を出版，シカゴ学派としてプラグマティズムの新しい一派を形成，全国的なプラグマティズム運動を発展させた。自然と経験，生物的なものと文化的なもの，物質と精神，存在と本質といった二元論を否定，それらの連続性を強調するとともに，生命活動と環境との相互作用の過程に着目。これらを基本原理として，知識道具主義，精神機能論，探究理論としての論理学説，「自然の橋」としての言語の概念，自由な社会的相互交渉と連続的発展の生活様式としての民主主義の概念, 生活経験主義的教育原理などを主張した。主著に『学校と社会』(1900 年／宮原誠一訳，岩波文庫，1957 年)，『民主主義と教育』(1916 年／上・下, 松野安男訳，岩波文庫，1975 年)，『哲学の改造』(1920 年／清水幾太郎・清水禮子訳，岩波文庫，1968 年）などがある。詳しくは第 4 章 146–156 頁を参照。

[31] ウィーン学団（Wiener Kreis, Vienna Circle） 1920 年代から 1930 年代前半，数学者ハーン，物理学者フランク，社会学者ノイラートによる定期的な会合をきっかけに結成され，モーリッツ・シュリックを中心的指導者とした科学者，哲学者の研究サークル。28 年にマッハ協会を結成。29 年には組織を整え，ウィーン学団を名乗り，学団の方針を示した「科学的世界像」を発表した。33 年にハーンが病死，36 年にシュリックが反ユダヤ主義者の学生に射殺され，残るメンバーの多くはナチスの弾圧から逃れるため，アメリカへ亡命した。検証原理に基づいて数学と経験科学の命題のみを有意味とみなして，形而上学的な命題を退けることを主張，諸科学を単一のものに還元する「統一科学」を理念に掲げた。詳しくは第 6 章 242–248 頁を参照。

[32] ルドルフ・カルナップ（Rudolf Carnap, 1891–1970） ドイツの哲学者。

ドイツのロンスドルフ（現ブッパータール）に生まれ，バルメンのギムナジウム，イェーナ，フライブルク大学で学び，ブルーノ・バウフのもとで博士論文を提出した。イェーナ大学ではフレーゲから直接指導を受け，1924年から翌年にかけてはフッサールの講義にも出席した。26年にウィーン大学で職を得るとともに，ウィーン学団の一員となる。31年からプラハで自然哲学の教授を務めたのち，35年に渡米，41年帰化。シカゴ大学，プリンストン大学を経てカリフォルニア大学ロサンゼルス校で教鞭をとった。当初は論理実証主義の中心人物として，徹底した現象主義の立場に立つと同時に，哲学を「科学の論理学」として位置づけて，形而上学的な命題を退けた。渡米以後はアメリカの哲学者との交流，意味論と帰納論理学を中心に業績を残した。主著に『世界の論理的構築』(1921年),『言語の論理的構文論』(1934年),『意味論序説』(1942年／遠藤弘訳，紀伊國屋書店，1975年）などがある。詳しくは第6章242–251頁を参照。

[33] ハンス・ライヘンバッハ（Hans Reichenbach, 1891–1953）　ドイツの哲学者。ハンブルクに生まれ，カッシーラー，ヒルベルト，プランク，ボルン，ゾンマーフェルトらのもとで物理学，数学，哲学を学び，エアランゲン大学で博士号を取得，1926年にベルリン大学助教授に就任。ウィーン学団と縁の深いベルリン学派の中心人物として，論理経験主義（logical empiricism）を主張し，論理実証主義の発展に貢献した。1938年にアメリカへ移住後は，カリフォルニア大学で哲学の教授を務めた。門下には，パトナムやウェスレー・サモンらがいる。確率論，帰納法，時間–空間論，量子力学，法則命題などにかんする科学哲学で有名。主著に『科学哲学の興隆』(1951年／『科學哲學の形成』市井三郎訳，みすず書房，1954年）がある。

[34] オットー・ノイラート（Otto Neurath, 1882–1945）　オーストリアの哲学者，社会学者，政治経済学者。ウィーンに生まれ，ウィーン大学で数学を学び，ベルリン大学で博士号を取得した。論理実証主義の哲学者として，ウィーン学団の創設に参加。マルクス主義的な社会学説を構想する一方，社会科学全体を物理学と同一方法によって捉える「統一科学」運動を推し進めて，カルナップらとともに『統一科学の国際百科全書』の刊行にも尽力した。科学の言明には不正確な部分がつねに残存せざるをえないことを表現した「ノイラートの舟」の比喩で有名。詳しくは第6章242–251頁を参照。

[35] トーマス・クーン（Thomas Samuel Kuhn, 1922–96）　アメリカの科学史家。ハーバード大学で物理学の学位取得後，科学史に転じ，カリフォルニア大学バークリー校，プリンストン大学を経て，マサチューセッツ工科大学教授。主著『科学革命の構造』(1962年／中山茂訳，みすず書房，1971年）でいわゆる「パラダイム」概念を提唱，学界や思想界に大きな影響を及ぼした。60年代以降はその名称を放棄，「専門学問母系（disciplinary matrix)」や「解釈学的基底（hermeneutic basis)」といった名称を用いて，自然科学

の諸概念に先立って，歴史的共同体に属する前提的諸概念の集積が存在することを指摘した。著書に『コペルニクス革命——西洋思想の発展における惑星天文学』（1957 年／『コペルニクス革命——科学思想史序説』常石敬一訳，紀伊国屋書店，1976 年），『本質的緊張——科学的伝統と革新にかんする精選論文』（1977 年／『本質的緊張——科学における伝統と革新』全 2 巻，安孫子誠也・佐野正博訳，みすず書房，1987 年）などがある。

[36] ジャン＝ポール・サルトル（Jean-Paul Charles Aymard Sartre, 1905–80） フランスの哲学者，小説家，劇作家，評論家。パリに生まれ，1915 年リセ・ルイ＝ル＝グラン入学。24 年には高等師範学校入学，メルロ＝ポンティ，ボーヴォワールらと交わる。レイモン・アロンとの会話からフッサール現象学に開眼，レヴィナスの博士論文をつうじてフッサールを学び，33 年から翌年にベルリン留学，現象学を学ぶ。高等中学校の哲学教授として教鞭をとる一方，哲学・文学両面にわたって執筆活動を行ない，38 年には小説『嘔吐』を刊行。43 年，みずからの現象学的存在論の思想を体系的に展開した『存在と無』を刊行。政治・社会に対して発言し，行動する知識人としての積極的姿勢は，国際社会に大きな影響を与えた。第二次大戦後の日本にも甚大な影響を与え，哲学者や文学者ばかりでなく，若者からの注目も一身に集めた。主な著作は『サルトル全集』（全 38 巻，人文書院）に収められている。詳しくは第 5 章 196–203 頁を参照。

[37] ジョン・ロールズ（John Rawls, 1921–2002） アメリカの政治哲学者，道徳哲学者。プリンストン大学で博士号を取得後，オックスフォード大学への留学を経て，コーネル大学，マサチューセッツ工科大学，ハーバード大学で教鞭をとる。論理実証主義の支配下のもと，倫理学の学問性についての考察から出発し，やがて功利主義の内在的克服を目指して，「公正」や「正義」概念を新たに展開した。主著『正義論』（1971 年／矢島鈞次監訳，紀伊國屋書店，1979 年）では，「自由の原理」と「格差の原理」という正義にかんする二つの原理を提唱し，万人に対する自由の分配とともに，社会的格差を超えて自由を平等に分配する制度の必要性を主張した。その正義論は，倫理学や政治哲学，経済学など多くの学問領域に影響を与えた。

[38] ノーム・チョムスキー（Avram Noam Chomsky, 1928–　） アメリカの言語学者，思想家。マサチューセッツ工科大学教授。言語学分野で従来主流であったソシュール的な構造主義言語学に対して，各言語に普遍的な生成文法を提唱，大きな変革をもたらした。それによって認知科学や情報処理と言語学との類縁性を際立たせる一方，統語論の自律性を主張し，意味論や語用論等の隣接分野の存在をも明らかにした。人間の自由な創造性を重視する世界観から，政治・社会問題にかんしても，平和・人権を擁護する見解を一貫して主張，とくにアメリカの自己中心的な力の政策と官僚主義に対する批判は有名。2001 年のアメリカ同時多発テロ事件以降は，アメリカに台頭する

ネオコン勢力によるアフガンやイラクへの侵攻，またアメリカ主導型のグローバル資本主義に対して厳しい批判を展開している。主著に，『言語学理論の論理的構造』（1955 年，75 年），『統語論的構造』（1957 年），『アメリカン・パワーと新官僚』（1969 年／吉田武士・水落一朗訳，太陽社，1969 年），『9・11』（2001 年／山崎淳訳『9.11 ——アメリカに報復する資格はない！』文藝春秋社，2001 年），『覇権か，生存か——アメリカの世界戦略と人類の未来』（2003 年／鈴木主税訳，集英社新書，2004 年）などがある。

［39］シモーヌ・ド・ボーヴォワール（Simone Lucie-Ernestine-Marie-Bertrand de Beauvoir, 1908–86） フランスの作家，哲学者。パリ大学に学び，哲学教授資格を取得。学生時代にはサルトルをはじめ，レヴィ＝ストロースやメルロ＝ポンティとも親交を結ぶ。なかでもサルトルとは，既成道徳にとらわれぬ自由な「契約結婚」を結び，生涯協力した。活発な著作活動と社会的実践により，実存主義の代表的作家の一人として世界的に広く知られた。『第二の性』（1949 年／『決定版　第二の性』全 2 巻，井上たか子・木村信子・中嶋公子・加藤康子監訳，新潮文庫，1997 年）では，現代女性の状況と意識を考察し，20 世紀後半の世界的な女性解放運動の先駆的役割を果たした。

［40］ゲオルク・ヴィルヘルム・フリードリヒ・ヘーゲル（Georg Wilhelm Friedrich Hegel, 1770–1831） ドイツの哲学者。テュービンゲン神学校で哲学と神学を学び，ヘルダーリンやシェリングと交友した。1801 年イェーナ大学私講師，のち『バンベルグ新聞』編集者，ニュルンベルクのギムナジウム校長，ハイデルベルク大学教授を経て，18 年ベルリン大学教授に就任。フランス革命への共感を背景としつつ，カントの精神を継承し，体系化するという意図のもと，精神現象全体にわたる壮大な体系を構築した。「学の体系」の構築を目指した『精神現象学』では，「意識」，「自己意識」，「理性」といった主観的精神が絶対知へと発展する過程を描いた。『エンチクロペディー』では，その体系を論理学，自然哲学，精神哲学という三部門から構成，主観性と客観性への存在の分裂と再統合を論理学の展開として構想。哲学史および世界を全体として捉えるその壮大な思想体系は，フォイエルバッハ，キルケゴール，マルクスをはじめ，現代の哲学にも甚大な影響を及ぼし続けている。主著に『精神現象学』（1807 年／『ヘーゲル全集 4–5　精神の現象学』金子武蔵訳，岩波書店，1971–79 年），『論理学』（1812–16 年／『ヘーゲル全集 6–8　大論理学』武市健人訳，岩波書店，1994–95 年），『エンチクロペディー』（1817 年／『ヘーゲル全集 1　小論理学』真下信一・宮本十蔵訳，岩波書店，1996 年，『ヘーゲル全集 2　自然哲学』加藤尚武訳，岩波書店，1998–99 年，『ヘーゲル全集 3　精神哲学』船山信一訳，岩波書店，1996 年），『法の哲学』（1820 年／『ヘーゲル全集 9　法の哲学』上妻精・佐藤康邦・山田忠彰訳，岩波書店，2000–01 年），『美学講義』（『ヘーゲル全集 18–20　美学』竹内敏雄訳，岩波書店，1995–96 年），『哲学史講義』（『ヘーゲル

全集 11–14　哲学史』，武市健人訳，岩波書店，1996–2001 年）などがある。詳しくは第 2 章 75–78 頁を参照。

[41] カール・マルクス（Karl Heinrich Marx, 1818–83）　ドイツの経済学者，哲学者，革命家。ライン・プロイセンのトリーアに生まれ，1830 年同市内のギムナジウム入学，35 年ボン大学法学部入学，翌年ベルリン大学法学部へ移る。41 年イェーナ大学で哲学の学位を取得。プロイセン当局のヘーゲル学派に対する抑圧もあり，大学教員になることを断念。43 年秋にはパリで『独仏年誌』を創刊するも，挫折。46 年に革命運動の組織的実践を開始，ブリュッセルを本拠地としてエンゲルスらと共産主義国際通信委員会を設立，47 年に共産主義者同盟へ改組，その綱領として『共産党宣言』を執筆。48 年のドイツ三月革命時にはケルンを拠点として活躍するが，革命運動は敗北に終わる。52 年以後は経済学研究に取り組むとともに，アメリカの在米ドイツ人向け新聞等で評論を執筆。64 年に結成された労働者の国際連帯組織，いわゆる第一インターナショナルに参加，やがて中央評議会の主導権を握る。67 年『資本論』第一巻公刊。71 年パリ・コミューンの敗北以後は，直接的な組織活動から退き，各国のマルクス主義運動に指針を与え続けた。エンゲルスとともに資本主義経済を分析，史的唯物論，剰余価値説，疎外論，恐慌論，革命論などの主張は，哲学や経済学にとどまらず，文学，歴史学，美学，社会学，政治学等，分野を問わず大きな影響を与えた。日本では，明治末期にいち早く紹介が図られ，昭和には積極的導入と独創的解釈が試みられるが，軍国主義体制下で弾圧を余儀なくされた。戦後はその学問的地位が高まり，多くの理論家，思想家に甚大な影響を与えた。主著に「ヘーゲル法哲学批判序説」（1844 年／『マルクス＝エンゲルス全集 1』花田圭介訳，大月書店，1959 年），『資本論』第一巻（1867 年／『マルクス＝エンゲルス全集 23』岡崎次郎訳，大月書店，1965 年），『一八四四年の経済学・哲学手稿』（1844 年／『マルクス＝エンゲルス全集 40』真下信一訳，大月書店，1975 年）などがある。詳しくは第 3 章 83–89 頁を参照。

[42] カール・コルシュ（Karl Korsch, 1886–1961）　ドイツのマルクス主義理論家。ハンブルク近郊トステットに生まれ，ギムナジウム修了後，ミュンヘン，ベルリン，ジュネーヴ，イェーナの各大学で学び，1911 年イェーナ大学で法学博士号授与。翌年ロンドンに渡り研究を続けるが，第一次世界大戦開始後ドイツに帰国，従軍。19 年ドイツ独立社会民主党加入，翌年合同によってドイツ共産党員となる。23 年チューリンゲンの社共連合政府の法務大臣就任，24 年共産党の国会議員に選出，コミンテルン第 5 回大会にも出席。極左派として独ソ通商条約に反対，26 年に共産党から除名。以後特定の政治組織と関係を持つことはなく，33 年に国外に亡命。そのさいブレヒトと交友を結んだ。36 年アメリカに移住，40 年代には『国際評議会通信』誌や季刊誌『生きたマルクス主義』にも寄稿した。当初はロシア革命以後の

レーニン流の政治解釈，また史的唯物論の実証主義的硬直化に抵抗，マルクス主義の史的唯物論をマルクス主義自身の発展に適用しようと試みたが，のちに科学論と記号論理学に傾倒，強硬な反共主義者となった。主著に『マルクス主義と哲学』（1923 年／『マルクス主義と哲學』塚本三吉訳，希望閣，1926 年），『社会化に寄せる論考』（1969 年／『レーテ運動と過渡期社会』木村靖二・山本秀行訳，社会評論社，1971 年）などがある。詳しくは第 3 章 96–102 頁を参照。

[43] マックス・ホルクハイマー（Max Horkheimer, 1895–1973） ドイツの哲学者，社会学者。フランクフルト大学附属社会研究所を創設，およびその機関誌『社会研究』を拠点としてフランクフルト学派を統率。1933 年にナチスが政権を掌握して以後はアメリカへ亡命。戦後ドイツへ帰国してから研究所を再建，フランクフルト大学学長も務めた。早くからショーペンハウアーの哲学に親しみ，西欧的マルクス主義の資本主義批判と世紀末芸術の市民文化批判を融合，「批判理論」の立場を打ち出した。また，最先端の個別諸科学と哲学的反省を接合し，唯物論の学際的な共同研究のプログラムを構築。亡命時にはアドルノと協力して，啓蒙的理性が道具的理性へと変貌する過程を分析した。主著に『理性の腐蝕』（山口祐弘訳，せりか書房，1970 年，1987 年），『道具的理性批判　第二　権威と家族』（1936 年／清水多吉編訳，イザラ書房，1970 年）などがある。なお，初期の著作や論文を収めたものとして『批判的社会理論——市民社会の人間学』（森田数実編訳，恒星社厚生閣，1994 年）が，また 30 年代の論文を収録したものとして『批判的理論の論理学——非完結的弁証法の探求』（角忍・森田数実訳，恒星社厚生閣，1998 年）がある。詳しくは第 3 章 102–106 頁を参照。

[44] テオドール・アドルノ（Theodor Ludwig Wiesengrund Adorno, 1903–69） ドイツの哲学者，社会学者，美学者。フランクフルトに生まれ，同地の大学で哲学を学ぶかたわら，音楽活動に携わる。学位論文提出後，作曲を学び，また音楽雑誌の編集や批評を行なう。パウル・ティリッヒのもとでキルケゴールにかんする教授資格論文を提出，1931 年からフランクフルト大学講師，やがて同大附属社会研究所の社会哲学教授を務める。ナチスの政権掌握後はオックスフォードへ留学，次いでアメリカに亡命。コロンビア大学仮寓の同研究所の閉鎖にともない，ロサンゼルスに隠棲，ホルクハイマーと共同研究を続けた。戦後ドイツに帰国して研究所を再建，ホルクハイマーとともに研究所所長に就任。権威主義的パーソナリティにかんする社会心理学研究をはじめとして，旺盛な著作活動で注目を集め，フランクフルト学派の代表的思想家となる。ヘーゲル，マルクス，ベンヤミンの影響のもと，弁証法に非同一性原理を導入，徹底した否定性の内部で，真理や絶対者などの語りえないものについての概念的考察を展開した。主著に『キルケゴール——美的なものの構築』（1933 年／山本泰生訳，みすず書房，1998 年），『プリ

ズム――文化批判と社会』(1955 年／竹内豊治・山村直資・板倉敏之訳，法政大学出版局，1970 年)，『権威主義的パーソナリティ』(田中義久・矢沢修次郎・小林修一訳，青木書店，1980 年)，『否定弁証法』(1966 年／木田元・渡辺祐邦・須田朗・徳永恂・三島憲一・宮武昭訳，作品社，1996 年)，またマックス・ホルクハイマーとの共著『啓蒙の弁証法――哲学的断想』(1947 年／徳永恂訳，岩波書店，1990 年) などがある。詳しくは第 3 章 107–111 頁を参照。

[45] ユルゲン・ハーバーマス (Jürgen Habermas, 1929–　) ドイツの社会学者，哲学者。デュッセルドルフに生まれ，ゲッティンゲン，チューリッヒ，ボンの各大学に通い，1954 年シェリングに関する論文によって，ボン大学で博士号を取得。55 年からフランクフルト社会研究所の助手を務め，アドルノやホルクハイマーから影響を受ける。61 年から 64 年までハイデルベルク大学，以後 71 年までフランクフルト大学で社会学および哲学教授を務める。71 年から 83 年までマックス・プランク研究所所長，83 年より再びフランクフルト大学教授に就任，94 年退職。フランクフルト学派の第二世代として，公共性の成立や変容過程についての理論や資本主義批判を展開，70 年代以降は啓蒙と近代化の過程におけるコミュニケーションの役割について考察，ナチス・ドイツの過去をめぐる歴史家論争など，ドイツにおける新たな民主主義理論の構築を図った。ガダマー，フーコー，デリダ，リオタール，ルーマンなどとも積極的な論争を展開したことで知られる。主著に『公共性の構造転換』(1962 年／細谷貞雄訳，未來社，1973 年)，『認識と関心』(1968 年／奥山次良・渡辺祐邦・八木橋貢訳，未來社，1981 年)，『史的唯物論の再構成』(1976 年／清水多吉監訳，朝倉輝一・小野島康雄・川本隆・木前利秋・波平恒男・浜田正訳，法政大学出版局，2000 年)，『コミュニケイション的行為の理論』(1981 年／上，河上倫逸・M. フーブリヒト・平井俊彦訳，中，岩倉正博・藤沢賢一郎・徳永恂・平野嘉彦・山口節郎訳，下，丸山高司・丸山徳次・厚東洋輔・森田数実・馬場浮瑳江・脇圭平訳，未來社，1985–1987 年)，『近代の哲学的ディスクルス』(1988 年／全 2 巻，三島憲一・木前利秋・轡田収・大貫敦子訳，岩波書店，1990 年)，『近代――未完のプロジェクト』(1990 年／三島憲一編訳，岩波書店，2000 年)，『討議倫理』(1991 年／清水多吉・朝倉輝一訳，法政大学出版局，2005 年)，『他者の受容――多文化社会の政治理論に関する研究』(1996 年／高野昌行訳，法政大学出版局，2004 年) などがある。詳しくは第 3 章 111–120 頁を参照。

[46] モーリス・メルロ＝ポンティ (Maurice Merleau-Ponty, 1908–61)　フランスの哲学者。1930 年代にベルクソンやフッサールの影響下に思想を形成，学位を取得後，45 年リヨン大学講師，48 年同大教授，49 年にはパリ大学文学部で心理学と教育学を担当，52 年にコレージュ・ド・フランス教授に就任。45 年にはサルトルとともに『レ・タン・モデルヌ』を創刊，実存主

義運動を展開した。フッサールの後期思想を継承，経験主義的ないし機械論的生理学や主知主義的心理学を批判しつつ，その手前に位置する生きた身体の実存的次元を明らかにした。後期には，身体と世界の連関を言語，芸術，歴史，社会の諸問題の考察へと深めた。その一連の思想は，60 年代以降の構造主義に影響を与えてもいる。詳しくは第 5 章 202–207 頁を参照。

［47］ゴットロープ・フレーゲ（Friedrich Ludwig Gottlob Frege, 1848–1925）ドイツの数学者，論理学者，哲学者。イェーナ大学で学んだのち，ゲッティンゲン大学に移り，1873 年博士号取得。その後イェーナ大学に戻り，96 年から数学教授。早くから関心を数学の基礎に向け，算術を論理から導くいわゆる論理主義の立場をとり，論理学の再検討に着手。アリストテレス以来の伝統論理学を実質的に超えて，現代の命題計算，一階述語計算のほぼ完全な体系を構成した。ラッセルの評価によって名を知られるようになり，現代の数理論理学, 分析哲学の祖とも呼ばれる。主著に『概念記法』(1879 年／『フレーゲ著作集 1　概念記法』藤村龍雄編，勁草書房，1999 年)，『算術の基礎』(1884 年／『フレーゲ著作集 2　算術の基礎』野本和幸・土屋俊編，勁草書房，2001 年）などがある。詳しくは，第 4 章，第 6 章を参照。

第 1 章

（1）“Philosophy as Rigorous Science,” in Edmund Husserl, *Phenomenology and the Crisis of Philosophy*, translated and with an introduction by Quentin Lauer, New York: Harper and Row, 1965, p. 115 参照〔「厳密な学としての哲学」小池稔訳，細谷恒夫責任編集『世界の名著 62　ブレンターノ・フッサール』中央公論社，1980 年，143 頁〕。

（2）このジョークはローティが伝えている。Richard Rorty, *Consequences of Pragmatism*, Minneapolis: University of Minnesota Press, 1982, p. 211 参照〔『哲学の脱構築』室井尚・吉岡洋・加藤哲弘・浜日出夫・庁茂訳，御茶の水書房，1994 年，451 頁〕。

（3）9・11〔の無差別テロ〕の哲学への影響の初期の実例については，Joseph Margolis, *Moral Philosophy after 9/11*, University Park: Pennsylvania State University Press, 2003 参照。

（4）Michael Friedman, *A Parting of the Ways: Carnap, Cassirer and Heidegger*, Chicago: Open Court, 2000 参照。フリードマンは，カルナップがハイデガーと論争しようとしてどれほど努力したかを記述するさいに，あまりにも彼に好意的であるように思われる。

（5）Rudolf Carnap, “The Elimination of Metaphysics through the Logical Analysis of Language,” in *Logical Positivism*, edited by A. J. Ayer, New York: Free Press, 1959, pp. 60-81 参照〔「言語の論理的分析による形而上学

の克服」内田種臣訳,『カルナップ哲学論集』紀伊國屋書店, 1977 年, 9–33 頁〕。

(6) 本書序論, 原注 3 を参照。

(7) Richard J. Bernstein, *Praxis and Action: Contemporary Philosophies of Human Activity*, Philadelphia: University of Pennsylvania Press, 1971 参照。

(8) Herbert Spiegelberg, *The Phenomenological Movement: A Historical Introduction*, The Hague: Martinus Nijhoff, 1982 参照。

(9) Jürgen Habermas, *The Philosophical Discourse of Modernity: Twelve Lectures*, translated by Frederick Lawrence, Cambridge, Mass.: MIT Press, 1987 参照〔『近代の哲学的ディスクルス I・II』三島憲一・轡田収・木前利秋・大貫敦子訳, 岩波書店, 1999 年〕。

(10)「ヨーロッパの哲学的伝統の最も安全な一般的性格づけは, それがプラトンについての一連の脚注からなっているということである」。Alfred North Whitehead, *Process and Reality*, New York: Free Press, p. 39〔『ホワイトヘッド著作集 10　過程と実在』上, 山本誠作訳, 松籟社, 1984 年, 66 頁〕.

(11) Étienne Gilson, *La Liberté chez Descartes et la théologie*, Paris: Alcan, 1913 参照。

(12) Daniel Garber, *Descartes' Metaphysical Physics*, Chicago: University of Chicago Press, 1992 参照。

(13) Immanuel Kant, *Critique of Pure Reason*, translated and edited by Paul Guyer and Allen W. Wood, New York: Cambridge University Press, 1998, B xliv, p. 123 参照〔『純粋理性批判』上, 有福孝岳訳,『カント全集 4』岩波書店, 2001 年, 51 頁〕。

(14) マルクスがドイツ観念論のれっきとしたメンバーであるという論証については, Tom Rockmore, *Marx After Marxism*, Oxford: Blackwell, 2002 参照。

(15) Otto Liebmann, *Kant und die Epigonen*（1865）, edited by Bruno Bauch, Berlin: Reuther and Reichard, 1912 参照。

(16) Ibid., p. 206 参照。

(17) この言葉は, ヘーゲルの文章にしばしば登場する。例えば, G. W. F. Hegel, *The Encyclopedia Logic*, translated by T. F. Geraets, W. A. Suchting, and H. S. Harris, Indianapolis: Hackett, 1991, pp. 87, 175, 177 参照〔『ヘーゲル全集 1　小論理学』真下信一・宮本十蔵訳, 岩波書店, 1996 年, 161, 303, 306 頁〕。

[1] ヨハン・ゴットリープ・フィヒテ（Johann Gottlieb Fichte, 1762–1814）ドイツの哲学者。ドイツ観念論を代表する一人。イェーナ大学, ライプツィヒ大学で法学と哲学を学ぶ。イェーナ大学教授, ベルリン大学教授を歴任。婦人から感染したチフスのため死去。実践理性の優位というカントの思想に

影響され，理論理性と実践理性の統一を目指した。あらゆる知識の根源の学として，知識学の体系を構築。カント以後のドイツ哲学をドイツ観念論として方向づけた。著作に『あらゆる啓示の批判の試み』（1792 年／『啓示とは何か』北岡武司訳，法政大学出版局，1996 年），『フランス革命論』（1793 年／桝田啓三郎訳，法政大学出版局，1987 年），『全知識学の基礎』（1794 年／『全知識学の基礎・知識学梗概』隈元忠敬訳，渓水社，1986 年），『自然法論』（1796 年／『フィヒテ全集 6　自然法論』藤澤賢一郎・杉田孝夫・渡部壮一訳，哲書房，1995 年），『人間の使命』（1800 年／量義治訳，岩崎武雄責任編集『世界の名著 43　フィヒテ・シェリング』中央公論社, 1980 年），『ドイツ国民に告ぐ』（1808 年／篠原正瑛訳,『世界大思想全集　哲学・文芸思想篇 1　ヘーゲル・フィヒテ』河出書房，1955 年）などがある。

［2］ルートヴィッヒ・フレック（Ludwik Fleck, 1896–1961）　ポーランドの医学者，生物学者。第二次世界大戦時ドイツの強制収容所に投獄されながら，チフスの免疫法を発展させ，大戦後はイスラエルへ移住した。科学上の真理は，同じ思考様式を共有する思考集団と相関関係にあることを指摘し，クーンのパラダイムの概念に大きな影響を与えた。著作に『科学的事実の生成と発展』（1935 年），『認識論の問題』（1936 年）などがある。

［3］フリードリッヒ・ヴィルヘルム・ヨーゼフ・フォン・シェリング（Friedrich Wilhelm Joseph von Schelling, 1775–1854）　ドイツの哲学者。ドイツ観念論を代表する一人。テュービンゲン大学で神学，古典語学，哲学を学ぶ。この頃，ヘーゲルやヘルダーリンと交友した。イェーナ大学助教授，ヴュルツブルク大学教授，エアランゲン大学教授，ミュンヘン大学教授を歴任。フィヒテの自我哲学から出発しながらも，フィヒテに欠けている自然哲学を構想して，後に自我と自然の同一性を説く同一哲学を体系化。晩年には，ヘーゲルにいたるまでの哲学が本質のみを扱う消極哲学であるとして，現実存在を扱う積極哲学を説いた。著作に『世界霊魂について』（1798 年），『超越論的観念論の体系』（1800 年／『先験的観念論の体系』赤松元通訳，蒼樹社, 1949 年），『私の哲学体系の叙述』（1801 年／北澤恒人訳,『シェリング著作集 3　同一哲学と芸術哲学』燈影舎，2006 年），『ブルーノ』（1802 年／茅野良男訳，岩崎武雄責任編集『世界の名著 43　フィヒテ・シェリング』中央公論社，1980 年），『人間的自由の本質』（1809 年／「人間的自由の本質およびそれと関連する諸対象についての哲学的研究」渡辺二郎訳，前掲『世界の名著 43　フィヒテ・シェリング』）などがある。

［4］エチエンヌ・ジルソン（Étienne Henri Gilson, 1884–1978）　フランスの哲学者，中世哲学史家。ソルボンヌ大学教授，コレージュ・ド・フランス教授，カナダのトロント大学中世哲学研究所長などを歴任した。デカルトに対するスコラ哲学の影響の研究を始めとして，中世哲学とその歴史的影響を研究するとともに，トマス・アクィナスの研究をとおして，キリスト教哲学の

立場を主張した。著作に『中世哲学史』(1922 年／渡辺秀訳，エンデルレ書店，1978 年)，『中世哲学の精神』(1932 年／服部英次郎訳，筑摩書房，1974–75 年)，『存在と本質』(1948 年）などがある。

[5] ジャック・マリタン（Jacques Maritain, 1882–1973） フランスの哲学者。パリ・カトリック学院教授，プリンストン大学教授。またヴァティカン駐在大使も務める。トマス・アクィナスの研究をとおして形而上学の再建をめざすとともに，キリスト教的ヒューマニズムに基づいて，芸術や政治哲学についても論じた。著作に『芸術とスコラ学』(1920 年)，『認識の諸段階』(1932 年)，『充足的ユマニスム』(1936 年）などがある。

[6] バーナード・ロナガン（Bernard Lonergan, 1904–1984） カナダの哲学者，カトリック神学者。モントリオールのイエズス会神学院で教え，後にローマのグレゴリアーナ大学教義学教授。カントの超越論的方法をとおしてトマス・アクィナスを解釈するＪ・マレシャルの影響を受けて，認識経験の分析をとおして形而上学を根拠づけた。著作に『洞察——人間の認識の研究』(1957 年)，『神学の方法』(1972 年）がある。

[7] ヘルマン・コーヘン（Hermann Cohen, 1842–1918） ドイツの哲学者。新カント学派の一つマールブルク学派の創始者。マールブルク大学教授。カントの論理主義的な解釈を展開して，人間理性の能動性と産出性を強調する立場を主張した。また晩年には，宗教と理性との関係を根本的に問い直した。著作に『カントの経験の理論』(1871 年)，『カントの倫理学の基礎づけ』(1877 年)，『カントの美学の基礎づけ』(1889 年)，『純粋認識の論理学』(1902 年)，『純粋意志の倫理学』(1904 年)，『純粋感情の美学』(1912 年)，『哲学体系における宗教の概念』(1915 年）などがある。

[8] エルンスト・カッシーラー（Ernst Cassirer, 1874–1945） ドイツの哲学者。新カント学派の一つマールブルク学派に属する。ハンブルク大学教授。後にイギリス，アメリカ，スウェーデンの諸大学で教えた。カントの超越論的哲学の方法を人間のあらゆる経験領域にまで拡張して，独自の文化哲学の形成をめざした。またカッシーラー版『カント著作集』(1912–22 年）も刊行した。著作に『実体概念と関数概念』(1910 年／山本義隆訳，みすず書房，1979 年)，『カントの生涯と学説』(1918 年／門脇卓爾・高橋昭二・浜田義文監修，みすず書房，1986 年)，『シンボル形式の哲学』(1923–29 年／1–4，生松敬三・木田元・村岡晋一訳，岩波書店，1989–97 年)，『人間』(1944 年／宮城音弥訳，岩波書店，1997 年)，『国家の神話』(1946 年／宮田光雄訳，創文社，1960 年）など多数ある。

[9] ジョン・アーサー・パスモア（John Arthur Passmore, 1914–2004） オーストラリアの哲学者。オーストラリア国立大学社会科学研究所教授。イギリス，アメリカの近代および現代の哲学を研究。著作に『過去 100 年の哲学』(1957 年)，『自然に対する人間の責任』(1974 年／間瀬啓允訳，岩波書店，

1998年)，『科学とその批判者』(1978年／『科学と反科学』野田又夫・岩坪紹夫訳，紀伊國屋書店，1981年）などがある。

[10] リチャード・バーンスタイン（Richard Bernstein, 1932– ） アメリカの哲学者。ハヴァーフォード大学教授，ニュー・スクールの哲学科長。20世紀の哲学の再解釈を行ないながら，プラグマティズムの復権を試みている。とくにヨーロッパ大陸の現代思想の解釈で知られている。著作に『ジョン・デューイ』(1966年)，『実践と行為』(1971年)，『客観主義と相対主義を超えて』(1983年／『科学・解釈学・実践』丸山高司ほか訳，岩波書店，1990年)，『新しいコンステレーション』(1991年／『手すりなき思考』谷徹・谷優訳，産業図書，1997年）などがある。

[11] ヘルベルト・シュピーゲルベルク（Herbert Spiegelberg, 1904–90） アメリカの哲学者。ユダヤ系ドイツ人として生まれ，後にアメリカへ亡命。現象学に基づく社会倫理学の展開を目指し，アメリカでの現象学の発展に貢献した。著作に『現象学運動』(1960年／上・下，立松弘孝監訳，世界書院，2000年)，『心理学と精神医学における現象学』(1972年／『精神医学・心理学と現象学』西村良二・土岐真司訳，金剛出版，1993年）などがある。

[12] フランツ・ブレンターノ（Franz Brentano, 1838–1917） オーストリアの哲学者，心理学者。ヴュルツブルク大学教授，ウィーン大学教授を歴任。アリストテレス研究から出発，経験主義と実在論の立場からドイツ観念論の思弁的性格を批判し，論理学，認識論，倫理学，美学，宗教など，形而上学を中心とする哲学的諸問題について論じた。ボルツァーノとともにドイツ・オーストリア学派（独墺学派）の創始者とされ，シュトゥンプ，マイノンク，フッサール，トワルドウスキら多くの弟子を育てた。著作に『アリストテレスによる存在の意義の多様性について』(1862年／『アリストテレスの存在論』岩崎勉訳，理想社，1933年)，『アリストテレスの心理学』(1867年)，『経験的立場からの心理学』(1874年)，『道徳的認識の源泉について』(1889年／水地宗明訳，細谷恒夫責任編集『世界の名著62　ブレンターノ・フッサール』中央公論社，1980年)，『心的現象の分類について』(1911年／「精神現象の分類に就いて」佐藤慶二訳，『世界大思想全集43』春秋社，1929年）などがある。

[13] カール・シュトゥンプ（Carl Stumpf, 1848–1936） ドイツの心理学者，哲学者。ヴュルツブルク大学教授，プラハ大学教授，ハレ大学教授，ミュンヘン大学教授，ベルリン大学教授を歴任。ブレンターノ，ロッツェの影響下で，心理学と哲学の総合を企てた。また音響心理学を研究し，ゲシュタルト心理学の展開にも影響を与えた。著作に『空間表象の心理学的起源』(1873年)，『音響心理学』(1883–90年)，『音楽のはじめ』(1911年／結城錦一訳，法政大学出版局，1995年）などがある。

[14] マイケル・フリードマン（Michael Friedman, 1947– ） アメリカの哲

学者。スタンフォード大学教授。哲学と科学の相互作用に関心をもち，カントや 20 世紀の哲学史を研究している。著作に『時空理論の基礎づけ』(1983年)，『カントと厳密科学』(1992 年）などがある。

[15] アルフレッド・ノース・ホワイトヘッド（Alfred North Whitehead, 1861–1947） イギリスの哲学者，数学者。ロンドン大学教授，ハーバード大学教授。記号論理学の完成と基礎数学論における論理主義の完遂に努力した後，物理学の哲学的基礎づけの研究に進んだ。さらに機械論的自然観を批判して有機体論的自然観を提唱し，近代の自然科学によって否定された形而上学の再建をめざした。著作に『プリンキピア・マテマティカ』(1910–13 年／バートランド・ラッセルと共著，『プリンキピア・マテマティカ序論』岡本賢吾・戸田山和久・加地大介訳，哲学書房，1988 年)，『過程と実在』(『ホワイトヘッド著作集 10–11　過程と実在』上・下，山本誠作訳，松籟社，1984–85年）などがある。

[16] アンリ・ベルクソン（Henri Bergson, 1859–1941） フランスの哲学者。コレージュ・ド・フランス教授。第一次大戦問題善処のために，スペインとアメリカを訪問。アカデミー・フランセーズ会員。ノーベル文学賞を受賞。スペンサーの進化論から影響を受け，唯心論の伝統に立脚した進化論的な生の哲学を展開した。分割できない意識の流れとしての「持続」，物質と表象の中間的存在としての「イマージュ」，生命の進化を推し進める根源的な力としての「生の飛躍」，社会を構成する道徳と宗教についての「開かれた社会，閉じた社会」，「静的宗教，動的宗教」「愛の飛躍」といった斬新な諸概念は，文学，芸術，社会学を含む多方面に大きな影響を与えた。著作に『意識の直接与件に関する試論』(1889 年／『時間と自由』平井啓之訳，白水社，1990 年)，『物質と記憶』(1896 年／『ベルグソン全集 2　物質と記憶』田島節夫訳，白水社，1993 年)，『創造的進化』(1907 年／『ベルグソン全集 4　創造的進化』松浪信三郎・高橋允昭訳，白水社，1993 年)，『道徳と宗教の二源泉』(1932 年／『ベルグソン全集 6　道徳と宗教の二源泉』中村雄二郎訳，白水社，1993 年）などがある。

[17] 理念型（ideal types） 人間や社会，文化を対象とする科学のなかで使用される概念の特性を明らかにするために，マックス・ウェーバーが考え出した用語。人間や社会，文化を理解するためには，事象の質的個性を把握するとともに，抽象的一般化が不可欠である。そのため理念型は，質的個性と抽象的一般性の対立を調停する意味を持つ。理念型は，現実の有意味で多様な諸特性から，価値関心にしたがって特定の観点を決定し，それを論理的に整合化することによって構成される。したがって，理念型は虚構であるが，現実を叙述するための表現手段であるとともに，因果帰属の仮説を形成するための発見的機能を担う。マックス・ウェーバー『社会科学と社会政策にかかわる認識の「客観性」』(1904 年／富永祐治・立野保男訳，折原浩補訳，岩

波書店，1998 年）を参照。

[18] アウレーリウス・アウグスティヌス（Aurelius Augustinus, 354–430） ローマのキリスト教会最大の教父。中世思想に決定的影響を与えた神学者，哲学者。北アフリカのヒッポの司教。マニ教や懐疑論に傾きながらも，種々の思想的な苦悩と遍歴を経て，アンブロシウスの感化によりキリスト教に回心。この回心の過程は『告白』に詳しい。ヘブライの伝統に立脚し，ストア派，新プラトン主義を批判的に摂取しつつ，キリスト教神学，哲学の一つの典型を形成した。著作に『告白』(397–400 年／『アウグスティヌス著作集5　告白録』上・下，宮谷宣史訳，教文館，1993–2007 年)，『三位一体論』(400–416 年／『アウグスティヌス著作集 28　三位一体』泉治典訳，教文館，2004 年)，『神の国』(413–26 年／『アウグスティヌス著作集 11　神の国』赤木善光・泉治典・金子晴勇訳，教文館，1985 年）などがある。

[19] ヨハン・ゲオルク・ハーマン（Johann Georg Hamann, 1730–88） ドイツの哲学者。信仰する主観の信念こそ真理の基準であると考え，啓蒙批判を展開。カントに対しては，理性に対する言語の根源性を唱え，カントの純粋主義，形式主義を批判。ロマン主義やシェリング，キルケゴールなどに影響を与えた。近年，理性批判の言語論的ないし解釈学的転換の先駆者として再評価が進んでいる。著作に『ソクラテス的追想録』(1759 年／「ソクラテス追憶録」川中子義勝訳，『ハーマン著作選』上・下，沖積舎，2002 年)，『文献学者の十字軍』(1762 年)，『理性の純粋主義に関するメタ批判』(1800 年）などがある。

[20] ヨハン・ゴットフリート・ヘルダー（Johann Gottfried Herder, 1744–1803） ドイツの哲学者，文学者。ビュッケブルクの宮廷牧師，ヴァイマルの教会牧師。近代キリスト教的ヒューマニズムの立場から啓蒙主義を批判。言語の起源や歴史，芸術について優れた洞察を残した。カントに対しては，理性を言語から，美的感情を感性的条件から純化したと批判した。著作に『言語起源論』(1772 年／木村直司訳，大修館書店，1977 年)，『人類の哲学考』(1784–91 年／『人間史論』1–4，鼓常良訳，白水社，1948–49 年)，『純粋理性批判の再批判』(1799 年)，『カリゴネー』(1800 年）などがある。

[21] ザロモン・マイモン（Salomon Maimon, 1753 頃–1800） ドイツの哲学者。カントの批判哲学を研究し，物自体という難問の克服を目指した。またその学説は，フィヒテやシェリングなどドイツ観念論の哲学者たちに大きな影響を与えた。著作に『超越論哲学超克試論』(1790 年)，『哲学辞典』(1791 年)，『哲学界遍歴』(1793 年)，『アリストテレスのカテゴリー』(1794 年）などがある。

[22] ゴットローブ・エルンスト・シュルツェ（Gottlob Ernst Schulze, 1761–1833） ドイツの哲学者。ヘルムシュテット大学教授，ゲッティンゲン大学教授。懐疑論の立場からカントの批判哲学の克服を目指した。カントに対し

ては，表象の総合的な統一の条件である統覚が実在するものとして想定されていると批判。またその批判は，マイモンやフィヒテに影響を与えた。著作に『エーネジデムス』（1792 年），『理論哲学の批判』（1801 年）などがある。

[23] カール・レオンハルト・ラインホルト（Karl Leonhard Reinhold, 1757–1823） ドイツの哲学者。イェーナ大学教授，キール大学教授。『カント哲学についての書簡』（1786 年）によって，カントの批判哲学の解説者として評判を得る。その後，学問の基礎を表象の一元性に求めて思考の転回を繰り返し，フィヒテやシェリング，ヘーゲルなど多くの哲学者と論争した。著作に『表象能力の新理論の試み』（1789 年）などがある。

[24] ニコラウス・コペルニクス（Nicolaus Copernicus, 1473–1543） ポーランドの天文学者。ワルミア司教区の聖堂参事会員。クラクフ大学，イタリアのボローニャ大学，パドヴァ大学に学ぶ。ルネサンスの新プラトン主義の影響を受け，地球をはじめすべての惑星が太陽の周囲を公転するという地動説を説いた。その学説は，それまでの地球を中心とする天動説的宇宙像を破壊するとともに，天動説に基づくキリスト教的世界観を否定した。またカントは，コペルニクスの学説の意義を評価し，自分の哲学上の立場をコペルニクス的転回と特徴づけた。著作に『コメンタリオルス』（1507 年頃），『天球回転論』（1543 年／『コペルニクス・天球回転論』高橋憲一訳，みすず書房，1993 年）がある。

[25] アルトゥール・ショーペンハウアー（Arthur Schopenhauer, 1788–1860） ドイツの哲学者。ゲッティンゲン大学で学ぶ。ベルリン大学講師となったが，ヘーゲル哲学全盛の時代にあってまもなく辞任。大学の職を得ずに研究を続けた。カントの批判哲学から影響を受け，独自の哲学体系を構築。世界の根源を非合理的な生への意志とする主意説，世界を個体へと分裂した生への意志が抗争する苦の世界とする厭世観は，晩年に再発見され，ニーチェやウィトゲンシュタイン，ヴァーグナーやフロイトなどに大きな影響を与えた。また近年は，近代市民社会の人間中心主義の批判者，同情の倫理による非啓蒙主義的な共同性の哲学者として評価されつつある。著作に『意志と表象としての世界』（1813 年／『ショーペンハウアー全集 2–7　意志と表象としての世界』正編 1–3，続編 1–3，斎藤忍随・茅野良男・塩屋竹男・岩波哲男・飯島宗享・有田潤訳，白水社，2004 年），『視覚と色彩について』（1816 年／金森誠也訳，『ショーペンハウアー全集 1　根拠律の四つの根について　視覚と色彩について』白水社，2004 年），『余録と補遺』（1851 年／有田潤・金森誠也・生松敬三・木田元・大内惇・秋山英夫訳，『ショーペンハウアー全集 10–14　哲学小品集』白水社，2004 年）などがある。

[26] ヤーコプ・フリードリヒ・フリース（Jakob Friedrich Fries, 1773–1843） ドイツの哲学者。ハイデルベルク大学教授，イェーナ大学教授。カントの批判哲学を心理学的に解釈し，フィヒテやシェリング，ヘーゲルなどのドイツ

観念論やロマン主義に反対した。また信仰と知識のジレンマから逃れるために, 予感の原理を基礎づけた。著作に『明証的学としての哲学の体系』(1804年),『知識, 信仰, 予感』(1805年),『理性の新批判あるいは人間学的批判』(1807年) などがある。

[27] エドゥアルト・ガンス (Eduard Gans, 1797–1839) ドイツの法学者, 法哲学者。ベルリン大学教授。ドイツの比較法学の創始者。ハイデルベルク大学でヘーゲルに学ぶ。歴史法学派, とりわけサヴィニーに反対し, ヘーゲル哲学に基づく法律学の構築をめざした。著作に『ガイウス評注』(1821年),『世界史的発展における相続権』(1824–35年),『ローマ市民法体系要綱』(1827年),『占有の基礎に関して』(1839年) などがある。

[28] クーノー・フィッシャー (Kuno Fischer, 1824–1907) ドイツの哲学史家。イェーナ大学教授, ハイデルベルク大学教授。ヘーゲル学派に属し, 新カント学派の形成に影響を与えた。その講義は評判を呼び, 代表作『近世哲学史』は体系的叙述と華麗な文体で知られる。ドイツ古典文学についての研究も行なった。著作に『近世哲学史』(1852–77年),『カントの学説とその基礎』(1860年),『ヘーゲルの生涯, 業績, 学説』(1901年／『ヘーゲルの生涯』玉井茂・磯江景孜訳, 勁草書房, 1987年,『ヘーゲルの精神現象学』玉井茂・宮本十蔵訳, 勁草書房, 1991年,『ヘーゲルの論理学・自然哲学』玉井茂・岸本晴雄訳, 勁草書房, 1983年,『ヘーゲルの精神哲学・歴史哲学』玉井茂・将積茂訳, 勁草書房, 1984年,『ヘーゲルの美学・宗教哲学』玉井茂・堀場正治訳, 勁草書房, 1986年,『ヘーゲルの哲学史』玉井茂訳, 勁草書房, 1988年) などがある。

[29] エドゥアルト・ツェラー (Eduard Zeller, 1814–1908) ドイツの哲学者, 哲学史家。ベルン大学教授, マールブルク大学教授, ハイデルベルク大学教授, ベルリン大学教授を歴任。ヘーゲルの影響を受け, 後に新カント学派の形成に先駆的な役割を果たした。ギリシア哲学史家として有名。著作に『プラトン研究』(1839年),『ギリシア人の哲学』(1844–52年),『ギリシャ哲学史綱要』(1883年／大谷長訳, 未來社, 1955年) などがある。

[30] パウル・ナトルプ (Paul Natorp, 1854–1924) ドイツの哲学者。コーエンとともに新カント学派の一つマールブルク学派を代表する一人。マールブルク大学教授。コーエンの影響を受け, カントの論理主義的な解釈を展開。対象の根拠としての論理的なものの法則性に着目し, 思考の対象構成的な機能を論じた。晩年には, 歴史のなかの文化的生の総体を包括する哲学体系を一般論理学として構想した。著作に『社会教育学』(1899年／『社会的教育学』篠原陽二訳, 玉川大学出版部, 1983年),『プラトンのイデア論』(1903年),『精密科学の論理的基礎』(1910年) などがある。

[31] ヴィルヘルム・ヴィンデルバント (Wilhelm Windelband, 1848–1915) ドイツの哲学者, 哲学史家。新カント学派の一つハイデルベルク学派の創始

者。チューリッヒ大学教授，フライブルク大学教授，シュトラースブルク大学教授，ハイデルベルク大学教授を歴任。カントの批判哲学から出発して，人間の営みを価値の観点から把握する価値哲学を唱えた。またその価値哲学の立場から，自然科学のような法則定立学と歴史科学のような個性記述学とを区別した。著作に『近世哲学史』（1878–80 年／『西洋近世哲学史』1–3，豊川昇訳，新潮社，1956 年），『プレルーディエン』（1884 年／『プレルウディエン（哲学序曲）』上・下，陶山務訳，春秋社，1935 年），『哲学史教本』（1892 年／『一般哲学史』井上忻治訳，第一書房，1941 年），『意志の自由』（1904 ／戸坂潤訳，春秋社，1933 年），『哲学概論』（1914 年／清水清訳，玉川大学出版部，1969 年）などがある。

［32］ハインリッヒ・リッカート（Heinrich Rickert, 1863–1936）　ドイツの哲学者。新カント学派の一つハイデルベルク学派を代表する一人。フライブルク大学教授，ハイデルベルク大学教授。ヴィンデルバントの影響を受け，カントの批判哲学に基づく価値哲学の体系化をめざした。存在に対する価値の優位を主張する立場から，自然科学の限界を指摘し，価値を帯びた個体概念の構成を目的とする文化科学を基礎づけた。著作に『認識の対象』（1892 年／山内得立訳，岩波書店，1916 年），『自然科学的概念構成の限界』（1896–1902 年），『文化科学と自然科学』（1899 年／佐竹哲雄・豊川昇訳，岩波書店，1939 年），『哲学体系第一部』（1921 年）などがある。

［33］ハンス・ファイヒンガー（Hans Vaihinger, 1852–1933）　ドイツの哲学者。シュトラースブルク大学教授，ハレ大学教授。新カント学派隆盛の時代にあって，いずれの学派にも属さない独自の虚構主義を説いた。また雑誌『カント研究』を創刊し，カント協会を創設。国際的なカント研究の促進に貢献した。著作に『カント『純粋理性批判』注釈』（1881–92 年），『哲学者としてのニーチェ』（1902 年），『かのようにの哲学』（1911 年）などがある。

［34］フリードリヒ・パウルゼン（Friedrich Paulsen, 1846–1908）　ドイツの哲学者，教育学者。ベルリン大学教授。フェヒナーの影響を受け，カントの批判哲学を心理発生論的に解釈。宗教的信仰と自然科学的知識の調和を哲学の目標として，観点論的一元論を展開した。また教育学者として，ドイツの教育界，教育制度に大きな影響を与えた。著作に『ドイツの学校教育と大学教育の歴史』（1885 年），『倫理学体系』（1889 年／蟹江義丸・藤井健治郎・深作安文訳，博文館，1904 年），『哲学概論』（1892 年），『イマヌエル・カント』（1898 年／伊達保美・丸山岩吉訳，春秋社，1935 年）などがある。

［35］アロイス・リール（Alois Riehl, 1844–1924）　オーストリアの哲学者。フライブルク大学教授，キール大学教授，ハレ大学教授，ベルリン大学教授を歴任。形而上学を否定し認識対象の実在性を説いて，カントの批判哲学の実在論的な解釈を展開した。著作に『哲学の概念と形式について』（1872 年），『哲学的批判主義とその実証科学に対する意義』（1876–87 年）などがある。

[36] レオナルト・ネルゾン（Leonard Nelson, 1882–1927） ドイツの哲学者。ゲッティンゲン大学員外教授。批判的方法によって科学の基礎を確立し，哲学的倫理学の体系的な展開をめざした。またフリースのカント解釈を推し進め，認識の客観的妥当性についての問題を否定した。著作に『J・F・フリースとその若き批判者』(1904 年)，『認識論の不可能性』(1911 年)，『倫理学の基礎についての講義』(1917 年）などがある。

[37] ゲオルク・ジンメル（Georg Simmel, 1858–1918） ドイツの哲学者，社会学者。ベルリン大学で哲学，心理学，歴史学を学ぶ。ユダヤ系であったために，私講師として不遇の研究生活を送った。後にシュトラスブルク大学教授。社会における個人の自由と個性への関心を前提に，社会科学の確立に貢献し，近代化の個人に及ぼす影響を研究した。後に，近代の合理化が個人の成立に否定的に作用することを認識し，近代と個人を架橋する道を模索し続けた。また歴史や社会について認識論を構想するなど，ハイデルベルク学派との共通点も多い。著作に『社会分化論』(1890 年),『道徳科学序説』(1892–93 年)，『歴史哲学の諸問題』(1892 年／『ジンメル著作集 1　歴史哲学の諸問題』生松敬三・亀尾利夫訳，白水社，1994 年)，『貨幣の哲学』(1900 年／『ジンメル著作集 2–3　貨幣の哲学』居安正訳，白水社，1994 年)，『カントとゲーテ』(1906 年／谷川徹三訳, 岩波書店, 1928 年),『生の直観』(1918 年／『ジンメル著作集 9　生の哲学』茅野良男訳，白水社，1994 年)，『社会学の根本問題』(1917 年／『社会学の根本問題（個人と社会)』居安正訳，世界思想社，2004 年)，『学校教育論』(1922 年）などがある。

第２章

(1) Martin Heidegger, *Kant and the Problem of Metaphysics*, translated by Richard Taft, Bloomington: Indiana University Press, 1997 参照〔『カントと形而上学の問題』門脇卓爾，ハルトムート・ブフナー訳，創文社，2003 年〕。

(2) Immanuel Kant, *Prolegomena to Any Future Metaphysics*, translated, with an introduction and notes, by James W. Ellington, Indianapolis: Hackett, 2001 参照〔『プロレゴーメナ』久呉高之訳,『カント全集 6』岩波書店，2006 年〕。

(3) 認識論的基礎づけ主義の最近の議論については，以下を参照。Tom Rockmore, *On Foundationalism: A Strategy for Metaphysical Realism*, Lanham, Md.:Rowman and Littlefield, 2004.

(4) G. W. F. Hegel, *Lectures on the History of Philosophy*, translated by R. F. Brown and J. M. Stewart with the assistance of H. S. Harris, Berkeley: University of California Press, 1990, p. 137 参照〔『ヘーゲル全集 14b』藤田健治訳，岩波書店，1956 年，76–77 頁〕。

(5) この議論に関しては，以下を参照。Richard Popkin, *The History of Scepticism from Erasmus to Descartes*, New York: Humanities Press, 1964.

(6) Third Meditation in *Meditations on First Philosophy, in The Philosophical Works of Descartes*, translated by Elizabeth S. Haldane and G. R. T. Ross, New York: Cambridge University Press, 1970, I, p. 159 参照〔『デカルト著作集 2』所雄章訳，白水社，1973 年，54 頁〕。

(7) Ibid., I, p. 160 参照〔同訳書，55 頁〕。

(8) Ibid., II, pp. 227-228. 省察 5 の反対論に対する応答を参照〔同訳書，456–458 頁〕。

(9) ロックは「白紙」という言葉を用いて，一切の観念が経験に由来することを主張している。以下を参照。John Locke, *An Essay Concerning Human Understanding*, collated and annotated, with prolegomena, biographical, critical, and historical, by Alexander Campbell Fraser, New York: Daver, 1959, I, 2, pp. 121-122〔『人間知性論』1，大槻春彦訳，岩波文庫，1972 年，133–134 頁〕.

(10)「いったい，知性にはいくつかの生得原理，ある原生思念，共通思念，いわば人間の心に捺印された文字〔ないしは刻印〕があって，霊魂はそもそもの在り始めにこれを受けとって，世に携えてくるというのは，ある人々の間で確立された説である。が，もし私が，人々は〔本性上〕自然な機能を使うだけで，すこしも生得の印銘の助けを借りずに，人々のもついっさいの真知に到達でき，そういった本原的な思念ないし原理がなくとも絶対確実性へ到達できることを（本議論のこれからの部分で明示するように希望するが）明示しさえすれば，先入見に捕らわれない読者はこうした想定の虚偽であることをじゅうぶん納得するだろう」。Ibid., I, pp. 37-38〔同訳書，41 頁〕.

(11) 心が，自らの見るものを歪めることのないよう，あるいは，「いわば事物の光線に対して平でない鏡，事物の本性に自分の性質を混じて，これを歪め着色する鏡のごとく」作用することのないよう，ベーコンは観察者に命じている。Francis Bacon, *The New Organon*, edited with an introduction by Fulton H. Anderson, Indianapolis: LLA, 1960, aphorism no. Xli, p. 48〔『ノヴム・オルガヌム』桂寿一訳，岩波文庫，1978 年，84 頁〕.

(12) Richard Rorty, *Philosophy and the Mirror of Nature*, Princeton: Princeton University Press, 1979 参照〔『哲学と自然の鏡』野家啓一監訳，産業図書，1993 年。「自然の鏡」は，ローティの同書における主導概念。ローティによれば，近代哲学では人間の心は，自然を映し出す巨大な鏡として捉えられてきた。正確な表象としての知識，真理の対応説，主観 - 客観図式などの概念は，この「自然の鏡」としての心という捉え方を前提に生み出されてきた。それゆえ認識論哲学は知識の妥当性を基礎づけるという特権的優位を保証されていた。しかしローティはこのような認識論哲学の特権性を歴史主義の立

場から批判し，その問題性を指摘している〕。

(13) Locke, *An Essay Concerning Human Understanding*, II, 25, p. 525〔『人間知性論』3，大槻春彦訳，岩波文庫，1976 年，64 頁〕.

(14) Ibid., introduction 8, p. 32〔前掲『人間知性論』1，39–40 頁〕.

(15) Ibid., II, 2, 2, p. 145〔同訳書，159 頁〕.

(16) Ibid., II, 32, 19, p. 523 および II, 32, 25, p. 525 参照〔前掲『人間知性論』3，61–62 頁および 64–65 頁〕。

(17) この言葉は，早くからロックの批判者であった主教スティリングフリートが作り出したようである。ロックは観念による自分のやり方について語っており，それをスティリングフリートは観念の新たな方法と呼んでいる。以下を参照。John Locke, *Mr. Locke's reply to the Right Reserved the Lord Bishop of Worcester's answer to his letter: concerning some passages relating to Mr. Locke's Essay of Human Understanding, in a late discourse of His Lordships, in vindication of the Trinity*, London: H. Clark, for A. And J. Churchill...and E. Castle..., 1697, p. 72.

(18) Immanuel Kant, *The Metaphysical Principles of Virtue*, translated by James W. Ellington, with an introduction by Warner Wick, Indianapolis: LLA, 1964, pp.5-6 参照〔『人倫の形而上学』樽井正義・池尾恭一訳，『カント全集 11』岩波書店，2002 年，17–18 頁〕。

(19) Kant, *Critique of Pure Reason*, B 370, p. 395 参照（本書第 1 章，原注 13 を参照）〔『純粋理性批判』中，有福孝岳訳，『カント全集 5』岩波書店，2003 年，28 頁〕。

(20) Ibid., B xxxvi, p. 120 参照〔『純粋理性批判』上，有福孝岳訳，『カント全集 4』岩波書店，2001 年，48 頁〕。

(21) Ibid., B 232-256, pp. 304-316. ここでの「第二類推」の説明を参照〔同訳書，287–307 頁〕。

(22) Kant, *Prolegomena*, p. 5 参照〔前掲『プロレゴーメナ』，194 頁〕。

(23) Immanuel Kant, "A new Elucidation of the First Principles of Metaphysical Cognition"（1755），in *Cambridge Edition I, Theoretical Philosophy 1755–1770*, translated and edited by David Walford in collaboration with Ralf Meerbote, Cambridge: Cambridge University Press, 1992, pp. 1-45 参照〔『形而上学的認識の第一原理』山本道雄訳，『カント全集 2』岩波書店，2000 年，173–231 頁〕。

(24) "Dreams of a Spirit-Seer Elucidated by Dreams of Metaphysics"（1766），in ibid., p. 370:「いかにしてあるものが原因でありうるか，あるいは力をもつことができるかということは，理性によっては決して洞察することができず，こうした諸関係は経験からのみ取り出されなければならない」〔『視霊者の夢』植村恒一郎訳，『カント全集 3』岩波書店，2001 年，308 頁〕。

(25) “Monadology,” in G. W. F. Leibniz, *The Monadology*, translation with introduction and notes by Robert Latta, Oxford: Oxford University Press, 1965, §§30-1, pp. 234-235 参照〔『ライプニッツ著作集 9』西谷裕作・米山優・佐々木能章訳，工作舎，1989 年，215–216 頁〕。
(26) Kant, *Critique of Pure Reason*, B 246, p. 311, B 365, p. 321, and B 811, pp. 665-666 参照〔前掲『純粋理性批判』上，299–300 頁〕。
(27) Ibid., B xxii n., p. 113 参照〔同訳書，37–38 頁〕。
(28) Kant, *Prolegomena*, pp. 2-6 参照〔前掲『プロレゴーメナ』，190–198 頁〕。
(29) Kant, *Critique of Pure Reason*, B 274, p. 326 参照〔前掲『純粋理性批判』上，322 頁〕。
(30) カントの術語によれば，主観の概念とは統覚の総合的統一であるが，彼はこの主観の概念が超越論哲学の「最高点である」とはっきりと述べている。以下を参照。Ibid., B134 n., p. 247〔同訳書，207 頁〕.
(31) Immanuel Kant, “On The Form and Principles of the Intelligible and Sensible World,” in *Cambridge Edition* I, pp. 375-416 参照〔『可感界と可想界の形式と原理』山本道雄訳，『カント全集 3』岩波書店，327–386 頁〕。
(32) Kant’s Letter to Marcus Herz, February 21, 1772, in Kant, *Prolegomena*, p. 117〔『書簡 I』北尾宏之・竹山重光・望月俊孝訳，『カント全集 21』岩波書店，2003 年，66 頁〕.
(33) Ibid., p. 118:「それゆえ，純粋悟性概念は，感官の感覚から抽出されるようなものや，感官をとおした表象の感受性を表現するようなものであってはなりません。そうではなくて，純粋悟性概念は，確かに心の本性のうちにその源泉をもつのでなければなりません。しかし，それでいてやはり，そのかぎりにおいて客観によってひきおこされるのであってはならないだけでなく，客観そのものを産出するのであってもならないのです」〔同訳書，68 頁〕。
(34) Ibid., p. 118:「そして，それならいったい対象によって何らかの仕方で触発されることなしに対象と関係するような表象がいかにして可能なのかということについては，何も言わずにほったらかしにしていました」〔同訳書，同頁〕。
(35) Ibid., p. 119:「数学においては，これは〔この一致は〕ありうることです。なぜなら，われわれの前にある客観が量であり，また量として表象されうるのは，われわれが一を何度かとりあげてその表象を産出しうるということをとおしてのみだからです。それゆえ，量の概念は自己活動的であり，その原則はアプリオリに見出されるのです」〔同訳書，同頁〕。
(36) Ibid., p. 119:「しかし，質の関係においては，私の悟性が全くアプリオリに自分で事物の概念を形成しておきながら，それでいて実際の事物がその概念と必然的に一致することになるのはいかにしてなのか，そしてまた，私の悟性が事物の可能性についての実在的な原則を描き，経験はその原則とぴ

ったり一致しなければならないにもかかわらず，それでいてその原則が経験から独立であるのはいかにしてなのか，こうした問いが生じます」〔同訳書，68–69 頁〕。

(37) Ibid., p. 119〔同訳書，69 頁〕.

(38)「理念」は純粋理性概念を表わし，これには，どのような経験の客観も与えられない。以下を参照。*Prolegomena*, p. 64〔前掲『プロレゴーメナ』，293 頁〕.

(39) Kant, *Critique of Pure Reason*, B 833, p. 677 参照〔『純粋理性批判』下，有福孝岳訳，『カント全集 6』岩波書店，89 頁〕。

(40) Ibid., B xxx, p. 117 参照〔前掲『純粋理性批判』上，43 頁〕。

(41) *Discourse on Method*, IV, in *The Philosophical Works of Descartes*, I, p. 105 参照〔『デカルト著作集 1』三宅徳嘉ほか訳, 白水社, 1973 年, 43–44 頁〕。

(42) デカルトは，この反論に気づいていたが，これを拒否している。以下を参照。Ibid., p. 129〔同訳書，74 頁〕.

(43) Locke, *An Essay Concerning Human Understanding*, introduction 5, p. 29 参照〔前掲『人間知性論』1，36 頁〕。

(44) 最近の議論については，以下を参照。Stathis Psillos, "The Present State of the Scientific Realism Debate," in *British Journal of the Philosophy of Science* 51（2000），pp. 705-728.

(45) 最近の例外はパトナムである。以下を参照。Hilary Putnam, *The Threefold Cord: Mind, Body and World*, New York: Columbia University Press, 1999〔『心・身体・世界――三つ撚りの綱，自然な実在論』野本和幸監訳，法政大学出版局，2005 年〕.

(46) Bertrand Russell, *A Critical Exposition of the Philosophy of Leibniz*（1900），London: George Allen and Unwin, 1967, p. 14 参照〔バートランド・ラッセル『ライプニッツの哲学』細川薫訳，弘文堂，1959 年，17 頁〕。

(47) Hans Blumenberg, "What Is Copernican in Kant's Turning?," ch. 5 in *The Genesis of the Copernican Revolution*, translated by Robert M. Wallace, Cambridge, Mass.: MIT Press, 1987, pp. 595-614〔『コペルニクス的宇宙の生成』Ⅰ・Ⅱ，後藤嘉也・小熊正久・座小田豊訳，法政大学出版局，2002, 2008 年〕.

(48)『カント哲学についての書簡』の最初の書簡は, 1786 年 8 月, つまり『純粋理性批判』第二版刊行前に見られるが，そのなかでラインホルトは，カントと革命との関係に言及し（K. L. Reinhold, "Briefe über die Kantische Philosophie," in *Teutscher Zeitschrift*, August 1786, 27, pp. 124-125 参照），またカントとコペルニクスの関係にも言及している（Ibid., p. 126）。

(49) シェリングは，カントの死に対する『追悼文』のなかで，カントがコペルニクス的転回を意図している, と示唆している。「コペルニクスのように，

彼の同国人は，運動を中心から周辺へと移した。カントは，始めに表象の役割を逆転させた。その表象に従って，非能動的で受動的な仕方で受け入れる主観は客観による影響を受ける。そしてその逆転は，知識のあらゆる部門へと電撃のように伝わった」。“Immanuel Kant”（1804），in *Schellings Werke*, Munich: Beck, 1958, Bd. III, p. 599.

(50) Kant, *Critique of Pure Reason*, B 14, p. 143 参照〔前掲『純粋理性批判』上，78 頁〕。

(51) Gottlob Frege, *The Foundations of Arithmetic*, translated by J. L. Austin, New York: Harper and Row, 1960 参照〔『フレーゲ著作集 2　算術の基礎』野本和幸・土屋俊編，勁草書房，2001 年〕。

(52) “Two Dogmas of Empiricism,” in W. V. Quine, *From a Logical Point of View*, New York: Harper and Row, 1963, pp. 20-46 参照。

(53) Hans Reichenbach, *The Philosophy of Space and Time*, translated by Maria Reichenbach, New York: Dover, 1958 参照。

(54) Kant, *Critique of Pure Reason*, B x, p. 107 参照〔前掲『純粋理性批判』上，29 頁〕。

(55) Ibid., B741, p. 630 参照〔前掲『純粋理性批判』下，14 頁〕。

(56) Ibid., B752, p. 636 参照〔同訳書，22–23 頁〕。

(57) Ibid., B xi-xii, pp. 107-108〔前掲『純粋理性批判』上，30 頁〕.

(58) Kant, *Prolegomena*, §14, p. 35 参照〔前掲『プロレゴーメナ』，244–245 頁〕。

(59) Ibid., §15, p. 36 参照〔同訳書，245–246 頁〕。

(60) Ibid., §17, pp. 36-38 参照〔同訳書，247–249 頁〕。

(61) 例えば，以下を参照。§9:“Galileo’s Mathematization of Nature,” in Edmund Husserl, *The Crisis of the European Sciences and Transcendental Phenomenology*, translated, with an introduction, by David Carr, Evanston, Ill.: Northwestern University Press, 1970, pp. 23-59〔『ヨーロッパ諸学の危機と超越論的現象学』細谷恒夫・木田元訳，中央公論社，1995 年，「第 9 節　ガリレイによる自然の数学化」，49–107 頁〕.

(62) Kant, *Critique of Pure Reason*, B xxiii, p. 113 参照〔前掲『純粋理性批判』上，37–38 頁〕。

(63)「しかし，これまで私は，引力がこれらの性質をもつ理由を，現象から演繹することができなかった。そして私は仮説を考案しない。現象から演繹されないものは何であれ仮説と呼ぶべきである……」。Issac Newton, *Newton’s Principia*, translated by I. Bernard Cohen and Anne Whitman, with the assistance of Julia Budenz, Berkeley: University of California Press, 1960, p. 546.

(64)「われわれが，そこからさらに先へ，つまり物理的天文学の根本諸学説

へ進むなら，物質的自然全体に行き渡った，交互的引力の物理的法則が現われる。この引力の規則は，引力は，引き寄せる各点からの距離の自乗に逆比例し，この力の行き渡る諸球面が増加するのに応じて減少する，ということであるが，このことは，必然的なこととして，物そのものの本性のうちに存するように思われるのであって，それゆえにまた，アプリオリに認識されうることとして講述されるのが常である」。Kant, *Prolegomena*, §38, p. 58-59〔前掲『プロレゴーメナ』，282 頁〕.

(65) Kant, *Critique of Pure Reason*, B xvi, p. 110〔前掲『純粋理性批判』上，33–34 頁〕.

(66) Ibid., B xiii, p. 109〔前掲『純粋理性批判』上，31 頁〕.

(67) 例えば，以下を参照。“Galileo’s Mathematization of Nature,” in Husserl, *The Crisis*〔前掲『ヨーロッパ諸学の危機と超越論的現象学』，「第 9 節　ガリレイによる自然の数学化」〕.

(68)「場所の変化が感知される場合はすべて，観察される客観の運動によるか，観察者の運動によるか，あるいは両者に同時に起きている運動の差異によるかの，いずれかである……。ところで，天界の回転をわれわれが視覚的に感知するのは地球からである。それゆえ，もし地球が何らかの運動をしているならば，その運動は，地球の外にあるものすべてのなかで，逆方向にではあるが現われるであろう。地球自身が，ではなく，すべてのものが地球とすれ違うかのように現われるであろう……」。Nicolaus Copernicus, *On the Revolution of the Heavenly Spheres, in Great Books of the Western World*, edited by Mortimer Adler, Chicago: University of Chicago Press, 1990, Vol.15, p.505.

(69) Kant, *Critique of Pure Reason*, B xvi-xvii, p. 110〔前掲『純粋理性批判』上，34 頁〕.

(70) Ibid., B 130-139, pp. 246-250 参照〔同訳書，203–210 頁〕。

(71) Ibid., B 134 n., p. 247 参照〔同訳書，207 頁〕。

(72) Ibid., A ix, p. 100〔同訳書，16 頁〕.

(73) Ibid., B 132, p. 247 参照〔同訳書，205 頁〕。

(74) Ibid., B 132, p. 246〔同訳書，同頁〕.

(75) Kant, *Prolegomena*, §39, pp. 60-62 参照〔前掲『プロレゴーメナ』，284–285 頁〕。

(76) Kant, *Critique of Pure Reason*, B 127, p. 225 参照〔前掲『純粋理性批判』上，174 頁〕。

(77) Ibid., B 116, pp. 219-220 参照〔同訳書，165 頁〕。

(78) Ibid., B 125, p. 241 参照〔同訳書，198 頁〕。

(79) Ibid., B 110, pp. 233-234 参照〔同訳書，187 頁〕。

(80) *Opus posthumum, in Kants-Werke*, Berlin: Akademie-Ausgabe, XXI, p. 115 参照。

(81) “Fragment of a System,” in G. W. F. Hegel, *Early Theological Writings*, translated by T. M. Knox, with an introduction and fragments translated by Richard Kroner, Philadelphia: University of Pennsylvania Press, 1971, pp. 309-320 参照。

(82) G. W. F. Hegel, *Philosophy of Right*, translated with notes by T. M. Knox, Oxford: Clarendon Press, 1965, p. 11 参照〔『ヘーゲル全集 9a』上妻精・佐藤康邦・山田忠彰訳，岩波書店，2000 年，20 頁〕。

[1] アリストテレス（Aristotelēs, 前 384–322） ギリシアの哲学者。プラトンの弟子であり，ソクラテス，プラトンとともにギリシア哲学の巨人に数えられる。その研究領域は哲学のみならず，論理学，神学，倫理学，政治学，芸術論，心理学，生物学，自然科学など多岐にわたり，「万学の祖」とも称される。アレクサンドロス大王の家庭教師であったことでも知られている。550 巻もの作品があったとされるが，現存するのはその約 3 分の 1 である。アリストテレスの講義ノートなどは，諸々の経緯を経て前 30 年頃ロドス島のアンドロニコスが編纂し，現存の「アリストテレス全集」となった。

[2] ピエール・シモン・ラプラス（Pierre-Simon Laplace, 1749–1827） フランスの数学者・物理学者。ニュートンの粒子哲学の刷新を図ったため「フランスのニュートン」とも呼ばれる。太陽系は星雲から生成されたとする星雲説（カント＝ラプラス星雲説）でも知られる。また，ある時点のすべての力と物質の力学的状態を認識し，解析，計算する能力をもつ知性があれば，そのような知性にとって世界の現象は完全に予測可能であると主張した。このような知性は後に「ラプラスの魔」と名づけられ，決定論や自然機械論を論じる際にしばしば引き合いに出された。

[3] パルメニデス（Parmenidēs, 前 515 頃–450 頃） ギリシアの哲学者。エレア出身で，エレア学派の実質的な創始者。エレアのゼノンの師でもある。パルメニデスによって哲学史上初めて存在（to eon）が哲学の目標とされ，存在は理性（logos）によってのみ明らかになるとされた。

[4] フランシス・ベーコン（Francis Bacon, 1561–1626） イギリスの思想家。司法官，政治家，歴史家，神学者，自然科学者でもある。デカルトともに「近世哲学の祖」と称される。中世のスコラ的な方法を批判し，近代的な科学的方法を学問に導入し確立することを目指した。そのため，一般的原理から結論を導く演繹法よりも，観察や実験に基づく帰納法を重視し，イギリス経験論への道を開いた。カントが『純粋理性批判』第二版の扉にベーコンの『ノヴム・オルガヌム』の序言の言葉を引用していることは有名である。

[5] アイザック・ニュートン（Isaac Newton, 1643–1723） イギリスの数学者，物理学者。ケンブリッジ大学教授。主著『プリンキピア』（1687 年）で万有引力の法則，運動方程式について述べ，古典数学を完成させた。また古典力

学（ニュートン力学）の創始者でもあり，天体の運動を解明した。ライプニッツとは独立に微積分法を発明したことでも知られている。近代科学に対して目覚ましい功績がある一方，晩年は聖書研究や錬金術に没頭し，「最後の錬金術師」とも呼ばれた。

[6] クリスティアン・ヴォルフ（Christian Wolff, 1679–1754） ドイツ啓蒙思想を代表する哲学者。イェーナ大学，ライプツィヒ大学で神学，哲学，数学を学ぶ。ライプニッツの推薦でハレ大学の教授となる。トマジウス派と対立し，争いに敗れハレを追放されてマールブルクに移るが，ヨーロッパ各地で名声を得て，1740 年請われてハレ大学に復帰する。それまでラテン語に頼っていた哲学用語をドイツ語で確立したことでも知られている。ライプニッツ＝ヴォルフ学派を形成し，18 世紀後半のドイツ思想界の主流を成した。その哲学体系は壮大で，百科全書的だが，ライプニッツ哲学を平板化，抽象化したものにすぎないとして批判されるようになった。後にカントからも合理的独断論の代表者として批判される。

[7] デヴィッド・ヒューム（David Hume, 1711–1776） スコットランドのエディンバラ出身の哲学者，歴史学者，政治思想家。イギリス経験論を代表する哲学者であるが，因果律の核心をなす原因と結果との必然的結合は保証されていないと論じ，懐疑論を打ち立てる。因果間の結合は観念連合の習慣による信念に過ぎないとし，経験論を徹底化しその限界を示した。人格の同一性に関しても，自我を継起する「知覚の束」として解体した。ヒュームのラディカルな因果性分析はカントに衝撃を与えた。

[8] ガリレオ・ガリレイ（Galileo Galilei, 1564–1642） イタリアの物理学者，天文学者，哲学者。パドヴァ大学教授。望遠鏡による天体観測に基づき地動説を唱えた。実験結果の数学的分析に基づいた数学的運動論を展開。科学革命の中心人物の一人として近代物理学の基礎を築いた。その地動説が神学者やアリストテレス学者を刺激し，異端審問にかけられ地動説の破棄を宣誓させられたことは有名である。

[9] ジャンバッティスタ・ヴィーコ（Giambattista Vico, 1668–1744） イタリアの哲学者。ナポリ大学雄弁術教授。数学を模範としたデカルトの学問方法論を人文主義的教養思想の立場から批判した。分析的思考に基づく真理よりも，実践的な知恵や共通感覚を重視する。また，真理（verum）と事実（factum）は同義であると述べ，事物を知ることは当の事物を作った者によってのみ可能であるとする知識概念を提出する。この観点から，人間が作り出した数学も，人間の行為が作り出した歴史も，その諸原理が人間のうちに見出しうる学問として対等であるとする。主要著作としては，『われらの時代の学問方法について』（1709 年／上村忠男・佐々木力訳，岩波文庫），『イタリア人の太古の知恵』（1710 年），『新しい学』（1725 年／上村忠男訳，法政大学出版局）などがある。

［10］エヴァンジェリスタ・トリチェリ（Evangelista Torricelli, 1608–1647）　イタリアの数学者，物理学者。ガリレオの弟子カステッリの秘書をし，その紹介で最晩年のガリレオの助手を務める。ガリレオの死後は，その後任としてトスカナ大公付の数学者の地位に着く。水銀気圧計などの発明者としても知られる。

［11］ゲオルク・エルンスト・シュタール（Georg Ernst Stahl, 1600–1734）　ドイツの化学者，医者。イェーナ大学で医学を学び，1694年に新設されたハレ大学医学部教授となる。燃焼とはフロギストンという物質の放出の過程であるというフロギストン説でよく知られる。

［12］ベネデット・クローチェ（Benedetto Croce, 1866–1952）　イタリアの哲学者，歴史家。ナポリを主な拠点として活動した。雑誌『クリーティカ』の創刊をはじめ，文芸批評や哲学論争で精力的な執筆活動を行なった。上院議員，文部大臣も経験し，ファシズムの台頭に際しては，はじめは支持の姿勢を見せたが1925年頃より反ファシストの立場に転じ，抵抗を貫いた。第二次大戦後も幅広く活動した。とくにヴィーコの再評価に大きな役割を果たしている。

第３章

（1）T. I. Oizerman, *Nauchno-filosofskoe Mirovozrenie Marksizma*［Scientific-Philosophical Worldview］, Moscow: Nauka, 1989 参照。

（2）T. I. Oizerman, *Marksizm i utopizm*［Marxism and Utopia］, Moscow: Progress, 2003 参照。

（3）Nicholas Lobkowicz, *Theory and Practice: History of a Concept from Aristotle to Marx,* Notre Dame, Ind.: University of Notre Dame Press, 1967 参照。

（4）“Theses on Feuerbach,” in Marx and Engels, *The German Ideology*, part one, p. 123 参照（本書序論，原注4を参照）〔「フォイエルバッハにかんするテーゼ」真下信一訳，『マルクス＝エンゲルス全集３』大月書店，1963年，5頁〕。

（5）Adam Schaff, *Marxism and the Human Individual,* introduction by Erich Fromm, edited by Robert S. Cohen, based on a translation by Olgierd Wojtasiewicz, New York,: McGraw-Hill, 1970 参照〔『マルクス主義と個人』花崎皋平訳，岩波書店，1976年〕。

（6）とりわけ“Karl Marx and the Classical Dimension of Truth,” in Leszek Kolakowski, *Toward a Marxist Humanism,* translated by Olga Zielenko Peel, New York: Grove Press, 1968, pp. 38-66 を参照。

（7）Leszek Kolakowski, *Main Currents of Marxism*, translated by P. S. Falla,

Oxford: Clarendon Press, 1978, 3 vols. 参照。

(8)「マルクスの二つの偉大な成熟した著作〔『経済学批判』と『資本論』〕は，資本主義社会の総体を描き出し，その基本的性格を示そうとしているのであるが，この二つの著作が商品の分析から始められていることは，けっして偶然ではない。なぜなら，資本主義社会という人類の発展段階のどのような問題も，その究極の分析が商品の問題に導かれないような問題はなく，その解決が商品構造の謎を解くことのなかに求められないような問題はないからである」。Georg Lukács, *History and Class Consciousness,* translated by Rodney Livingstone, Cambridge, Mass.: MIT Press, 1971, p. 83〔『歴史と階級意識』城塚登・古田光訳，『ルカーチ著作集 9』白水社，1968 年，161 頁〕.

(9) Rockmore, *Marx After Marxism*（本書第 1 章，原注 14 を参照）.

(10) V. I. Lenin, *The Teachings of Karl Marx*, New York: International Publishers, 1930, p. 10〔『カール・マルクス（略伝とマルクス主義の解説）』マルクス＝レーニン主義研究所訳，『レーニン全集 21』大月書店，1957 年，37 頁〕.

(11) 両者の差異をめぐる議論にかんしては，Kolakowski, *Main Currents of Marxism,* I, pp. 339-408 参照。

(12) Marx's "Letter to His Father: On A Turning-Point in Life"（1837），in *Writings of the Young Marx on Philosophy and Society,* edited by L. D. Easton and K. H. Guddat, Garden City, N. Y.: Doubleday, 1967, p. 48 参照〔「父への手紙　1837 年 11 月 10 日」真下信一訳，『マルクス＝エンゲルス全集 40』大月書店，1975 年，10 頁〕。

(13) Emil Fackenheim, *The Religious Dimension of Hegel's Thought,* Bloomington: Indiana University Press, 1968 参照。

(14) Jindrich Zeleny, *The Logic of Marx*, translated by Terrell Carver, Totowa, N. J.: Rawman and Littlefield, 1980 参照。

(15) 例えば "On the Status of Science and Metaphysics," in Karl Popper, *Conjectures and Refutations: The Growth of Scientific Knowledge*, New York: Harper and Row, 1965, pp. 184-200 参照〔「科学と形而上学の身分について」『推測と反駁』藤森隆史・石垣寿郎・森博訳，法政大学出版局，1980 年，306–337 頁〕。

(16) Friedlich Engels, "Speech at the Graveside of Karl Marx," in *The Marx-Engels Reader*, edited by Robert C. Tucker, New York: Norton, 1972, p. 681 参照〔「カール・マルクスのための弔辞の草稿」土屋保男訳，『マルクス＝エンゲルス全集 19』大月書店，1968 年，329 頁〕。

(17) Friedlich Engels, *Anti-Dühring,* New York: International Publishers, 1970 参照〔『オイゲン・デューリング氏の科学の変革（反デューリング論）』村田陽一訳，『マルクス＝エンゲルス全集 20』大月書店，1968 年〕。

(18) Lukács, *History and Class Consciousness*, p. 83 参照〔本来は，ルカーチではなくフォイエルバッハの文献が指示されるべき箇所である。『哲学の改革のための予備的提言』船山信一訳，『フォイエルバッハ全集 2』福村出版，1974 年参照〕。

(19) Ludwig Feuerbach, *Principles of the Philosophy of the Future*, translated by Manfred Vogel, Indianapolis: Bobbs-Merrill, 1966 参照〔『将来の哲学の根本命題』船山信一訳，『フォイエルバッハ全集 2』福村出版，1974 年〕。

(20) Ludwig Feuerbach, *The Essence of Christianity,* translated by George Eliot, New York: Harper and Row, 1957 参照〔『キリスト教の本質』船山信一訳，『フォイエルバッハ全集 9・10』福村出版，1975 年〕。

(21) Sigmund Freud, "The Future of An Illusion," in *The Freud Reader,* edited by Peter Gay, New York: Norton, 1989, pp. 685-721 参照〔「ある幻想の未来」浜川祥枝訳，『フロイト著作集 3』人文書院，1969 年，362–405 頁〕。

(22) G. W. F. Hegel, *Phenomenology of Spirit*, translated by A. V. Miller, with analysis of the text and foreword by J. N. Findlay, New York: Oxford University Press, 1977, §209, p. 127 参照〔『精神の現象学』上，金子武蔵訳，『ヘーゲル全集 4』岩波書店，1971 年，210–211 頁〕。

(23) David Strauss, *The Life of Jesus Critically Examined,* translated by George Eliot, Philadelphia: Fortress Press, 1973 参照〔『イエスの生涯』全 2 巻，岩波哲男訳，教文館，1996 年〕。

(24) Ludwig Feuerbach, *The Essence of Christianity* 参照〔前掲『キリスト教の本質』〕。

(25) Karl Marx, *Early Writings,* translated by T. B. Bottomore, New York: McGraw-Hill, 1964, p. 52 参照〔「ヘーゲル法哲学批判　序説」花田圭介訳，『マルクス＝エンゲルス全集 1』大月書店，1959 年，422 頁〕。

(26) "Economic and Philosophical Manuscripts," in *Early Writings*, p. 197 参照〔『一八四四年の経済学・哲学手稿』真下信一訳，『マルクス＝エンゲルス全集 40』，1975 年，491–492 頁〕。

(27) Marx, *Early Writings*, pp. 126-128 参照〔同訳書，435–438 頁〕。

(28) "Theses on Feuerbach," in Marx and Engels, *The German Ideology*, pp. 121-123 参照〔前掲「フォイエルバッハにかんするテーゼ」，3–5 頁〕。

(29) Friedlich Engels, *Ludwig Feuerbach* in *Marx/Engels Collected Works*, Vol. 26, London: Lawrence and Wishart, 1991, p. 355 参照〔『ルートヴィヒ・フォイエルバッハとドイツ古典哲学の終結』藤川覚訳，『マルクス＝エンゲルス全集 21』大月書店，1971 年，267 頁〕。

(30) Ibid., p. 357. Hegel, *Philosophy of Right,* p. 10 も参照（本書第 2 章，原注 82 を参照）〔同訳書，269 頁，およびヘーゲル『法の哲学――自然法と国家学の要綱』上，上妻精・佐藤康邦・山田忠彰訳，『ヘーゲル全集 9a』岩波

書店，2000年，17–18頁〕。

(31) Engels, *Ludwig Feuerbach,* in *Marx/Engels*, p. 358参照〔実際には，エンゲルスはヘーゲルを単純に専制政治の支持者と決めつけているわけではない。むしろヘーゲルの命題をそのように理解したのは，「頭のわるい諸政府」と「頭のわるい自由主義者」だったと言っている。前掲『ルートヴィヒ・フォイエルバッハとドイツ古典哲学の終結』，269頁〕。

(32) Ibid., p. 358参照〔同訳書，270頁〕。

(33) Ibid., p. 360参照〔同訳書，272–273頁。以下，ロックモアが指示する英訳の頁数には，本文の内容と対応しないもの，誤記と思われるものが散見される。邦訳にかんしては，本文の内容と対応する頁を指示した〕。

(34) Francis Fukuyama, *The End of History and the Last Man,* New York: Free Press, 1992参照〔『歴史の終わり』全2巻，渡部昇一訳，三笠書房，1992年〕。

(35) Engels, *Feuerbach,* in *Marx/Engels*, p. 363参照〔前掲『ルートヴィヒ・フォイエルバッハとドイツ古典哲学の終結』，274頁〕。

(36) Ibid., pp. 374-380〔同訳書，276–277頁〕.

(37) Ibid., pp. 357-364〔同訳書，278–281頁〕.

(38) Ibid., p. 366〔同訳書，281頁〕.

(39) Ibid., p. 366参照〔前掲『ルートヴィヒ・フォイエルバッハとドイツ古典哲学の終結』，281頁〕。

(40) Karl Marx, *Capital: A Critique of Political Economy,* translated by Samuel Moore and Edward Aveling, edited by Friedlich Engels, New York: International Publishers, 1967, p. 20〔『資本論』第1巻，岡崎次郎訳，『マルクス＝エンゲルス全集23』大月書店，1965年，23頁〕.

(41) Engels, *Ludwig Feuerbach,* in *Marx/Engels*, p. 374参照〔前掲『ルートヴィヒ・フォイエルバッハとドイツ古典哲学の終結』，282頁〕。

(42) Ibid., p. 368参照〔同訳書，285頁〕。

(43) Ibid., p. 380〔同訳書，295頁〕.

(44) Ibid., p. 381参照〔同訳書，296–297頁〕。

(45) Ibid., p. 381〔同訳書，297頁〕.

(46) Ibid., p. 383〔同訳書，298頁〕.

(47) Ibid., p. 383〔同訳書，298頁〕.

(48) Ibid., p. 384〔同訳書，311頁〕.

(49) Ibid., p. 388参照〔同訳書，305–306頁〕。

(50) ヘーゲル－マルクス関係に対する非マルクス主義的立場からの重要な読解として，Klaus Hartmann, *Die Marx'sche Theorie. Eine philosophische Untersuchung zu den Hauptschriften,* Berlin: De Gruyter, 1970を参照。

(51) ヘーゲルとヘーゲル・マルクス主義に対する非西欧のマルクス主義的解

釈者のなかで，最も重要なのはＴ・Ｉ・オイゼルマンである。彼の浩瀚な著作のすべては何らかのかたちで，マルクスとマルクス主義に対するヘーゲル的アプローチに〔批判的に〕かかわるものである。

(52) 例えば，Louis Althusser, *For Marx,* translated by Ben Brewster, New York: Pantheon, 1969 参照〔『マルクスのために』河野健二・田村俶・西川長夫訳，平凡社ライブラリー，1994 年。

ロックモアは，アルチュセールの立場を「反哲学」の立場，「どのようなかたちの哲学も端的に超えたものとして」のマルクス主義の立場としているが，これには問題がある。彼は，たしかにヘーゲル・マルクス主義を拒絶したが，哲学そのものに背を向けているわけではなく，『マルクスのために』の序文では自らの研究の軌跡を「マルクス主義哲学の探求」として位置づけている。アルチュセールにとって「マルクス主義哲学」とは，「科学とイデオロギーを区別し，歴史的な関係のなかで両者のちがいを……考えることを可能にする理論」，「さまざまな理論構成とその歴史を解明できる，つまり自分自身を対象とみなすことによって自分自身を解明することができる哲学として，自己を弁証法的に規定する一個の理論」にほかならない。

アルチュセールは，哲学が政治的実践のうちで止揚され終焉を迎えるという観念とも（青年マルクス），実証諸科学にとってかわられ終焉を迎えるという観念とも（エンゲルス），はっきり一線を画している（同訳書，26–64 頁，とくに 40，59，60 頁)〕。

(53) Karl Korsch, *Marxism and Philosophy*, translated with an introduction, by Fred Halliday, New York: Monthly Review Press, 1971, p. 68 参照〔カール・コルシュ『マルクス主義と哲学』石堂清倫訳，三一書房，1975 年，86 頁。

コルシュはたんに「哲学の止揚」を説くだけでなく,「哲学の止揚」が「哲学の押しのけ」を意味するわけではないことも主張している。コルシュによれば，哲学や精神的生活過程は，あくまで「歴史的・社会的総現実の物質的な構成部分」である。哲学の止揚という課題は，近代ブルジョワ社会の止揚という課題の一部をなす。したがって彼は，たんに哲学に背を向けることにも，第二インターナショナルの理論家たちのように哲学を純然たる実証科学（経済学）にとってかえることにも反対し，マルクス主義における哲学の復権を訴えるのである。またコルシュは，「後年のエンゲルス」と「彼よりもずっと哲学的な友であるマルクス」との対立についても言及している。これはロックモアのエンゲルス評価との関連において非常に興味深いコメントである（同訳書，とくに 115–127 頁，140 頁)〕。

(54) “On Materialistic Dialectic” in ibid. 参照〔「唯物論的弁証法について」『マルクス主義と哲学』同訳書に所収〕。

(55) Lukács, *History and Class Consciousness*, p. xxix 参照〔ルカーチは『歴史と階級意識』の 1967 年版の序文で疎外と対象化の混同にかんして自己批

判したが，邦訳にはこの序文は訳出されていない。Georg Lukács, "Vorwort (1967)," in *Geschichte und Klassbewusstsein,* Sammlung Luchterhand 11, Hermann Luchterhand Verlag, 1968, pp. 5-45 参照〕。

(56) Hegel, *Philosophy of Right*, §67, p. 54 参照。「もし仮に，労働を通して具体的なものとなっている私の全時間と，私の生産物を譲渡するようなこと(Veräußerung) があるとすれば，このときには私はこうした時間や生産物にあって実体的なもの，つまり私の普遍的な活動や現実性を，ひいては私の人格性を他人の所有にゆだねることになってしまうであろう」〔前掲『法の哲学』上，125 頁〕。

(57)『パリ手稿』第一手稿の第四部 (in Marx, *Early Writings,* pp. 120-134) を参照〔前掲『一八四四年の経済学・哲学手稿』，「疎外された労働」，430–443 頁〕。

(58) Lukács, *History and Class Consciousness,* pp. 131-133 参照〔前掲『歴史と階級意識』，241–244 頁〕。

(59) Ibid., pp. 140-148 参照〔同訳書，261–271 頁〕。

(60) Ibid., p. 149〔同訳書，272 頁〕.

(61) Georg Lukács, *The Young Hegel: Studies in the Relations between Dialectics and Economics,* translated by Rodney Livingstone, Cambridge, Mass.: MIT Press, 1976 参照〔『若きヘーゲル』全 2 巻，生松敬三・元浜清海訳，『ルカーチ著作集 10・11』白水社，1969 年，1974 年〕。

(62) 例えば Georg Lukács, *The Historical Novel,* translated by Hannah and Stanley Mitchel, introduction by Frederic Jameson, Lincoln: University of Nebraska Press, 1983 参照〔『歴史小説論』伊藤成彦・菊盛英夫訳，『ルカーチ著作集 3』白水社，1969 年〕。

(63) 例えば Georg Lukács, *Die Eigenart des Ästhetischen,* in *Georg Lukács-Werke*, edited by Frank Benseler, Neuwied: Luchterhand, 1963, vol. 11, 12 参照〔『美学・第一部　美的なものの特性』4 分冊，I・II —木畑順三訳，III —後藤狷士訳，IV のみ未刊行，勁草書房，1968 年，1970 年，1978 年〕。

(64) Kolakowski, *Main Currents of Marxism*（本章，原注 7 を参照）.

(65) Vincent Descombes, *Modern French Philosophy*, translated by L. Scott-Fox and J. M. Harding, New York: Cambridge University Press, 1986 参照〔ヴァンサン・デコンブ『知の最前線——現代フランスの哲学』高橋允昭訳，ＴＢＳブリタニカ，1983 年〕。

(66) Alexandre Kojève, *Introduction à la lecture de Hegel: Leçons sur La phénoménologie de l'esprit, professées de 1931 à 1939 à l'Ecole des hautes-études,* edited by Raymond Queneau, Paris: Gallimard, 1947, p. 470 参照〔『ヘーゲル読解入門——『精神現象学』を読む』（抄訳）上妻精・今野雅方訳，国文社，1987 年，276 頁〕。

(67) Alexandre Kojève, *Introduction to the Reading of Hegel: Lectures on the Phenomenology of Spirit Assembled by Raymond Queneau*, edited by Allan Bloom, translated by James H. Nicols, Jr., New York: Basic Books, 1969 参照〔同訳書を参照〕。

(68) フランクフルト学派の歴史を対象とする研究としては，Martin Jay, *The Dialectical Imagination: A History of the Frankfurt School and the Institute of Social Research, 1923-1950*, Boston: Little, Brown and Co., 1973 を参照〔マーティン・ジェイ『弁証法的想像力――フランクフルト学派と社会研究所の歴史　1923–1950』荒川幾男訳，みすず書房，1975 年〕。

(69) Kolakowski, *Main Currents of Marxism,* III, p. 342 参照。

(70) 第一世代と第二世代の思想家たちを包括する研究で，少々古めのものとして, David Held, *Introduction to Critical Theory*, Berkeley: University of California Press, 1980 を参照。

(71) "Traditional and Critical Theory," in Max Horkheimer, *Critical Theory,* translated by Matthew J. O'Connell and others, New York: Herder and Herder, 1972, pp. 188-243 参照〔「伝統的理論と批判的理論」『哲学の社会的機能』久野収訳，晶文社，1974 年，36–102 頁〕。

(72) Ibid., p. 194〔同訳書，43 頁〕.

(73) Ibid., p. 203〔同訳書，53 頁〕.

(74) Kant, *Critique of Pure Reason*, B181, p. 273 (本書第 1 章, 原注 13 を参照)〔『純粋理性批判』上，有福孝岳訳，『カント全集 4』岩波書店，2001 年，244 頁〕.

(75) Horkheimer, *Critical Theory*, p.203 参照〔前掲「伝統的理論と批判的理論」，53–55 頁。カントの「図式」とヘーゲルの「理性の狡知」との比較は唐突なものと思われるかもしれない。ホルクハイマーによれば，資本主義的生産様式，市場経済のもとでは，「現実」は「全体としてはもちろんカオス的であるが，個人個人では目的を志向する社会的労働の所産」として現われる。このような「現実」と，これを産み出す「超個人的活動」のあり方を，ヘーゲルは「理性の狡知」として，カントは「人間の魂の深みに隠された技術」の名の下に洞察したというのである〕。

(76) Ibid., p. 221〔同訳書，76 頁〕.

(77) Ibid., p. 233 参照〔同訳書，86 頁〕。

(78) Ibid., p. 242〔同訳書，100 頁〕.

(79) Max Horkheimer, *Eclipse of Reason,* New York: Seabury, 1947, p. 134 参照〔『理性の腐蝕』山口祐弘訳，せりか書房，1987 年，152 頁〕。

(80) Herbert Marcuse, *One Dimensional Man: Studies in the Ideology of Advanced Industrial Society,* Boston: Beacon Press, 1964 参照〔『一次元的人間――先進産業社会におけるイデオロギーの研究』生松敬三・三沢謙一訳,

河出書房新社，1974 年〕。

(81) "The Question Concerning Technology," in Martin Heidegger, *The Question Concerning Technology and Other Essays,* translated, with an introduction, by William Lovitt, New York: Harper and Row, 1977, pp. 3-35 参照〔「技術への問い」『技術論』小島威彦・アルムブルスター訳，『ハイデッガー選集 18』理想社，1965 年，17–62 頁〕。

(82) Max Horkheimer and Theodor Adorno, *Dialectic of Enlightenment*, translated by John Cumming, New York: Herder and Herder, 1973, p. 3 参照〔『啓蒙の弁証法——哲学的断想』徳永恂訳，岩波文庫，2007 年，23 頁〕。

(83) Ibid., p. 24〔同訳書 58 頁。邦訳は，原文中の totalitär という語をあえて「全体主義的」と訳さずに「全体的」と訳している。テクストの当該箇所は「数学的形式主義」や「世界の数学化」に対する批判にあてられており，ナチス・ドイツの「全体主義」との直接の関連を見いだしがたいからであろう〕.

(84) André Glucksmann, *Les maîtres Penseurs*, Paris: Gallimard, 1977 参照〔『思想の首領たち』西永良成訳，中央公論社，1980 年〕。

(85) Horkheimer and Adorno, *Dialectic of Enlightenment,* pp. 24-25 参照〔前掲『啓蒙の弁証法』，58 頁以下〕。

(86) Theodor Adorno, Else Frenkel-Brunswik, Daniel J. Levinson, and R. Nevitt Sanford, *The Authoritarian Personality,* New York: Harper and Row, 1950 参照〔『権威主義的パーソナリティ』田中義久ほか訳，『現代社会学大系 12』青木書店，1980 年〕。

(87) Theodor Adorno, *Minima Moralia,* translated by E. F. N. Jephcott, London: New Left Books, 1974 参照〔『ミニマ・モラリア——傷ついた生活裡の省察』三光長治訳，法政大学出版局，1979 年〕。

(88) Theodor Adorno, *Negative Dialectics,* translated by E. B. Ashton, New York: Seabury, 1973 参照〔『否定弁証法』木田元ほか訳，作品社，1996 年〕。

(89) Jacques Derrida, *Glas,* Paris: Éditions Galilée, 1974, 2 vols. 参照。

(90) Theodor Adorno, *Against Epistemology: Studies in Husserl and the Phenomenological Antinomies,* translated by Willis Domingo, Oxford: Basil Blackwell, 1982 参照〔『認識論のメタクリティーク——フッサールと現象学的アンチノミーにかんする諸研究』古賀徹・細見和之訳，法政大学出版局，1995 年〕。

(91) Theodor Adorno, *The Jargon of Authenticity,* translated by Knut Tarnowski and Frederic Will, Evanston, Ill.: Northwestern University Press, 1973, p. 95 参照〔『本来性という隠語』笠原賢介訳，未來社，1992 年，118 頁〕。

(92) Martin Heidegger, *Being and Time,* translated by John Macquarrie and Edward Robinson, New York: Harper and Raw, 1962, §35: "Idle Talk," pp.

211-214 参照〔『存在と時間 II』原佑・渡邊二郎訳，中公クラシックス，2003 年，第 35 節「空談」，94–101 頁〕。

(93) Adorno, *The Jargon of Authenticity,* pp. 92-93 参照〔前掲『本来性という隠語』，111 頁以下〕。

(94) Herbert Marcuse, *Hegel's Ontology and the Theory of Historicity,* translated by Seyla Benhabib, Cambridge, Mass.: MIT Press, 1987 参照〔『ヘーゲル存在論と歴史性の理論』吉田茂芳訳，未來社，1980 年〕。

(95) Herbert Marcuse, *Soviet Marxism*, Boston: Beacon, 1958 参照〔『ソビエト・マルクス主義——抑圧的工業社会のイデオロギー批判』片岡啓次訳，サイマル出版会，1969 年〕。

(96) Herbert Marcuse, *Eros and Civilization,* Boston: Beacon, 1955 参照〔『エロス的文明』南博訳，紀伊國屋書店，1958 年〕。

(97) Marcuse, *One Dimensional Man* 参照。

(98) Herbert Marcuse, *The Aesthetic Dimension,* Boston: Beacon, 1978 参照〔『美的次元，他』生松敬三訳，河出書房新社，1981 年〕。

(99) Marcuse, *Hegel's Ontology and the Theory of Historicity* 参照。

(100) Herbert Marcuse, *Reason and Revolution: Hegel and the Rise of Social Theory*, Boston: Beacon, 1960 参照〔『理性と革命——ヘーゲルと社会理論の興隆』桝田啓三郎ほか訳，岩波書店，1962 年〕。

(101) 本章，原注 80 を参照。

(102) Alfred Schmidt, *The Concept of Nature in Marx*, translated by Ben Fowkes, London: New Left Books, 1971〔『マルクスの自然概念』元浜清海訳，法政大学出版局，1972 年〕.

(103) Iring Fetscher, *Hegels Lehre vom Menschen. Kommentar zu den SS. 387-482 der Enzyklopädie der philosophischen Wissenschaften,* Stuttgart: Frommann-Holzboog, 1970 参照。

(104) Jürgen Habermas, *The Structural Transformation of the Public Sphere: An Inquiry into a Category of Bourgeois Society,* translated by Thomas Burger with assistance of Fredrick Lawrence, Cambridge, Mass.: MIT Press, 1989 参照〔『公共性の構造転換——市民社会の一カテゴリーの研究』細谷貞雄・山田正行訳，未來社，1994 年〕。

(105) Jürgen Habermas, *Zur Rekonstruktion des historischen Materialismus,* Frankfurt am M.: Suhrkamp, 1976 参照〔『史的唯物論の再構成』清水多吉監訳，法政大学出版局，2000 年〕。

(106) Jürgen Habermas, *Theory of Communicative Action,* translated by Thomas McCarthy, Boston: Beacon Press, 1984, 1987, 2 vols. 参照〔『コミュニケイション的行為の理論』全 3 巻，河上倫逸，M・フーブリヒト，平井俊彦訳，未來社，1985 年，1986 年，1987 年〕。

(107) Jürgen Habermas, *The Philosophical Discourse of Modernity: Twelve Lectures*, translated by Fredrick Lawrence, Cambridge, Mass.: MIT Press, 1987 参照〔『近代の哲学的ディスクルス』全2巻，三島憲一・轡田収・木前利秋・大貫敦子訳，岩波書店，1990年〕。

(108) Jürgen Habermas, *Justification and Application: Remarks on Discourse Ethics,* translated by Ciaran Cronin, Cambridge: Polity Press, 1993 参照。

(109) Jürgen Habermas, *Between Facts and Norms: Contributions to a Discourse Theory of Law and Democracy*, translated by William Rehg, Cambridge, Mass.: MIT Press, 1996 参照〔『事実性と妥当性——法と民主的法治国家の討議理論にかんする研究』全2巻，河上倫逸・耳野健二訳，未來社，2002年，2003年〕。

(110) Kant, *Critique of Pure Reason*, B 867, pp.694-695〔『純粋理性批判』下，有福孝岳訳，『カント全集6』岩波書店，2006年，116–117頁〕.

(111) Friedrich Engels, *Introduction to Socialism: Utopian and Scientific, cited in A Dictionary of Marxist Thought*, edited by Tom Bottomore, Cambridge, Mass.: Harvard University Press, 1983, p. 206 参照〔『空想から科学への社会主義の発展』寺沢恒信・村田陽一訳，『マルクス＝エンゲルス全集19』大月書店，1968年〕。

(112) Jürgen Habermas, *Truth and Justification,* edited and translated by Barbara Fultner, Cambridge, Mass.: MIT Press, 2003 参照。

(113) 以下を参照。“Literaturbericht zur philosophischen Diskussion um Marx und den Marxismus,” in *Philosophische Rundschau* 5, 3/4 (1957), pp. 165-235, republished as “Anhang” in Jürgen Habermas, *Theorie und Praxis*, Neuwied: Luchterhand, 1972, pp. 387-464〔「マルクスとマルクス主義をめぐる哲学的討論によせて」『理論と実践——社会哲学論集』細谷貞雄訳，未來社，1975年，393–508頁〕；

“Between Philosophy and Science: Marxism as Critique,” in Jürgen Habermas, *Theory and Practice,* translated by John Viertel, Boston: Beacon Press, 1973, pp. 195-252〔「哲学と科学の間——批判としてのマルクス主義」，同訳書，247–325頁〕；

“Knowledge and Human Interests: A General Perspective,” in Jürgen Habermas, *Knowledge and Human Interests*, translated by J. J. Shapiro, Boston: Beacon Press, 1971, pp. 301-317〔「認識と関心」『イデオロギーとしての技術と科学』長谷川宏訳，平凡社ライブラリー，2000年，167–192頁，および『認識と関心』奥山次良・八木橋貢・渡辺祐邦訳，未來社，1981年〕；

“Toward a Reconstruction of Historical Materialism,” in Jürgen Habermas, *Communication and the Evolution of Society*, translated by Thomas McCarthy, Boston: Beacon Press, 1979, pp. 130-177〔「史的唯物論の再構成

に向けて」，前掲『史的唯物論の再構成』〕；

Theory of Communicative Action（本章，原注106参照）〔前掲『コミュニケイション的行為の理論』〕.〔なお，本文中にあげられているのは，「マルクスとマルクス主義をめぐる哲学的討論によせて」をのぞいては，すべて英訳の刊行年である〕

(114) Habermas "Literaturbericht zur philosophischen Diskussion um Marx und den Marxismus"（前の注を参照）〔前掲「マルクスとマルクス主義をめぐる哲学的討論によせて」〕.

(115) "Between Philosophy and Science: Marxism as Critique," in Habermas, *Theory and Practice*（本章，原注113参照）〔前掲「哲学と科学の間——批判としてのマルクス主義」〕.

(116) "Knowledge and Human Interests," in Habermas, *Knowledge and Human Interests*（本章，原注113参照）〔前掲「認識と関心」〕.

(117) "Work and Interaction: Remarks on Hegel's Jena Philosophy of Mind," in Habermas, *Theory and Practice,* pp. 142-169参照〔「労働と相互行為——ヘーゲルの『イエナ精神哲学』への註」，前掲『イデオロギーとしての技術と科学』〕。

(118) 本章，原注113参照。

(119) 本章，原注113参照。

(120) 本章，原注113参照。

(121) 本章，原注113参照。

[1] テオドール・イリイチ・オイゼルマン（Thodor Il'ich Oizerman, 1914–　）ロシアの哲学者。1941年，ソ連共産党に入党。モスクワ大学哲学学部教授，ソ連科学アカデミー哲学研究所西ヨーロッパ・アメリカ諸国哲学史部門主任を歴任。著作に『マルクス主義哲学の形成』（1962年／森宏一訳，第一部・第二部，勁草書房，1964・1965年）などがある。

[2] レシェク・コワコフスキ（Leszek Kolakowski, 1927–　）ポーランド出身の哲学者。ワルシャワ大学で哲学史の教授を務めるも，体制批判を行なったために1968年国外追放，以後オックスフォードで研究活動を続ける。著作に『責任と歴史——知識人とマルクス主義』（小森潔・古田耕作訳，勁草書房，1967年）などがある。

[3] ヴラディミル・イリイチ・レーニン（Vladimir Il'ich Lenin, 1870–1924）ロシア革命の指導者。ロシア社会民主労働党の創立に参加し，ボリシェヴィキ派を率いて1905年の革命を指導した。その後は，地下活動，亡命生活を余儀なくされながら，ボリシェヴィキ組織を維持し，国外から理論的指針を与え続けた。1917年3月，労働者と兵士の反乱によってニコライ二世の政府が倒されるとただちに帰国。「四月テーゼ」で，ブルジョワジーの指導す

る臨時政府と労働者の評議会（ソヴィエト）との二重権力状態から，ソヴィエト権力への移行という革命戦略を示した。同年 11 月，ソヴィエト政権が成立，初代の首班（人民会議議長）となる。著作に『資本主義の最高段階としての帝国主義』（1916 年／『レーニン全集 22』レーニン全集刊行委員会訳，大月書店，1978 年），『国家と革命』（1917 年／『レーニン全集 25』レーニン全集刊行委員会訳，大月書店，1978 年）などがある。

[4] ヨシフ・ヴィッサリオーノヴィチ・スターリン（Iosif Vissarionovich Stalin, 1879–1953） ソ連共産党の指導者。レーニンの死後，権力闘争とテロルを通じて，1930 年代には個人独裁の体制を確立。「一国社会主義」を唱え，多大な人的犠牲をともなう農業集団化政策や工業化政策を実施。第二次世界大戦時には，独ソ戦を指導して勝利をおさめ，名声を高めた。死後の 1956 年，党第一書記フルシチョフによってその政策が厳しく批判された。

[5] 1924 年の 6 月から 7 月にかけてモスクワで開かれたコミンテルン第五回大会で，議長ジノヴィエフはルカーチやコルシュを「極左派」「理論上の修正主義者」として名指しで非難した。だが，ルカーチはただちに公開の自己批判を強いられたわけではない。ルカーチはコミンテルンの主流派と協定を結び，批判に対して沈黙を守るかわりに共産党からの除名を免れたとされる。ルカーチは，1933 年に，モスクワで『歴史と階級意識』に対する批判的見解を公式に表明した。

[6] カール・R・ポパー（Karl Raimund Popper, 1902–1994） ウィーン出身の哲学者。科学と非科学の境界設定の基準として「反証可能性」の概念を提唱した。マルクス主義など歴史主義的な社会理論に対する批判でも知られる。著作に『探求の論理』（1934 年／『科学的発見の論理』大内義一・森博訳，恒星社厚生閣，1972 年），『歴史主義の貧困』（1957 年／久野収・市井三郎訳，中央公論社，1961 年）などがある。

[7] 今日では，『ドイツ・イデオロギー』の手稿の主要部分はエンゲルスの手になるものであり，直接マルクスの手になるのは改訂や追補の部分に限られていることがわかっている。そこから，『ドイツ・イデオロギー』はマルクス・エンゲルスどちらの主導のもとで執筆されたかという「執筆分担問題」が生じ，とくに日本では，1960 年代以降激しい論争が行なわれた。両者の討論の結果をエンゲルスが筆記したとする「共同執筆説」（マイヤー），マルクスの口述をエンゲルスが筆記したとする「口述筆記説」（リヤザノフ）など古くから受け入れられてきた「マルクス主導説」以外に，「エンゲルス主導説」（廣松渉），マルクスの「分業展開史論」とエンゲルスの「所有形態史論」の混在を指摘する「二つの史論説」（望月清司）などが提出されている。

[8] ルートヴィヒ・フォイエルバッハ（Ludwig Feuerbach, 1804–1872） ドイツの哲学者。ラディカルなキリスト教批判と，人間の本質を感性的なものに見出す「人間学」によって，ヘーゲル左派や初期のマルクス・エンゲルス

に大きな影響を与えた。著作に『キリスト教の本質』(1841年／邦訳は本章原注20を参照),『将来の哲学の根本命題』(1843年／邦訳は本章原注19を参照) などがある。

[9] ジグムント・フロイト (Sigmund Freud, 1856–1939) オーストリアの精神科医,開業医。ヒステリーの治療経験にもとづき,「自由連想」による精神分析療法を確立。患者の症状や,患者の見る夢は,抑圧を受けた無意識の性衝動の歪曲されたあらわれであるという彼の考えは,西洋の理性中心的な人間観に強い衝撃を与え,20世紀の文化・思想に甚大な影響を及ぼした。また彼は,抑圧の形成の場として親子関係を重視し,「エディプス・コンプレックス」の概念を提唱した。幼い男児は母親に対して近親相姦的な欲望を抱いており,この欲望の実現の妨げとなる父親に敵意を抱いているが,父親に去勢されるという不安から,母への欲望を抑圧するにいたる。患者の葛藤は,幼年時代の根源的な葛藤が新たな人間関係のもとで反復されたものにほかならない。フロイトは,このような精神分析的な考え方を,しばしば文学,絵画などの芸術作品や,社会現象,宗教現象の解釈にも応用した。著作は,『フロイト著作集』全11巻(人文書院,1968–84年) に収録されている。

[10] ダーフィト・フリードリヒ・シュトラウス (David Friedlich Strauss, 1808–1874) ドイツの神学者,ヘーゲル左派の創始者。1835–36年に『イエスの生涯』全2巻を公刊 (邦訳は本章原注23を参照)。聖書の伝えるイエスの生涯は史実ではなく民衆の想像力からなる伝説であること,神人イエスは歴史的個人ではなく全時代を通じて生きる人類そのものであることを主張し,ドイツ神学界に強い衝撃を与えるとともに,ヘーゲル学派の分裂の原因となった。

[11] アレクサンドル・コジェーヴ (Alexandre Kojève, 1902–1968) ロシア出身の哲学者。1917年に革命下のロシアを離れ,ドイツで哲学を学んだ後,フランスに移住。1933–39年にかけてパリの高等研究院でヘーゲル『精神現象学』の講義を行ない,戦後のフランス思想界に甚大な影響を与えた。講義録はレイモン・クノーによって編集され,『ヘーゲル読解入門』(初版1947年,第二版1968年) として刊行された (邦訳は本章,原注66を参照)。コジェーヴが『精神現象学』に見出したところによれば,人間は労働と闘争によって人間となり固有の歴史を構成する。そして,普遍等質国家のもとで万人の平等が達成されるとき,労働と闘争の歴史は終焉する。第二次世界大戦後,コジェーヴはヨーロッパ共同体の官吏となるが,1959年に日本を訪問し,そこに「ポスト歴史の社会」のモデルを見出した。

[12] ナポレオン・ボナパルト (ナポレオン一世) (Napoleon Bonaparte, 1769–1821) フランスの軍人・政治家。コルシカ島生まれ。パリの士官学校を出る。大革命後のフランスを軍事的に指導し,独裁体制を樹立。1804年,フランス皇帝となる。国内的には,革命の創出した市民社会の原理を維持し

つつ，行財政，司法制度の改革，近代的民法典（ナポレオン法典）の編纂などを行なう。対外的には，自身の軍事的天才と，革命の創出した近代的国民軍により，ヨーロッパ諸国を軍事的に圧倒。彼の指導のもとで，フランスの革命防衛戦争は，ヨーロッパ征服の侵略戦争へと変質した。06 年には，神聖ローマ帝国を解体。大陸諸国をしたがえてイギリスに対する大陸封鎖を行なった。12 年, 反仏的態度に転じたロシアに遠征を試みるが失敗。14 年には，反フランス諸国の同盟軍がパリに入城，ナポレオンは退位し，エルバ島に流された。15 年に同島を脱出して帰国するが, ワーテルローの戦いに敗北（百日天下)。セント・ヘレナ島に流されて生涯を閉じた。

[13] フランシス・フクヤマ（Francis Fukuyama, 1952– ） アメリカの政治学者。東西冷戦の終焉期に『歴史の終わり』（1992 年）を発表。ヘーゲルやコジェーヴらの思想を援用しつつ，人間社会の進歩は西側の「リベラルな民主主義」によって終着点に達すると主張し，世界的なベストセラーとなった（邦訳は本章原注 34 を参照)。

[14] ロナルド・レーガン（Ronald Reagan, 1911–2004） アメリカ共和党の政治家。アメリカ合衆国の第 40 代大統領（1981–89)。大国アメリカの復活をめざし，外交面では強硬な反共主義の立場をとり，経済面では福祉国家路線と訣別して自由主義政策を推進した。2 期目にはソ連との対決姿勢を撤回して緊張緩和に着手，ソ連の指導者ゴルバチョフと会談して中距離核戦力全廃条約に署名した。

[15] ユルバン・ジャン・ジョゼフ・ルヴェリエ（Urban Jean Joseph Leverrier, 1811–1877） フランスの天文学者。1846 年，惑星の運行の乱れから未発見の惑星の存在を予言し，その位置を計算した。数日後，ドイツの天文学者ガレがその位置に海王星を発見した。

[16] ヨハン・ゴットフリート・ガレ（1812–1910） ドイツの天文学者。ルヴェリエの計算によって存在が予言されていた海王星を，1846 年にベルリンの天文台で発見した。

[17] エンゲルスのテクストのうちに，フォイエルバッハが自然過程と歴史過程を混同しているという指摘を見いだすことはできない。エンゲルスの批判は，フォイエルバッハが 18 世紀の俗悪で浅薄な唯物論を唯一可能な唯物論の形態とみなし，自然を歴史的に把握することも，人間社会の歴史的発展を科学的に捉えることもできず，観念論的立場に撤退してしまったことに向けられている（同訳書，282–286 頁)。

[18] ローザ・ルクセンブルク（Rosa Luxemburg, 1870–1919） ポーランド出身の社会主義者。ドイツに移住後，ドイツ社会民主党に入党。ドイツおよび国際社会主義運動内部で，左派の活動家・理論家としての地位を確立し，反戦・反帝国主義路線の貫徹をはかる。1918 年にはドイツ共産党の創立に加わり，翌年 1 月の武装蜂起にも参加したが敗北，軍将兵により虐殺される。

大衆運動の自発性を重視する政治論や，資本主義と非資本主義領域との関係に着目した資本蓄積論などで知られる。

[19] ゲオルギー・ヴァレンティノヴィチ・プレハーノフ（Georgiy Valentinovich Plekhanov, 1850–1918） ロシアのマルクス主義理論家，政治家。青年時代にナロードニキの運動に身を投じるが，ヨーロッパ亡命中にマルクス＝エンゲルスの著作を知り，ロシア初のマルクス主義者となる。『共産党宣言』のロシア語訳（1882 年）をはじめとして，マルクス主義のロシアへの普及をはかり，著書『一元的史観の発展の問題によせて』（1897 年）はロシアの社会民主主義者たちにひろく読まれた。1900–03 年にかけて，レーニンらとともに新聞『イスクラ』の編集にかかわり，社会民主労働党の結成にも尽力した。その後，メンシェヴィキの指導者となり，レーニン率いるボリシェヴィキと対立した。

[20] エルンスト・ブロッホ（Ernst Bloch, 1885–1977） ドイツの哲学者。青年時代よりルカーチ，ベンヤミン，アドルノ，ブレヒトらと親密な交友を結び，マルクス主義とユダヤ教神秘主義を結合した独自のユートピア思想を形成する。ナチスの迫害を受けてヨーロッパ各地を転々とした末に，1938 年にアメリカに亡命。主著『希望の原理』（1954–59 年／山下肇ほか訳, 全 3 巻, 白水社，1982 年）のほとんどを書き上げる。戦後は東ドイツにもどりライプツィヒ大学で教鞭をとるが，1961 年に西ドイツに亡命，テュービンゲン大学の教授となる。60 年代末の学生反乱の際には学生たちを支持し，その指導者ドゥチュケと深い思想的交流をもった。

[21] リュシアン・ゴルドマン（Lucien Goldmann, 1913–1970） ルーマニア出身のフランスの哲学史家，文学史家。初期ルカーチの著作から受けた深い影響のもとに人間科学の方法論を探求，文学史や哲学史の研究への適用を試みた。著作に『カントにおける人間・共同体・世界——弁証法の歴史の研究』（1944 年／三島淑臣・伊藤平八郎訳，木鐸社，1977 年),『隠れたる神』（1955 年／全 2 冊，山形頼洋・名田丈夫訳，社会思想社，1972–73 年）などがある。

[22] アントニオ・グラムシ（Antonio Gramsci, 1891–1937） イタリアの社会主義運動の指導者。1921 年，イタリア共産党の創立に参加。24 年には国会議員に選出され，ムッソリーニ率いるファシスト政権と対決するが，26 年に逮捕。以後 10 年余の獄中生活を送り，釈放直後に死亡。主要著作は獄中で書き上げた 30 冊にわたる「獄中ノート」。国家を単なる暴力装置ととらえるのではなく，市民社会に拡散した「ヘゲモニー」関係の総体としてとらえる議論などが，戦後の西欧マルクス主義に深いインパクトを与えた。

[23] ヘルベルト・マルクーゼ（Herbert Marcuse, 1898–1979） ドイツの哲学者，社会理論家。フッサールとハイデガーに師事，マルクス主義と現象学的実存主義との統合をめざす。また初期マルクスの草稿中の疎外論にいちはやく注目した。1933 年，ハイデガーと訣別して，アドルノ，ホルクハイマ

ーらとともにフランクフルトの社会研究所に参加。フランクフルト学派の「批判理論」の形成に大きく貢献した。ナチスの政権掌握後，アメリカに亡命。戦後はアメリカに残り，後期資本主義の管理社会とソヴィエト・マルクス主義の抑圧的体制をともに批判する理論活動を行なう。著作『一次元的人間』（1964年／邦訳は本章原注80を参照）は新左翼のバイブルとなった。

［24］カレル・コシーク（Karel kosik, 1926–　）チェコの哲学者。ヘーゲル，マルクス，フッサール，ハイデガーの影響のもと，実践のうちに人間の「存在創出的本質」を見いだす独自の哲学を展開する。1968年の民主化運動（プラハの春）で指導的役割を果たすが，その後の反動期には大学から追放された。1989年の「ビロード革命」で復権，再び教職に就く。著作には『具体的なものの弁証法』（1963年／花崎皐平訳，せりか書房，1977年）などがある。

［25］ルイ・アルチュセール（Louis Althusser, 1918–1990）　フランスのマルクス主義哲学者。マルクスの切り開いた「歴史の科学」を，ヘーゲル主義的，疎外論的問題構成から切り離し，「構造的因果性」「主体なき過程」「重層的決定」「最終審での決定」などの斬新なカテゴリーによって再構成することを試みる。マルクス主義の理論的革新の旗手としてフランス思想界に大きな影響を与えると同時に，正統派マルクス主義の陣営から激しい批判に晒された。1981年，精神的錯乱に陥り妻を絞殺。その後は精神病院で生活を送る。著作に『マルクスのために』（1965年／邦訳は本章，原注52を参照），共著『資本論を読む』（1965年／全3冊，今村仁司訳，ちくま学芸文庫，1996–97年）などがある。

［26］マックス・ウェーバー（Max Weber, 1864–1920）　ドイツの社会学者。若くしてフライブルク，ハイデルベルク大学の教授となるが，重い神経症のため退職，在野のままハイデルベルクで研究活動を続け，また時事的発言を行なって強い影響力をもち続けた。彼の巨大な業績は，近代という時代を目的合理性の支配のもとでの意味喪失の過程としてとらえる視点に貫かれており，ルカーチ，アドルノ，ホルクハイマーらの仕事に深い影響を与えている。著作に『プロテスタンティズムの倫理と資本主義の精神』（1920年／大塚久雄訳，岩波文庫，1989年）などがある。

［27］「ラーコシ」とあるのは誤記である。1919年に成立した社会民主党と共産党の連合政権の首班は社会民主党のガルバイであり，実権を握っていたのは共産党のベーラ＝クーンであった。ルカーチは，この政権で「教育人民委員代理」のポストに就いている。ラーコシは「小スターリン」と呼ばれた戦後のハンガリー共産党の指導者である。

［28］カール・ヤスパース（Karl Jaspers, 1883–1969）　ドイツの哲学者。医学を志し，フッサールの現象学とディルタイの解釈学の方法を導入しつつ精神病を心身相関の観点から研究。その後，私淑していたマックス・ウェーバ

ーの死をきっかけに本格的な哲学研究に入る。キルケゴールとニーチェの影響のもとに，現代の実存主義哲学の基礎を築いた。著作には『精神病理学原論』（1913 年／西丸四方訳，1971 年，みすず書房），『哲学』全 3 巻（1932 年／草薙正夫・信太正三ほか訳，創元社，1964–69 年）などがある。

［29］アレクサンドル・コイレ（Alexandre Koyré, 1892–1964）　フランスの科学史家，哲学史家。近代科学成立期についての優れた歴史記述を残した。著作に『ガリレオ研究』（1939 年／菅谷暁訳, 法政大学出版局, 1988 年),『閉ざされた世界から無限の宇宙へ』（1957 年／『コスモスの崩壊――閉ざされた世界から無限の宇宙へ』野沢協訳，白水社，1974 年）などがある。

［30］レイモン・クノー（Raymond Queneau, 1903–76）　フランスの小説家，詩人。パリで哲学を学び, シュールレアリスムの運動に参加。1930 年代から，軽妙・滑稽・風刺・夢想をおりまぜた言語の遊戯を基調とする小説や詩の発表を始める。代表作は『地下鉄のザジ』（1959 年）。

［31］ジャン・イッポリット（Jean Hyppolite, 1907–1968）　フランスの哲学者，ヘーゲル研究者。ヘーゲル『精神現象学』の翻訳と研究により，ヘーゲルがフランス現代思想に受容されていく道を開く。著作に『精神現象学の生成と構造』（1953 年／市倉宏祐訳，岩波書店，1972–73 年）などがある。

［32］ヴァルター・ベンヤミン（Walter Benjamin, 1892–1940）　ドイツの思想家，批評家。ユダヤ教的なメシア信仰とマルクス主義的唯物論を結合した独特のパースペクティヴから，特異な文芸批評，芸術論，都市論，政治論を展開した。エルンスト・ブロッホ，ホルクハイマー，アドルノ，マルクーゼらと親交を結ぶ。ナチスによる政権掌握後パリに亡命，死の直前までこの地で研究と執筆を続けた。ドイツ軍がパリに迫るなかアメリカへの亡命を試みるが，スペインで自らの命を絶った。著作に『ドイツ悲劇の根源』（1928 年／浅井健二郎訳，全 2 冊，ちくま学芸文庫，1999 年）などがある。

［33］レイモン・アロン（Raymond Aron, 1905–83）　フランスの社会学者，政治哲学者。1931–33 年にかけてドイツに留学。ドイツの哲学や社会学の動向をフランスに伝えた。第二次大戦中はド・ゴールに協力してフランス解放運動に参加，ロンドンで『自由フランス』の編集長を務める。戦後サルトルとともに『レ・タン・モデルヌ』を創刊するが，マルクス主義に傾斜するサルトルに対する批判から袂を分かった。その後，コレージュ・ド・フランスの教授に就任。アメリカにもソ連にも共通する産業化の過程に着目する産業社会論や，モンテスキューに遡りコント，マルクス，トクヴィル，デュルケームを経てパレート，ウェーバーにいたる独自の社会学史観などが，フランスの社会科学に少なからぬ影響を与えた。著作に『社会学的思考の流れ』（1965 年／北川隆吉ほか訳，全 2 冊，法政大学出版局，1974–84 年）などがある。

［34］カール・ヴィットフォーゲル（Karl Wittfogel, 1896–1988）　ドイツ（の

ちアメリカ）の社会学者。マックス・ウェーバーに師事し，その強い影響のもとに東洋社会の研究を行なう。また1919年にはドイツ共産党に入党し，党機関誌の編集委員やコミンテルンの教育宣伝委員としての活動に従事した。1925–33年にかけて，フランクフルトの社会研究所の研究員として中国農業社会の本格的研究に取り組み，中国研究者としての地位を確立する。ナチスに追われてアメリカに亡命，42年には帰化。その後も旺盛な研究活動は続き，世界史的な比較研究にもとづく体系的東洋社会論を展開，『東洋的専制主義』(1961年／『オリエンタル・ディスポティズム——専制官僚国家の生成と崩壊』湯浅赳夫訳，新評論，1991年）などの大著を発表するが，その理論的立場はマルクス主義から離れていき，ソヴィエト共産主義をも東洋的専制の一種としてとらえるにいたった。

[35] エーリヒ・フロム（Erich Fromm, 1900–80） ドイツ（のちアメリカ）の社会心理学者。青年時代にはユダヤ教の革新運動に従事，1920年代末からフロイトの精神分析とマルクス主義に傾斜。精神分析学を修めた後，1932年，フランクフルトの社会研究所に迎えられ，「学際的唯物論」を標榜する初期フランクフルト学派の代表的理論家となる。アメリカ亡命後にアドルノと対立，学派から離れて独自のヒューマニズム思想家として研究・発言を続けた。世界的ベストセラーとなった『自由からの逃走』(1941年／日高六郎訳，東京創元社，1951年）では，自由と自立の重荷から逃走し，権威への服従や画一性をもとめる大衆の無意識的性格構造を分析・批判した。

[36] フリードリヒ・ポロック（Friedlich Pollock, 1894–1970） ドイツの経済学者。青年時代よりマックス・ホルクハイマーと親交を結び，ともにフランクフルトの社会研究所の創設に参加する。政府管理を特質とする新しい資本主義の形態，「国家資本主義」の分析を行ない，初期フランクフルト学派の理論的支柱となった。

[37] アルバン・ベルク（Alban Berg, 1885–1935） オーストリアの作曲家。シェーンベルクに師事。シェーンベルクとその弟子であるベルクやウェーベルンは，「新ウィーン学派」とよばれる。無調音楽を経て十二音音楽の技法を完成させた彼らの音楽思想は，アドルノの哲学に甚大な影響をあたえた。ベルクの代表作としては，弦楽四重奏曲『叙情組曲』，オペラ『ヴォツェック』『ルル』などがある。

[38] エドゥアルト・シュトイアーマン（Eduard Steuermann, 1892–1964） ポーランド出身のピアノ奏者。シェーンベルクに師事。新ウィーン楽派の作曲家たち，シェーンベルク，ベルク，ウェーベルンのピアノを用いたほとんどの作品の初演者となる。優れた教育者としても知られ，1938年にアメリカに移住後は，ジュリアード音楽院の教壇に立った。

[39] トーマス・マン（Thomas Mann, 1875–1955） ドイツの小説家。1929年ノーベル文学賞受賞。代表作に『ブデンブローク家の人々』(1901年)，『魔

の山』（1924年）など。本文中に出てくる『ファウスト博士』（1947年）は，「一友人によって物語られたドイツの作曲家アードリアン・レーヴァーキューンの生涯」という副題をもつ。故意に梅毒に感染し，病がもたらす高揚状態の力を借りて創作のいきづまりから脱しようとする作曲家の姿を通して，現代芸術の危機や，ナチズムを生み出したドイツの精神的風土の問題を追求している。

［40］アンドレ・グリュックスマン（André Glucksmann, 1937–　）フランスの哲学者。幼少期から共産党の地区活動にかかわるが，ハンガリー動乱を機に脱党。パリ高等師範学校で学んだあと，ソルボンヌ大学でミシェル・フーコーの助手を務める。1968年のパリ「5月革命」に参加。「ヌーヴォー・フィロゾーフ」の代表的論客として，現代世界の全体主義的傾向に対する批判を展開する。

［41］ガーヨ・ペトロヴィッチ（Gajo Petrovic, 1927–　）ユーゴスラヴィアの哲学者。哲学雑誌『プラクシス』の編集者，指導的執筆者。スターリン哲学を批判し，創造的活動によって自己と世界を変革する実践的存在者としての人間を中心にすえたマルクス主義哲学を構想する。著作に『20世紀中葉のマルクス主義』（1967年／『マルクス主義と現代』岩淵慶一訳，紀伊國屋書店，1970年）などがある。

［42］アルフレート・シュミット（Alfred Scmidt, 1931–　）ドイツの哲学者。ホルクハイマー，アドルノのもとで哲学と社会学を学び，10年間アドルノの助手を務めた。1972年からフランクフルト大学社会哲学教授。

［43］イリング・フェッチャー（Iring Fetscher, 1922–　）ドイツの哲学者。1963年からフランクフルト大学政治学，社会哲学教授。ヘーゲルやマルクスの研究で知られる。

［44］ハーバーマスは「ハイデガーとともにハイデガーに反対して考える——1935年の講義の刊行に寄せて」と題された書評を，1953年に『フランクフルター・アルゲマイネ』紙に発表した。ハーバーマスが，1935年当時のナチス賛美の発言に対して何の弁明も行なわないハイデガーを批判したのに対して，レーヴァルターはハイデガー擁護の一文を『ツァイト』紙に発表し，後にはハイデガー自身が『ツァイト』紙上で弁明を行なった。ハーバーマスの論考は，1959年発表のもう一編のハイデガー論とともに，『哲学的・政治的プロフィール』（1971年，増補版1987年／全2巻，小牧治・村上隆夫訳，未來社，1984年，1986年）に収録されている。

ロックモアによれば，1953年発表された二つのハイデガー論が存在するとのことであるが，もうひとつの論考の存在を確認することはできなかった。あるいはロックモアの誤解ではないかと思われる。

［45］ロックモア原文の，“renaissance, restoration, and reconstruction” を「ルネサンス，復古，再構成」と訳出したうえで，ハーバーマス原文のドイツ語

を挿入した。

第４章

(1) Josiah Royce, *Lectures on Modern Idealism*, New Haven: Yale University Press, 1964, p. 85〔『近世観念論十講』坂崎侃・小倉好雄訳，成美堂書店，1936 年，95 頁〕参照。

(2) 例えば，以下を参照。Richard Rorty, “Nietzsche, Socrates and Pragmatism,” in *South African Journal of Philosophy* 10:3 (August 1991), pp. 61-63; “Nietzsche: un philosophe pragmatique,” in *Magazine Littéraire* (April 1992), pp. 28-32.

(3) Robert Brandom, *Articulating Reasons: An Introduction to Inferentialism*, Cambridge, Mass.: Harvard University Press, 2000, p. 11 参照。

(4) Mark Okrent, *Heidegger's Pragmatism: Understanding, Being, and the Critique of Metaphysics,* Ithaca, NY: Cornell University Press, 1988 参照。

(5) Hubert Dreyfus, *Being-in-the-World: A Commentary on Heidegger's Being and Time, Division I*, Cambridge, Mass.: MIT Press, 1991〔『世界内存在――『存在と時間』における日常性の解釈学』門脇俊介監訳，産業図書，2000 年〕参照。

(6) “Thirteen Pragmatisms,” in A. O. Lovejoy, *Thirteen Pragmatisms and Other Essays*, Baltimore: Johns Hopkins University Press, 1963, pp. 1-29 参照。

(7) Bertrand Russell, *A History of Western Philosophy*, New York: Simon and Schuster, 1945, p. 151〔『西洋哲学史』 1，市井三郎訳，みすず書房，1970 年，156 頁〕参照。

(8) A. J. Ayer, *The Origins of Pragmatism: Studies in the Philosophy of Charles Sanders Peirce and William James*, San Francisco: Freeman, Cooper, 1968, p. 3 参照。

(9) Nicholas Rescher, *Realistic Pragmatism: An Introduction to Pragmatic Philosophy*, Albany, NY: SUNY Press, 2000 参照。

(10) John E. Smith, *Themes in American Philosophy: Purpose, Experience and Community*, New York: Harper and Row, 1970 参照。

(11) John E. Smith, *Purpose and Thought: The Meaning of Pragmatism*, Chicago: University of Chicago Press, 1978, p. 8 参照。

(12) Kant, *Critique of Pure Reason*, B 852, p. 687（本書第 1 章，原注 13 を参照）〔『純粋理性批判』下，有福孝岳訳，『カント全集 6』岩波書店，2006 年，104–105 頁〕.

(13) この区別は，伝統全体を貫いている。Lobkowicz, *Theory and Practice*

参照（本書第3章，原注3を参照）。

（14） Immanuel Kant, *Critique of the Power of Judgment*, translated by Paul Guyer and Eric Matthews, Cambridge: Cambridge University Press, 2000所収のカントの二つの序論を参照〔『判断力批判』上・下，牧野英二訳，『カント全集8–9』岩波書店，1999–2000年，上，15–52頁，下，189–261頁〕。

（15） Russell, *A History of Western Philosophy*, pp. 816, 824参照〔『西洋哲学史』3，市井三郎訳，みすず書房，1970年，808および816頁〕。

（16） Cornel West, *The American Evasion of Philosophy: A Genealogy of Pragmatism*, Madison: University of Wisconsin Press, 1989.

（17） Rescher, *Realistic Pragmatism.*

（18） *Collected Papers of Charles Sanders Peirce*, edited by Charles Harteshorne and Paul Weiss, Cambridge, Mass.: Belknap Press, 1960-66, p. 188-190所収の『論理的理論の研究』についてのパースの書評を参照。

（19） 例えば，以下を参照。John Dewey, "The Pragmatism of Peirce," in *Journal of Philosophy* 21（1916）; "Peirce's Theory of Quality," in *Journal of Philosophy* 32（1935）; and "Peirce's Theory of Linguistic Signs, Thought and Meaning," in *Journal of Philosophy* 43（1946）.

（20） これらは，以下の表題をもつ彼の独創性に富んだ論文を含む。"The Fixation of Belief," in *The Essential Peirce: Selected Philosophical Writings*, edited by Nathan Houser and Christian Kloesel, Bloomington: Indiana University Press, 1992, 2 vols, I, pp. 109-123; "How To Make Our Ideas Clear," in ibid., I, pp. 124-141; "The Doctrine of Chances," in ibid., I, pp. 142-154; "The Probability of Induction," in ibid., I, pp. 155-169; "The Order of Nature," in ibid., I, pp. 170-185; and "Deduction, Induction and Hypothesis," in ibid., I, pp. 186-199〔「信念の固め方」「観念を明晰にする方法」「偶然の理論」「帰納法の確率」「自然の秩序」「演繹，帰納，仮説形成」『偶然・愛・論理』浅輪幸夫訳，三一書房，1982年，42–68，69–100，101–121，122–147，148–173，174–199頁〕.

（21） "Fraser's *The Works of George Berkeley,*" in *The Essential Peirce*, I, pp. 83-105参照。

（22） C. J. Hookway, *Peirce*, London: Routledge, 1999参照。

（23） H. S. Thayer, *Meaning and Action: A Critical History of Pragmatism*, Indianapolis: Bobbs-Merrill, 1973参照。

（24） Murray Murphey, *The Development of Peirce's Philosophy*, Cambridge, Mass.: Harvard University Press, 1961参照。

（25） "The Fixation of Belief," in *The Essential Peirce*, I, p. 111参照〔「信念の固め方」，前掲『偶然・愛・論理』，44–45頁〕。

（26） Ibid., p. 111参照〔同訳書，44–45頁〕。

(27) Ibid., p. 120 参照〔同訳書，61–63 頁〕。

(28) “How To Make Our Ideas Clear,” in *The Essential Peirce*, I, p. 126 参照〔「観念を明晰にする方法」，前掲『偶然・愛・論理』，73 頁〕。

(29) Ibid., p. 128 参照〔同訳書，75–77 頁〕。

(30) Ibid., p. 132〔同訳書，83–84 頁〕.

(31) Ibid., pp. 138, 139 参照〔同訳書，94–96 頁〕。

(32) Ibid., p. 139〔同訳書，95 頁〕. この見解はデューイに影響を与えている。彼は次のように述べている。「私が知っている，論理的な立場からの真理についての最善の定義は，パースの定義である。すなわち，『それが何であるかを探究するすべてのひとによって究極的に同意される運命にある意見が，われわれが真理によって意味することである』」と。John Dewey, *Logic: The Theory of Inquiry*, New York: Henry Holt, 1938, p. 345n.

(33) “The Probability of Induction,” in *The Essential Peirce*, I, pp. 167-169 参照〔「帰納法の確率」，前掲『偶然・愛・論理』，143–147 頁〕。

(34) “Deduction, Induction and Hypothesis,” in *The Essential Peirce*, I, p. 197 参照〔「演繹，帰納，仮説形成」，前掲『偶然・愛・論理』，195 頁〕。

(35) Ibid., p. 198〔同訳書，197 頁〕.

(36) William James, *Pragmatism*, New York: Meridian, 1960, p. 43 参照〔『ウィリアム・ジェイムズ著作集 5　プラグマティズム』桝田啓三郎訳，日本教文社，1960 年，37 頁〕。

(37) Thayer, *Meaning and Action*, pp. 499ff. ここで引用された 1903 年のジェイムズ宛書簡を参照。

(38) “The Maxim of Pragmatism,” in *The Essential Peirce*, II, p. 135.

(39) Ibid., pp. 143-144 参照。

(40) “The Seven Systems of Metaphysics,” in *The Essential Peirce*, II, p. 180 参照。

(41) “What Pragmatism Is,” in *The Essential Peirce*, II, p. 333 参照〔「プラグマティズムとは何か」上山春平・山下正男訳，『世界の名著 48　パース・ジェイムズ・デューイ』中央公論社，1968 年，222 頁〕。

(42) Ibid., p. 338〔同訳書，232 頁。ただし，一部訳文を改めた〕.

(43) “The Fixation of Belief,” in *The Essential Peirce*, I, p. 120 参照〔前掲「信念の固め方」，61–63 頁〕。

(44) 彼は 1898 年のある講義のなかで，プラグマティズムの創始者としてのパースに言及している。“Philosophical Conceptions and Practical Results,” in James, *Writings 1878-1881*, pp. 1078-1079（本書序論，原注 2 を参照）.

(45) James, *Pragmatism*, p. 18 参照〔前掲『ウィリアム・ジェイムズ著作集 5　プラグマティズム』，5 頁〕。

(46) 本章，原注 30 を参照。

(47) こうした特徴づけ，およびジェイムズがそこから引き出す結論は，相当早い段階から，宗教にかんする彼の書物のなかでほぼ正確に同じ仕方で述べられていた。William James, *The Varieties of Religious Experience*, New York: New American Library, 1961, p. 339 参照〔『ウィリアム・ジェイムズ著作集 4　宗教的経験の諸相』下，桝田啓三郎訳，日本教文社，1962 年，276–277 頁〕。

(48) James, *Pragmatism*, p. 43〔前掲『ウィリアム・ジェイムズ著作集 5　プラグマティズム』，37 頁〕.

(49) William James, *The Principles of Psychology*, Frederick H. Burkhardt, general editor; Fredson Bowers, textual editor; Ignas K. Skrupskelis, associate editor, Cambridge, Mass.: Harvard University Press, 1981 参照。

(50) William James, *Psychology: The Briefer Course*, edited by Gordon Allport, Notre Dame, Ind.: University of Notre Dame Press, 1985 参照〔『心理学』上・下，今井寛訳，岩波書店，1992–93 年〕。

(51) Ibid., pp. 18-42〔同訳書，上，211–244 頁〕.

(52) Ibid., p. 26〔同訳書，上，222 頁〕.

(53) Ibid., p. 147 参照〔同訳書，下，73 頁〕。

(54) Lecture XVIII, in James, *The Varieties of Religious Experience*, pp. 329-347 参照〔前掲『ウィリアム・ジェイムズ著作集 4　宗教的経験の諸相』下，日本教文社，1962 年，255–293 頁〕.

(55) Ibid., p. 377〔同訳書，353–354 頁〕.

(56) Ibid., p. 388〔同訳書，377 頁〕.

(57) William James, *The Will To Believe and Other Essays on Popular Philosophy*, New York: Dover, 1956, p. xiii.

(58) Ibid., p. 263.

(59) Ibid., p. 275.

(60) William James, *Essays in Radical Empiricism*, New York: Longmans, Green, and Co., 1912 参照。

(61) "The Will To Believe," in *The Will To Believe*, §6, pp. 14-17 参照〔「信ずる意志」福鎌達夫訳，『ウィリアム・ジェイムズ著作集 2　信ずる意志』日本教文社，1961 年，21–24 頁〕。

(62) "What Pragmatism Means," in *Pragmatism*, p. 59 参照〔「プラグマティズムの意味」桝田啓三郎訳，前掲『ウィリアム・ジェイムズ著作集 5　プラグマティズム』，62–63 頁〕。

(63) "Pragmatism's Conception of Truth," in *Pragmatism*, p. 135 参照〔「プラグマティズムの真理観」桝田啓三郎訳，『ウィリアム・ジェイムズ著作集 5　プラグマティズム』日本教文社，1960 年，157–158 頁〕。

(64) Russell, *A History of Western Philosophy*, p. 818〔前掲『西洋哲学史』3，810 頁〕.

(65) 1945年の執筆時点では，これがラッセルの判断である。Ibid., p. 819参照〔同訳書，811頁〕。

(66) *Collected Papers of Charles Sanders Peirce*, edited by Charles Hartshorne and Paul Weiss, Cambridge, Mass.: Harvard University Press, 1931-58, 8 vols. 参照。

(67) *Reconstruction in Philosophy*〔『デューイ＝ミード著作集2　哲学の再構成』河村望訳，人間の科学社，1995年〕および *Experience and Nature*〔『デューイ＝ミード著作集4　経験と自然』河村望訳，人間の科学社，1997年〕を含む，デューイの主要な著作の多くには，パースへの言及はない。膨大な著作目録のなかで，パースについては，デューイによる論文が一編だけ見られる。"The Pragmatism of Peirce," in *Journal of Philosophy, Psychology and Scientific Methods* 13（1916), pp. 709-715.

(68) "The Development of American Pragmatism," in *John Dewey: The Later Works, 1925-1953*, edited by Jo Ann Boydston, Carbondale: University of Southern Illinois Press, 1981-90, 17 vols, Vol. 2, p. 16.

(69) John Dewey, *Liberalism and Social Action*, New York: Putnam, 1963参照〔「自由主義と社会行動」『デューイ＝ミード著作集11　自由と文化・共同の信仰』河村望訳，人間の科学社，2002年，251–334頁〕。

(70) M. H. Thomas, *John Dewey: A Centennial Bibliography*, Chicago: University of Chicago Press 1962参照。

(71) John Dewey, *Psychology*, New York: Harper and Bros., 1891参照。

(72) John Dewey, *Lectures in the Philosophy of Education*, edited, with an introduction, by Reginald D. Archambault. New York: Random House, 1966参照。

(73) John Dewey, *Reconstruction in Philosophy*, Boston: Beacon Press, 1964参照〔前掲『デューイ＝ミード著作集2　哲学の再構成』，1995年〕。

(74) John Dewey, *Experience and Nature*, La Salle, Ill.: Open Court, 1925参照〔前掲『デューイ＝ミード著作集4　経験と自然』，1997年〕。

(75) John Dewey, *Individualism, Old and New*, New York: Minton, Balch & Company, 1930参照〔「新しい個人主義の創造」明石紀雄訳，『ジョン・デューイ』研究社出版，1975年，23–111頁〕。

(76) John Dewey, *Art as Experience*, New York: Capricorn, 1958参照〔『デューイ＝ミード著作集12　経験としての芸術』河村望訳，人間の科学社，2003年〕。

(77) John Dewey, *The Quest for Certainty: A Study of the Relation of Knowledge and Action*, New York: Putnam, 1960参照〔『デューイ＝ミード著作集5　確実性の探求』河村望訳，人間の科学社，1996年〕。

(78) "Philosophy and the American Way of Life," in *John Dewey: The Middle

Works, 1899-1924, Carbondale: Southern Illinois University Press, 1976-83, 15 vols, Vol. 3, pp. 73-74.

(79) "Kant and Philosophic Method," in *John Dewey: Philosophy, Psychology and Social Practice*, edited by Joseph Ratner, New York: Capricorn, 1963, pp. 35-48 参照〔「カントと哲学的方法」『デューイ゠ミード著作集 1　哲学・心理学論文集』河村望訳，人間の科学社，48–65 頁〕。

(80) "Intelligence and Morals," in *The Influence of Darwinism on Philosophy and Other Essays*, Amherst, NY: Prometheus Books, 1997, p. 66 参照。

(81) "The Influence of Darwinism on Philosophy," in *The Influence of Darwinism on Philosophy and Other Essays*, pp. 8-9〔「ダーウィン主義の哲学への影響」河村望訳，『デューイ゠ミード著作集 1　哲学・心理学論文集』人間の科学社，1995 年，270–271 頁。ただし，一部訳文を改めた〕.

(82) "The Pattern of Inquiry," in *Logic: The Theory of Inquiry, John Dewey: The Latter Works*, 1925-1953, Vol. 12, p. 122〔「論理学――探究の理論」魚津郁夫訳，前掲『世界の名著 48　パース・ジェイムズ・デューイ』，491–492 頁〕.

(83) Dewey, *The Quest for Certainty*, p. 8〔前掲『デューイ゠ミード著作集 5　確実性の探求』，1996 年，12 頁〕.

(84) Ibid., p. 17〔同訳書，21 頁〕.

(85) Dewey, "Darwinism and Philosophy," in *The Influence of Darwinism on Philosophy and Other Essays*, p. 17.

(86) Dewey, *Reconstruction in Philosophy*, p. v〔前掲『デューイ゠ミード著作集 2　哲学の再構成』，1995 年，163 頁〕.

(87) 彼の書物の第 1 章は，この点を示すことにあてられている。"Experience and Philosophic Method," in Dewey, *Experience and Nature*, pp. 1-36 参照〔「経験と哲学的方法」，前掲『デューイ゠ミード著作集 4　経験と自然』，1997 年，16–57 頁〕。

(88) Ibid., p. 59〔同訳書，84 頁〕.

(89) Ibid., p. 4〔同訳書，19 頁〕.

(90) Ibid., p. xvi〔同訳書，11 頁〕.

(91) 彼は，ある有名な論文のなかで，プロトコル文の考えそのものを決定的に批判している。以下を参照。Otto Neurath, "Protocol Sentences," in *Logical Positivism*, edited by Ayer, pp. 199-208〔「プロトコル言明」竹尾治一郎訳,『現代哲学基本論文集 I』勁草書房，1986 年，165–184 頁〕.

(92) Rudolf Carnap, *The Logical Syntax of Language*, translated by Amethe Smeaton, La Salle, Ill.: Open Court, 2002 参照。

(93) C. I. Lewis, "A Pragmatic Conception of the A Priori," in *The Journal of Philosophy* 20 (1923), pp. 169-177. このアプローチの彼による後の発展に

ついては，以下を参照。C. I. Lewis, *Mind and the World Order*（1929），New York: Dover, 1956, chs. 7-9, pp. 195-308.

(94) Quine, “Two Dogmas of Empiricism,” in Quine, *From a Logical Point of View*（本書第 2 章，原注 52 を参照）〔「経験主義のふたつのドグマ」飯田隆訳，『論理的観点から』岩波書店，1992 年，31–70 頁〕.

(95) Hilary Putnam, *Pragmatism: An Open Question*, Oxford: Blackwell, 1995, esp. ch. 3: “The Permanence of William James,” pp. 5-26 参照。

(96) Brandom, *Articulating Reasons* 参照。

(97) プラグマティストとしての，グッドマンおよびデイヴィドソンの批評については，以下を参照，Rescher, *Realistic Pragmatism*. しかし，フレーゲの批評は見られない。

(98) Rorty, *Philosophy and the Mirror of Nature*, p. 11（本書第 2 章，原注 12 を参照）〔『哲学と自然の鏡』野家啓一監訳，産業図書，1993 年，29–30 頁〕.

(99) Rorty, *Consequences of Pragmatism*, p. 161（本書第 1 章，原注 2 を参照）〔『哲学の脱構築』室井尚・吉岡洋・加藤哲弘・浜日出夫・庁茂訳，御茶の水書房，1994 年，360 頁〕.

(100) “Introduction: Pragmatism and Post-Nietzschean Philosophy,” in Richard Rorty, *Essays on Heidegger and Others, Philosophical Papers, Volume 2*, Cambridge: Cambridge University Press, 1991, pp. 1-6 参照。

(101) Friedrich Nietzsche, *The Gay Science*, translated by Walter Kaufmann, New York: Vintage, 1974, §374, p. 336 参照〔『ニーチェ全集 8　悦ばしき知識』信太正三訳，筑摩書房，1993 年，442–443 頁〕。

(102) “On the Very Idea of a Conceptual Scheme,” in Donald Davidson, *Inquiries into Truth and Interpretation*, Oxford: Clarendon Press, 1991, pp. 183-198 参照〔「概念枠という考えそのものについて」野本和幸・植木哲也・金子洋之・高橋要訳，『真理と解釈』勁草書房，1991 年，192–213 頁〕。

(103) Davidson, *Inquiries into Truth and Interpretation*, p. xviii 参照〔『真理と解釈』野本和幸・植木哲也・金子洋之・高橋要訳，勁草書房，1991 年，xii 頁〕。

(104) “Pragmatism, Davidson and Truth,” in Richard Rorty, *Objectivity, Relativism, and Truth, Philosophical Papers, Volume 1*, Cambridge: Cambridge University Press, 1991, pp. 126-150 参照。

(105) “A Coherence Theory of Truth and Knowledge,” in Donald Davidson, *Subjective, Intersubjective, Objective*, Oxford: Clarendon Press, 2001, pp. 137-153 参照〔「真理と知識の斉合説」清塚邦彦・柏端達也・篠原成彦訳，『主観的，間主観的，客観的』春秋社，2007 年，218–251 頁〕。

(106) ローティは *Philosophy and Social Hope*（London: Penguin, 1999）のなかで，パトナムを「現代の指導的なプラグマティスト」（p. xxvii）として，

デューイおよびデイヴィドソンを「プラグマティストの範型」(p. 24)〔『リベラル・ユートピアという希望』須藤訓任・渡辺啓真訳，岩波書店，2002 年，30 頁および 79 頁〕として記述しており，おそらく彼は，首尾一貫していない。

(107) “Hilary Putnam and the Relativist Menace,” in Richard Rorty, *Truth and Progress, Philosophical Papers, Volume 3*, Cambridge: Cambridge University Press, 1998, pp. 43-62 参照。

(108) Ibid., p. 62 参照。

[1] シドニー・フック（Sidney Hook, 1902–89） アメリカの哲学者。ニューヨーク大学教授。コロンビア大学でデューイの影響を受けた。マルクス主義者であったが，後に反共産主義の代表者となった。著作に『ヘーゲルからマルクスへ』(1936 年／小野八十吉訳，御茶の水書房，1983 年)，『理性，社会神話およびデモクラシー』(1940 年)，『歴史における英雄』(1943 年）などがある。

[2] ジョサイア・ロイス（Josiah Royce, 1855–1916） アメリカの哲学者。ハーバード大学教授。ドイツ留学時にロッツェの下でドイツ観念論を研究。ハーバード大学ではジェイムズの同僚。絶対的プラグマティズムという独自の立場を主張した。その立場によれば，観念は人間の意志のための道具であり，意志の目的によって価値が認められるとともに，全世界を包摂する絶対意志を立てることで相対主義を克服することができる。またその思想は，マルセルや西田幾多郎に影響を与えた。著作に『現代哲学の精神』(1892 年)，『世界と個人』(1901 年)，『忠誠の哲学』(1908 年／『忠義の哲学』鈴木半三郎訳，洛陽堂，1916 年）などがある。

[3] ロバート・ブランダム（Robert Brandom, 1950–　） アメリカの哲学者。ピッツバーグ大学教授。プリンストン大学でローティに学ぶ。W・セラーズやダメット，J・マクダウェルの影響を受け，言語哲学や心の哲学，論理哲学を研究している。著作に『理性を分節化する』(2000 年)，『偉大な死者の物語』(2002 年）などがある。

[4] マイケル・ダメット（Michael Dummett, 1925–　） イギリスの論理学者，哲学者。オックスフォード大学教授。分析哲学の歴史を研究しながら，論理学や言語哲学の発展に貢献。とりわけフレーゲについての研究は古典的な著作となった。『真理という謎』のなかでは，実在論との対決をとおして，反実在論の立場を発展させた。また反人種差別闘争の活動家でもある。著作に『フレーゲ　言語の哲学』(1973 年)，『真理という謎』(1978 年／藤田晋吾訳，勁草書房，1986 年)，『分析哲学の起源』(1993 年／野本和幸ほか訳，勁草書房，1998 年)，『移民と難民』(2001 年)，『真理と過去』(2004 年／藤田晋吾・中村正利訳，勁草書房，2004 年）などがある。

[5] マーク・オクレント（Mark Okrent, 1947– ） アメリカの哲学者。メイン州ベイツ・カレッジ教授。志向性の問題に関心をもち，アメリカのプラグマティズムの伝統やドイツの超越論的哲学の伝統を研究している。著作に『ハイデガーのプラグマティズム』（1988 年），『理性的動物――志向性の目的論的起源』（2007 年）がある。

[6] ヒューバート・ドレイファス（Hubert Dreyfus, 1929– ） アメリカの哲学者。カリフォルニア大学教授。ハイデガーやメルロ＝ポンティ，フーコーなど，現代のヨーロッパ大陸の哲学者を研究するとともに，人口知能についても批判的な研究を続けている。著作に『コンピュータには何ができないか』（1972 年／黒崎政男・村若修訳, 産業図書, 1992 年），『世界内存在』（1991 年／門脇俊介監訳，産業図書，2000 年），『ミシェル・フーコー』（1982 年，P・ラビノーとの共著／山形頼洋ほか訳，筑摩書房，1996 年），『インターネットについて』（2001 年／石原孝二訳，産業図書，2002 年）などがある。

[7] アーサー・O・ラヴジョイ（Arthur Oncken Lovejoy, 1873–1962） アメリカの哲学者。ワシントン大学教授，ミズーリ大学教授，ジョンズ・ホプキンズ大学教授を歴任。批判的実在論の立場に立ち，「観念の歴史」と呼ばれる思想史の一分野を創始した。著作に『存在の大いなる連鎖』（1936 年／内藤健二訳，晶文社，1975 年），『観念史試論』（1948 年／『観念の歴史』鈴木信雄・内田成子・佐々木光俊・秋吉輝雄訳，名古屋大学出版会，2003 年），『古代における原始主義および関連概念』（1935 年，G・ボアズとの共著），『人間本性考』（1961 年／鈴木信雄・市岡義章・佐々木光俊訳，名古屋大学出版会，1998 年）などがある。

[8] プロタゴラス（Protagoras 前 494/488–424/418） 古代ギリシアの哲学者，ソフィスト。「人間は万物の尺度である」という命題で知られ，相対主義の立場から絶対的な知識や価値，道徳の存在を否定した。なお，プロタゴラスの思想と生涯については，以下を参照。プラトン『プロタゴラス』藤沢令夫訳，田中美知太郎・藤沢令夫編『プラトン全集 8 エウテュデモス プロタゴラス』岩波書店，1975 年，ディオゲネス・ラエルティオス『ギリシア哲学者列伝』下，加来彰俊訳，岩波書店，1994 年。

[9] アルフレッド・J・エイヤー（Alfred Jules Ayer, 1910–1989） イギリスの哲学者。ロンドン大学教授，オックスフォード大学教授。オックスフォード大学卒業後，ウィーン大学で学んだ。カルナップ，シュリックらウィーン学団の影響を受け，イギリスに論理実証主義を紹介。感覚与件と物理的対象との関係を論じたことで知られている。20 世紀の分析哲学の発展に貢献した。著作に『言語・真理・論理』（1936 年／吉田夏彦訳，岩波書店，1955 年），『経験的知識の基礎』（1940 年／神野慧一郎・中才敏郎・中谷隆雄訳，勁草書房，1991 年），『知識の哲学』（1956 年／神野慧一郎訳，白水社，1981 年）などがある。

[10] ニコラス・レッシャー（Nicholas Rescher, 1928–　）　アメリカの哲学者。ピッツバーグ大学教授。その研究は，認識論，科学哲学，形而上学，哲学史，プラグマティズムなど多岐にわたる。認識論や形而上学における観念論的伝統を，プラグマティズムの観点から再解釈したことで知られる。著作に『弁証法』（1977 年／『対話の論理』内田種臣訳，紀伊國屋書店，1981 年），『カントと理性の適用範囲』（1999 年），『哲学的推論』（2001 年），『認識論』（2003 年）などがある。

[11] ジョン・E・スミス（John E. Smith, 1921–　）　アメリカの哲学者。イェール大学教授。アメリカのプラグマティズムや観念論，宗教哲学を研究している。著作に『理性と神』（1961 年），『アメリカ哲学の精神』（1963 年／松延慶二・野田修訳，玉川大学出版部，1980 年），『経験と神』（1968 年），『アメリカ哲学の諸テーマ』（1970 年）などがある。

[12] ラルフ・ワルド・エマーソン（Ralph Waldo Emerson, 1803–82）　アメリカの思想家，詩人。ハーバード大学を卒業後，ボストンで牧師となったが，聖餐式の伝統的形式に疑問をいだき辞職。ヨーロッパを旅行してカーライルと親交を結んだ。帰国後は超絶主義運動の指導者となり，物質主義や形式主義，功利主義に反対した。『アメリカの学者』の講演は，アメリカの知的独立宣言と言われる。著作に『自然論』（1836 年／『エマソン名著選 1　自然について』斎藤光訳，日本教文社，1996 年），『アメリカの学者』（1837 年／『アメリカの学者』高木八尺・齋藤光訳，新月社，1947 年），『エッセイ集』（1841–44 年／『エマソン論文集』上・下，酒本雅之訳，岩波書店，1972–73 年），『代表的人物』（1850 年／『エマソン選集 6　代表的人間像』酒本雅之訳，日本教文社，1961 年）などがある。

[13] ネルソン・グッドマン（Nelson Goodman, 1906–98）　アメリカの哲学者。ペンシルヴァニア大学教授，ハーバード大学教授。実証主義の影響を受け，科学から芸術におよぶ広範な領域で活躍。現実を形式的世界体系にまとめる営みとして哲学をとらえる立場から，帰納理論や理論構造の問題に取り組んだ。著作に『現象の構造』（1951 年），『事実・虚構・予言』（1954 年／雨宮民雄訳，勁草書房，1987 年），『芸術の言語』（1968 年），『世界制作の方法』（1978 年／菅野盾樹訳，筑摩書房，2008 年），『心その他について』（1984 年）などがある。

[14] F・C・S・シラー（Ferdinand Canning Scott Schiller, 1864–1937）　イギリスの哲学者。コーネル大学講師からオックスフォード大学研究員を経て，南カリフォルニア大学教授。ジェイムズの影響を受け，ラッセルの論理実証主義やブラッドリーの絶対的観念論に反対して，プラグマティズムの立場に立った。イギリスのプラグマティズムの先駆者で知られるが，シラー自身は自分の立場をヒューマニズムと呼んだ。著作に『スフィンクスの謎』（1891 年），『ヒューマニズム　哲学的エッセイ』（1903 年），『ヒューマニズム研究』

(1907年),『信念の問題』(1924年）などがある。

[15] ジョージ・バークリ（George Berkeley, 1685–1753）　アイルランドの哲学者。ダブリンのトリニティ・カレッジで学び，同カレッジ研究員となった。研究や著作を行なうとともに，聖職者としても活動。ロンドンでスウィフトやポープと親交を結ぶだけでなく，フランスやイタリアにも長期間滞在。大学建設のためアメリカにも渡った。デカルトからロックへと受け継がれた，認識の直接的対象は観念であるという学説を徹底させた。「存在するとは知覚されることである」という言葉が示すように，非物質論と呼ばれる，物質の外的実在性を否定する観念の一元論に至った。また思想家としての著作活動は，哲学のみならず，経済学，微分法，力学，医学，宗教など多方面に及ぶ。著作に『視覚新論』(1709年／下条信輔訳，勁草書房，1990年),『人知原理論』(1710年／大槻春彦訳，岩波書店，1958年),『ハイラスとフィロナスの対話』(1713年／『ハイラスとフィロナスの三つの対話』戸田剛文訳，岩波書店，2008年）などがある。

[16] トマス・リード（Thomas Reid, 1710–96）　スコットランドの哲学者。アバディーン大学教授，グラスゴー大学教授。スコットランド学派の常識哲学の創始者。ロックやバークリの影響を受け，ヒュームの認識論を研究。認識の直接的対象は精神のなかの観念である，という観念の理論のうちに近代哲学の誤謬があると考え，哲学は人類共通の常識の原理に基づくべきであると主張した。またその思想はパースにも影響を与えた。著作に『コモンセンスの諸原理に基づく人間の心の研究』(1764年／『心の哲学』朝広謙次郎訳，知泉書館，2004年),『人間の知的能力に関する試論』(1785年),『人間の実践的能力に関する試論』(1788年）などがある。

[17] エマーヌエル・スウェーデンボリ（Emanuel Swedenborg, 1688–1772）スウェーデンの自然科学者，神秘主義者。ウプサラ大学で言語学，数学，自然科学を学び，鉱山監督官に就任。後に精神的危機のなかで霊感を受け，宗教的思想家として活動。霊的存在を信じ，天使や精霊と交流可能であると主張した。またカントが『視霊者の夢』を出版して，その神秘主義を批判したことで知られる。著作に『哲学,鉱物学論集』(1734年),『天界と地獄』(1758年／柳瀬芳意訳，静思社，1988年),『啓示による黙示録解説』(1769年／上・下，柳瀬芳意訳，静思社，1968年),『天界の秘儀』(1749–56年／1–6，柳瀬芳意訳，静思社，1970–1989年）などがある。

[18] ヘンリー・ジェイムズ（Henry James, Sr., 1811–82）　アメリカの神学者。心理学者ウィリアム・ジェイムズ，小説家ヘンリー・ジェイムズの父。裕福な家庭に生まれたため定職につかず，宗教や哲学を研究した。スウェーデンボリの思想に傾倒したことで知られる。著作に『キリスト教と創造の論理』(1857年),『実体と影』(1863年),『スウェーデンボリの秘密』(1869年）などがある。

[19] ヘンリー・ジェイムズ（Henry James, 1843–1916） アメリカの小説家。欧米文化の相違を描いた作品から出発して，後に心理的リアリズムの作品を完成した。評論や独自の小説論を含め，その作品は現代小説に大きな影響を与えた。作品には『ある婦人の肖像』（1881 年／『ヘンリー・ジェイムズ作品集 1　ある婦人の肖像』行方昭夫訳，国書刊行会，1985 年），『デイジー・ミラー』（1878 年／『デイジー・ミラー』西川正身訳，新潮社，1993 年），『鳩の翼』（1902 年／『ヘンリー・ジェイムズ作品集 3　鳩の翼』青木次生訳，国書刊行会，1983 年），『使者たち』（1903 年／『ヘンリー・ジェイムズ作品集 4　使者たち』工藤好美・青木次生訳，国書刊行会，1984 年）などがある。

[20] チャールズ・ロバート・ダーウィン（Charles Robert Darwin, 1809–82） イギリスの博物学者，進化論者。エジンバラ大学に入学後中退し，ケンブリッジ大学で神学を学んだ。在学中に博物学に興味を抱き，卒業後に海軍の観測船ビーグル号に博物学者として乗船し，太平洋，大西洋の島々，南アメリカ沿岸，ガラパゴス諸島などを訪れた。その間の動植物の観察や化石の採集，地質の研究が，生物進化の理論の基盤になった。後にリンネ学会で R・A・ウォレスの論文とともに進化論の理論を発表し，『種の起源』を出版した。生存に有利な遺伝的特徴をもつ個体がより多くの子孫を残すことで，長期的に生物の種が分化するという自然選択の原理を提示し，当時知られていた博物学上の事実や現象を体系的に説明した。またその理論は，人間を他の生物と同じ次元に位置づけることで，人間観の転換を引き起こした。20 世紀以降，ダーウィンの自然選択説とメンデル遺伝学とが組み合わされて，現在の進化論が形成されている。著作に『種の起源』（1859 年／『種の起原』上・下，八杉龍一訳，岩波書店，1990 年），『人間の由来』（1871 年／『ダーウィン著作集 1・2　人間の進化と性淘汰』長谷川眞理子訳，文一総合出版，1999–2000 年）などがある。

[21] W・T・ハリス（William Torrey Harris, 1835–1909） アメリカの教育家，哲学者。セントルイス公立学校教育長，連邦政府教育局長官。ドイツ観念論，とりわけヘーゲル哲学を研究するとともに，社会の進歩に対する教育の重要性を主張した。著作に『哲学研究への案内』（1889 年），『ヘーゲルの論理学』（1890 年），『教育の心理学的基礎』（1898 年）などがある。

[22] ジョージ・S・モリス（George Sylvester Morris, 1840–1889） アメリカの教育家，哲学者。ミシガン大学教授，ジョンズ・ホプキンズ大学教授。イギリス哲学，ドイツの美学や倫理学を研究した。F・ユーバーヴェークの『哲学史』を翻訳したことで知られる。著作に『イギリスの思想と思想家たち』（1880 年），『カントの純粋理性批判　批判的解説』（1882 年），『哲学とキリスト教』（1883 年）などがある。

[23] ジョージ・ハーバート・ミード（George Herbert Mead, 1863–1931）

アメリカの哲学者，社会心理学者。ミシガン大学教授，シカゴ大学教授。社会心理学の立場から自我の構造を研究し，社会行動主義を唱えて，アメリカの社会学に大きな影響を与えた。またジェイムズやデューイほど有名ではないが，プラグマティズムの発展にも貢献した。著作には『精神・自我・社会』(1934 年／『デューイ = ミード著作集 6　精神・自我・社会』河村望訳，人間の科学社，1995 年)，『行動の哲学』(1938 年) などがある。

[24] ジェーン・アダムズ (Jane Addams, 1860–1935)　アメリカの社会福祉事業家。移民や貧困者層の人々の生活向上のため，社会的，教育的な学習の機会を提供した。エレン・ゲイツ・スターとともに，アメリカの代表的なセツルメント・ハウスであるハルハウスを設立したことで知られる。また婦人参政権運動や平和運動を指導し，社会福祉の近代化に大きな影響を与えた。ノーベル平和賞を受賞。近年はフェミニストによる再評価が進んでいる。著作に『博愛主義と社会の進歩』(1893 年),『民主主義と社会的倫理』(1902 年),『ハル・ハウスの 20 年』(1910 年／柴田善守訳，岩崎学術出版社，1969 年),『ハル・ハウスの次の 20 年』(1930 年) などがある。

[25] トロツキイ (Trotskii, 1879–1940)　本名はレフ・ダヴィドヴィッチ・ブロンシュテイン (Lev Davidovich Bronshtein)。ロシアの革命家，マルクス主義理論家。オデッサ大学在学中，革命運動に参加。1898 年に逮捕されシベリア流刑となったが，1902 年脱走してイギリスに亡命。ロシア革命勃発とともに，亡命生活を打切り帰国。ロシア社会民主労働党のレーニン一派に合流し，革命を指導した。レーニンの死後，スターリンと党の主導権を争って敗れ，国外に追放された。その後，スターリンの命令によりメキシコで暗殺された。その思想は「永久革命論」で知られ，共産主義運動に大きな影響を与えた。著作に『文学と革命』(1923 年／上・下，桑野隆訳，岩波書店，1993 年)，『わが生涯』(1930 年／上・下，森田成也訳，岩波書店，2000–2001 年)，『ロシア革命史』(1931–33 年／藤井一行訳，岩波書店，2000–01 年)，『裏切られた革命』(1936 年／山西英一訳，論争社，1959 年) などがある。

[26] C・I・ルイス (C. I. Lewis, 1883–1964)　アメリカの論理学者，哲学者。ハーバード大学教授。19 世紀末以来の記号論理学を様相論理にまで拡張することを企てた。命題間の含意と推論における帰結との厳密な結びつきを表現する，「厳密含意」の概念を提出したことで知られる。また哲学者として，アプリオリな知識にかんしてはプラグマティズムの立場に立ち，経験的知識に関しては基礎づけ主義の立場に立った。その哲学は，クワインやグッドマン, デイヴィドソンらに大きな影響を与えている。著作に『記号論理学概観』(1918 年)，『精神と世界秩序』(1929 年)，『記号論理学』(1932 年，C・ラングフォードとの共著)，『知識と価値づけの分析』(1946 年) などがある。

第５章

(1) この術語は現象学史の研究者シュピーゲルベルクによって導入されたと思われる。Herbert Spiegelberg, *The Phenomenological Movement: A Historical Introduction*, The Hague: Martinus Nijhoff, 1982〔『現象学運動』上・下，立松弘孝監訳，世界書院，2000 年〕．この書物は，フッサールとその後継者の現象学について，先駆的で，なお信頼に値する概観を提供している。同じ現象学の領域について，いっそう分析的な視角から大まかな概観を与えている比較的近年のものとして，Dermot Moran, *Introduction to Phenomenology*, London: Routledge, 2000 を参照。

(2) Plato, *Republic*, translated by C. D. C. Reeve, Indianapolis: Hackett, 2004, 511C-514A, pp. 205-207 参照〔「国家」藤沢令夫訳，『プラトン全集 11』岩波書店，1976 年，488–490 頁〕。

(3) カントは，しばしばこの可能性に満ちた区別に言及している。最も重要な一節は，Kant, *Critique of Pure Reason*, B 566, p. 535（本書第 1 章，原注 13 参照）〔『純粋理性批判』中，有福孝岳訳，『カント全集 5』岩波書店，2003 年，236–237 頁〕．

(4) J. H. Lambert, *Neues Organon oder Gedanken über die Erforschung und Bezeichnung des Wahren und dessen Unterscheidung von Irrtum und Schein*, Leipzig: J. Wendler, 1764.

(5) “To J. H. Lambert, September 2, 1770,” in Immanuel Kant, *Philosophical Correspondence, 1759–99*, edited and translated by Arnulf Zweig, Chicago: University of Chicago Press, 1967, p. 59 参照〔『書簡 I』北尾宏之・竹山重光・望月俊孝訳，『カント全集 21』岩波書店，2003 年，55 頁〕。

(6) “To Marcus Herz, February 21, 1772,” in Kant, *Philosophical Correspondence, 1759–99*, p. 71 参照〔同訳書，66–67 頁〕。

(7) Plato, *Phaedo*, translated by G. M. A. Grube, in *Plato: Complete Works*, edited by John M. Cooper, Cambridge Mass.: Hackett, 1997, 101E, p. 87 参照〔「パイドン」松永雄二訳，『プラトン全集 1』岩波書店，1975 年，298 頁〕。

(8) Hegel, *The Encyclopedia Logic*, 25, p. 64 参照（本書第 1 章，原注 17 参照）〔『ヘーゲル全集 1　小論理学』真下信一・宮本十蔵訳，岩波書店，122-123 頁〕．

(9) これらの人物については，Herbert Spiegelberg, *The Phenomenological Movement*, pp. 14-18 参照〔前掲『現象学運動』上，74–79 頁〕。

(10) シュピーゲルベルクは，ヘーゲルを「人間の思想が極度に堕落した」とみなすブレンターノの見解に触れている。Ibid., p. 13 参照〔同訳書，72 頁〕。

(11) “Philosophie als strenge Wissenschaft,” in Edmund Husserl, *Aufsätze und Vorträge（1911–1921）*, edited by Thomas Nenon and H. R. Sepp, Dordrecht: Martinus Nijhoff, 1987, p. 6 参照〔「厳密な学としての哲学」小

池稔訳，細谷恒夫責任編集『世界の名著 62　ブレンターノ・フッサール』中央公論社，1980 年，108 頁〕。

(12) 近年の詳細な研究のなかでは，ウェルトンが好例である。ウェルトンの著書は，ヘーゲルには直接言及しておらず，アドルノによるフッサールに対する見解という文脈で，わずかに一箇所触れているだけである。Donn Welton, *The Other Husserl: The Horizons of Transcendental Phenomenology*, Bloomington: Indiana University Press, 2000 参照。

(13) こうした考えは，コジェーヴの有名なヘーゲル研究によって初めて定式化されたと思われる。コジェーヴによれば，フッサールとヘーゲルは同じ現象学的方法を共有している。Kojève, *Introduction à la lecture de Hegel*, p. 470 参照（本書第 3 章，原注 66 参照）。デリダにもこの考えは現われている。イポリットの著作（Jean Hyppolite, *Logique et existence*, Paris: Presses Universitaires de France, 1953, p. 39)〔『論理と実存――ヘーゲル論理学試論』渡辺義雄訳，朝日出版社，1975 年，53–54 頁〕への言及のなかで，デリダは「ヘーゲルの思考とフッサールの思考の深い収斂」について述べている。Edmund Husserl, *L'origine de la géométrie*, translated, with an introduction, by Jacques Derrida, Paris: Presses Universitaires de France, 1974, p. 58, n. 1〔『幾何学の起源』田島節夫・矢島忠夫・鈴木修一訳，青土社，1976 年，100 頁〕.

(14) Gottlob Frege, “Review of Dr. E. Husserl's *Philosophy of Arithmetic*,” in *Husserl: Expositions and Appraisals*, edited by Frederick Elliston and Peter McCormick, Notre Dame, Ind.: Notre Dame University Press, 1981, pp. 314-324 参照。

(15) フッサールがフレーゲに反発しているという見解については，Dagfinn Føllesdall, *Husserl und Frege. Ein Beitrag zur Beleuchtung der Entstehung der phänomenologischen Philosophie*, Oslo: Aschehoug, 1958 参照。フッサールがフレーゲ批判以前に意見を変更しているという見解については，J. N. Mohanty, *Husserl and Frege*, Bloomington: Indiana University Press, 1982 参照〔『フッサールとフレーゲ』貫成人訳，勁草書房，1991 年〕。

(16) Michael Dummett, “Preface,” to Edmund Husserl, *Logical Investigations*, translated by J. N. Findlay, London: Routledge, 2001, I, p. xvii 参照。

(17) フッサールは，『論理学研究』の第一巻では心理学主義を拒否しておきながら，結果的にはそこへと舞い戻ってしまった，という異論が一般には唱えられている。フッサールは，表面的な解釈に基づくこうした非難をのちに拒絶した。この点については，Edmund Husserl, *Logical Investigations*, II, p. 178 参照〔『論理学研究 4』，立松弘孝訳，みすず書房，1976 年，5 頁〕。

(18) 1900 年 8 月 27 日付フッサールのマイノンク宛書簡を参照。Edmund Husserl, *Gesammelte Werke*, The Hague: Martinus Nijhoff, 1950–, Vol.

XVIII, p. xvii.

(19) Husserl, *Logical Investigations*, I, p. 318, n. 6 参照〔『論理学研究 1』立松弘孝訳, みすず書房, 1968 年, 192 頁〕。

(20) Ibid., II, §1, p. 166〔『論理学研究 2』, 立松弘孝・松井良和・赤松宏訳, みすず書房, 1970 年, 第 1 節, 11 頁〕.

(21) Ibid., I, p. 5〔前掲『論理学研究 1』, 11 頁〕.

(22) Ibid., I, §65, pp. 149-150 参照〔同訳書, 第 65 節, 262 頁〕。

(23) フッサールは, 4 年後にもこの区別についてはわずかしかわかっていない, と述べている。参照, Edmund Husserl, *The Crisis of European Sciences and Transcendental Phenomenology: An Introduction to Phenomenological Philosophy*, translated, with an introduction, by David Carr, Evanston, Ill.: Northwestern University Press, 1970, §70, p. 243〔『ヨーロッパ諸学の危機と超越論的現象学』細谷恒夫・木田元訳, 中公文庫, 1995 年, 436 頁〕.

(24) Franz Brentano, *Psychology from an Empirical Standpoint* (1874), translated by A. C. Rancurello, D. B. Terrell, and L. L. McAlister, London: Routledge, 1995, p. 88.

(25) フッサールの立場は, ブレンターノの志向性概念の理解に一部依拠している。フッサールはブレンターノの概念には批判的だったが, 彼自身の積極的な志向性の概念をもちあわせていなかった, としばしば言われている。Moran, *Introduction to Phenomenology*, p. 189 参照。

(26) 真理概念にかんするフッサールとハイデガーの関係は, 長らく注目を集めてきた。Ernst Tugendhat, *Der Wahrheitsbegriff bei Husserl and Heidegger*, Berlin: de Gruyter, 1967 参照。

(27) "Philosophy as Rigorous Science," in Husserl, *Phenomenology and the Crisis of Philosophy*(本書第 1 章, 原注 1 参照)〔前掲「厳密な学としての哲学」〕.

(28) Wilhelm Dilthey, "Die Typen der Weltanschauung and ihre Ausbildung in den metaphysischen Systemen," in Wilhelm Dilthey, *Gesammelte Schriften*, VII, *Der Aufbau der geschichtlichen Welt in den Geisteswissenschaften*, edited by Bernhard Groethuysen, Göttingen: Vandenhoeck und Ruprecht, 1927, pp. 75-117 参照〔『精神科学における歴史的世界の構成』尾形良助訳, 以文社, 1981 年, 11–154 頁〕。

(29) Husserl, *Phenomenology and the Crisis of Philosophy*, p. 73〔前掲「厳密な学としての哲学」, 104 頁〕.

(30) Ibid., p. 73〔同訳書, 同所〕.

(31) フッサールとカントの関係については, Iso Kern, *Husserl und Kant: Eine Untersuchung über Husserls Verhältnis zu Kant and zum Neukantianismus*, The Hague: Martinus Nijhoff, 1964 参照。

(32) Husserl, *Phenomenology and the Crisis of Philosophy*, p. 76 参照〔同訳書, 107–108 頁〕。
(33) Ibid., pp. 79-122 参照〔同訳書 110–148 頁〕。
(34) Ibid., pp. 122-147〔同訳書 148–171 頁〕.
(35) Ibid., p. 80〔同訳書 111–112 頁〕.
(36) Ibid., p. 93〔同訳書 122–123 頁〕.
(37) Ibid., p. 106〔同訳書 134 頁〕.
(38) Ibid., p. 110〔同訳書 138 頁。ただし，本文の文脈上「言表」は「言明」に置き換えてある〕.
(39) Edmund Husserl, *Ideas: General Introduction to Pure Phenomenology*, translated by W. R. Boyce Gibson, New York: Collier Books, 1962, §61, p. 166 参照〔『イデーン I–1　純粋現象学と現象学的哲学のための諸構想　第 1 巻　純粋現象学への全般的序論』渡辺二郎訳，みすず書房，1979 年，第 61 節，258 頁〕。
(40) Husserl, *Phenomenology and the Crisis of Philosophy*, pp. 113-116 参照〔前掲「厳密な学としての哲学」，141–143 頁〕。
(41) Ibid., p. 118〔同訳書 145 頁〕.
(42) Ibid., p. 120〔同訳書 146 頁〕.
(43) Ibid., p. 125〔同訳書 151 頁〕.
(44) Ibid., p. 136〔同訳書 160 頁〕.
(45) Ibid., p. 143〔同訳書 167–168 頁〕.
(46) Ibid., p. 147〔同訳書 171 頁。ただし，本文の文脈上「哲学的直覚」は「哲学的直観」に置き換えてある〕.
(47) 現象学的還元の議論については，Husserl, *Ideas*, §§31-2, pp. 96-100 参照〔前掲『イデーン I–1』，34–143 頁〕。
(48) Ibid., pp. 11-12 参照〔同訳書 28-29 頁。なお，この英語版序言とドイツ語版「あとがき」との関連については，同訳書「あとがき」訳注（一），325-327 頁を参照〕。
(49) *Meditations on First Philosophy*, in *The Philosophical Works of Descartes*, I, pp. 155-156 参照（本書第 2 章，原注 6 参照）〔「省察」井上庄七・森啓訳，野田又夫責任編集『世界の名著 27　デカルト』中央公論社, 1978 年, 252 頁〕.
(50) Edmund Husserl, *Cartesian Meditations: An Introduction to Phenomenology*, translated by Dorion Cairns, Dordrecht and Boston: Kluwer Academic Publishers, 1993, §13, p. 30〔『デカルト的省察』浜渦辰二訳，岩波文庫，2001 年，第 13 節，65 頁〕.
(51) その批判については，Paul Ricœur, *Husserl: An Analysis of His Phenomenology*, translated by Edward G. Ballard and Lester E. Embree, Evanston, Ill.: Northwestern University Press, 1967 参照。

(52) フッサールは，かのプログラム的な論文の最初の一文で，そのつながりについてこう述べている。「最高の理論的欲求を満足させ，かつ倫理的－宗教的な方面に関しては，純粋な理性規範によって規制された生活を可能にする学」。Husserl, *Phenomenology and the Crisis of Philosophy*, p. 71〔前掲「厳密な学としての哲学」，103 頁〕.

(53) Husserl, *Crisis of the European Sciences*, p. 3 参照〔前掲『ヨーロッパ諸学の危機と超越論的現象学』，15 頁〕。

(54) Ibid., p. 17〔同訳書，41 頁〕.

(55) フッサールはこう書いている。「形而上学の可能性に対する懐疑，すなわち新たな人間の指導者としての普遍的哲学への信頼の崩壊は，古代人がドクサに対立させたエピステーメーの意味に解される《理性》への信頼の崩壊を意味する」。Ibid., p. 12〔同訳書，32 頁〕.

(56) フッサールはこう書いている。「ヨーロッパ的人間存在の危機には，二つの出口があるだけです。つまり，本来の合理的生の意味に背いたヨーロッパの没落，精神に敵対する野蛮さへの転落か，それとも，自然主義を終局的に乗り越えんとする理性のヒロイズムを通した，哲学の精神によるヨーロッパの再興か」。Husserl, *Phenomenology and the Crisis of Philosophy*, p. 192〔「ヨーロッパ的人間性の危機と哲学」鈴木修一訳，清水多吉・手川誠士郎編訳『30 年代の危機と哲学』平凡社ライブラリー，1999 年，94 頁〕.

(57) Husserl, *Crisis of the European Sciences*, p. 6〔前掲『ヨーロッパ諸学の危機と超越論的現象学』，20 頁。なお，フッサールは「事実学（Tatsachenwissenschaft）」と「本質学（Wesenswissenschaft）」とを区別し，前者は後者に基づくとした。「事実学」は，経験的事実および事実に基づく自然法則を対象とする，いわゆる「経験科学」を指す。それに対して「本質学」は，「事実学」の基礎をなす学であり，経験的直観に依存せず，本質直観によって個体の本質ないしその必然的連関を対象とする学のことである〕.

(58) Husserl, *Phenomenology and the Crisis of Philosophy*, p. 149〔前掲「ヨーロッパ的人間性の危機と哲学」，24 頁〕.

(59) Ibid., p. 100 参照〔前掲「厳密な学としての哲学」，115 頁〕。

(60) Husserl, *Crisis of the European Sciences*, §9: "Galileo's Mathematization of Nature," pp. 23-60 参照〔前掲『ヨーロッパ諸学の危機と超越論的現象学』，「第 9 節　ガリレイによる自然の数学化」，49–107 頁〕。

(61) Ibid., §28, pp. 103-111 参照〔同訳書，第 28 節，185–199 頁〕。

(62) Ibid., part IIIA, §§28-53, pp. 103-189 参照〔同訳書，第 3 部 A 第 28–53 節，185–331 頁〕。

(63) Ibid., §34e, p. 130〔同訳書，第 34 節 e，233 頁〕.

(64) Husserl, *Ideas*, p. 21〔前掲『イデーン I–1』，44 頁〕.

(65) Husserl, *Crisis of the European Sciences*, appendix IX, p. 389.

(66) Edmund Husserl, "A Report on German Writings in Logic (1895-1899)," in *Early Writings in the Philosophy of Logic and Mathematics, Collected Works*, Dordrecht: Kluwer, 1994, Vol. V, p. 251 参照。

(67) ハイデガーは，戦前の一期間，フライブルク大学総長の職にあった。当時彼は，国家社会主義ドイツ労働者党（NSDAP）に属する，熱狂的な，アカデミーのなかでも古参の党員であった。彼はナチズムに対する協力者であり，彼自身，明確にナチズムから距離をとることはなかった。彼の立場と政治が分かちがたく絡みあっているかどうかについては，なお異論の余地がある。Tom Rockmore, *On Heidegger's Nazism and Philosophy*, Berkeley: University of California Press, 1997 参照〔『ハイデガー哲学とナチズム』奥谷浩一・小野滋男・鈴木恒夫・横田栄一訳，北海道大学図書刊行会，1999 年〕。総長就任後のハイデガーのフッサールに対する処遇についても，議論は分かれている。

(68) "My Way Into Phenomenology," in Martin Heidegger, *On Time and Being*, translated, with an introduction, by Joan Stambaugh, Chicago: University of Chicago Press, 2002, pp. 74-82 参照〔「現象學へ入つていつた私の道」辻村公一，ハルムート・ブフナー訳，『思索の事柄へ』筑摩書房，1973 年，141–154 頁〕。

(69) *Sophist*, translated by N. P. White, in *Plato: Complete Works*, 244A, p. 265〔「ソピステス」藤沢令夫訳，『プラトン全集 3　ソピステス　ポリティコス』岩波書店，1976 年，86 頁〕.

(70) Martin Heidegger, *Being and Time*, translated by John Macquarrie and Edward Robinson, New York: Harper and Row, 1962, p. 1〔『存在と時間 I』原佑・渡邊二郎訳，中公クラシックス，2003 年，5 頁〕.

(71) Ibid., p. 1〔同訳書，同所〕.

(72) 典型例ともいえる一節で，フッサールはこう書いている。「世界は今私にとって手の届く向こうに存在し，また明らかにあらゆる目覚めた今においてもそうであるが，この世界は，二つの方面でその無限の時間的地平を持つ。すなわち，その過去と未来がそれであるが，これらはともに，既知の面と未知の面とを持ち，また直接的に生きいきとしている面と直接的には生きいきとしていない面とを持っている」。Husserl, *Ideas*, §27, p. 92〔前掲『イデーン I–1』第 27 節，128 頁〕.

(73) Heidegger, *Being and Time*, p. 27〔前掲『存在と時間 I』，20 頁〕.

(74) Ibid., p. 33〔同訳書，34 頁〕.

(75) Ibid., pp. 37-38〔同訳書，46 頁〕.

(76) Aristotle, *Physics*, in *The Complete Works of Aristotle*, edited by Jonathan Barnes, Princeton: Princeton University Press, 1984, I, delta 10-14 参照〔『アリストテレス全集 3　自然学』出隆・岩崎允胤訳，岩波書店，

1968 年，第 4 巻第 10–14 章，164–190 頁〕。

(77) Heidegger, *Being and Time*, p. 53 参照〔前掲『存在と時間 I』, 75–76 頁〕。

(78) Ibid., p. 62. また Ibid., p. 487 参照〔同訳書，95 頁，また『存在と時間 III』原佑・渡邊二郎訳，中公クラシックス，2003 年，306 頁〕。

(79) Ibid., §15, pp. 95-102 参照〔前掲『存在と時間 I』第 15 節, 173–188 頁〕。

(80) Ibid., §31, pp. 182-188〔前掲『存在と時間 II』第 31 節，32–47 頁〕.

(81) Ibid., p. 184〔同訳書，36 頁〕.

(82) Ibid., §32, pp. 188-195 参照〔同訳書，第 32 節，47–60 頁〕。

(83) Ibid., p. 195〔同訳書，59 頁〕.

(84) Ibid., p. 229〔同訳書，132 頁〕.

(85) Ibid., p. 236〔同訳書，150 頁〕.

(86) Ibid., p. 62 参照〔前掲『存在と時間 I』，94 頁〕。

(87) Ibid., §32 参照〔前掲『存在と時間 II』第 32 節，47–60 頁〕。

(88) Ibid., §44, p. 261〔同訳書, 第 44 節, 211 頁。ただし, 本文の文脈上「陳述」は「言明」と置き換えてある〕.

(89) Ibid., §44, p. 270〔同訳書，第 44 節，232 頁〕.

(90) カッシーラーとハイデガーの講演記録については，Heidegger, *Kant and the Problem of Metaphysics*, pp. 193-208 参照（本書第 2 章, 原注 1 参照）〔『ハイデッガー全集 3　カントと形而上学の問題』門脇卓爾，ハルムート・ブフナー訳，創文社，2003 年，264–284 頁〕.

(91) Heidegger, *Being and Time*, §6, p. 45 参照〔前掲『存在と時間 I』第 6 節, 61–62 頁〕。

(92) Heidegger, *Kant and the Problem of Metaphysics*, §31, pp. 112-120 参照〔前掲『ハイデッガー全集 3　カントと形而上学の問題』第 31 節, 159–169 頁〕。

(93) Martin Heidegger, *Hölderlin's Hymn "The Ister"*, translated by William McNeill and Julia Davis, Bloomington: Indiana University Press, 1996; Martin Heidegger, *Hölderlins Hymne »Andenken«*, Frankfurt am Main: Klostermann, 1982 参照〔『ハイデッガー全集 53　ヘルダーリンの讃歌『イスター』』三木正之，エルマー・ヴァインマイアー訳，創文社，1987 年。『ハイデッガー全集 52　ヘルダーリンの讃歌『回想』』三木正之, ハインリッヒ・トレチアック訳，創文社，1989 年〕。

(94) Plato, *Republic*, bk 10. 595A-608a, pp. 297-312 参照〔前掲訳書第 10 巻, 690–725 頁〕。

(95) Martin Heidegger, *Nietzsche*, translated with notes and an analysis by David Farrell Krell, San Francisco: Harper and Row, 1979–, 3 vols. 参照〔『ハイデッガー全集 6–I　ニーチェ I』圓増治之，セヴェリン・ミュラー訳，創文社，2000 年。『ハイデッガー全集 6–II　ニーチェ II』圓増治之, ホルガー・シュミット訳，創文社，2004 年〕。

(96) “Letter on Humanism,” in Martin Heidegger, *Basic Writings*, edited, with general introduction and introductions to each selection, by D. F. Krell, New York: Harper and Row, 1977, p. 222〔『「ヒューマニズム」について』渡邊二郎訳，ちくま学芸文庫，1997 年，86 頁〕.

(97) “The Question Concerning Technology,” in Heidegger, *The Question concerning Technology and Other Essays*（本書第 3 章，原注 81 参照）〔「技術への問い」小島威彦・アルムブルスター訳，『技術論』理想社，1965 年，17–62 頁〕.

(98) Tom Rockmore, *Heidegger and French Philosophy: Humanism, Anti-Humanism, and Being*, London: Routledge, 1995 参照〔『ハイデガーとフランス哲学』北川東子・仲正昌樹監訳，法政大学出版局，2005 年〕。

(99) この議論については，Descombes, *Modern French Philosophy* 参照（本書第 3 章，原注 65 参照）〔ヴァンサン・デコンブ『知の最前線――現代フランスの哲学』高橋允昭訳，ＴＢＳブリタニカ，1983 年〕.

(100) Jean Wahl, *Le malheur de la conscience dans la philosophie de Hegel*, Paris: Rieder, 1929 参照。

(101) Emmanuel Levinas, *The Theory of Intuition in Husserl's Phenomenology*, translated by André Orianne, Evanston, Ill.: Northwestern University Press, 1995 参照〔『フッサール現象学の直観理論』佐藤真理人・桑野耕三訳，法政大学出版局，1991 年〕。

(102) Jean-Paul Sartre, *Existentialism Is a Humanism*, translated by Bernard Frechtman, New York: Philosophical Library, 1947 参照〔『サルトル全集 13　実存主義とは何か――実存主義はヒューマニズムである』伊吹武彦訳，人文書院，1955 年〕。

(103) “Letter on Humanism,” in Heidegger, *Basic Writings*, p. 208 参照〔前掲『「ヒューマニズム」について』，52 頁〕。

(104) Jean-Paul Sartre, *The Transcendence of the Ego: An Existentialist Theory of Consciousness*（1937），translated and annotated, with an introduction, by Forrest Williams and Robert Kirkpatrick, New York: Octagon Books, 1972 参照〔「自我の超越――現象学的一記述の粗描」竹内芳郎訳，『サルトル全集 23　哲学論文集』平井啓之・竹内芳郎訳，人文書院，1957 年，175–256 頁〕。

(105) “La Liberté cartésienne,” in Jean-Paul Sartre, *Situations I*, Paris: Gallimard, 1947, pp. 314-335〔「デカルトの自由」野田又夫訳，『サルトル全集 11　シチュアシオン　アメリカ論』佐藤朔ほか訳，人文書院，1953 年，116–140 頁〕.

(106) Jean-Paul Sartre, *Being and Nothingness*, translated by Hazel Barnes, New York: Washington Square Press, 1973, p. 7〔『サルトル全集 18　存在

と無――現象学的存在論の試み（第一分冊）』松浪信三郎訳，人文書院，1956 年，18 頁〕.

（107） Ibid., p. 11〔同訳書，25 頁〕.

（108） Ibid., p. 9〔同訳書，21–22 頁。なお，同訳書訳注にしたがって，訳文は一部改変してある〕.

（109） Jean-Paul Sartre, *Nausea*, translated by Lloyd Alexander, Norfolk, Conn.: New Directions, 1964 参照〔『サルトル全集 6　嘔吐』白井浩司訳，人文書院，1951 年（改訳新装版 1994 年）〕。

（110） Sartre, *Being and Nothingness*, p. 384〔『サルトル全集 19　存在と無――現象学的存在論の試み（第二分冊）』松浪信三郎訳，人文書院，1958 年，158 頁〕.

（111） Jean-Paul Sartre, *Search for a Method*, translated by Hazel Barnes, New York: Vintage, 1963 参照〔『サルトル全集 25　方法の問題　弁証法的理性批判序説』平井啓之訳，人文書院，1962 年〕。

（112） Jean-Paul Sartre, *Critique of Dialectical Reason*, translated by Quintin Hoare, London: Verso, 1991 参照〔同訳書〕。

（113） Jean-Paul Sartre, *Family Idiot*, translated by Carol Cosman, Chicago: University of Chicago Press, 1981-93, 5 vols. 参照〔『家の馬鹿息子　ギュスターヴ・フローベール論（1821 年より 1857 年まで）』1–3，平井啓之・鈴木道彦・海老坂武・蓮實重彦訳，人文書院，1982–2006 年）〕。

（114） メルロ＝ポンティの死去に寄せた感動的な追悼記事については，Jean-Paul Sartre, *Situations IV: Portraits*, Paris: Gallimard, 1947, pp. 189-287 参照〔「メルロー・ポンチ」平井啓之訳，『サルトル全集 30　シチュアシオン IV』人文書院，1964 年，158–244 頁〕。

（115） "Hegel's Existentialism," in Maurice Merleau-Ponty, *Sense and Non-Sense*, translated by Hubert L. Dreyfus and Patricia Allen Dreyfus, Evanston, Ill.: Northwestern University Press, 1964, p. 63〔「ヘーゲルにおける実存主義」滝浦静雄訳，『意味と無意味』みすず書房，1982 年，91 頁〕. この考えは，のちに他の者たちによって同じように繰り返された。フィリップ・ソレルスによれば，ニーチェ，バタイユ，ラカン，マルクス－レーニン主義は「ヘーゲル体系の爆発」の結果である。Philippe Sollers, *Bataille*, Paris: 10/18, 1973, p. 36. 引用は，Descombes, *Le Même et l'autre*, Paris: Éditions de Minuit, 1979, p. 23 n. 5〔前掲『知の最前線――現代フランスの哲学』，279 頁〕.

（116） Maurice Merleau-Ponty, *Phenomenology of Perception*, translated by Colin Smith, London: Routledge, 2003, p. xv〔『知覚の現象学』中島盛夫訳，法政大学出版局，1982 年，13 頁〕.

（117） Ibid., p. viii〔同訳書，2 頁〕.

（118） Ibid., p. xvi〔同訳書，14 頁〕.

(119) Maurice Merleau-Ponty, *The Structure of Behavior*, translated by Alder Smith, Boston: Beacon Press, 1967〔『行動の構造』滝浦静雄・木田元訳，みすず書房，1964 年〕.

(120) Part I: "The Body," in Merleau-Ponty, *Phenomenology of Perception*, pp. 77-232 参照〔前掲『知覚の現象学』「第一部　身体」，125–329 頁〕。

(121) Merleau-Ponty, *Phenomenology of Perception*, pp. 235-239 参照〔同訳書，337 頁〕。

(122) "The Primacy of Perception and Its Philosophical Consequences," in Maurice Merleau-Ponty, *The Primacy of Perception and Other Essays on Phenomenological Psychology, the Philosophy of Art, History and Politics*, edited, with an introduction, by James M. Edie, Evanston, Ill.: Northwestern University Press, 1964, p. 13〔「知覚の優位性とその哲学的帰結」加藤和雄訳，『モーリス・メルロ＝ポンティ（『現象学研究』特別号）』せりか書房，1976 年，126 頁〕.

(123) Maurice Merleau-Ponty, *Humanism and Terror: The Communist Problem*, translated with a new introduction by John O'Neill, New Brunswick, NJ: Transaction Publishers, 2000〔『ヒューマニズムとテロル』森本和夫訳，現代思潮社，1965 年（『ヒューマニズムとテロル——共産主義の問題に関する試論』合田正人訳，『メルロ＝ポンティ・コレクション』6，みすず書房，2002 年）〕.

(124) Maurice Merleau-Ponty, *Adventures of the Dialectic*, translated by Joseph Bien, Evanston, Ill.: Northwestern University Press, 1973〔『弁証法の冒険』滝浦静雄・木田元・田島節夫・市川浩訳，みすず書房，1972 年〕.

(125) Hans-Georg Gadamer, *The Idea of the Good in Platonic-Aristotelian Philosophy*, translated, with an introduction and annotation, by P. Christopher Smith, New Haven: Yale University Press, 1986 参照。

(126) 例えば，Hans-Georg Gadamer, *Idee und Wirklichkeit in Platos Timaios*: vorgelegt am 10. Nov. 1973, Heidelberg: Winter, 1974 参照。

(127) 特定の哲学者についての彼の研究のなかでは，Hans-Georg Gadamer, *Heidegger's Ways*, translated by J. W. Stanley, with an introduction by D. J. Schmidt, Albany, NY: SUNY Press, 1994. また Hans-Georg Gadamer, *Hegel's Dialectic: Five Hermeneutical Studies*, translated, with an introduction, by P. Christopher Smith, New Haven: Yale University Press, 1976 参照〔『ヘーゲルの弁証法——六篇の解釈学的研究』山口誠一・高山守訳，フィロソフィア双書 29，未來社，1990 年〕。彼の詩人研究の一例としては，Hans-Georg Gadamer, *Gadamer on Celan: "Who Am I and Who Are You ?" and Other Essays*, translated and edited by Richard Heinemann and Bruce Krajewski, Albany, NY: SUNY Press 参照。

(128) Hans-Georg Gadamer, *Reason in the Age of Science*, translated by F. G. Lawrence, Cambridge, Mass.: MIT Press, 1996 参照〔『科学の時代における理性』本間謙二・座小田豊訳，法政大学出版局，1988 年〕。

(129) Hans-Georg Gadamer, *Truth and Method*, translated by Garrett Barden and John Cumming, New York: Crossroad, 1988 参照〔『真理と方法』I，轡田収・麻生建・三島憲一・北川東子・我田広之・大石紀一郎訳，法政大学出版局，1986 年，II，轡田収・巻田悦郎訳，法政大学出版局，2008 年〕。

(130) Aristotle, "De Interpretatione" ("On Interpretation"), in *The Complete Works of Aristotle*, I, pp. 25-39 参照〔「命題論」山本光雄訳，『アリストテレス全集 1　カテゴリー論　命題論　分析論前書　分析論後書』岩波書店，1971 年，73–139 頁〕。

(131) Friedrich Schleiermacher, *Hermeneutics and Criticism, And Other Writings*, translated and edited by Andrew Bowie, Cambridge: Cambridge University Press, 1998 参照。

(132) Gadamer, *Truth and Method*, p. xi 参照〔前掲『真理と方法 I』，xxvii–xxviii 頁〕。

(133) Ibid., p. xii-xiii〔同訳書，xxix 頁〕.

(134) Jacques Derrida, *La Voix et le phénomène: introduction au problème du signe dans la phénoménologie de Husserl*, Paris: Quadridge/Presses Universitaires de France, 1993 参照。また *Le problème de la genèse dans la philosophie de Husserl*, Paris: Presses Universitaires de France, 1990 参照〔『声と現象』林好雄訳，ちくま学芸文庫，2005 年。『フッサール哲学における発生の問題』合田正人・荒金直人訳，みすず書房，2007 年〕。

(135) Jacques Derrida, *Politiques de l'amitié; suivi de L'oreille de Heidegger*, Paris: Galilée, 1994 参照〔『友愛のポリティックス』1–2，鵜飼哲・大西雅一郎・松葉祥一訳，みすず書房，2003 年〕。

(136) Jacques Derrida, *The Post Card: From Socrates to Freud and Beyond*, translated, with an introduction and additional notes, by Alan Bass. Chicago: University of Chicago Press, 1987 参照〔『絵葉書 I――ソクラテスからフロイトへ，そしてその彼方』若森栄樹・大西雅一郎訳，水声社，2007 年〕。

(137) Jacques Derrida, *Specters of Marx: The State of the Debt, the Work of Mourning, and the New International*, translated by Peggy Kamuf; with an introduction by Bernd Magnus and Stephen Cullenberg. New York: Routledge, 1994 参照〔『マルクスの亡霊たち――負債状況＝国家，喪の作業，新しいインターナショナル』増田一夫訳，藤原書店，2007 年〕。

(138) *Religion*, edited by Jacques Derrida and Gianni Vattimo, Stanford, Calif.: Stanford University Press, 1998 参照。

(139) その一例として，彼の思想にかんする書物に対して，彼が寄せたテク

ストがある。このテクストの主たる目的は，彼の思想がそれ自体について語られるどのような事柄も超えている，ということを示すように見える。Geoffrey Bennington and Jacques Derrida, *Jacques Derrida*, Chicago: University of Chicago Press, 1993 参照。

(140) Jacques Derrida, *Of Grammatology*, translated by Gayatri Spivak, Baltimore: Johns Hopkins University Press, 1997, p. 158〔『根源の彼方に——グラマトロジーについて』下，足立和浩訳，現代思潮社，1972 年，36 頁〕.

(141) 以下の「感覚的確信」の議論を参照。G. W. F. Hegel, *Phenomenology of Spirit*, pp. 58-67（本書第 3 章，原注 22 参照）〔『精神現象学』上，金子武蔵訳，『ヘーゲル全集 4』岩波書店，1971 年，95-167 頁〕.

[1] アレクサンダー・ゴットロープ・バウムガルテン（Alexander Gottlieb Baumgarten, 1714–62）　ドイツの哲学者。フランクフルト・アン・デル・オーデル大学教授。当時最大の形而上学者として，カントも崇敬した。認識能力を高次の理性認識と低次の感覚認識とに区分し，後者についての学を「感性学（Ästhetik, aesthetica）」と名づけ，哲学のうちに初めて美学を位置づけるとともに，学問としての美学を創始したことで知られる。著作に『形而上学』(1739 年),『感性学』（全 2 巻, 1750–58 年／『美学』玉川大学出版部, 1986 年）などがある。

[2] ジャン・ヴァール（Jean André Wahl, 1888–1974）　フランスの哲学者。ソルボンヌ大学教授。高等師範学校ではベルクソンに師事，学位論文ではウィリアム・ジェイムズとジョージ・サンタヤナを論じた。ドイツ哲学に造詣が深く, コジェーヴに先駆けて『ヘーゲル哲学における意識の不幸』(1929 年) によってヘーゲルの思想をいち早くフランスに紹介。また『キルケゴール研究』(1938 年) によって，フランスにキルケゴールの思想を紹介した。著作に『実存主義』(1954 年／『実存主義入門』松浪信三郎・高橋允昭訳，理想社，1962 年),『形而上学的経験』(1963 年／久重忠夫訳，理想社，1977 年) などがある。なお，本章 197 頁を参照。

[3] ヨハン・ハインリッヒ・ランベルト（Johann Heinrich Lambert, 1728–77）　ドイツの数学者，天文学者，物理学者，地図学者。独学で数学，物理学を学んだ後，ヨーロッパ各地を回り，1765 年にベルリン科学アカデミー正会員に選出。以後フリードリヒ二世の恩恵を受けながら，現実世界の実際的な問題について数学的に分析，多くの学問的業績を残した。円周率を無理数として証明，またランベルト正積円錐図法，ランベルト正角円錐図法，ランベルト正積方位図法, 横メルカトル図法などを創案した。天文学では,「宇宙論的書簡」においていわゆる「カント・ラプラス星雲説」をカントと共有した。その構想はカントに先駆けるとも言われる。65 年以来カントと文通を交わし，理性批判の構築に影響を与えた。もともと『純粋理性批判』がラ

ンベルトに捧げられる予定であったことは，その影響の大きさを物語っている。ランベルトの現象学は，感覚，観念，天文学，心理学，道徳における仮象批判を意図したものであるが，カントがもともと現象学として構想していた「超越論的弁証論」は，理性に根ざす超越論的仮象の批判を意図したものであった。ランベルトの現象学には，こうしたカント的意図は認められない。現象学をめぐるこうした両者の関係については，以下を参照。中島義道「ランベルトの現象学」『時間と自由』講談社学術文庫，1999 年，262–304 頁。

[4] ヘルマン・ロッツェ（Rudolph Hermann Lotze, 1817–81） ドイツの哲学者。生理学者ウェーバー，物理学者フェヒナー，哲学者ヴァイスらに学び，哲学と医学の博士学位を取得。医学，哲学の講師を経て，ライプツィヒ大学員外教授，ゲッティンゲン大学，ベルリン大学教授を歴任。自然科学と観念論を調和させる形而上学の構築を試みた。自然科学の興隆を背景に，生気論を否定して機械的自然観を徹底しつつ，その機械的な過程を，神が善を実現するための手段とみなした。ライプニッツに依拠しつつ，現実に存在するすべてのものを多数のモナドの関係として捉える一方，その関係が神の統一という目的論的な価値に依拠するとし，それを捉える感情の能力にも着目した。その価値や妥当の理論は，新カント学派，とくに西南ドイツ学派の価値哲学，文化哲学の先駆けとなった。主著『ミクロコスモス』(1856–64 年) では,「心」がさまざまな存在を表わす「現象学的術語」と呼ばれている。

[5] グスタフ・クラス（Gustav Class, 1836–1908） テュービンゲン，エアランゲン大学教授を歴任。カントとロッツェから影響を受け，倫理的観念論と唯心論を主張した。彼によれば，現実性は，絶対的思惟と絶対的自我の統一としての人格的な神的精神によって支配されるものであり，「精神の王国」と呼ばれる。また，人間の魂は不死であり，この魂が個人的である限りその生は個人的であるが，精神的・思想的内容に満たされるときには事象に即したものになるとされる。彼は，精神的で歴史的なその事象内容を，個人を超える妥当と力を備えた思想体系として，生ける精神によって把握できると考えた。また彼によれば，宗教，正義，道徳という三つの理念によって，無制約的命令が与えられ，人間の発展が導かれるとされる。主著に『理念と善』（1886 年），『人間的精神の現象学と存在論についての研究』（1896 年），『神の理念の実在性』（1904 年）などがある。

[6] アンリ＝フレデリック・アミエル（Henri-Frédéric Amiel, 1821–81） スイスの哲学者，詩人，批評家。スイス，イタリア，フランス，ベルギーとヨーロッパ各地を遍歴，1844 年から 48 年にかけてベルリンに滞在。シェリングのもとで哲学，ベネケのもとで心理学，ほかに神学等を受講。49 年ジュネーヴ大学美学・フランス文学教授，54 年同大学哲学教授。主著『アミエルの日記』（1–4，河野與一訳，岩波文庫，1972 年）のなかにも「現象学」についての言及がある。

[7] エドゥアルト・フォン・ハルトマン（Karl Robert Eduard von Hartmann, 1842–1906） ドイツの哲学者。1861年プロイセンの砲兵学校に入学後，膝の損傷により職業軍人を断念，67年にロストク大学にて博士号取得後，69年に『無意識の哲学』を発表。以後在野の哲学者として活躍する。当時の機械論に与することなく，生気論的立場に立って帰納的形而上学の構築を図った。彼は，ヘーゲルの形而上学的理性とショーペンハウアーの盲目的意志を総合し，世界の普遍的一元的根拠としての「無意識」を自身の立場とした。「現象学」はその支柱としての役割を果たしている。ニーチェが『反時代的考察』の第二論文「生に対する歴史の利害について」（1874年）のなかで，こうしたハルトマンの立場を厳しく攻撃したことは有名である。主著に『道徳的意識の現象学』（1878年），『宗教哲学』（1882年／姉崎正治訳，島薗進・高橋原・星野靖二編集『シリーズ日本の宗教学4　宗教学の形成過程7』クレス出版，2006年）などがあり，『無意識の哲学』を含め，これらの随所で「現象学」の術語が用いられている。
[8] ウィリアム・ハミルトン（Sir William Hamilton, 9th Baronet, 1788–1856） スコットランドの形而上学者。オックスフォードのバリオール大学で学び，1811年文学士号，13年スコットランド法曹界の一員となり，14年文学修士号取得，以後独自の哲学体系の構築に励む。17年と20年にはドイツを訪れ，ドイツ哲学を学ぶ。21年には，エディンバラ大学で市民史，現代ヨーロッパ史，文学史教授に就任。主著『無条件なものの哲学（オーギュスト・コントの哲学講義批判）』（1829年）。『形而上学講義』（1836年–，刊行1858年）の第7講義では，偶然的現象ではなく必然的かつ普遍的な事実を発見することが期待される「心の規範学」，また既知の現象から未知の存在を推論する「本来の形而上学」として，「心の現象学」，「現象心理学」への言及がなされている。なお，J・S・ミルは『ウィリアム・ハミルトンの哲学の検討』（1865年）のなかで，「人間的認識の相対性」というハミルトンの見解を引き継ぎ，徹底化させている。
[9] カール・ヴァイアーシュトラース（Karl Theodor Wilhelm Weierstrass, 1815–97） ドイツの数学者。解析学の基礎をつくる。ミュンスターのギムナジウム時代に数学への関心を覚え，1834年ボン大学法学部進学後は，法学，経済学の講義にはほとんど出席せず，J・プリュッカーの幾何学の講義に出席し数学を学ぶ。学位をとらず3年で離籍，数学教員検定試験を受けるためミュンスター大学へ進学するものの，もっぱらグーデルマンの講義に出席，解析学を学ぶ。41年検定試験合格，以後56年までギムナジウムの授業を担当。その間に超楕円積分の逆関数にかんする論文を完成，56年に王立ベルリン工芸学校教授，秋にはベルリン大学の助教授を兼任，64年同大学教授。その講義には国内外の学徒が集まったが，フッサールも77年から81年まで彼のもとで学び，83年には指名助手となっている。フッサールの述懐に

よれば，ヴァイアーシュトラースの講義にはすべて出席，彼から数学の根本的基礎づけという課題と学問的努力のエトスを得たという。両者の関係については，以下を参照。田島節夫『フッサール』講談社学術文庫，1996 年，43–45 頁。

[10] レオポルト・クローネッカー（Leopold Kronecker, 1823–91） ドイツの数学者。ベルリン大学，ボン大学で学んだのち，1845 年ベルリン大学で学位取得。その後 10 年ほど農場や銀行の管理をして暮らすが，55 年再びベルリンで数学の研究を開始，61 年にベルリン・アカデミー会員，83 年ベルリン大学教授。無限を認めず，数学は自然数に基づいて構成されるべきであるとする立場をとり，ヴァイアーシュトラースとはたびたび論争を繰り返した。またクローネッカーは，クンマーの影響下，デデキントとは違ったやり方で代数的整数論の基礎を築いた。フッサールの述懐によれば，デカルトへの興味を抱かせたのはクローネッカーであったという。両者の関係については，訳注 9 前掲書同所を参照。

[11] J・S・ミル（John Stuart Mill, 1806–73） イギリスの哲学者，経済学者。教育熱心な父ジェームス・ミルの手ほどきのもと，幼い頃からギリシア語，ラテン語の学習を開始，数学，論理学，リカード経済学，ベンサムの功利主義などを学んだ。論理学については，コントの歴史的方法にならって，実証主義的な社会科学方法論の確立をめざし，帰納法をつうじて発見された経験法則を再度現象の予測に適用して法則の真理性を確認する逆演繹法を確立した。主著に『論理学体系』（1843 年／『論理学体系――論証と帰納』全 6 冊，大関将一訳，春秋社，1949–59 年），『経済学原理』（1848 年），『自由論』（1859 年），『功利主義論』（1861，63 年）がある。

[12] ライプニッツの普遍数学 すべての存在するものに共通する普遍学を数学的なものに見る伝統は，ピュタゴラスやプラトンに始まるが，デカルトはこの伝統に掉さすかたちで，『精神指導の規則』（1628 年／野田又夫訳，岩波文庫，1974 年）において，あらゆる対象領域に通用する「普遍数学」構想を打ち出した。この構想の実現に着手したライプニッツは，あらゆる学問に共通する普遍言語としての「普遍的記号法」を手段とし，数学的計算としての「推理計算」によって演繹的に導出しうる体系として，「普遍数学」の理念を提示した。フッサールは，『論理学研究』第一巻では純粋論理学に，『ブリタニカ草稿』（1927 年／谷徹訳，ちくま学芸文庫，2004 年）では超越論的現象学に，『形式論理学と超越論的論理学』（1929 年／『形式的論理学と先験的論理学』山口等澍訳，和弘出版，1976 年）では超越論的論理学に，それぞれ普遍学的立場を認めている。

[13] ヴィルヘルム・ディルタイ（Wilhelm Dilthey, 1833–1911） ドイツの哲学者。ハイデルベルク大学では私講師クーノー・フィッシャーに師事，神学を学ぶが，やがてベルリン大学に転学，ランケ，ドロイゼン，トレンデレン

ブルクなどの講義に出席，哲学や歴史学や神学を学ぶ。神学の国家試験に合格して大学を卒業，以後ベルリンのヨアヒムスタール・ギムナジウムの教師，文芸評論や書評の執筆を経て，1864 年ベルリン大学私講師，67 年バーゼル大学員外教授に就任，ブルクハルトと知己になる。のちキール，ブレスラウ大学教授を経て，82 年急逝したヘルマン・ロッツェの後任としてベルリン大学教授に就任。カント，ミル，ヘーゲル，シュライアーマッハーの思想に影響を受けつつ，自然科学の興隆の時代のなかで精神科学の基礎づけを試み，その学問的方法論の構築に貢献した。哲学や教育学分野に多くの弟子を輩出，門下にゲオルク・ミッシュ，ベルンハルト・グレートゥイゼン，ヘルマン・ノール，アルトゥール・シュタイン，テオドール・リット，エドゥアルト・シュプランガー，エーリヒ・ロータッカー，ヴィルヘルム・フリットナー，またマルチン・ブーバーらがいる。彼の提唱した記述的・分析的心理学はヤスパースに影響を与え，また世界観の哲学や解釈学の発想は，フッサール，ハイデガー，ガダマー，ハーバーマス，ベッティらに影響を与えた。近年では「精神史家」や「生の哲学者」といった従来の狭い評価の枠を超えて，諸学問，生，社会，歴史を全体的にとらえる「歴史的理性批判」の哲学者として，評価が高まりつつある。主著に『精神科学序説　第一巻』(1883 年／牧野英二編集校閲『ディルタイ全集 1　精神科学序説 I』法政大学出版局，2006 年)，『シュライアーマッハーの生涯』(『ディルタイ全集 9–10　シュライアーマッハーの生涯』上・下，法政大学出版局刊行予定)。ディルタイの生涯と思想について，詳しくは以下を参照。西村皓・牧野英二・舟山俊明編『ディルタイと現代　歴史的理性批判の射程』法政大学出版局，2001 年。R・A・マックリール『ディルタイ――精神科学の哲学者』大野篤一郎・小松洋一・田中誠・伊東道生訳，法政大学出版局，1993 年。

[14] テオドール・リップス（Theodor Lipps, 1851–1914）　ドイツの哲学者，心理学者。1867–71 年にかけてエアランゲン，テュービンゲン大学でプロテスタント神学を，71 年からユトレヒト大学で哲学と自然科学を学び，74 年『ヘルバルトの存在論』によってボン大学で博士号取得。77 年教授資格取得，以後ボン大学私講師，84 年同大学員外教授，90 年ブレスラウ大学，94 年にシュトゥンプの後任としてミュンヘン大学教授に就任。ヘルバルト，ロッツェ，ヴント，イギリス経験論から影響を受け，哲学の基礎に意識体験の学としての心理学を据える。リップスは「説明心理学」と「記述心理学」を区別し，前者は，自然科学と同じく，一定の法則連関のもと思考によって意識体験を捉えるものであり，リップスはこれを退ける。後者は，直接に経験された意識体験を内観によって捉え，その本質を記述するものであり，リップスはこれをフッサールとは無関係に「純粋現象学」と名づけ，重視した。しかし『論理学の基礎』(1893 年）における心理学による論理学の基礎づけの試みは，ナトルプやフッサールから批判を受けた。それに応答するべく，

リップスは主観的体験と客観的要請としての体験を区別，のちにダウベルト，プフェンダー，ライナッハらの弟子たちとミュンヘン現象学派を結成する。また感情移入論を主張，独自の倫理学や美学を構築した。フッサールはこの感情移入論を手がかりに，間主観性の考察に取り組んだ。主著に『倫理学の根本問題』（1916年／島田四郎訳，玉川大学出版部，1985年），『美学』（1917年）がある。

[15] マックス・シェーラー（Max Scheler, 1874–1928）　ドイツの哲学者，社会学者。1895年，ミュンヘン大学とベルリン大学で医学を学ぶとともに，ジンメルのもとでは社会学を，ディルタイのもとで哲学を学ぶ。のちイェーナ大学でオイケンについて学位を取得，1900年から同大学私講師。02年以降フッサールと知己になり，現象学に傾倒。07年ミュンヘン大学講師となるが，10年に教職を退く。この間，フッサール研究者集団であるミュンヘン現象学派に参加，ベック，コンラッド，ダウベルト，ガイガー，ヒルデブラント，リップス，プフェンダーらと交友を結ぶ。11年にはゲッティンゲン学派でも講演，コンラッド，コンラッド＝マルティヌス，ヘルリング，インガルデン，コイレ，ライナッハとも交友を結ぶ。またこの間，現象学的方法を駆使した数多くの業績で学界の注目を集める。19年にケルン大学哲学，社会学教授。以後，ワイマール期ドイツに乱立するイデオロギーの克服をめざした「知識社会学」の構築と，新たな人間観の確立をめざす「哲学的人間学」の構築に取り組む。28年フランクフルト大学教授となるが，急逝。哲学的人間学の構築は未完に終わった。主著に『倫理学における形式主義と実質的価値倫理学』（1913–16年／『シェーラー著作集1–3　倫理学における形式主義と実質的価値倫理学』上・中・下，吉沢伝三郎・岡田紀子・小倉志祥訳，白水社，1976–80年），『宇宙における人間の地位』（1927年／『シェーラー著作集13　宇宙における人間の地位　哲学的世界観』亀井裕・山本達・安西和博訳，白水社，1977年）がある。

[16] ニコライ・ハルトマン（Nicolai Hartmann, 1882–1950）　ドイツの哲学者。ペテルブルク大学で医学，古典文献学，哲学を学んでのち，マールブルク学派のコーヘン，ナトルプに学び，1907年学位取得，09年には教授資格を取得。同年からマールブルク，25年からケルン，31年からベルリン，46年からゲッティンゲン大学教授を歴任。新カント学派の論理主義的観念論の立場から出発，フッサールやシェーラーから現象学の影響を受け，次第に独自な存在論的形而上学の体系を構築した。認識論中心の思考から，一切の基礎を存在論に求める思考へと方向転換することによって，個別科学の成果をも動員しつつ，実在する存在者の多様な位置価の分析に道を開いた。その哲学は階層構造をなしており，現象学，問題学，理論の三層を哲学の方法として分別，これに対応して存在の層に実在的存在（物質，生命，意識，精神），認識的存在（知覚，直観，認識，知識），論理的存在（概念，判断，推理）

を区別，これらをそれぞれのカテゴリーとその連関によって説明する。主著に『ドイツ観念論の哲学』（全2巻，1923–29年／『ドイツ観念論の哲学　第一部　フィヒテ，シェリング，ロマン主義』村岡晋一監訳，迫田健一・瀬嶋貞徳・吉田達・平田裕之訳，作品社，2004年），『倫理学』（1925年／『倫理學　第1部　道徳現象論』長屋喜一ほか訳，三省堂，1933年），『美学』（1953年／福田敬訳，作品社，2001年）がある。

[17] ガブリエル・マルセル（Gabriel Honoré Marcel, 1889–1973）　フランスの思想家。1906年ソルボンヌ大学入学，10年にシェリングとコールリッジの形而上学的関係にかんする論文で教授資格取得。以後，健康を害したため，常勤の教職にはつかず，著作活動を開始。省察風の哲学論文や戯曲を発表し，叙述，評論，講演，演劇等の各方面で活躍。第二次世界大戦後は，サルトルの無神論的実存主義に対してキリスト教的実存主義の立場をとった。存在と所有，問題と神秘などの基本概念について分析を行ない，超越的な神に開かれた人間実存の解明を試みた。主著に『形而上学日記』（1927年／『マルセル著作集1　形而上学日記』三嶋唯義訳，春秋社，1973年），『存在と所有』（1935年／『マルセル著作集2　存在と所有　現存と不滅』信太正三ほか訳，春秋社，1971年），『存在の神秘』（1951年／『マルセル著作集5　存在の神秘』松浪信三郎・掛下栄一郎訳，春秋社，1977年）などがある。

[18] ポール・リクール（Paul Ricœur, 1913–2005）　フランスの哲学者。レンヌ大学を経て，1934–35年にパリ・ソルボンヌ大学で学ぶ。この間，マルセルの薫陶を受けるとともに，フッサールの『論理学研究』を研究し，実存主義と現象学を哲学形成の礎とする。第二次世界大戦に出征，捕虜としてポーランドの捕虜収容所で数年間拘留。その間にフッサールの『イデーンI』を仏訳，またヤスパース論を執筆。戦後，フランス国立科学研究センターを経て，ストラスブール大学助教授に就任。捕虜時代の仲間であった美学者デュフレンヌと共著でヤスパースについての研究書を出版。『意志的なものと非意志的なもの』（1950年／1–3，滝浦静雄・箱石匡行・竹内修身・中村文郎訳，紀伊國屋書店，1993–95年）を主論文，フッサール『イデーン』の仏訳を副論文として，国家博士号を取得，56年パリ大学の哲学教授に就任。この頃一時期デリダが助手を務めていた。68年5月革命では，パリ大学ナンテール校文学部長として同大学学生との折衝役を務めるが，辞任。73年からシカゴ大学神学部教授を併任し，英米の言語哲学との相互影響を強める。この時期，宗教学者エリアーデとも交友した。2000年京都賞受賞，04年には米国議会図書館から，人文科学における生涯業績に対してクルーゲ賞（John W. Kluge Prize）を授与されている。ハイデガーやガダマーの影響を受けとめながら，現象学と解釈学とを結びつける「解釈学的現象学」を展開，人文諸科学との広範な対話を実践した。当初は意志の現象学的記述から出発，『フロイトを読む――解釈学試論』（1965年）で解釈学的転回を遂げた。こ

の著作はラカン派との論争を巻き起こし，結果としてラカンに『エクリ』（1966年）の公刊を促すことになったことでも知られる。『解釈の葛藤』（1969年）では，構造主義言語学に対して解釈学的現象学の立場を明確に打ち出している。主著『時間と物語』（全3巻，1983–85年／1–3，久米博訳，新曜社，1987–90年）では,「物語的自己同一性（identité narrative）」の概念を提示し，物語による時間の人間化や言語化について論じた。

[19] フリードリヒ・ヘルダーリン（Johann Christian Friedrich Hölderlin, 1770–1843） ドイツの詩人。シュワーベン地方ネッカー河畔の町ラウフェンに生まれる。修道院学校を経て，1788年テュービンゲン大学神学部入学。ヘーゲルとシェリングと親しく交わり，フランス革命に共鳴。カント，シラー，ヴィンケルマン，ライプニッツ，プラトン，ヘルダー，ハインゼ，ヤコービなどを学び，93年の卒業後，詩作を目指す。その後イェーナでシラー，ゲーテ，ヘルダーとも知己を得る。96年フランクフルトの銀行家ゴンタルト家の住込み教師となり，夫人ズゼッテと恋愛関係になる。98年に辞職後ホンブルクへ移住。1800年に同地を去るまでの間，小説『ヒュペーリオン』（1797年，1799年）や悲劇『エンペドクレス』（1799年），また一連の頌歌を発表。その後，家庭教師としてスイス，ボルドーを放浪。その間，悲歌（「パンとブドウ酒」，「帰郷」）や賛歌（「平和の祝い」，「パトモス」），またギリシア悲劇の翻訳を行なう。02年ボルドーからの帰郷後，統合失調症を発病。06年テュービンゲンの病院に入院，翌年同地の指物師に引き取られ，以後36年間をその家の一室で過ごし，病没。ドイツ観念論を準備するとともに，その観念論的な体系的思想を超える詩的作品と理論的考察を生み出した。ゲーテやシラーなど同時代の文壇には認められず，長く忘却されていたが，ニーチェ，ディルタイ，ハイデガー，ベンヤミン，アドルノ，ドゥルーズらによって再評価され，現在ではドイツ最高の詩人の一人に数えられている。論文や書簡を含めて，主な作品は『ヘルダーリン全集』（全4巻，河出書房新社，2007年）に収められている。また『省察』（論創社，武田竜弥訳，2003年）には，全集未収録の論考や草稿が収められている。

[20] ヴィクトール・クーザン（Victor Cousin, 1792–1867） フランスの哲学者。ロアイエ・コラールとメーヌ・ド・ビランに学ぶ。エコール・ノルマル，ソルボンヌ大学教授。カントやヘーゲルなどのドイツ哲学に学ぶとともに，スコットランド常識学派の説をもとり入れ，これらとデカルト以来のフランス哲学の伝統を結合，ソルボンヌ講壇哲学の主傾向となる唯心論的折衷主義を唱えた。フランスではじめて哲学史研究の分野をひらくとともに，心理学を哲学の基礎とした。主著に『近世哲学史講義』（1841年）がある。なお，こうしたクーザンの立場については，以下を参照。エドワード・S・リード『魂から心へ――心理学の誕生』村田純一・染谷昌義・鈴木貴之訳，青土社，2000年。

[21] エマニュエル・レヴィナス（Emmanuel Lévinas, 1906–95） フランスの哲学者。リトアニアのカウナスに生まれ，中等教育をリトアニアとロシアで受けてのち，1930 年までフランスのストラスブール大学に留学，プラディーヌ，ブロンデル，アルヴァックスのもとで哲学を学ぶ。当初ベルクソンに影響を受けたが，学士取得後，28–29 年にはドイツのフライブルク大学に留学，フッサールとハイデガーの講義を聴講，現象学を学ぶ。第二次世界大戦中はドイツに抑留，戦後は東方イスラエル師範学校長に就任，またコレージュ・フィロゾフィックの講師を務める。61 年『全体性と無限』で国家博士号取得，その後ポワティエ，パリ・ナンテール，ソルボンヌ各大学の哲学教授を歴任，67 年退官。現象学，実存主義，タルムードと呼ばれるユダヤ教思想を背景に，独自の倫理学思想を展開した。主著に『フッサール現象学の直観理論』（1930 年／佐藤真理人・桑野耕三訳，法政大学出版局，1991 年），『実存から実存者へ』（1947 年／西谷修訳，ちくま学芸文庫，2005 年），『全体性と無限』（1961 年／上・下，熊野純彦訳，岩波文庫，2005 年），『存在するとは別の仕方で　あるいは存在することの彼方へ』（1974 年／『存在の彼方へ』合田正人訳，講談社学術文庫，1999 年），ジャック・ロラン編『神・死・時間』（1993 年／合田正人訳，法政大学出版局，1994 年），ロジェ・ビュルグヒュラーヴ編『貨幣の哲学』（1997 年／合田正人・三浦直希訳，法政大学出版局，2003 年）などがある。

[22] ジャン・ボーフレ（Jean Beaufret, 1907–82） フランスの哲学者。高等師範学校ではレオン・ブランシュヴィクに師事，卒業して兵役後に中高等教員資格試験に合格，リセで教鞭をとる。フィヒテ，ヘーゲル，マルクスを研究，メルロ＝ポンティ，ポール・ヴァレリーとも親交を結ぶ。第二次世界大戦中はレジスタンスの闘士として活躍。戦後は高等師範学校でも教鞭をとる。以前より研究していたハイデガーの著作や講演に対する疑問が高じ，サルトル哲学の興隆，なかでも『実存主義はヒューマニズムである』に刺激を受け，1946 年「ヒューマニズム」に意味を取り戻せるのかという質問状をハイデガーに送付。これに対する返答を機縁として，ハイデガーは『「ヒューマニズム」について』を執筆，公刊（1947 年）。同年ボーフレは学生を連れてトートナウベルクのハイデガー宅を訪問，そのなかにはジャン＝フランソワ・リオタールも混じっていた。以後，ボーフレはハイデガーの近しい友人となり，またフランスでのハイデガー受容に大きな影響力をもつことになる。ハイデガーにデリダの著作を教えたのもボーフレであると言われる。ハイデガーの没後，そのナチス荷担問題をめぐっておきた論争では，ヴィクトル・ファリアスからその著書（『ハイデガーとナチズム』山本尤訳，名古屋大学出版会，1990 年）で批判された。主著に『実存主義からハイデガーへ』（1986 年），『ハイデガーとの対話』（全 4 巻，1973–85 年）がある。ボーフレとハイデガーとの交流，およびそのフランス哲学への関係については，前掲訳書

『「ヒューマニズム」について』に収録された詳細な解説を参照。

[23] ミシェル・アンリ（Michel Henry, 1922–2002） フランスの哲学者，小説家。第二次世界大戦中はレジスタンスとして活動，戦後中高等教員資格試験に合格，国立科学研究センター研究員，モロッコやアルジェリアのリセの教員，モンペリエ大学助手を経て，1961 年モンペリエ大学助教授，以後退官まで同大学にとどまる。63 年『現出の本質』（上・下，北村晋・阿部文彦訳，法政大学出版局，2005 年）で国家博士号取得。作家活動では 76 年に『愛は眼を閉じて』でルノドー賞を受賞している。フッサールの現象学から出発，生と感情を中心に，表象化されない力の存在論と，内在的な根源的自己受容としての現象を展開した。主著に『野蛮』（1987 年／『野蛮——科学主義の独裁と文化の危機』山形頼洋・望月太郎訳，法政大学出版局，1990 年），『実質的現象学』（1990 年／『実質的現象学——時間・方法・他者』中敬夫・野村直正・吉永和加訳，法政大学出版局，2000 年）がある。

[24] アルベール・カミュ（Albert Camus, 1913–60） フランスの作家。サルトルと並んで，第二次世界大戦直後のフランス文学を代表する存在。アルジェ大学で哲学を学んだ後，演劇活動を行なう。1938 年アルジェの新聞の記者として，植民地行政を批判。間もなく第二次世界大戦勃発，この時期に小説『異邦人』（1942 年／窪田啓作訳，新潮文庫，1954 年），哲学的エッセー『シジフォスの神話』（1942 年／『シーシュポスの神話』清水徹訳，新潮文庫，1969 年）を執筆。42 年にはフランス本土にわたり，レジスタンスに参加。その体験をつうじて著された小説『ペスト』（1947 年／宮崎嶺雄訳，新潮文庫，1969 年）およびエッセー『反抗的人間』（1951 年／佐藤朔・白井浩司訳，新潮社，1956 年）を発表，後者にかんしてサルトルと論争，決別。57 年戦後最年少でノーベル文学賞を授与。人間存在の不条理に焦点をあてた哲学を展開，人生の根源的な無意味さをあるがままに受け止める無神論的実存主義の立場に立った。

[25] ジャン＝リュック・マリオン（Jean-Luc Marion, 1946– ） フランスの宗教哲学者。現在のパリ大学ナンテール校，ソルボンヌ大学で学び，高等師範学校ではデリダ，アルチュセールに学ぶ。1980 年に博士号取得後，ポワチエ，ナンテール，ソルボンヌ各大学を経て，現在はシカゴ大学神学校教授。フッサール現象学とハイデガー存在論に基づく独自のデカルト解釈で注目を浴びた。近年ではデリダやレヴィナスを踏まえた神学分野での研究が注目を集めている。主著に『還元と贈与——フッサール，ハイデガー，現象学についての研究』（1989 年／『還元と贈与——フッサール・ハイデッガー現象学論攷』芦田宏直ほか訳，行路社，1993 年），『存在なき神』（1982 年），『エロティックな現象』（2003 年）などがある。なお，マリオンを含む近年のフランス現象学におけるいわゆる「神学的転回」については，以下参照。ドミニク・ジャニコー『現代フランス現象学——その神学的転回』北村晋・阿部

文彦・本郷均訳，文化書房博文社，1994 年。

[26] ギュスターヴ・フローベール（Gustave Flaubert, 1821–80） フランスの小説家。パリ大学法学部に入学するが，法律に関心はなく，1844 年冬，神経疾患の発作に襲われ，学業を断念。以後ルーアン近郊のクロアッセの家で文学創作に専念する。49 年秋から 51 年初夏まで近東旅行，その後 4 年半余りの歳月をかけて小説『ボヴァリー夫人』（生島遼一訳，新潮文庫，1965 年）を書き上げ，56 年発表，一躍有名になる。同時代に興隆を迎えた「写実主義」や「自然主義」的文学理論に対しては一貫して否定的であったが，その小説は「写実主義」を具体化した作品として，自然主義作家の賞賛を集めた。日本における翻訳紹介は明治 40 年代に始まり，田山花袋，島崎藤村らも感化を受けた。

[27] ヴォルフガング・ケーラー（Wolfgang Köhler, 1887–1967） ドイツの心理学者。1909 年ベルリン大学で学位を得た後，フランクフルト大学でヴェルトハイマーの助手を務め，コフカとともに 3 人でゲシュタルト心理学を創始する。13 年から 20 年まで大西洋のテネリフェ島で類人猿をはじめとした動物の知能の研究に従事。チンパンジーの問題解決行動から，状況の全体的把握や関係の直観的理解の重要性を発見した。物理学者マックス・プランクに学んだ後，20 年にはゲシュタルト法則を物理現象にも適用しうることを主張，また心理過程と脳の生理過程は同一であるという心理物理同型論を発表。ヴェルトハイマー，コフカ，レヴィンらとともに，ベルリン学派と呼ばれるゲシュタルト心理学一派を形成した。主著に『類人猿の知恵試験』（1917 年／宮孝一訳，岩波書店，1962 年）。

[28] ゲシュタルト心理学（Gestalt psychology） 心理現象の本質はその力動的全体性にあり，原子論的な分析では究明しえないとする心理学説。19 世紀後半に自然科学を規範として誕生した心理学の要素還元主義，構成主義に対する批判を契機として誕生した。ゲシュタルト心理学の先駆は，オーストリアのグラーツ大学を中心とするオーストリア学派ないしグラーツ学派に求められる。ブレンターノの弟子マイノンクは，知覚現象の理解には，構成要素の分解だけでなく，全体的把握が必要であること，またその全体的性質は，意識から生まれる「総体」であることを主張した。これを受けてマイノンクの弟子エーレンフェルスは，メロディーが各構成音の単なる集まりではなく，全体的性質によって意味あるメロディーになると主張，1890 年に論文「ゲシュタルト質について」を発表した。後年はベルリン学派に同調，ゲシュタルトの把握が意識よりもセンス・データに結びつくとした。これに対して，1912 年ヴェルトハイマーが発表した仮現運動（見せかけの運動）に関する実験的研究が，ゲシュタルト心理学の誕生と呼ばれる。その主張は，第一に，心理現象が要素の総和であることを否定，構造化された全体性として「ゲシュタルト」という性質をもち，その構造化には部分の全体依存性という「ゲ

シュタルト法則」がある，というものである。第二の主張は，知覚と刺激の1対1の対応関係を否定，刺激は全体的構造のなかでの力動的関係において知覚される，というものである。当時の物理学の場理論を受けたこの学説は，ケーラーの心理物理同型論，レヴィンのトポロジー心理学説へと発展。心理学をはじめ精神医学や神経学など隣接科学にも大きな影響を及ぼした。

［29］トロツキズム（Trotskyism）　ロシアのマルクス主義革命家トロツキイに由来する思想体系および思想運動を指す。トロツキイについては第4章訳注25を参照。トロツキイは，1905年のロシア革命をサンクトペテルブルクで闘い，その革命の総括として翌年「総括と展望」を記した。そのなかで，ロシアの来るべき革命は，ヨーロッパ全体の革命の序曲であり，社会主義革命として闘われると予言，「永久革命論」を唱えた。同年，立憲民主党の指導者ミリューコフによって，これにトロツキズムという名称が与えられたとされる。古典的マルクス主義を理論的基礎とし，永久革命論を将来的展望とし，労働者民主主義を政治組織とする点に特徴がある。フランスでは，フランス共産党から追放された「左翼反対派」のトロツキストによって30年共産主義者同盟が結成され，ファシズムの脅威よりも社会党への打撃を優先する共産党を批判，「反ファシズム労働者統一戦線」を呼びかけた。44年にはフランス共産党と再統一され，国際主義共産党となる。ナチ占領下では独自のレジスタンス活動を展開。戦後，50年代に「ランベール派」が脱退。同党は，68年パリ5月革命の「バリケード街頭戦」で組織的に先頭に立ったフランス共産党の青年組織，革命的共産主義青年とともに，69年6月にフランス政府より解散命令を受ける。両者は合同して共産主義者同盟を結成するが，71年3月，対立組織の政治集会を武装襲撃したため，73年6月再び組織解散を命じられた。この組織解散命令に対しては，フランス共産党やフランス社会党をはじめ，サルトルなどが抗議行動を行なった。

［30］本書第3章109頁，および同章原注89を参照。

第6章

（1）Anthony Quinton, "Analytic Philosophy," in *The Oxford Companion to Philosophy*, edited by Ted Honderich, New York: Oxford, 1995, p. 28 参照。

（2）Morris Weitz, "Philosophical Analysis," in *The Encyclopedia of Philosophy*, edited by Paul Edwards, New York and London: Free Press and Macmillan, 1967, Vol. 1, pp. 97-105 参照。

（3）Michael Dummett, *Origins of Analytical Philosophy*, Cambridge, Mass.: Harvard University Press, 1994 参照〔『分析哲学の起源――言語への転回』野本和幸ほか訳，勁草書房，1998年〕。

（4）J. H. Stirling, *The Secret of Hegel: Being the Hegelian System in Origin,*

Principle, Form, and Matter, London: Longman, Green, Longman, Roberts, & Green 1865 参照。

(5) 議論については，以下を参照。Jean Pucelle, *L'idéalisme en Angleterre de Coleridge à Bradley*, Neuchâtel: La Baconnière, 1955.

(6) ハンス・スルガによれば，フレーゲは，ある主導的な観念論者の雑誌に寄稿しており，反自然主義，反心理主義，客観主義的認識論，アプリオリズム，合理主義といったような同時代の観念論者の一連の理念を共有していた。これについては，以下を参照。Hans Sluga, *Gottlob Frege*, London: Routledge and Kegan Paul, 1980, pp. 59-60. ガブリエルにとって，フレーゲは一種の新カント主義者である。これについては，以下を参照。Gottfried Gabriel, "Frege als Neukantianer," in *Kant-Studien* LXVII（1986），pp. 84-101.

(7) Ludwig Wittgenstein, *Tractatus Logico-Philosophicus*, with a new translation by D. F. Pears and B. F. McGuinness, and with the introduction by Bertrand Russell, London: Routledge and Kegan Paul, 1961, 4.0412 参照〔『論理哲学論考』奥雅博訳，『ウィトゲンシュタイン全集 1』大修館書店，1975 年，51 頁〕。

(8) この主張については，以下を参照。Peter Hylton, *Russell, Idealism, and the Emergence of Analytic Philosophy*, Oxford: Clarendon Press, 1990. そのときまでラッセルとムーアが，のちに強く反対した観念論者の理論を曖昧にしか把握していなかったかどうかについては明確ではない。

(9) "Preface" in Bertrand Russell, *An Essay on the Foundations of Geometry*（1897），New York: Dover, 1956 参照。

(10) "In What Sense, If Any, Do Past and Future Time Exist ?," in G. E. Moore, *The Early Essays*, edited by Tom Regan, Philadelphia: Temple University Press, 1986, pp. 17-24 参照。

(11) Bertrand Russell, *The Philosophy of Logical Atomism*, edited and with an introduction by David Pears, Chicago: Open Court, 1998, p. 158 参照。

(12) G. E. Moore（1903），"The Refutation of Idealism," in *Mind*, New Series 12, 48（October 1903），pp. 433-453 参照〔「観念論論駁」神野慧一郎訳，坂本百大編『現代哲学基本論文集 II』勁草書房，1987 年〕。

(13) Kant, *Critique of Pure Reason*, B 274-7, pp. 326-333 参照（本書第 1 章，原注 13 を参照）〔『純粋理性批判』上，有福孝岳訳，『カント全集 4』岩波書店，2001 年，322–325 頁〕.

(14) G. E. Moore, *Philosophical Papers*, London: George Allen and Unwin, 1959, p. 144 参照。

(15) 例えば，ウォーノックは，イギリス観念論についてほとんど何も知らないようであり，これを記述するのは難しいとする。これについては，以下を参照。G. J. Warnock, *English Philosophy Since 1900*, London: Oxford Uni-

versity Press, 1958, pp. 2-10.

(16) 本書第 1 章，原注 2 参照。

(17) Hilary Putnam, *Reason, Truth and History*, New York: Cambridge University Press, 1981, p. xi〔『理性・真理・歴史——内在的実在論の展開』野本和幸・中川大・三上勝生・金子洋之訳，法政大学出版局，1994 年，viii 頁〕.

(18) Putnam, *The Threefold Cord*, p. 44（本書第 2 章，原注 45 参照）〔『心・身体・世界——三つ撚りの綱　自然な実在論』野本和幸監訳，法政大学出版局，2005 年，63 頁〕.

(19) Sluga, *Gottlob Frege*, pp. 2-7 参照。

(20) H. P. Grice and P. F. Strawson, "In Defense of a Dogma," in *Philosophical Review* 65（1956），pp. 141-158 参照。

(21) C. H. Langford, "Moore's Notion of Analysis," in *The Philosophy of G. E. Moore*, edited by Paul Schilpp, Evanston,Ill.: Northwestern University Press, 1942, pp. 319-342 参照。

(22) "Responses," in T*he Philosophy of G. E. Moore*, edited by Schilpp, pp. 660-667 参照。

(23) Russell, *The Philosophy of Logical Atomism*, p. 178.

(24) Ibid., p. 157 参照。

(25)「この意味において，論理学の研究が哲学の中心となるのである。すなわち，論理学の研究によって，ちょうど数学によって物理学の方法が与えられるのと同じように，哲学の研究方法が与えられることになる」。Bertrand Russell, *Our Knowledge of the External World*（1929），New York: Mentor, 1956, p. 185〔「外部世界はいかにして知られうるか」石本新訳，『世界の名著 70　ラッセル・ヴィトゲンシュタイン・ホワイトヘッド』中央公論社，1980 年，301 頁〕.

(26) Frege, *The Foundations of Arithmetic* 参照（本書第 2 章，原注 51 参照）〔『算術の基礎』三平正明・土屋俊・野本和幸訳，『フレーゲ著作集 2　算術の基礎』勁草書房，2001 年〕.

(27) Alfred North Whitehead and Bertrand Russell, *Principia Mathematica*, Cambridge: Cambridge University Press, 1925 参照。

(28) "Knowledge by Acquaintance and Knowledge by Description," in Bertrand Russell, *Mysticism and Logic*, Garden City, NY: Doubleday, 1957, pp. 202-224 参照〔『神秘主義と論理』江森已之助訳，『バートランド・ラッセル著作選集 4』みすず書房，1959 年，第 10 章参照。なお acquaintance には，「見知り」以外に，「直知」や「直接認知」などの訳語があるが，ラッセルの主張の主旨から見て，本訳書では「見知り」を採用した〕。

(29) Bertrand Russell, "On Denoting," in *Readings in Philosophical Analysis*, edited by Herbert Feigl and Wilfrid Sellars, New York: Appleton-Century-

Crofts, 1949, pp. 103-115 参照〔「指示について」清水義夫訳, 坂本百大編『現代哲学基本論文集 I』勁草書房, 1986 年〕。

(30) P. F. Strawson, "On Referring," in *Mind* 59 (1950), pp. 320-344 参照〔「指示について」藤村龍雄訳, 坂本百大編『現代哲学基本論文集 II』勁草書房, 1987 年〕。

(31) Carnap, "The Elimination of Metaphysics through Logical Analysis of Language," in *Logical Positivism*, edited by Ayer (本書第 1 章, 原注 5 参照)〔「言語の論理的分析による形而上学の克服」内田種臣訳, 永井成男・内田種臣編『カルナップ哲学論集』紀伊國屋書店, 1977 年〕.

(32) Wittgenstein, *Tractatus Logico-Philosophicus*, proposition 6.53 参照〔前掲『論理哲学論考』, 119 頁〕。

(33) ここに物理主義の基礎がある。これについては, 以下を参照。Carnap, *The Logical Syntax of Language* (本書第 4 章, 原注 92 参照).

(34) "Mental Events," in Donald Davidson, *Essays on Actions and Events*, Oxford: Clarendon Press, 2001, pp. 207-225 参照〔『行為と出来事』服部裕幸・柴田正良訳, 勁草書房, 1990 年, 第 8 章〕。

(35) P. F. Strawson, "Analysis, Science, and Metaphysics," in Richard Rorty, *The Linguistic Turn: Essays in Philosophical Method, with Two Retrospective Essays* (1967), Chicago: University of Chicago Press, 1992, p. 313 参照。

(36) P. F. Strawson, *Individuals: An Essay in Descriptive Metaphysics*, London: Methuen, 1959 参照〔『個体と主語』中村秀吉訳, みすず書房, 1978 年〕。

(37) Gilbert Ryle, *The Concept of Mind*, Chicago: University of Chicago Press, 1984 参照〔『心の概念』坂本百大・宮下治子・服部裕幸訳, みすず書房, 1987 年〕。

(38) 以下の第 2 章を参照。"The Linguistic Turn," in Dummett, *The Origins of Analytic Philosophy*, pp. 4-14〔前掲『分析哲学の起源——言語への転回』, 第 2 章〕.

(39) Ludwig Wittgenstein, *Philosophical Investigations*, translated by G. E. M. Anscombe, 2nd edn, Oxford: Blackwell, 1997, §90, p. 42e〔『哲学探究』藤本隆志訳, 『ウィトゲンシュタイン全集 8』大修館書店, 1976 年, 90 頁〕.

(40) Rorty, *The Linguistic Turn* 参照。

(41) Russell, *The Philosophy of Logical Atomism*, p. 166.

(42) 以下の第 14 章を参照。"Conclusion: A Methodology or a Subject-Matter," in Dummett, *The Origins of Analytic Philosophy*, pp. 162-166〔前掲『分析哲学の起源——言語への転回』, 第 14 章〕.

(43) 以下の第 56 節を参照。"Semantic Ascent," in W. V. O. Quine, *Word and Object*, Cambridge, Mass.: MIT Press, 1960, pp. 270-276〔『ことばと対象』大出晁・宮館恵訳, 勁草書房, 1984 年〕.

(44) Wittgenstein, *Tractatus Logico-Philosophicus*, 4.003 参照〔前掲『論理哲学論考』, 45–46 頁〕。

(45) Ibid., 4.0031 参照〔同訳書, 46 頁〕。

(46) 例えば, 以下の第 9 章を参照。"Moore and Russell," in Passmore, *A Hundred Years of Philosophy*, pp. 201-239（本書序論, 原注 3 参照）.

(47) 数多くの思想家の間でも, さまざまな時期に感覚与件の理論にコミットしたのはラッセルとムーアである。感覚与件の観念こそまさに論争的である。批判的な議論については, 以下を参照。J. L. Austin, *Sense and Sensibilia*, edited by G. J. Warnock, Oxford: Clarendon Press, 1962〔『知覚の言語――センスとセンシビリア』丹治信春・守屋唱進訳, 勁草書房, 1984 年参照〕.

(48) G. E. Moore, *Selected Writings*, edited by Thomas Baldwin, London: Routledge, 1993, pp. 106-133.

(49) G. E. Moore, *Principia Ethica*, Cambridge: Cambridge University Press, 1903〔『倫理学原理』寺中平治・泉谷周三郎・星野勉訳, 三和書籍, 2007 年〕.

(50) Bertrand Russell, *The Practice and Theory of Bolshevism*（1920）, New York: Simon and Schuster, 1964, p. 101 参照〔『ソビエト共産主義』江上照彦訳, 社会思想社, 1959 年〕。

(51) Bertrand Russell, *Marriage and Morals*, New York: H. Liveright, 1957 参照〔『結婚論』後藤宏行訳,『バートランド・ラッセル著作選集 8』みすず書房, 1959 年〕。

(52) Bertrand Russell, *The ABC of Relativity*, London: G. Allen and Unwin, 1959 参照〔『相対性理論への認識』金子務・佐竹誠成訳, 白揚社, 1971 年〕。

(53) Bertrand Russell, *The Autobiography of Bertrand Russell*, Boston: Little, Brown, 1967-69, 3 vols. 参照〔『バートランド・ラッセル自叙伝』日高一輝訳, 理想社, 1968 年（第一巻）, 1971 年（第二巻）, 1973 年（第三巻）〕。

(54) Bertrand Russell, *A Critical Exposition of the Philosophy of Leibniz*（1900）, London: George Allen and Unwin, 1967 参照〔『ライプニッツの哲学』細川董訳, 弘文堂, 1959 年〕。

(55) Russell, *A History of Western Philosophy*（本書第 4 章, 原注 7 参照）〔『西洋哲学史』市井三郎訳, みすず書房, 1969 年〕.

(56) 例えば, 以下を参照。Bertrand Russell, *Human Society in Ethics and Politics*（1952）, New York: Mentor, 1955〔『ヒューマン・ソサエティ――倫理学から政治学へ』勝部真長・長谷川鑛平訳, 玉川大学出版部, 1981 年〕.

(57) 例えば, 以下を参照。Bertrand Russell, *Religion and Science*, London: T. Butterworth, 1935〔『宗教から社会へ』津田元一郎訳, 荒地出版社, 1965 年〕。

(58) Bertrand Russell, *Principles of Mathematics*, New York: Norton, 1964 参照。

(59) Ibid., ch. X, pp. 101-107.

(60) Russell, *The Philosophy of Logical Atomism*, p. 169 参照。
(61) "Analytic Realism," in *The Collected Papers of Bertrand Russell*, edited by Kenneth Blackwell, London: G. Allen and Unwin, 1992, Vol. VI, p. 135 参照。
(62) Russell, *The Philosophy of Logical Atomism*, p. 35 参照。ラッセルは，第一次世界大戦のこの時点で，そのときオーストリア軍に服役していたウィトゲンシュタインが生きているかどうかさえも知らなかった。
(63) Ibid., p. 36.
(64) Ibid., p. 36.
(65) Ibid., p. 37.
(66) Ibid., p. 37.
(67) Ibid., p. 40.
(68) Ibid., p. 53-56.
(69) Ibid., p. 65-66.
(70) Ibid., p. 147.
(71) Ibid., p. 154.
(72) Wittgenstein, *Tractatus Logico-Philosophicus*, 6.54 参照〔前掲『論理哲学論考』，119–120 頁〕。
(73)『論考』の各文は，十進法のやり方で番号が付せられている。テクストの丸括弧内の番号は，『論考』の対応する番号が付せられている一節を指示している。
(74) Bacon, *The New Organon*, p. 29（本書第 2 章，原注 11 参照）〔『ノヴム・オルガヌム（新機関）』桂寿一訳，岩波文庫，1978 年，53 頁〕.
(75) Ibid., p. 48 参照〔同訳書，84 頁〕。
(76) この考えは，これまで繰り返し批判されてきている。このテーマに焦点を合わせた分析哲学に対するきわめて鋭い攻撃については，以下を参照。Ernest Gellner, *Words and Things: An Examination of, and an Attack on, Linguistic Philosophy*, with a foreword by Bertrand Russell, London and Boston: Routledge & Kegan Paul, 1979.
(77) Ludwig Wittgenstein, *Philosophical Investigations*, translated by G. E. M. Anscombe, New York: Macmillan, 1966, p. xe 参照〔前掲『哲学探究』, 26 頁〕。
(78) Ibid., §109, p. 47e〔同訳書，99 頁〕.
(79) Ibid., §421, p. 1263〔同訳書，251 頁〕.
(80)『確実性の問題』の中心的な標的は，ムーアの直覚的経験主義ないし常識主義で提示された，論理的原子論ないし論理的経験主義に対する代替案を遮断することにある。特徴的なことに，ウィトゲンシュタインは，ムーアが言語を誤用していると論ずる。
(81) Wittgenstein, *Philosophical Investigations*, §243-315 参照〔前掲『哲学探

究』，177–208 頁〕。

(82) 主要な目的についての言明は，『科学的世界観——ウィーン学団』と題されたマニフェストに見出される。Hans Hahn, Otto Neurath, and Rudolf Carnap, *Wissenschaftliche Weltauffassung: Der Wiener Kreis*, Vienna: Artur Wolf Verlag, 1929, Heft I 参照〔次の文献に，付録として邦訳が収められている。V・クラーフト『ウィーン学団』寺中平治訳，勁草書房，1990 年，217–252 頁〕。

(83) 議論については，以下を参照。Carl G. Hempel, "Problems and Changes in the Empiricist Criterion of Meaning," in *Revue Internationale de Philosophie* 41 (1950), pp. 41-63〔「意味の経験論的基準における問題と変遷」竹尾治一郎・山川学訳，坂本百大編『現代哲学基本論文集 I』勁草書房，1986 年〕.

(84) Rudolf Carnap, *The Logical Structure of the World, and Pseudoproblems in Philosophy*, translated by Rolf A. George, Chicago: Open Court, 2003, §§ 67-8, pp. 107-110 参照。

(85) Otto Neurath, "Protokollsätze," in *Erkenntins* 3 (1932/1933), p. 204〔「プロトコル言明」竹尾治一郎訳, 坂本百大編『現代哲学基本論文集 I』勁草書房, 1986 年，167 頁〕.

(86) Ibid., p. 206〔同訳書，169 頁〕.

(87) Quine, *Word and Object*, p. vii 参照〔前掲『ことばと対象』，ii 頁〕。

(88) Ibid., pp. 73-79 参照。

(89) カルナップは，ノイラートに対する応答のなかでこの考えを提案している。Rudolf Carnap, "Über Protokollsätze," in *Erkenntnis* 3 (1932/1933), pp. 215-216 参照。

(90) 以下の第 18 章を参照。"Wittgenstein and Ordinary Language Philosophy," in Passmore, *A Hundred Years of Philosophy*, pp. 424-465.

(91) H. H. Price, *Perception*, New York: McBride, 1933 参照。

(92) A. J. Ayer, *Language, Truth, and Logic*, New York: Dover, 1952〔『言語・真理・論理』吉田夏彦訳，岩波書店，1955 年〕.

(93) 以下の編者による序論を参照。*Logical Positivism*, p.16.

(94) A. J. Ayer, *The Foundations of Empirical Knowledge*, New York: St Martin's Press. 1958 参照〔『経験的知識の基礎』神野慧一郎・中才敏郎・中谷隆雄訳，勁草書房，1991 年〕。

(95) Gilbert Ryle, "Review of Martin Heidegger's *Sein und Zeit*," in *Mind* 38 (1929), pp. 355-370 参照。

(96) Gilbert Ryle, "Systematically Misleading Expressions," in *Logic and Language*, I, edited by A. G. N. Flew, Oxford: Blackwell, 1951, pp. 11-36〔「系統的に誤解を招く諸表現」野家啓一訳，坂本百大編『現代哲学基本論文

集II』勁草書房，1987年〕.

(97) 本章，原注37参照。

(98) J. L. Austin, "A Plea for Excuses," in *Philosophical Papers*, Oxford: Clarendon Press, 1961, pp. 175-204〔『オースティン哲学論文集』坂本百大監訳，勁草書房，1991年〕.

(99) 本章，原注47参照。

(100) Carnap, *The Logical Syntax of Language*, p. 8.

(101) 議論については，以下を参照。Joseph Margolis, *The Unraveling of Scientism: American Philosophy at the End of the Twentieth Century*, Ithaca, NY: Cornell University Press, 2003.

(102) "Philosophy and the Scientific Image of Man," in Wilfrid Sellars, *Science, Perception and Reality*, Atascadero, Calif.: Ridgeview, 1991, pp. 1-40参照。

(103) ヘーゲル後期の経験主義批判については，以下を参照。Hegel, *The Encyclopedia Logic*, §§37-60, pp.76-107（本章第1章, 原注17を参照）〔『ヘーゲル全集1　小論理学』真下信一・宮本十蔵訳，岩波書店，1996年，143–191頁参照〕.

(104) Wilfrid Sellars, *Empiricism and the Philosophy of Mind*, Cambridge, Mass.: Harvard University Press, 1997, §36, p. 76参照〔『経験論と心の哲学』神野慧一郎・土屋純一・中才敏郎訳，勁草書房，2006年，206–207頁〕。

(105) 近づきやすい一般的な議論としては，以下を参照。Alex Orenstein, *W. V. O. Quine*, Princeton: Princeton University Press, 2002.

(106) 例えば，以下を参照。W. V. O. Quine, *The Roots of Reference*, La Salle, Ill.: Open Court, 1973.

(107) "Two Dogmas of Empiricism," in Quine, *From a Logical Point of View*（本書第2章, 原注52参照）〔『論理的観点から——論理と哲学をめぐる九章』飯田隆訳，勁草書房，1992年，II参照〕.

(108) Quine, *Word and Object*, pp. 144-151参照。

(109) 実際，彼の唯一の「モノグラフ」は，講義を集めたものである。Donald Davidson, *Truth and Predication*, Cambridge, Mass.: Belknap Press, 2005参照。

(110) 本書第4章，原注102参照。

(111) "Afterthoughts," in Davidson, *Subjective, Intersubjective, Objective*, pp. 154-158参照（本書第4章，原注105参照）〔『主観的・間主観的・客観的』清塚邦彦・柏端達也・篠原成彦訳，春秋社，2007年〕.

(112) "A Coherence Theory of Truth and Knowledge," in Davidson, *Subjective, Intersubjective, Objective*, pp. 137-153参照〔同訳書，第10論文。なお，coherenceについては，デイヴィドソンがこれをconsistency（整合性）

と区別していることから，訳書に従って「斉合性」という訳語を採用した〕。
(113) Putnam, *The Threefold Cord: Mind, Body, World* 参照〔前掲『心・身体・世界　三つ撚りの綱　自然な実在論』〕。
(114) Putnam, *Reason, Truth and History*, pp. 1-21 参照〔前掲『理性・真理・歴史　内在的実在論の展開』，第 1 章〕。
(115) Ibid., p. 52〔同訳書，82 頁〕.
(116) Ibid., p. 216〔同訳書，319 頁〕.
(117) Rorty, *Philosophy and the Mirror of Nature*, p. 178（本書第 1 章，原注 12 参照）〔『哲学と自然の鏡』野家啓一監訳，産業図書，1993 年〕.
(118) Rorty, *Truth and Progress, Philosophical Papers, Volume 3*, p. 305（本書第 4 章，原注 107 参照）.

[1] ジェームズ・ハッチンソン・スターリング（James Hutchinson Stirling, 1820–1909）　スコットランドの哲学者。当初は医師の仕事をしていたが，その後フランス，ドイツで哲学を学んだ。1865 年に出版された『ヘーゲルの秘密』により，ヘーゲル哲学をイギリスにもたらしたことで知られる。
[2] サミュエル・テイラー・コールリッジ（Samuel Taylor Coleridge, 1772–1834）　イギリスの詩人，批評家。デヴォン州教区牧師の家に生まれ，ロンドンのクライスツ・ホスピタル校，ケンブリッジ大学で学んだ。カントなどから影響を受けて，文学批評と哲学の融合を試みた。W・ワーズワースとの共著『叙情小曲集』（1798 年）は，イギリス・ロマン主義の代表的作品とされる。その他の著作に，『文学評伝』（1817 年／桂田利吉訳，法政大学出版局，1976 年）などがある。
[3] ジェームズ・フレデリック・フェリア（James Frederick Ferrier, 1808–64）　イギリスの哲学者。エジンバラで生まれ，エジンバラ大学，オックスフォード大学に学んだ。フィヒテやシェリングから影響を受けつつ，トマス・リードやハミルトン卿の思想を引き継いだ。バウムガルテンらが使いだした認識論という概念を広めたことで知られる。
[4] トマス・ヒル・グリーン（Thomas Hill Green, 1836–82）　オックスフォード理想主義を代表するイギリスの哲学者。ヨークシャーのバーキンに生まれ，オックスフォード大学ベイリオル・カレッジで学び，1878 年に同カレッジの道徳哲学教授となった。ヒュームを批判しつつ，ミルとスペンサーの思想体系に認められる不整合を明らかにする一方で，イギリス哲学にドイツ観念論を導入することを試みた。著作としては，遺稿の『倫理学序説』（1883 年／『グリーンとその倫理学』友枝高彦・近藤兵庫訳，培風館，1932 年）がある。
[5] エドワード・ケアード（Edward Caird, 1835–1908）　イギリスの哲学者。グラスゴー大学，オックスフォード大学で学び，グラスゴー大学の道徳哲学

教授となった。カント研究から出発，新カント学派の影響を受けて，『カント研究』創刊にも協力したが，その後ヘーゲル的な観念論の立場をとるようになった。

[6] フランシス・ハーバート・ブラッドリー（Francis Herbert Bradley, 1846–1924） オックスフォード理想主義を代表するイギリスの哲学者。オックスフォード大学ユニヴァーシティ・カレッジで学び，同大学マートン・カレッジのフェローになったが，腎臓疾患のため，生涯フェローの立場に留まった。ヘーゲルの影響のもとで，絶対主義的観念論の思想を展開した。

[7] J・M・E・マクタガート（John McTaggart Ellis McTaggart, 1866–1925） イギリスの哲学者。ケンブリッジ大学で学び，同大学で教鞭をとった。ヘーゲル研究から出発，独自の思想を展開した。とくに，時間の実在性を否定する議論が有名である。

[8] バーナード・ボーサンケト（Bernard Bosanquet, 1848–1923） イギリスの哲学者。オックスフォード大学ベイリオル・カレッジで学び，同大学ユニヴァーシティ・カレッジのフェローを経て，セント・アンドルーズ大学の道徳哲学教授となった。ヘーゲルの影響により観念論の立場にたつ一方で，グリーンの思想にも共鳴，ブラッドリーとは相互に影響しあう関係にあった。

[9] クリストフ・ジグヴァルト（Christoph Sigwart, 1830–1904） ドイツの哲学者，論理学者。テュービンゲン大学で学び，1865 年から同大学で教鞭をとった。19 世紀末ドイツにおける論理学の心理主義的な傾向を代表し，西南カント学派などに影響を与えたが，フッサールの『論理学研究』では厳しく批判されている。主著に『論理学』全 2 巻（1873 年，78 年）がある。

[10] ギルバート・ライル（Gilbert Ryle, 1900–76） イギリスの哲学者。ブライトンに生まれ，オックスフォードで古典学を学び，クライスト・チャーチ・カレッジの講師を経て，1945 年にオックスフォード大学の形而上学担当の教授となった。オースティンとともに日常言語哲学を主導した人物で，47 年から 71 年の間にはイギリスを代表する哲学雑誌『マインド』の編集長を務めている。主著は『心の概念』（1949 年／坂本百大・宮下治子・服部裕幸訳，みすず書房，1987 年）で，その他の著作に『ディレンマ』（1954 年／篠澤和久訳，勁草書房，1997 年），『思考について』（1979 年／坂本百大・井上治子・服部裕幸・信原幸弘訳，みすず書房，1997 年）などがある。

[11] アラン・チューリング（Alan Turing, 1912–54） ロンドンに生まれ，ケンブリッジ大学キングズ・カレッジで数学を専攻，数理物理学や群論などの研究を続けた。1939 年にプリンストンで博士号を取得，キングズ・カレッジのフェローとしてイギリスに戻った。第二次世界大戦中にドイツ軍の暗号解読に貢献，戦後には国立物理学研究所やマンチェスター大学で働き，51 年にロイヤル・ソサイエティのフェローに選ばれた。その後，同性愛罪で告発されて自殺した。チューリング・マシンという仮想計算機を考案したこと

や，コンピュータが知能をもつかどうかを判定するチューリング・テストを提唱したことなどで知られる。

［12］ 2.0299という番号が付された命題は，『論考』には存在しない。

［13］ ハンス・ハーン（Hans Hahn, 1879–1934） オーストリアの数学者で，ウィーン学団創設者の一人。ボン大学，ウィーン大学の教授を務めた。カントの認識論や数学についての見解を否定した，ウィーン学団での講演が邦訳されている（「直観における危機」，『現代数学の世界（2） 空間の征服』遠山啓監訳，講談社，1970年）。

［14］ フィリップ・フランク（Philipp Frank, 1884–1966） オーストリア出身で，アメリカに帰化した数学者，物理学者，哲学者。ウィーン学団創設者の一人。ウィーン大学，ゲッティンゲン大学で学び，1907年にウィーン大学で博士号を取得した。12年に，チューリッヒの連邦工科大学に移るアインシュタインにより後任に推挙されて，プラハ大学で教授を務めたのち，38年にアメリカに渡ってハーバード大学で教鞭をとった。

［15］ ヘルバルト・ファイグル（Herbert Feigl, 1902–88） ウィーン学団のメンバーの一人。ズデーデン地方ライヒェンベルグに生まれ，ウィーン大学に学んだ。1930年にアメリカに渡り，アイオワ州立大学の講師，助教授，准教授を経て，1940年にミネソタ大学の哲学教授となった。『ミネソタ科学哲学研究報』の編集にも携わり，セラーズとともに1949年に『哲学的分析論集』を刊行，1950年に『フィロソフィカル・スタディーズ』を創刊している。

［16］ モーリッツ・シュリック（Moritz Schlick, 1882–1936） オーストリアの哲学者で，ウィーン学団の主導的人物。ベルリンに生まれ，M・プランクのもとで物理学を学んだ。その後，哲学研究にすすみ，ロストック大学で助教授，キール大学，ウィーン大学で教授を務めた。1936年に大学内で，元学生によって射殺された。主著は『一般認識論』（1918年）で，倫理学の分野では『倫理学の諸問題』（1930年）がある。

［17］ フリードリッヒ・ヴァイスマン（Friedrich Waismann, 1896–1959） オーストリアの哲学者で，ウィーン学団のメンバーの一人。ウィーン大学で数学と物理学を学び，シュリックの私設助手となったが，その後イギリスに移住した。オックスフォード大学では，数学の哲学や科学の哲学を教えた。『ウィトゲンシュタインとウィーン学団』（1967年／「ウィトゲンシュタインとウィーン学団」黒崎宏訳，『ウィトゲンシュタイン全集5』大修館書店，1976年）として出版されたウィトゲンシュタインの私講義の記録を，遺稿として残している。

［18］ エルンスト・マッハ（Ernst Mach, 1838–1916） オーストリアの物理学者，哲学者。モラヴィアのキルリッツに生まれ，ウィーン大学で学び，グラーツ大学，プラハ大学，ウィーン大学で教授を務めた。1901年にオーストリア貴族院議員に選ばれて，教授職を退いた。物理学，心理学，生理学，音

楽，科学史など専門分野は広く，ニュートン批判によりアインシュタインに影響を与えたことでも知られる。超音速の研究により，速度単位（マッハ数）に名を残したほか，心理学における「マッハの帯」や「マッハ効果」の発見，生理学における「マッハ–ブロイアー説」の提唱など，多くの業績がある。哲学での主著は『感覚の分析』（1886年／須藤吾之助・廣松渉訳，法政大学出版局，1971年）と『認識と誤謬』（1905年／『認識の分析』廣松渉・加藤尚武編訳，法政大学出版局，1971年）で，要素一元論と呼ばれる立場にたつ。

［19］アルフレッド・タルスキー（Alfred Tarski, 1902–83） ポーランド出身の数学者・論理学者。ワルシャワに生まれ，1924年にワルシャワ大学で数学の博士号を取得，39年にアメリカに移住した。モデル理論という数理論理学の意味論の分野での業績で知られる。

［20］ヘンリー・H・プライス（Henry Habberley Price, 1899–1984） イギリスの哲学者。イギリス空軍のパイロットを務めたのち，オックスフォード大学に入学，同大学の論理学教授となった。心霊研究協会（SPR）の会長を務めたこともある。主著の『知覚』（1932年）では，現象主義や知覚因果説と異なる知覚理論が展開されている。

［21］ジョン・クック・ウィルソン（John Cook Wilson, 1849–1915） イギリスの哲学者。ノッティンガムに生まれ，ベイリオル・カレッジで学んだ。同カレッジではグリーンのもとで研究に取り組んだほか，1873–74年には，ゲッティンゲン大学のR. H. ロッツェを訪れている。1901年にニュー・カレッジのフェローとなった。

［22］ジョン・L・オースティン（John Langshaw Austin, 1911–60） オックスフォード日常言語哲学の中心人物。ランカスターに生まれ，オックスフォード大学ベイリオル・カレッジに入学，ギリシア古典を学んだ。その後，オール・ソールズ・カレッジ，モードリン・カレッジのフェローを経て，1952年にホワイト記念道徳哲学教授となった。フレーゲ『算術の基礎』の英訳やH・W・B・ジョセフのライプニッツ講義録の編纂などに携わり，大学カリキュラム改編にも尽力している。主著は死後に刊行された『言語と行為』（1962年／坂本百大訳，大修館書店，1978年）で，言語行為論の古典とされる。

［23］クルト・ゲーデル（Kurt Gödel, 1906–78） 現在のチェコ領のブルノで生まれ，ウィーン大学で学んだ。ウィーン学団の会合に出席する一方で，ゲッティンゲン・ヒルベルト学派から影響を受けて論理学研究をすすめた。その後，ナチスを逃れて，日本を経由してアメリカに渡り，1940年よりプリンストン高等学術研究所で論理学，哲学，神学に取り組んだ。20世紀の論理学に大きな影響を与えた，不完全性定理の証明で知られる（『不完全性定理』林晋・八杉満利子訳，岩波文庫，2006年）。

［24］グスタフ・ベルグマン（Gustav Bergmann, 1906–87） オーストリアの数学者，哲学者で，ウィーン学団のメンバーの一人。ウィーンに生まれ，ウィーン大学で学んだ。分析的—総合的の区別に基づいて理想言語の存在を主張した。のちにローティによって広められた，「言語論的転回」という言葉を最初に用いたことでも知られる。

［25］ウィルフリッド・セラーズ（Wilfrid Sellars, 1912–89） アメリカの哲学者。アン・アーバーに生まれ，フランスのリセ，ミシガン大学，バッファロー大学，オックスフォード大学，ハーバード大学で学んだ。アイオワ大学，ミネソタ大学，イェール大学で教鞭をとった後，1963 年にピッツバーグ大学教授となった。49 年にファイグルとの共編で『哲学的分析論集』を，52 年にホスパースとの共編で『倫理学論集』を刊行，50 年にファイグルとともに『フィロソフィカル・スタディーズ』を創刊している。

［26］ソール・アーロン・クリプキ（Saul Aaron Kripke, 1940– ） アメリカの哲学者。ニューヨーク州ロングアイランド島ベイ・ショアに生まれ，ハーバード大学で学士号を取得した。ロックフェラー大学で教鞭をとった後，1976 年にプリンストン大学の哲学科教授となった。とくに，「クリプキ・モデル」と呼ばれる様相論理学のモデル理論の分野の業績で知られる。主著に『名指しと必然性』（1972 年／八木沢敬・野家啓一訳，産業図書，1985 年）がある。

第７章

(1) Nicholas Rescher, *The Strife of Systems: An Essay on the Grounds and Implications of Philosophical Diversity*, Pittsburgh: University of Pittsburgh Press, 1985 参照。
(2) 近代の伝統のなかで最も重要な単著であるという主張については，以下を参照。Otfried Höffe, *Kants Kritik der reinen Vernunft. Die Grundlegung der modernen Philosophie*, Munich: C. H. Beck, 2003.
(3) 本書第 5 章，203 頁および原注 115 を参照。
(4) Husserl, *Logical Investigations*, I, §58, p. 214 参照（本書第 5 章，原注 16 参照）〔『論理学研究』1，立松弘孝訳，みすず書房，1968 年〕.
(5) Husserl's letter to G. Albrecht, dated August 22, 1901, in Iso Kern, *Husserl and Kant*, p. 15（本書第 5 章，原注 31 参照）.
(6) Heidegger, *Kant and the Problem of Metaphysics*, §31, pp. 166-176 参照（本書第 2 章，原注 1 参照）〔『カントと形而上学の問題』門脇卓爾，ハルトムート・ブフナー訳，創文社，2003 年，159–171 頁〕.
(7) コッファによれば，分析哲学は，「カントのアプリオリなものについての理論を回避する努力のうちに生まれた」。Alberto Coffa, *The Semantic Tradi-*

tion from Kant to Carnap, Cambridge University Press, 1991, p. 21.

(8) これがハナのテーゼのすべてである。Robert Hanna, *Kant and the Foundations of Analytic Philosophy*, Oxford: Clarendon Press, 2001, p. 11 参照。

(9) ハナによれば，その結びつきはきわめて緊密である。「私は，カントの超越論的観念論が究極的には『意味論的問題』を解決するために企てられているのではないか，という問題を仕上げるつもりである」。Ibid., p. 3. ハナはこの点について同書の第 1 章で論じている。"Kant and the Semantic Problem," pp.14-66.

(10) ライルは，次のように述べている。「意味の理論に没頭することは，20 世紀のアングロ・サクソンおよびオーストリアの哲学の職業病である，と呼べるだろう」。Gilbert Ryle, "The Theory of Meaning," in Ryle, *Collected Papers*, New York: Barnes and Noble, 1971, II, p. 350.

(11) "On Sense and Reference," in *Translations from the Writings of Gottlob Frege*, edited P. T. Geach and Max Black, Oxford: Blackwell, 1980 参照〔「意義と意味について（1892)」土屋俊訳，野本和幸・土屋俊編『フレーゲ著作集 4　哲学論集』勁草書房，1999 年，71–102 頁参照〕。

(12) Brandom, *Articulating Reasons* 参照（本書第 4 章，原注 3 参照）.

(13) 彼の立場の認識論的な帰結については，よく知られていない。Charles Guignon, *Heidegger and the Problem of Knowledge*, Indianapolis: Hackett, 1983 参照。

(14) 最近の研究では，カントには表象主義の非因果的な種類の特徴があると議論されている。これについては，以下を参照。A. B. Dickerson, *Kant on Representation and Objectivity*, Cambridge: Cambridge University Press, 2004.

[1] アインシュタイン（Albert Einstein, 1879–1955）　相対性理論で知られる 20 世紀の代表的な理論物理学者で，量子力学，統計力学，宇宙物理学などで数多くの業績を残し，1921 年度のノーベル物理学賞を受賞した。ドイツ生まれのユダヤ人で，16 歳のときにドイツ国籍を放棄，スイス，アメリカ合衆国の市民権を取得，スイス連邦工科大学卒業後にスイス連邦特許局技官となった。「奇跡の年」と呼ばれる 1905 年に特殊相対性理論，光量子論など 6 編の論文を書き上げて，09 年にチューリッヒ大学員外教授に就任。その後，プラハ大学，スイス連邦工科大学を経て，14 年にプロイセン科学アカデミー会員，ベルリン大学教授，33 年からアメリカのプリンストン高等学術研究所終身研究員となった。核兵器廃絶を訴えた「ラッセル・アインシュタイン宣言」でも知られる。思想史的には，マッハのニュートン批判が相対性理論の成立の契機となったことが指摘される。